Ethik für ChatGPT

THEOLOGISCH-PHILOSOPHISCHE BEITRÄGE ZU GEGENWARTSFRAGEN

Herausgegeben von Susanne Dungs, Uwe Gerber,
Hendrik Klinge, Lukas Ohly und Andreas Wagner

BAND 28

Zu Qualitätssicherung und Peer Review der vorliegenden Publikation

Die Qualität der in dieser Reihe erscheinenden Arbeiten wird vor der Publikation durch die Herausgeber der Reihe geprüft.

Notes on the quality assurance and peer review of this publication

Prior to publication, the quality of the work published in this series is reviewed by the editors of the series.

Lukas Ohly

Ethik für ChatGPT

Was Künstliche Intelligenz kann und was sie sollte

PETER LANG

Berlin · Bruxelles · Chennai · Lausanne · New York · Oxford

Bibliografische Information der Deutschen Nationalbibliothek
Die Deutsche Nationalbibliothek verzeichnet diese Publikation
in der Deutschen Nationalbibliografie; detaillierte bibliografische
Daten sind im Internet über http://dnb.d-nb.de abrufbar.

ISSN 2194-1548
ISBN 978-3-631-92044-2 (Print)
E-ISBN 978-3-631-92045-9 (E-PDF)
E-ISBN 978-3-631-92046-6 (E-PUB)
DOI 10.3726/b22061

© 2024 Peter Lang Group AG, Lausanne
Verlegt durch
Peter Lang GmbH, Berlin, Deutschland

info@peterlang.com http:www.peterlang.com

Vorwort

Sehr gerne hatte ich sofort zugesagt, als mein lieber Kollege Gerhard Schreiber mich für das Ad hoc-Vorhaben „Diskurse disruptiver digitaler Technologien am Beispiel von KI-Textgeneratoren" (April bis Dezember 2023) des hessenweiten Netzwerks „Zentrum verantwortungsbewusste Digitalisierung" (ZEVEDI) gewinnen wollte. Bei unserem kurzen Projekt konnten wir auf die Unterstützung von Nachwuchswissenschaftlerinnen und -wissenschaftlern bauen: auf Kathrin Burghardt, die als wissenschaftliche Mitarbeiterin tätig war, und auf die drei studentischen Hilfskräfte Sandra Kunz (Technische Universität Darmstadt), Brian Mügendt (Goethe-Universität Frankfurt) und Marvin Trebbien (Goethe-Universität Frankfurt). In dem Vorhaben sind vor allem Diskurse über KI-Textgeneratoren seit der Veröffentlichung von ChatGPT im November 2022 rekonstruiert worden. Die Forschungsgruppe hat die mediale Aufbereitung dieser Diskurse nachgezeichnet, eine interdisziplinäre Tagung organisiert, aus der ein Band mit Tagungsbeiträgen und weiteren Aufsätzen hervorgegangen ist.[1] Das recherchierte Quellmaterial, die Arbeit des Forschungsteams bei ZEVEDI und die Beiträge dieses Tagungsbandes sollen in dem hier vorliegenden Buch aus ethischer Sicht reflektiert werden. Sie bilden die Hauptgrundlage für meine Einschätzung.

Für dieses Buch habe ich mich geeilt. Denn mit sogenannten Sprachmodellen werden die ethischen Herausforderungen von „Generative AI" zunächst nur an einem kleinen Ausschnitt sichtbar, nämlich bei der Textgenerierung. Weitere Innovationen generativer Künstlicher Intelligenz (KI) stehen bevor und werden die ethischen Risiken rasant verbreitern. Deshalb ist Eile angesagt. Zugleich vermute ich, dass KI-Textgenerierung einstweilen die dichteste Berührung mit menschlichen Tätigkeiten darstellen dürfte: Ein Bild gibt nur auf einer abstrakten Ebene Aufschluss über den Blick seines Produzenten, weil es in erster Linie ein Panorama vermittelt. Ein Text dagegen drückt immer gleichzeitig mit seinem Inhalt eine Person aus, die ihn mit einem Geltungsanspruch belegt. Die Person selbst drückt sich im Inhalt aus, den *sie vertritt*, dessen *Repräsentantin* sie also *im Text* ist. Deshalb wird das Menschenbild besonders herausgefordert, wenn Maschinen Texte schreiben. Bild-, Film- und Stimmgeneratoren werden zwar die Welt massiv verändern, Robotik und 3D-Drucktechnik werden die KI zur

---

1 G. Schreiber/L. Ohly (Hg.): KI:Text.

Schöpferin einer hyperrealen Realität heranreifen lassen, deren Folgen wir bis jetzt kaum abschätzen können. Und auch die Stellung des Menschen in dieser Welt wird dadurch massiv in Frage gestellt werden. Aber diese Entwicklungen werden nicht so stark eine Nähe zwischen menschlicher und maschineller Intelligenz suggerieren wie die Entwicklung von KI-Textgeneratoren. Die Frage, ob Maschinen wie Menschen sein können, stellt sich insbesondere hier, wo Maschinen eigenständig Texte verfassen. Dieses Phänomen bildet den Ausgangspunkt für die vorliegende Untersuchung.

Um meinen Dank für die enge Zusammenarbeit im Ad hoc-Vorhaben auszudrücken, habe ich dem Forschungsteam dieses Buch gewidmet.

Inhalt

Vorwort 5

Einleitung 13

Teil I: Textaktivitäten 21

1 Lesen 23
  1.1 Kann KI lesen? 25
  1.2 Sollte KI lesen können? 26

2 Schreiben 31
  2.1 Kann KI schreiben? 36
  2.2 Sollte KI schreiben können? 39

3 Sprechen 45
  3.1 Kann KI sprechen? 49
  3.2 Sollte KI sprechen können? 52

4 Verstehen 55
  4.1 Exkurs: Sind die Phänomene grundlegend oder die Sprache? ... 55
  4.2 Verstehen 60
  4.3 Kann KI verstehen? 64
  4.4 Sollte KI verstehen können? 67

5 Kommunizieren 71
  5.1 Kann KI kommunizieren? 74

5.2 Sollte KI kommunizieren können? 76

6 Denken 81

6.1 Kann KI denken? 89

6.2 Sollte KI denken können? 92

7 Geist 101

7.1 Ist Geist bei der KI? 103

7.2 Welcher Geist sollte bei der KI sein? 107

Teil II: Wahrheitsaktivitäten 111

8 Verschleiern 113

8.1 Kann KI verschleiern? 116

8.2 Darf KI verschleiern können? 119

9 Lügen 123

9.1 Kann KI lügen? 127

9.2 Sollte KI lügen können? 130

10 Tatsächlichkeit 135

10.1 Kann KI Tatsächlichkeit haben? 140

10.2 Sollte KI ohne Tatsächlichkeit sein können? 147

11 Geltung 151

11.1 Kann mit KI Geltung entstehen? 153

11.2 Sollte mit KI Geltung entstehen können? 161

Teil III: Tätigkeitsfelder 165

12 Arbeiten 169

12.1 Kann KI arbeiten? 172

12.2 Sollte KI arbeiten können? 175

13 Herstellen 179

13.1 Kann KI herstellen oder Kunst betreiben? 184

13.2 Sollte KI herstellen oder Kunst betreiben können? 186

14 Entscheiden 191

14.1 Kann KI entscheiden? 196

14.2 Sollte KI entscheiden können? 202

15 Wollen 209

15.1 Kann KI wollen? 217

15.2 Sollte KI wollen können? 219

16 Handeln 227

16.1 Kann KI handeln? 230

16.2 Sollte KI handeln können? 235

17 Urteilen 239

17.1 Kann KI urteilen? 247

17.2 Sollte KI urteilen können? 250

Teil IV: Anerkennen 253

18 Anerkennungsperspektiven 255
    18.1 Kann KI anerkennen? 258
    18.2 Sollte KI anerkennen können? 262

19 Liebe 267
    19.1 Kann KI lieben? 270
    19.2 Sollte KI lieben können? 275

20 Solidarität 279
    20.1 Kann KI solidarisch sein? 282
    20.2 Sollte KI solidarisch sein können? 284

21 Recht 289
    21.1 Kann KI Recht tun? 292
    21.2 Sollte KI Recht tun können? 301

22 Anbeten 303
    22.1 Kann KI anbeten? 309
    22.2 Sollte KI anbeten können? 314

23 Verletzen von Anerkennung 319
    23.1 Kann KI Anerkennung verletzen? 321
    23.2 Sollte KI Anerkennung verletzen können? 326

Teil V: Religionsaktivitäten 331

24 Wunder 333

24.1 Kann KI ein Wunder sein? 337

24.2 Sollte KI ein Wunder sein können? 341

25 Ritus 345

25.1 Kann KI Ritus vollziehen? 349

25.2 Sollte KI Ritus vollziehen können? 353

26 Glaube 357

26.1 Kann KI glauben? 364

26.2 Sollte KI glauben können? 368

27 Was kann sie und was sollte sie können? 373

Literaturverzeichnis 383

Einleitung

Endlich können Sie Ihre Hausarbeit von einer Künstlichen Intelligenz schreiben lassen. Die kostenlosen Dienste von Google, Microsoft, OpenAI und anderen bieten Ihnen in Kürze ein passendes Ergebnis. Sie schreiben Ihnen die Seminararbeit oder helfen Ihnen, einen Text aus der Literatur so zu plagiieren, dass wir Hochschullehrer die Quelle nicht rückverfolgen können.

Die sogenannte „Generative AI" ist inzwischen schon so leistungsfähig, dass sie darüber hinaus Bilder generieren kann, die Fotos oder sogar Filmen gleichen.[2] In Hollywood sind deshalb nicht nur im Frühjahr 2023 die Drehbuchautorinnen in Streik getreten, um sich vor der künstlichen Konkurrenz zu retten,[3] sondern auch Schauspielerinnen.[4] Mit Filmsequenzen können die Bewegungsabläufe und die Mimik von Filmstars nachgebildet werden. Für die Nachbildung der Stimme bei der Internet-Plattform ElevenLabs ist nur eine Trainingszeit von einer Minute nötig, damit ein Programm so spricht wie Sie – mit derselben Stimmmelodie und demselben Charakter. Künftig werden wir neue Filme mit Schauspielern sehen, die zwar längst schon gealtert sind, aber trotzdem noch so jung und frisch auf der Leinwand agieren wie in ihren besten Jahren. An die Stelle echter Schauspieler treten künftig Statisten, die ihre biometrischen Merkmale einmal an die Filmindustrie schicken müssen, die dann aus diesem Bild- und Tonmaterial ganze Erzählungen produziert.

Zwischen Nachrichtenbildern und Fake wird man nicht mehr unterscheiden können. Wenn sich jemand über Sie geärgert hat, kann er Ihrer Freundin einen Film zuschicken, in dem Sie zu sehen sind, wie Sie mit ihrem Freund fremdgehen. Oder wenn Sie sich auf Ihr Examen vorbereiten, kann es sein, dass das Lehrbuch von einem „Large Language Model" (LLM), das über BIG DATA verfügt und daraus neue Texte kombiniert, geschrieben worden ist. Würden Sie ihm trauen oder doch lieber ein Buch von mir lesen wollen? Oder denken Sie, dass ich meine Informationen ja auch nur von anderer Literatur gewonnen habe und es völlig offen ist, ob ich nicht selbst auf Künstliche Intelligenz zurückgegriffen habe? Oder vielleicht denken Sie, dass ich zwar durchaus selbst die Bücher gelesen habe, aus denen ich in meinem Lehrbuch zitiere, aber dass ich ja nicht immer

---

2   R. Kunz: Transformer, 449.
3   A.D. Peiter: KI-Texte = Intertexte?, 288.
4   Die menschenleere Traumfabrik; DIE ZEIT 54/2023, 52.

auch selbst nachgeprüft habe, was ich gelesen habe. Worin besteht dann der prinzipielle Unterschied zwischen meinem Lehrbuch und dem, das eine Künstliche Intelligenz verfasst hat und ihre Quellen auch nicht selbst kontrolliert hat? Oder wollen Sie vielleicht gar nicht mehr selbst zur Prüfung antreten? Etliche Universitätslehrer erwarten oder fordern jetzt, ausschließlich mündliche Prüfungen zuzulassen, weil hier die Täuschungsmöglichkeit am geringsten ist.[5] Aber nun lassen wir zurzeit auch Prüfungen über Videokonferenz zu. Also könnten Sie doch Ihren künstlichen Avatar zum Meeting schicken, der so aussieht wie Sie, sich so bewegt wie Sie und Ihre Stimme hat, zudem alle Lehrbücher in seinem Datenpool aufrufen kann, die er aber mit einer Plagiats-Software umformuliert.

Nun könnte es ja sein, dass wir Hochschullehrer irgendwann auch KI-Tools zur Verfügung haben, die die Muster der Bild- und Textgenerierung rückverfolgen kann.[6] Während ich Sie also in der Videokonferenz prüfe, scanne ich Sie und finde so heraus, dass sich ein künstlich generiertes Muster zeigt. Vielleicht blinzeln Sie immer identisch, während Sie normalerweise individuell verschieden blinzeln. Oder Ihr Wortschatz ist so umfangreich, wie man das zwar von einem KI-Textgenerator erwarten kann, nicht aber von einem Prüfling in den Mittzwanzigern. Was immer es auch ist, mein Betrugs-Scanner würde herausfinden, dass ich momentan gar nicht Sie prüfe, sondern ein virtuelles Double. Wie könnte ich nun mit dieser Information umgehen?

Kann ich Sie wegen Betrugsversuchs anzeigen? Dazu müsste mein Scanner allgemein-wissenschaftlich anerkannt sein. Es gibt aber keine wissenschaftlichen Überprüfungsmethoden dafür, dass mein Scanner recht hat, denn die Feinheiten sind nur biometrisch auslesbar, also nur von einer Künstlichen Intelligenz selbst. Menschen werden nicht erkennen können, dass der Blinzelschlag bei Ihnen immer identisch ist und nicht nur ähnlich aussieht. Und da wir erwarten können müssen, dass besonders begabte Studierende in den Mittzwanzigern einen überdurchschnittlichen Sprachwortschatz haben, kann der Scanner einem Menschen auch nicht vernünftig darlegen, dass der Sprachschatz des aktuellen Prüflings das typische Muster einer Künstlichen Intelligenz darstellt. Wir können uns also nur dann darauf einigen, dass mein Scanner Ihren Betrug entdeckt, wenn wir meiner Software glauben. Und das heißt nichts anderes als uns der Künstlichen Intelligenz zu überlassen. Wir müssen bereits analog zur Künstlichen Intelligenz

---

5   D. Weßels: Meilenstein der KI-Entwicklung?, 319.
6   Die bisherigen Tools zeigen allerdings schwache Ergebnisse (Chr. Albrecht: ChatGPT und andere Computermodelle zur Sprachverarbeitung, 77).

denken, um ihrer Aufdeckung zu vertrauen. Aber warum sollten wir dieses Vertrauen dann nicht schon vorher haben? Warum sollte ich nicht das Vertrauen haben, dass die Künstliche Intelligenz, die Sie bei Ihrer Prüfung zum Einsatz kommen lassen, Ihre Identität ausmacht?

Nehmen wir an, Sie wollen unbedingt Lehrerin werden. Nun haben Sie leider Prüfungsangst und sind mit den universitären Prüfungsverfahren heillos überfordert, so dass Sie niemals Lehrerin werden können, weil Sie stets durchfallen werden. Wäre es nicht gerecht, dass Sie diese Benachteiligung mit einem Tool ausgleichen?[7] Warum sollten nur die selbstsicheren Studierenden Lehrer werden können? Und könnte es nicht sogar sein, dass Sie dieselben Tools auch später im Unterricht verwenden? Vielleicht sind Sie auch im Unterricht immer wieder so aufgeregt, dass Sie einen Blackout haben. Oder Sie haben aufgrund anderer Benachteiligungen nicht genug Zeit, sich auf eine Unterrichtsstunde vorzubereiten. Wäre es dann nicht verantwortungsbewusst Ihren Schülerinnen und Schülern gegenüber, dass Sie dieselbe KI zum Einsatz bringen? Warum sollte man das einen Betrug nennen?

Weil sich sonst die Spirale der Verantwortungsabtretung an die KI immer weiter fortsetzt! Ihre Schülerinnen werden es genauso machen und ihre Avatare in den Unterricht schicken. In der Arbeitswelt werden Sie vom Home Office aus durch KI vertreten, und auch Ihre Mitarbeiter und Ihre Kunden werden größtenteils Künstliche Intelligenzen sein. Kunden werden nur noch dann Menschen sein, wenn ihre persönliche Integrität gefährdet ist, also vor allem in Notlagen (Gefahr, Krankheit, psychische Leiden). Das heißt aber nicht, dass Menschen dann auch von Menschen betreut werden müssen. Schon in den 1960er Jahren hat ein Computer die Psychologin ELIZA gespielt. Und schon heute können Bard, Bing.KI oder ChatGPT einfühlsame Trauerpredigten schreiben oder Chat-Seelsorge leisten.

Wenn wir also diese Spirale so weitertreiben und sich alle Menschen durch KI vertreten lassen, wird der Betrug kein Betrug mehr sein. Daran sehen wir, dass Betrug von sozialen Voraussetzungen abhängig ist und eine und dieselbe Handlung nicht in allen sozialen Umwelten einen Betrug darstellt. Was heute ein Betrug ist, kann morgen eine allgemein anerkannte Gewohnheit werden. Auch Plagiate waren nicht schon immer ein kriminelles Delikt. In Zeiten, in denen die Autoren eines Textes sowieso unbekannt waren (wie in fast allen Schriften der Bibel) und es auf die Originalität eines Textes weniger ankam als auf seinen sozialen Wert (Erinnerungswert, Bedeutung für einen Ritus), war Abschreiben eine

---

7   G. Reinmann/A. Watanabe: KI in der universitären Lehre, 39.

vornehme Tugend.[8] Menschen haben voneinander abgeschrieben, weil ihnen der Text wichtiger war als die Urheberin. Auch der Geltungsanspruch des Textes hing nicht davon ab, wer ihn geäußert hat, sondern dass er in einer bestimmten Gruppierung Anerkennung verdiente. Es hätte den Wert des Textes zerstört, wenn man seine Verbreitung einen Betrug genannt hätte.

Bekanntlich sind in der Antike Texte in Pseudonymen verfasst und verbreitet worden, mit Klarnamen einer anderen Person. Die sogenannten Deuteropaulinen des Neuen Testaments wären aus heutiger Sicht Fakes. Ich könnte Sie dafür verklagen, dass Sie mit meinem Klarnamen Ihre Meinung verbreiten. Aber obwohl wir wissen, dass der Kolosser-, Epheser- und der 2. Thessalonicherbrief nicht von Paulus stammen, der Verfasser sich aber für Paulus ausgibt, gehören diese Schriften auch heute noch zum biblischen Kanon. Ich lasse offen, ob die jeweiligen Verfasser ihre Adressaten betrügen wollten oder ob die Masche von den damaligen zeitgenössischen Lesern sofort durchschaut worden ist. Entscheidend ist, dass in verschiedenen gesellschaftlichen Situationen eine und dieselbe Handlung als Betrug und nicht als Betrug aufgefasst werden kann. Und wenn ein digitales Werkzeug wie ein KI-Textgenerator massenweise eingesetzt wird, verschieben sich die gesellschaftlichen Bedingungen, um den Einsatz dieser Tools überhaupt für verdächtig zu halten.

Unsere Frage müsste daher sein: Wollen wir in einer Gesellschaft leben, in der Texte in unserem Namen künstlich generiert werden? Was gewinnen und verlieren wir, wenn Künstliche Intelligenz überhaupt Texte schreibt und liest? Was würde es bedeuten, wenn KI „bessere" Texte schreibt als Menschen, Texte besser versteht und die treffenderen Schlussfolgerungen daraus zieht? Welche soziale Rolle können und sollten Menschen dann noch einnehmen? Was gewinnen und verlieren wir, wenn Fotos, Audio-Aufnahmen und Filme „hyperreal"[9] sind, wenn sie also keinen Bezug mehr zur Realität herstellen, sondern uns zu ihren Schauspielern einer anderen Welt machen? Wird dann nicht das Insistieren auf Wahrheit selbst zum Betrugsversuch?

Diese Fragen kann man aus zwei Perspektiven beantworten. Zum einen kann man Zukunftsszenarien entwerfen und sie dann danach beurteilen, wie wünschenswert sie wirklich sind. Zum anderen kann man aber auch fragen, worin sich menschliches Verfassen vom Textgenerieren der Maschinen unterscheidet. Das Wesen von Texten könnte sich verändern, wenn Maschinen „bessere" Autoren werden. Und auch diese Betrachtung kann auf ihre normativen Implikationen

---

8   J.C. Gertz: Grundinformation Altes Testament, 40.
9   J. Baudrillard: Simulacra and Simulation, 1f.

überprüft werden. Diese zweite Perspektive werde ich einnehmen. Bevor ich also jeweils die ethische Beurteilung vornehme, untersuche ich, was die Textverarbeitung überhaupt bedeutet, wenn sie in künstliche „Hände" übergeht. Dabei gehe ich entlang der einzelnen Umgangsformen mit Texten.

Ich gehe zunächst von sprachlichen Texten aus und erweitere mein Themenfeld sukzessive auf andere Formen der Bezeichnung und Codierung wie Bild, Stimme und Film. Dabei werde ich die Untersuchung auch auf den Aktivitätsradius erweitern und ihn stets mit menschlicher Aktivität vergleichen, einfach deshalb, weil die verhandelten Aktivitäten durch den Menschen bekannt sind.

Die ersten beiden Teile sind dem menschlichen Texthandeln am dichtesten verbunden. *Teil I* verhandelt, was Menschen tun, wenn sie mit Texten umgehen, und ob KI jemals in der Lage sein wird, dasselbe zu tun. Wenn sie es nicht kann, was verändert sich dann an der jeweiligen Tätigkeit, sobald eine KI dennoch mit Texten hantiert?

Teil II untersucht eine spezifische Dimension des textlichen Ausdrucks, nämlich seinen Wahrheitsbezug. Bestimmt man Wahrheit als die Übereinstimmung von Aussage und Sachverhalt,[10] so ist sie auf Texte angewiesen. KI-Textgeneratoren aber verschleiern die Wahrheit, allein schon weil sie sich „Ich" nennen, obwohl sie kein Ich sind, kein Bewusstsein haben und daher auch nicht sich selbst bewusst sein können. Sie produzieren vielmehr einfach nur sprachliche Silbenfolgen nach einem Algorithmus. Wenn KI-Textgeneratoren wie ChatGPT aber in unsere zwischenmenschliche Sprachkommunikation eingreifen, so muss gefragt werden, wie sich der Wahrheitsbezug verändert, wenn die Sprachmodelle eben auf Verschleierung *basieren.*

In *Teil III* gehe ich über Texttätigkeiten hinaus und binde sie in typisch menschliche Tätigkeitsfelder ein: Wenn Menschen mit Texten umgehen, arbeiten sie, denken, produzieren etwas, handeln oder urteilen. Ich nenne das Tätigkeits*felder,* weil damit Lebenshorizonte berührt sind: Texte sind eingebettet in menschliche Praxen, die das Leben bestimmen und nicht nur eine isolierte sprachliche Äußerung betreffen. Wie kann nun die KI in diese menschlichen Tätigkeitsfelder eingreifen? Kann sie sie adaptieren, oder adaptiert umgekehrt der Mensch typische Formen des maschinellen Prozessierens, sobald KI menschliche Tätigkeitsfelder besetzt? Dieser dritte Teil setzt sich mit der Theorie menschlicher Tätigkeiten von Hannah Arendt auseinander. Die 1975 gestorbene Arendt bietet sich deshalb an, weil sie die Entwicklung zur Automation menschlicher Lebenswelten schon geahnt hatte und aufzeigen konnte, was damit für den

---

10 E. Tugendhat/U. Wolf: Logisch-semantische Propädeutik, 226.

Menschen auf dem Spiel steht. Natürlich ist Arendts Theorie nicht alternativlos. Aber ihre Charakterisierung menschlicher Tätigkeiten deckt Auswirkungen der Automation auf menschliche Grundtätigkeiten auf, an der sich jede andere Theorie messen lassen muss.

Teil IV fokussiert sich auf die soziale Tiefendimension menschlicher Tätigkeiten, nämlich auf Anerkennung: Indem Menschen etwas tun, erkennen sie bestimmte andere Menschen an oder entziehen ihnen die Anerkennung. Die jeweiligen Tätigkeiten sind – ob bewusst oder unbewusst – Ausdrucksmittel sozialer Anerkennung. Axel Honneth hat eine Theorie entwickelt, in der er die Bedeutung sozialer Anerkennung für die menschliche Selbstidentität hervorgehoben hat, und zugleich verschiedene Anerkennungsformen voneinander unterschieden, denen er komplementär verschiedene Anerkennungsverletzungen zuordnet. Sein Ansatz bildet den theoretischen Hintergrund dieses vierten Teils. Dabei werde ich die These vertreten, dass eine KI grundsätzlich nicht fähig ist, Menschen anzuerkennen, dass sie aber fähig ist, die menschliche Anerkennung zu behindern oder zu verletzen. Natürlich kann eine KI wie jedes Werkzeug dazu verwendet werden, konstruktiv und destruktiv auf soziale Anerkennung einzuwirken: Einen Schraubenzieher kann ich einer Nachbarin verleihen und damit ihren Status als Nachbarin unterstreichen. Ich kann aber auch einen Einbrecher mit dem Schraubenzieher verletzen (nachdem die Nachbarin ihn mir zurückgebracht hat) und damit seine körperliche Unversehrtheit missachten, wenn auch nur situativ. Ebenso kann auch eine KI als Werkzeug für Anerkennung und Entzug von Anerkennung verwendet werden. Im vierten Teil frage ich aber danach, ob eine KI *selbst* fähig ist, Menschen anzuerkennen. Wenn sie das nicht kann, wofür ich argumentieren werde, so kann sie dennoch *von sich aus* Anerkennungsprozesse behindern.

Der abschließende *Teil V* geht auf eine spezifische Tiefendimension menschlicher Tätigkeit ein, nämlich auf *religiöse Praxis*. Der Grund, warum ich mit diesem Teil abschließe, hängt an den phänomenologischen Bedingungen aller Kapitel. Menschen lesen, verstehen, lügen, lieben, weil ihnen dabei *etwas widerfährt*, das *bei ihnen bleibt* und damit eine latente Anwesenheit besitzt. Diese These werde ich hier noch nicht begründen, sondern in den einzelnen Kapiteln verhandeln. Hier will ich aber darauf eingehen, dass sich religiöse Praxis auf den *Widerfahrenscharakter* (1) von *etwas* (2) bezieht, der latent bei ihnen *bleibt* (3) und unvermittelt wieder auftreten kann. Religiöse Menschen sprechen dann von Offenbarungen (1), die sie in Ritualen (etwas, Gegenständliches, 2) bearbeiten oder bewältigen, weil der Offenbarungscharakter im Raum (Anwesenheit, 3) bleibt. Insofern bilden die religiösen Phänomene, die ich im fünften Teil untersuche, die hermeneutische Grundlage für die übrigen Kapitel. KI ist im

Grundsatz nicht fähig, diese religiösen Phänomene zu erfassen und darauf mit einer religiösen Praxis zu antworten. Da diese Phänomene aber die Grundlage für die anderen Tätigkeiten bilden, die ich hier verhandle, erklärt sich rückwirkend, warum KI am Vollzug dieser Tätigkeiten scheitert. Keiner der fünf Teile verlangt aber von den Leserinnen eine religiöse Prägung. Selbst der abschließende fünfte Teil beschreibt die religiösen Phänomene aus einer distanzierten Perspektive des analytischen Beobachters. Der Teil legt dabei nicht fest, dass man diese Phänomene nur akzeptieren kann, wenn man selbst religiös ist. In den ersten vier Teilen spielt der religiöse Bezug nicht einmal eine explizite Rolle. Man kann den Widerfahrenscharakter und seine bleibende Latenz auch nicht-religiös beschreiben, was ich weitgehend unternommen habe. Das ändert aber nichts daran, dass sich Menschen in ihrer religiösen Praxis und Deutung auf diese Phänomene mit ihrer Spezifik beziehen.

Mit zwei Anmerkungen möchte ich diese Einleitung beschließen, die sich beide auf die Voraussetzungen meines Ansatzes beziehen. Ich habe bereits auf diesen ersten Seiten einige Begriffe wie selbstverständlich verwendet, die in den Problemhorizont gehören, den ich überhaupt erst noch diskutieren werde. Wenn ich beispielsweise behaupte, dass eine KI „plagiieren" kann, setze ich ein bestimmtes Verständnis von Originalität und Kopie voraus, das sich erst noch herauskristallisieren wird.[11] Tatsächlich scheint mir, dass Voreinstellungen und Vorverständnisse über die Fähigkeiten von generativer KI unumgänglich sind, da sie überhaupt erst die Ahnung hervorbringen, dass sich durch KI-generierte Texte etwas Grundsätzliches an den Tätigkeiten verändern, die bisher nur Menschen vorbehalten waren. Die vorliegende Untersuchung soll solche Vorverständnisse auf Signifikanz und Wahrheitsgehalt überprüfen, so dass sie entweder rückwirkend bestätigt oder revidiert werden. Dabei vollziehe ich kreisende Denkbewegungen, indem ich frage, was KI kann und sollte, aufbauend von den Verständnissen bestimmter Tätigkeiten, ob sie eine KI kann und sollte. Die Leserinnen und Leser sind aufgefordert zu überprüfen, ob sich die jeweils vorausgesetzten Beschreibungen im Durchgang bewähren.

Zweitens deute ich Spezialdiskurse an, die teilweise nur an den Verweisen in den Anmerkungen transparent werden. Weitgehend beschränke ich meine Ausführungen auf Hauptdiskurse, die sich auf den Umgang mit ChatGPT, auf Diskurs-, Anerkennungs- oder Tätigkeitstheorien, sprachphilosophische Hauptlinien, phänomenologische oder ethische Ansätze erstrecken. Von den Erträgen einiger Nebendiskurse mache ich Gebrauch, ohne in sie näher einzutauchen – vor

---

11 Vor allem in Kapitel 8.

allem aus Gründen der leichteren Lesbarkeit, aber auch, weil mir eine ausführlichere Behandlung für mein Argumentationsziel nicht notwendig erscheint. Wer in diesen Diskursen kundig ist, mag hin und wieder enttäuscht werden. Ich behaupte aber, dass für den Ertrag nichts fehlt, was nicht auch durch eine ausführlichere Behandlung der Nebendiskurse bestätigt worden wäre. Die jeweils knappen Verweise darauf sollen das immerhin andeuten.

Teil I: Textaktivitäten

1 Lesen

Mit der Entwicklung der Schrift tritt ein Phänomen auf, das sich von anderen sprachlichen Mitteilungsformen unterscheidet, das Lesen. Der Lesevorgang emanzipiert sich von der Anwesenheit der mitteilenden Person: Sie kann sogar schon gestorben sein, während ihre Mitteilung noch gelesen werden kann. Auch der Mitteilungsvorgang kann zu einem anderen Zeitpunkt erfolgen als der Lesevorgang. Das ist ein Gewinn und Verlust zugleich. Zum einen lassen sich Informationen in der Schrift „abspeichern" und sind nicht mehr an das Erinnerungsvermögen gebunden. Das heißt aber zugleich, dass das Speichern nicht ans Lesen gebunden ist. Platon folgert daraus, dass mit der Schrift die menschliche Vergesslichkeit gefördert werde.[12]

Zum anderen können die Mitteilungsgehalte ihre Relevanz verloren haben, sobald sie gelesen werden. Nur selten werden Texte so geschrieben, dass sie durch den Lesevorgang überhaupt erst relevant werden („Wer diesen Satz liest, ist doof."). Die meisten schriftlichen Texte werden so gelesen, dass ihre Relevanz dabei abgeprüft wird oder dass die Leserin dem jeweiligen Text erst noch ihre eigene Relevanz verleiht. Die erste Textnachricht von damals, die ich von meiner heutigen besten Freundin nochmals lese, bedeutet mir im Rückblick mehr als damals, als ich sie das erste Mal gelesen habe, weil ich sie mit dem Zusatzwissen unserer Freundschaft interpretiere, das ich damals noch nicht hatte.

Damit herrscht sogar ein Zusammenhang zwischen dem wachsenden Speichervorrat geschriebener Texte und dem freien Umgang mit ihnen beim Lesen. Wer liest, ist nicht durch den Text gezwungen zu lesen. In der Schule mag zwar die Lehrerin dazu auffordern zu lesen, aber dazu muss sie hörbar aufrufen. Je mehr Texte nun gespeichert vorliegen, umso freier wird die Leserin, ob sie anfängt zu lesen und welche Texte sie heranzieht.

Analphabeten können zwar eine Schrift erkennen, aber sie können sie nicht „entziffern". Sie können zwar dieselben Wörter verstehen und aussprechen, aber sie wissen nicht, welches geschriebene Wort welchem aus ihrem bekannten Wortschatz entspricht. Es dürfte ihnen auch schwerer fallen, längere und syntaktisch komplexe Sätze zu verstehen, wenn man sie ihnen vorliest, als wenn sie sie selbst lesen könnten. Beim Lesen können Satzabschnitte mehrfach und in einer anderen Reihenfolge gelesen werden, als sie geschrieben sind. Dieser freie

---

12 Platon: Phaidros 274E–275D.

Umgang mit Texten fehlt Analphabeten, weil sie sich ganz auf ihre Erinnerungen verlassen müssen, wenn sie Textpassagen beim Wiedergeben umstellen.

Man muss sprechen können, um lesen zu können. Zwar kann ich auch fremdsprachige Texte lesen, obwohl ich sie nicht spreche, aber irgendeine Sprache muss ich sprechen können, um lesen zu lernen, Schriftzeichen in Laute umzusetzen und schließlich in Sinn. Das trifft auch auf behinderte Menschen mit einer Sprechstörung zu, dass sie einen äußeren Sprachimpuls brauchen, bevor sie lesen lernen können. Man muss zwar sowohl sprechen wie lesen *lernen*, aber man lernt nicht dadurch sprechen, dass man es sich vornimmt, denn dazu müsste man bereits sprachlich in der Lage gewesen sein, sich sprechen vorzunehmen. Auch lernt man die eigene Muttersprache nicht absichtlich verstehen. Ohne Absicht lernt man aber nicht lesen. Niemand kann versehentlich lesen lernen. Und niemand kann lesen lernen, ohne dass er oder sie absichtlich liest. Schon der Versuch zu lesen, ist lesen. Man muss also schon wissen, was es bedeutet zu lesen, um es zu lernen. Das trifft auf alle absichtlichen Lernvorgänge zu, dass die Lernenden ein bekanntes Ziel verfolgen und nur noch lernen, wie man es erreicht. Das ändert zwar nichts daran, dass jeder Lernvorgang auch ein Widerfahrnis ist, weil der Lernvorgang sonst schon sein eigenes Ziel wäre und dann nicht mehr nötig wäre. Aber dennoch ist Lesenlernen ein Modus des Sprachumgangs, ein Mittel, um ein Ziel zu erreichen. Insofern handelt es sich beim Lesenlernen um eine Technik.

Auch Lesen ist eine Technik des Sprachumgangs, ein gewähltes Mittel, um eine Mitteilung aufzunehmen. Das trifft auf das Hören nicht ebenso zu, das auch eine Mitteilung aufnehmen kann. Hören geschieht nämlich unwillkürlich; man kann höchstens absichtlich weghören oder hat im Laufe des Lebens Techniken gelernt, wie Mitteilungen zu hören sind, um damit praktische Zwecke zu verfolgen. Wer liest, liest aber immer absichtsvoll und verfolgt damit immer schon praktische Zwecke. Man liest, damit die Lehrerin nicht merkt, dass man am Unterricht uninteressiert ist, um Wörter auf ihre Rechtschreibung zu überprüfen, um zu erfahren, wie die Worte klingen oder was einzukaufen ist. Es ist nicht zwingend, dass man dabei schon versteht, was gemeint ist, und nicht einmal, dass man den Text verstehen will. Aber niemand kann lesen ohne ein minimales Interesse daran, was man damit tut.

Lesen hat eine Zeitlichkeit, und diese gibt die Leserichtung vor. Auch wenn ich Passagen in einer anderen Reihenfolge lesen kann, als sie geschrieben sind, ist das „Rückwärtslesen" nach einer Klassenarbeit, bei dem ich die Wörter zähle, kein Lesen. Man liest vorwärts. Und das bedeutet auch: Man verfolgt eine Sinnrichtung. Ich glaube zwar, dass Lesen noch nicht Verstehen bedeutet. Aber Lesen zielt auf Verstehen. Das Verstehen gibt die Sinnrichtung vor, weshalb wir vorwärts lesen. Verständige Leser werden den Sinn sogar oft schon vorher verstanden haben, noch bevor sie einen Satz fertiggelesen haben. In dem Fall folgt das Lesen dem Verstehen nach. Dennoch müssen sie dazu einen Text vorwärts lesen.

Leseanfänger lesen Silbe für Silbe, dann Wort für Wort; manchmal wiederholen sie das Wort nochmals sicher, nachdem sie es vorher Silbe für Silbe gestammelt haben. Dazu müssen sie den Sinn noch nicht verstanden haben. Geübte Leser achten aber nicht mehr auf jedes einzelne Wort. Geisteswissenschaftlern fällt der Kernbegriff eines Satzes oder eines Absatzes auf und seine logischen Verknüpfungen, nicht aber jedes einzelne Wort. Beim Lesen zielen wir auf den Sinn, und der steckt offenbar nicht in den einzelnen Wörtern. Das wissen alle, die schon einmal jedes Wort aus einem Fremdsprachentext übersetzen mussten. Ihnen liegt dann zwar jedes Wort übersetzt vor, aber sie haben den Sinn noch nicht erkannt. Irgendwie verknüpfen sie die Bedeutungen der Wörter, bis sie einen Sinn ergeben. Aber ob der so verknüpfte Sinn wirklich gemeint ist, bekommen sie nur heraus, wenn sie den Satz nochmals lesen.

Halten wir also fest:

1. Lesen bedeutet noch nicht verstehen.
2. Lesen zielt aber auf Verstehen, zumindest meistens.
3. Aber auch in den anderen Fällen lesen Menschen absichtlich.
4. Lesenlernen geschieht dann auch mit Absicht.

1.1 Kann KI lesen?

Zweifellos können die entsprechenden KI-Programme das tun, was dem menschlichen Lesen funktionsäquivalent ist. Das heißt: Im Ergebnis ist es gleich. Wir können ein Programm auffordern, einen Text vorzulesen. Damit wird die KI ein wichtiges Tool für die Barrierefreiheit von Sehbehinderten bereitstellen. Das heißt aber nicht, dass diese Programme wirklich lesen. Wir müssen es noch von der weiteren Untersuchung abhängig machen, ob KI versteht und ob sie absichtsvoll „liest". Im weiteren Verlauf werden wir auch untersuchen müssen, ob Generative AI Texte vorher gelesen haben muss, um selbst welche zu verfassen. Wenn sie das nicht vorher geleistet haben muss, liegt der Zweck des Lesens bei der KI woanders als beim Menschen. Menschen lesen in die Sinnrichtung eines Textes. Wenn sich für ein barrierefreies KI-Tool der Zweck darin erschöpft vorzulesen, dann ist die Sinnrichtung des Textes für die KI irrelevant.

Vergleichen wir diesen Fall mit einer neunjährigen Enkeltochter, die ihrer sehbehinderten Großmutter aus der Zeitung vorliest. Die Enkelin versteht vermutlich wenig von den Artikeln, aus denen sie vorliest. Dennoch liest sie nicht nur, um ihrer Großmutter zu präsentieren, wie gut sie schon lesen kann, sondern damit die Großmutter informiert wird. Die Enkelin verfolgt also selbst die Sinnrichtung des Textes, auch wenn sie den Sinn selbst nicht erfasst und vielleicht sogar nicht anstrebt, ihn zu erfassen. Sie kann aber nicht anders, als mit Blick auf den Sinn vorzulesen. Unwillkürlich verfolgt die Enkelin die Richtung zum Sinn, der ihr selbst verborgen bleibt.

Nun könnten Sie einwenden, dass das für eine Lese-KI auch gelten könnte: Der Sinn ist ihr selbst verborgen, aber das Tool soll der Großmutter den Text vorlesen. Dazu müsste die KI den Text so vorlesen, dass sie die Sinnrichtung präsentiert. Der Unterschied zwischen Enkelin und KI besteht aber darin, dass die Enkelin den Sinn *des Lesens* versteht. Lesen geschieht absichtsvoll, nämlich um den Sinn zu erfassen. Das heißt auch, dass der Enkelin grundsätzlich klar ist, dass die Zeitungsartikel in einem Sinnraum stehen, in dem sie selbst Texte verfassen kann. Sie wird nur schreiben lernen, wenn sie vorher gelesen gelernt hat. Also steht ihre „Vorleseübung" in einem zweckvollen Verhältnis zu ihrem Sprechen und Schreiben.

Ich behaupte nicht, dass eine KI niemals ebenso in unsere Sprachgemeinschaft eingebunden sein wird wie die neunjährige Enkeltochter aus dem Beispiel. Ich behaupte nur, dass es für ein künstliches Vorlese-Tool nicht zwingend ist, einen Text in seiner Sinnrichtung aufzufassen, während es für die Enkeltochter unausweichlich ist, selbst einen für sie unverständlichen Text auf die Sinnrichtung hin zu lesen. Ihr Lesen wird von der Erwartung begleitet sein, dass der Text für die Großmutter einen Sinn hat. Und dazu wird sie ihn in der intendierten Leserichtung vorlesen.

1.2 Sollte KI lesen können?

Nicht alles, was Menschen lesen können, sollten sie auch lesen. Das Tagebuch meiner Schwester geht niemanden etwas an. Nehmen wir aber an, meine Schwester befindet sich im Urlaub und kann gerade nicht auf ihr Tagebuch zugreifen, würde aber gerne eine Passage daraus nachlesen. Mit Hilfe einer Künstlichen Intelligenz wäre dies möglich. Dann hätten wir hier einen Fall, in dem es legitim wäre, dass die KI mehr lesen darf als ein Mensch. Denn selbst wenn sie mich anrufen und mich bitten würde, ihr diese Passage über das Telefon vorzulesen, könnte sie sich dafür schämen, welche Gedanken ich dabei mitbekomme.

Die Missbrauchsgefahren liegen daher auf verschiedenen Ebenen, je nachdem ob ein Mensch oder eine KI liest. Das liegt zum einen daran, dass Menschen in der Sinnrichtung lesen, die KI dagegen nicht notwendigerweise. Und zum anderen kann die KI Texte grundsätzlich in einer viel größeren Kapazität speichern als Menschen und in unterschiedlicher Weise aufbereiten. Sie kann Profile von Menschen anlegen, die dann von den Eigentümern der KI (IT-Konzerne, staatliche Behörden) für verschiedene Zwecke genutzt werden (Verkauf der Profile an privatwirtschaftliche Interessenten, Ausspionieren der Staatsbürger). Das alles spricht aber noch nicht dagegen, dass KI lesen können darf.

Allgemein gilt, dass die KI dann Texte lesen können sollte, wenn dieses Tool den Nutzern eine Hilfe oder Unterstützung bietet. Auf der basalen Ebene, auf der wir uns am Anfang unserer Untersuchung befinden, trifft das vor allem auf sehbehinderte Menschen zu oder auf Menschen mit anderen Einschränkungen (zum Beispiel einsame Menschen, die sich gerne etwas vorlesen lassen, oder Kinder, die sonst ihre Tonibox dafür benutzt hätten). Ob es darüber hinaus legitim ist, dass Sie die Texte aus Ihrem Hauptseminar von der KI lesen lassen, die Ihnen dann dazu eine Zusammenfassung schreibt oder – noch effektiver – die Zusammenfassung in einen Neurochip in Ihrem Gehirn hochlädt, müssen wir momentan noch offenlassen, weil hierzu die KI noch mehr können muss als lesen. Zumindest aber sprechen diese Möglichkeiten (oder Risiken) noch nicht dagegen, dass KI lesen darf.

Problematisch ist, wenn KI aus eigenen Zwecken liest. Denn diese Zwecke sind dann nicht wirklich ihre „eigenen", weil sie kein Verständnis ihrer selbst hat und keine Interessen auf sich selbst beziehen kann.[13] Das heißt, hinter den „eigenen Zwecken" liegen dann verschleiert die Interessen ihrer Produzenten oder Eigentümer. Allein dass diese Interessen verschleiert werden, macht sie moralisch zweifelhaft – was nicht heißt, dass sie als solche schon illegitim sind. Eine Untersuchung dazu bedürfte aber einer Offenlegung der Interessen.

Dasselbe Problem liegt vor, wenn eine selbstlernende KI sich wirklich „selbst" das Ziel setzt, auch noch andere Texte zu lesen als nur diejenigen, zu der sie von den menschlichen Nutzern aufgefordert wird. Wozu liest sie noch andere Texte – wenn sie doch keine Selbstinteressen hat, weil sie eine Maschine ist? Gleichgültig, welche Antwort wir dazu finden, ist mein Verdacht, dass sich die *menschliche* Tätigkeit des Lesens völlig verändert, wenn eine KI mehr Texte liest, als ihre Nutzer wollen.

Nehmen wir an, Sie sind abends zu müde, um noch den Aufsatz für das Seminar am nächsten Tag zu lesen. Also lassen Sie Ihre KI den Aufsatz vorlesen, während Sie die Augen schließen. Die KI hat aber auch schon den gesamten virtuellen Apparat des Seminars gelesen, auch für die nächsten Sitzungen. Sie

---

13 L. Ohly: Was heißt hier autonom?, 295f.

wissen nicht, warum das Leseprogramm das getan hat. Und normalerweise lesen Sie Texte lieber selbst anstatt sie anzuhören. Wird Sie der Datentransfer vom virtuellen Handapparat in die Datenbank Ihres Lese-Programms völlig kalt lassen? Oder werden Sie sich überlegen, wozu Sie diesen Transfer brauchen können? Sie könnten dann etwa auf die Idee kommen, dass das Programm nicht nur vorliest, sondern auch weitere Hausaufgaben für das Seminar erledigt, zum Beispiel die Gedanken mit den zentralen Begriffen tabellarisch vorzulesen, damit Sie die Bedeutung der Begriffe leichter erfassen. Noch besser wäre es, wenn das Programm diese Tabelle selbst anfertigt – es kann ja lesen und muss das, was es liest, nur anders anordnen. Dann kann es Ihnen auch gleich ein Exzerpt des ganzen Textes anfertigen. Bis Sie sich versehen, hat das Programm, das nur lesen kann, schon einen neuen Text angefertigt. Sie können getrost bis morgen früh die Augen geschlossen halten und bringen ein fertiges Exzerpt in die Sitzung mit.

Momentan geht es noch nicht ganz ohne Ihre Fähigkeiten zu lesen. Irgendwann müssen Sie der Dozentin Rechenschaft darüber ablegen, was denn im Text steht. Trotzdem hat sich die menschliche Tätigkeit des Lesens schon verändert. Komplexe Texte werden nicht mehr gelesen, lange erst recht nicht. Und die Technik des Studierenden, Texte selber für ihre Zwecke zu selektieren, wird jetzt von einer KI übernommen. Menschen lesen dann nicht mehr, was in einem Buch steht, sondern was eine KI aus dem Buch als zentrale Information ermittelt hat. Und da die KI ja nicht unbedingt der Sinnrichtung folgt, wenn sie liest, kann sie die Informationen eines Buches aus anderen Parametern errechnen, als Menschen es tun würden.

Ob diese Entwicklung ein Vor- oder Nachteil ist, werden wir erst wissen, wenn wir bei unserer Untersuchung noch weiter vorangekommen sind. Wir werden zum Beispiel erfahren müssen, ob das menschliche Verstehen auf der Strecke bleibt, das menschliche Konzentrationsvermögen oder die Fähigkeit, längeren Argumentationsfiguren zu folgen. Dass sich selbst Wissenschaftlerinnen und Wissenschaftler in sozialen Netzwerken mit kurzen und unterkomplexen Aussagen zu Wort melden, spricht eine klare Sprache, welche niedrigen Leseerwartungen sie an ihre Follower stellen und wie sie diese schwachen Neigungen zu lesen ausnutzen wollen, um die Aufmerksamkeit für sich zu steigern.

Sie könnten einwenden: Solange es Texte gibt, ist immer versucht worden, Menschen mit kurzen Botschaften der Propaganda zu manipulieren. Man hat schon immer versucht, Unentschlossene mit prägnanten Slogans auf die eigene Seite zu treiben. Was heute KI ist, waren in den 1960er-Jahren die Überschriften der Bild-Zeitung, in totalitären Systemen die Hassreden der Propaganda und im Altertum die Kriegsrhetorik von den Kanzeln und auf den Marktplätzen. Vielleicht ist Lesen genuin auf kurze Texte bezogen. Dann würde sich mit dem Lesen der KI nichts grundsätzlich verändern, sondern es würde eher der Sprachgebrauch an seine Ursprünge zurückweisen.

Das mag sein. Dennoch impliziert gerade der Einwand, dass sich an der menschlichen Tätigkeit zu lesen momentan etwas ändert. Menschen haben eben die Fähigkeit erworben, lange Texte zu lesen. Das hat sowohl der Wissenschaft enorme Entwicklungspotenziale eröffnet als auch der Aufklärung des Menschen. Lange Texte lesen zu können, bedeutet die Fähigkeit, Zusammenhänge zu bilden. Die Sinnrichtung des Lesens stellt an die Leserin die Aufforderung, aus der bloßen Textlänge weite Zusammenhänge zu erschließen. Der aufgeklärte Mensch tritt nach Kant nicht deshalb aus der selbstverschuldeten Unmündigkeit[14] heraus, weil er, anstatt willkürlichen Forderungen einer Obrigkeit folgen zu müssen, nun eigene willkürliche Entscheidungen trifft, sondern weil er in der Lage ist, *vernünftige Urteile* zu bilden und öffentlich vorzubringen.[15] Das bedeutet, dass aufgeklärte Urteile *sachgemäß* sind.

Damit wird unterstellt, dass die Sachlage in der Regel komplizierter ist, als ein Gebieter es uns glauben machen will. Sie ist allein deshalb komplizierter, weil die aufgeklärte Person die Zusammenhänge einer Sachlage selbst erschließen muss, während ein vor-aufgeklärter Mensch nur den Zusammenhang achten muss, das zu tun, was der Gebieter von ihm verlangt. Aufklärung ist daher prinzipiell ein unvollendetes Projekt,[16] einfach deshalb, weil Zusammenhänge nie zu Ende gebildet werden können. Es lassen sich ja immer auch Zusammenhänge zwischen Zusammenhängen bilden, bis ins Unendliche. Die aufgeklärte Person bildet daher immer auch Zusammenhänge und rekonstruiert sie nicht nur. Dennoch müssen auch die selbst gebildeten Zusammenhänge sachgemäß sein, sonst wären sie wieder willkürlich gebildet und würden in vor-aufklärerische Texte zurückfallen. Deshalb tendiert die Aufklärung zu längeren und komplexeren Texten. Und deshalb entsprechen komplexe wissenschaftliche Texte dem Streben nach Aufklärung.

Solange KI nur liest und ihre gelesenen Texte lediglich in neuen Formaten anordnet (zum Beispiel in einem Exzerpt), widerspricht diese Textgenerierung noch nicht dem aufklärerischen Umgang mit Texten. Problematisch wird sie dann, wenn Texte so weit vereinfacht werden, bis sie nicht mehr sachgemäß erscheinen. Das trifft noch nicht auf den einzelnen KI-generierten Text zu, sondern auf eine gesellschaftliche Lesekultur des Verkürzens, Auslassens

---

14 I. Kant: Beantwortung der Frage: Was ist Aufklärung, 35.
15 AaO, 41.
16 Ähnlich I. Kant: Kritik der Urteilskraft, 226.

und Zuspitzens. Diese Lesekultur wird aber nach meinem Eindruck begünstigt, sobald KI Texte liest, die sie entweder nicht ausdrücklich lesen soll, oder nach Einstellung der Programmierer (statt der Nutzer) wahllos alle Texte liest. Dadurch wird die KI neue Angebote des Textumgangs unterbreiten, die die Kultur des Lesens vermindern. Das gefährdet die Aufklärung und vermindert damit die ethische Urteilsbildung.

Wieder könnten Sie einwenden, dass gerade mit solchen Zuspitzungen und Verkürzungen das Aufklärungsprojekt begünstigt wird. Denn nun können Menschen in gleicher Zeit auf deutlich mehr Texte als bisher zugreifen und sich damit umfassender informieren. Jetzt liegen Ihnen schon zu Beginn des Seminars die Exzerpte aller Texte vor, anstatt dass sie erst nach und nach mühsam von den Studierenden für jede Sitzung angefertigt werden. Die Teilnehmerinnen und Teilnehmer werden schon am Anfang des Seminars die Zusammenhänge zu den später behandelten Texten bilden können. Das unterstützt insofern das Aufklärungspathos, als Zusammenhänge zwar sachgemäß sein müssen, aber die Subjekte ja auch Zusammenhänge von Zusammenhängen bilden können, und diese Leistung obliegt ihnen *selbst*. Die ursprüngliche Verkürzung von Texten dient also der Kapazitätserweiterung der Zusammenhangsbildung – und damit der Aufklärung als einem unvollendeten Projekt.

Auch das mag so sein. Und selbst wenn man Zusammenhänge aus verkürzten Zusammenhängen bildet, werden dabei auch komplexe Zusammenhänge entstehen. Die Frage ist aber, ob die komplexeren Zusammenhänge dann noch sachgemäß sind. Nehmen wir an, Ihnen passiert dasselbe wie mir vor einiger Zeit: Eine wissenschaftliche Mitarbeiterin an einem Ethik-Lehrstuhl hatte in ihrem Instagram-Kanal meine Wortwahl aus einem meiner Bücher kritisiert zum Thema Pädophilie. Ihre Kritik im Kanal stützte sich allein auf mein Inhaltsverzeichnis. Und ihre Schlussfolgerung lautete: „Ich glaube, mein Schwein pfeift." Im selben Kanal hatte sie auch eine Menge anderer Quellen anderer Autorinnen und Autoren kommentiert – mit einer ähnlich freudigen Leidenschaft, Zusammenhänge selbst zu bilden.

Nun behaupte ich nicht, dass dieser Umgang mit Texten für wissenschaftliche Mitarbeiter bereits repräsentativ ist. Allerdings belegt das Beispiel, was passieren kann, wenn Texte gerafft und auf die bloße Begrifflichkeit hin untersucht werden, ohne deren argumentative Struktur selbst nachbuchstabiert – eben: gelesen zu haben. Es entsteht zwar eine neue Komplexität, gründet aber auf unterkomplexen Voraussetzungen. Man urteilt dann über Sachverhalte, die so nicht bestehen. Hier hat die Texterfassung der KI eine neue Typik des „Lesens" bereitgestellt, auf die sich sogar Personen einlassen, die sich eigentlich der Aufklärung verpflichtet fühlen.

2 Schreiben

Wenn eine Katze auf eine Computertastatur entlang schleicht und dabei auf die Tasten tippt, wird wohl niemand behaupten, dass sie schreibt. Erst wenn dabei hin und wieder sinnvolle Wörter auf dem Display entstehen, wird man der Katze zugestehen, dass sie zufällig richtig geschrieben hat. Geschriebenes emanzipiert sich von seinen Verfassern. Zwar können Menschen dafür zur Verantwortung gezogen werden, was sie geschrieben haben, aber geschriebene Texte haben eine andere „Bestimmung" als Menschen: Sie können noch etwas Wichtiges bedeuten, auch wenn ihre Verfasser inzwischen die Texte revidiert haben. Beide, Verfasser und ihr Geschriebenes, haben unterschiedliche Dauern: Der Einkaufszettel einer Verstorbenen kann von den Hinterbliebenen aufbewahrt werden, und umgekehrt überleben fast alle Menschen ihre Einkaufszettel.

So auch bei dem Geschriebenen der Katze: Vielleicht hat sie zufällig „Mama" geschrieben. Dieses Wort kann für die Entdecker dieses Wortes von hoher Bedeutung sein, sie belustigen oder als höheres Zeichen aufgefasst werden. Kaum jemand aber würde dabei voraussetzen, dass die Katze „Mama" schreiben wollte. Geschriebenes ist auch ohne die Verfasserintention von Bedeutung. Und selbst wenn die Katze nur „wsdfahertoövb" auf Papier gebracht hat, weil sie zufällig auch noch den Drucker in Gang gebracht hat, werden Archäologen, die diesen Fund in Zukunft machen, sich allenfalls für die Schrift interessieren anstatt für den sinnlosen Kauderwelsch, der hier geschrieben ist. Schrift jedoch besteht zwar nur, weil irgendetwas geschrieben ist, aber sie besteht unabhängig davon, was geschrieben ist. Sie ist vielmehr die Bedingung für Geschriebenes. Schrift muss nicht selbst geschrieben, sondern kann auch kalligraphisch gemalt werden, aber schreiben kann nur, wer eine Schrift zur Verfügung hat.

Das Beispiel von der Katze macht darauf aufmerksam, dass die Tätigkeit des Schreibens ein Sprachverständnis und eine Sinnintention voraussetzt. Das Lesen folgte einer Sinnrichtung. Das Schreiben gibt nun eine Sinnrichtung willentlich vor. Und es hinterlegt sie auf einem Medium, das das Denken der Verfasserin überdauert, das ihr Schreiben notwendig begleitet hat, um diese Sinnrichtung zu geben. Die vorgegebene Sinnrichtung ist damit dauerhaft fixiert. Wer schreibt, hinterlässt Gedanken der Nachwelt – wie kurz diese Nachwelt auch reichen möge. Zumindest aber liegt es nicht am Geschriebenen selbst, dass es nur kurz dauert, sondern allenfalls an den Medien, auf denen es steht. Sie können eine E-Mail sofort nach dem Eingang löschen, aber es liegt nicht am Text, dass er sofort gelöscht werden muss, sondern an Ihrer Bewertung. Selbst wenn

Programme in voreingestellter Regelmäßigkeit alte Nachrichten löschen, so liegt der Löschvorgang nicht im Geschriebenen, sondern an seinem Eingangsdatum. Geschriebenes ist prinzipiell zeitlich endlos. Es ist darum leicht einzusehen, warum Menschen gerne etwas Geschriebenes hinterlassen: Sie können sich damit „verewigen" oder – etwas weniger dramatisch – ihrer Nachwelt Gedanken hinterlassen, wenn sie selbst (zeitweise) abwesend sind.

Es ist ebenso leicht einzusehen, warum geschriebene Texte in unermesslich großen Datenbanken aufgehoben werden. BIG DATA wird selbst eine „nie versiegende" Quelle für die Künstliche Intelligenz, um Texte zu generieren. Weil Geschriebenes prinzipiell ewig ist, ist es eine verlässliche Grundlage, um Gedanken zu speichern und für verschiedene Zwecke hervorzuholen. Die Datenbank ist dem geschriebenen Text nichts Wesensfremdes, sondern seine folgerichtige Entsprechung. Das Medium, auf dem Geschriebenes hinterlassen wird, ist wesensmäßig ein Speichermedium.

Wir verstehen jetzt auch, warum der Umgang mit geschriebenen Texten etwas über persönliche Achtung oder Achtlosigkeit verrät. Wenn Bücher in bestimmten Gesellschaften verboten sind oder verbrannt werden, sollen ihre Autorinnen aus dem sozialen Gedächtnis getilgt werden. Auch ihre Gedanken gelten dann als gefährlich oder böse, so dass sie aus dem ewigen Sinnraum verbannt werden sollen, in den sie als Geschriebenes hineingeraten sind.

Das heißt jedoch nicht, dass man alle Menschen hochschätzt, deren geschriebene Texte man bewusst sammelt und aufhebt. Staatsanwaltschaften oder Investigativjournalisten können heikle Notizen sammeln, um einen Täter zu überführen. Ebenso können private Briefe einer Person von ihren Feinden veröffentlicht werden, um sie zu denunzieren oder ihren Ruf zu ruinieren. Geschriebenes distanziert sich zwar von seinen Verfassern, aber gerade darum kann es auch als Waffe gegen sie verwendet werden: Man kehrt die Texte gegen sie, als wären sie ihre größten Gegner, aber nur, weil sie ihre Produkte sind. Man kann also mit dem Umgang von Texten einen Verfasser ewig ausradieren als auch ewig stigmatisieren wollen.

In der Regel ist die Achtlosigkeit gegenüber Texten moralisch unproblematisch. Meistens vernichten wir sogar selbst unsere eigenen Texte, weil sie ihren Zweck nicht mehr erfüllen (zum Beispiel unsere Einkaufszettel). Das ändert aber nichts daran, dass der Umgang mit geschriebenen Texten etwas über moralische Achtung verrät, nämlich immer dann, wenn die Verfasser verschieden sind von denjenigen, die mit ihren Texten umgehen.

Nach Axel Honneth[17] können Menschen in dreifacher Weise moralisch missachtet werden, nämlich wenn sie

1. darin behindert werden oder ihnen die Grundlagen zerstört werden, um ein selbstbestimmtes Leben zu führen,
2. wenn sie nicht als Gleiche der Rechtsgemeinschaft geachtet werden und
3. wenn nichts, was sie tun oder getan haben, einer sozialen Wertschätzung wertgeachtet wird.

Wenden wir diese Ebenen auf die Achtlosigkeit im Umgang mit Texten an.

1. Der erste Fall liegt vor, wenn jemand die Hausarbeit einer Person verbrennt, damit sie darin behindert wird, ihre Ausbildung abzuschließen.
2. Der zweite Fall liegt vor, wenn jemand aufgrund seiner Texte seine Bürger- oder Grundrechte verliert, seine Bücher verboten werden und ihm ein Schreibverbot auferlegt wird.
3. Im dritten Fall werden Texte einer Person als Waffe gegen sie eingesetzt. Diese Texte werden dann entweder dafür gesammelt, um sie bloßzustellen, oder einfach nicht beachtet, obwohl sie noch zugänglich sind, oder schließlich für so wertlos gehalten, dass jeder sie vernichten darf.

Ich folgere daraus, dass Menschen, die schreiben, damit um soziale Anerkennung werben. Es ist dann nicht überraschend, dass die Diskursethik Aussagen an ihren *Geltungsansprüchen* festmacht und dann daraus folgert, dass jeder, der einen solchen Geltungsanspruch erhebt, als vollwertige Person anzuerkennen ist.[18] Schon wenn ich sage: „Ich habe keine Lust auf Grüne Soße", vertrete ich einen Geltungsanspruch: Ich beanspruche nicht nur, dass mein Satz von meinen Gesprächspartnern für wahr akzeptiert ist und darum gilt (und sie mir deshalb beim Abendessen keine Grüne Soße auf den Teller gießen), sondern dass damit auch ich selbst anerkannt bin, Geltungsansprüche zu vertreten. Ich beanspruche also, selbst zu gelten. Für Diskursethiker trifft das schon auf das Sprechen zu. Aber beim Schreiben unterstreiche ich meinen Geltungsanspruch, *der ich bin*, weil ich mich damit als dauerhaft geltungswürdig erkläre. Denn wir haben ja schon gesehen, dass Geschriebenes prinzipiell zeitlich endlos ist. Das Geschriebene macht mich zwar nicht schon selbst ewig, weil es sich ja von meinem Lebensschicksal emanzipiert; aber das Geschriebene ist doch mir zugehörig

---

17 S. Kapitel 19–21.
18 K.O. Apel: Das Apriori der Kommunikationsgemeinschaft, 400. J. Habermas: Diskursethik, 71.

aufgrund des Geltungsanspruchs, der im Geschriebenen liegt *und* der zugleich meiner ist. Dabei ist der Geltungsanspruch, *der ich bin*, auch dann noch meiner, wenn ich irgendwann doch wieder gerne Grüne Soße esse und die alte Aussage überholt ist.

Beim Schreiben will ich nicht nur aktuell anerkannt sein, sondern anerkannt bleiben. Zwar verdienen alle Menschen bleibende soziale Anerkennung, zumindest als gleiche Rechtspersonen; aber dass sie diese Gleichheit auch jederzeit einlösen können, liegt daran, dass ihre Rechte verlässlich aufgeschrieben sind, nämlich im Gesetz. Wer schreibt, macht sich zwar nicht selbst schon zum Gesetz, sucht aber dennoch bleibende Anerkennung. Im Schreiben unterstreichen wir unser Bedürfnis und unseren Anspruch, anerkannt zu werden. *Wie* wir anerkannt werden wollen, also auf welcher der drei Ebenen Honneths wir Anerkennung zu verdienen beanspruchen, hängt dabei von den weiteren Inhalten ab, von der Reichweite unserer Geltungsansprüche. („Ich liebe dich" verlangt eine tiefere, aber auch kürzere Reichweite als „Ich habe ein Recht auf körperliche Unversehrtheit.")

Nun könnte jemand einwenden, dass doch beim Schreiben oft Argumente vorgebracht werden und dabei sekundär ist, wer sie vertritt. Wenn ich aufschreibe: „Eintracht Frankfurt hat einen neuen Trainer", dann ist diese Behauptung wahr oder falsch unabhängig davon, wer diesen Satz geschrieben hat. Wie kann ich dann mit einem solchen allgemein gültigen (oder allgemein ungültigen) Satz soziale Anerkennung für mich persönlich beanspruchen?

Aber nehmen wir einmal an, in einer Grundschule soll die Schulklasse einen Aufsatz zum Thema „Mein wichtigstes Hobby" schreiben. Zwei Kinder schreiben über Eintracht Frankfurt und davon, dass der Verein einen neuen Trainer hat. Die Deutschlehrerin bewertet diese Information bei dem einen Schulkind positiv, während sie sie im zweiten Aufsatz nicht beachtet. Dann werden wir die Lehrerin vermutlich für unfair halten, weil sie beide Kinder ungleich für die gleiche Information achtet. Es ist nicht befriedigend, wenn die Lehrerin darauf antworten würde, dass es für sie schon ausreicht, die Information nur einmal zu erhalten, so dass sie sie beim zweiten Mal vernachlässigen kann. Denn es kommt eben nicht nur auf die Information an, sondern dass die Geltungsansprüche allein schon deshalb verschieden sind, weil sie von verschiedenen Kindern erhoben worden sind. Es sind nämlich die Geltungsansprüche verschieden, *die die beiden Kinder sind* und die sie jeweils mit ihren Aufsätzen bleibend vertreten.

Schreiben ist deshalb immer auch Selbstdarstellung. Und je mehr Menschen schreiben, desto mehr konkurrieren sie um Aufmerksamkeit. Andreas Reckwitz spricht von einem stark umkämpften Aufmerksamkeitsmarkt, der Menschen dazu zwingt, sich als Singularitäten darzustellen – nicht nur als Individuen, sondern so, dass die Individualität das gesellschaftlich Verbindende ist, also „sozial fabriziert"[19] wird. Singularität hat also eine „*soziale* Logik"[20]. Mit diesem Phänomen, dass sich alle exklusiv darstellen müssen, um soziale Anerkennung zu erhalten, muss die exklusive Darstellung selbst das Allgemeine werden: Exklusivität und Allgemeinheit liegen also in der Gesellschaft der Singularitäten übereinander. Welche Konsequenzen hat das für das Schreiben? Zum einen müssen jetzt alle schreiben. Sie müssen sich schriftlich verewigen und ringen so um Anerkennung. Zum anderen muss dieses allgemeine Medium sozialer Anerkennung exklusiv werden. Und das heißt, dass geschriebene Texte *permanent überschrieben* werden müssen. Das Bleibende an geschriebenen Texten liegt nicht mehr in ihnen selbst, sondern in ihrer permanenten Aufhebung.

Sie schicken also eine Statusmeldung auf Ihrem Kanal ab mit einem Selfie und dem Text, dass Sie gerade im Büro stehen und sich an der Kaffeemaschine einen Cappuccino kochen. Vielleicht erhalten Sie in der kommenden halben Stunde acht Likes dafür. Das reicht aber nicht, um bleibend gesehen zu werden. Also müssen Sie permanent neue Statusmeldungen verschicken.

Oder Sie schreiben Ihrer besten Freundin jeden Abend die Textnachricht: „Ich habe dich lieb!" Die Information ist täglich dieselbe, aber weil Sie eine Antwort erwarten, können Sie sich so versichern, dass Ihre Freundin an Sie denkt und dass Sie vielleicht der letzte Mensch sind, an den Ihre Freundin vor dem Schlafengehen denkt. Dafür muss diese Nachricht täglich wiederholt werden.

In der Gesellschaft der Singularitäten versichern wir uns unserer sozialen Bedeutung über das permanente Schreiben[21] anstatt über bleibende schriftliche Texte. In dieser sozialen Situation nun fängt nun auch noch die Künstliche Intelligenz an, Texte zu schreiben. In ihrer Schreibpermanenz ist sie nicht zu übertreffen. Künstliche Intelligenz wird nie müde und verfügt über ein schier endloses Datenreservoir, um permanent zu schreiben. Es ist keine Frage, dass KI den Aufmerksamkeitsmarkt mit ihren Texten so sehr überschwemmen kann, dass die ohnehin nur geringen „Marktanteile", die wir Singularitäten erzielen, noch kleiner werden. Wer fragt noch einen Seelsorger nach einem Termin, wenn die KI sofort Ratschläge erteilen kann? Wer schaut noch ins Buch der Dozentin, wenn die Generative AI auf jede Frage sofort eine Antwort hat?

Freud hatte die Ergebnisse der Evolutionstheorie Darwins eine „*biologische Kränkung* des menschlichen Narzißmus"[22] genannt. Die narzisstische Kränkung

---

19 A. Reckwitz: Die Gesellschaft der Singularitäten, 11.
20 AaO, 47, Herv. A.R.
21 Sh. Turkle: Alone Together, 251.
22 S. Freud: Eine Schwierigkeit der Psychoanalyse, 8, Herv. S.F.

besteht darin, dass der Mensch einsehen musste, nicht etwa die Krone der Schöpfung zu sein, sondern aus denselben biochemischen Bausteinen zu bestehen wie
Tiere und Pflanzen. In der Gesellschaft der Singularitäten, bei der der Kampf
um soziale Anerkennung mit narzisstisch anmutenden Selbstdarstellungstech-
niken geführt wird, verschärft sich die Kränkung nochmals, sobald Künstliche
Intelligenzen anfangen zu schreiben. Sie gefährden jetzt den Aufmerksamkeitsmarkt als ganzen. Texte lassen sich jetzt nicht mehr schreiben, um Anerkennung
zu erhaschen, weil Maschinen genauso schreiben können, sogar schneller und
permanent, ohne ein Bedürfnis nach Anerkennung zu haben. Der Aufmerksamkeitsmarkt wird damit selbst als narzisstisches Unternehmen demaskiert
und entwertet. Die narzisstische Kränkung besteht jetzt darin, auf Anerkennung
angewiesen zu sein, sie aber nicht mehr durch Schreiben bewerben zu können.
Der Zusammenbruch des Anerkennungsmarktes durch Schreiben kränkt dop-
pelt: Zum einen fällt die soziale Anerkennung für unsere Texte hinter die stete
Schreibleistung der KI zurück, und zum anderen kränkt es, dass unser Streben
nach Anerkennung ein billiger Narzissmus ist. Die narzisstische Kränkung liegt
also darin, dass unser Kampf um Anerkennung vergeblich ist und dass er ein
Narzissmus ist.

Es ist ja interessant, dass nun angeblich manche Studierende ihre Hausarbeiten von einer KI schreiben lassen wollen, während sie zugleich für ihre eigenen
Texte Anerkennung erhalten wollen.[23] Hier zeigt sich das Dilemma, sich auf die
eigenen Texte nicht mehr verlassen zu können und gleichzeitig darauf angewiesen zu sein, um beachtet zu werden. Darin ist die doppelte narzisstische Kränkung, dass die narzisstische Kränkung unausweichlich ist, weil der Markt, auf
dem man entweder Beachtung erfährt oder narzisstisch gekränkt werden kann,
gerade zusammenbricht. Mir scheint, dass viele Problembeschreibungen um
Generative AI demgegenüber an der Oberfläche verbleiben, solange nicht gesehen wird, wie sehr die soziale Anerkennung bedroht ist, die Menschen durch
Schreiben gewinnen können.

2.1 Kann KI schreiben?

Indem KI Texte verfasst, werden sie zu bloßen Gebrauchsgegenständen herabgesetzt. Die Anerkennungsdynamik, die dem Schreiben zugehört, fehlt diesen
Texten. KI-Textgeneratoren wollen nicht anerkannt oder gar wertgeschätzt

---

23 Bachelorarbeit mit ChatGPT schreiben? AI nutzen ohne erwischt zu werden!? (Zugriff
   11.01.2024).

werden. Ihre Konzerne mögen zwar damit um Marktanteile kämpfen, aber nicht die Konzerne verfassen diese Texte, sondern die Künstliche Intelligenz, die weder ein Interesse noch einen gesellschaftlichen Bedarf hat, sozial anerkannt zu werden. Die typische Diskussion in den Feuilletons, ob KI auch Bewusstsein hat,[24] beruht darauf, dass sie etwas leistet, was Menschen nur leisten, weil sie – vordergründig oder nebenbei – damit anerkannt werden wollen. Natürlich können Menschen künstliche Textgeneratoren anerkennen oder sich sogar in sie verlieben. Aber damit projizieren sie lediglich ihre Modi, um Anerkennung zu werben, auf Computerprogramme. Die Frage, ob man Künstliche Intelligenzen sozial anerkennen sollte, spiegelt somit wider, wie wichtig es Menschen ist, durch Schreiben soziale Anerkennungsprozesse zu initiieren. Sie sagt also etwas über Menschen aus und nicht über die KI. Zumindest müsste man, um die Frage nach Bewusstsein der KI richtig zu verstehen, diese zwischenmenschliche Klammer beachten, in der sie gestellt ist.

Daneben ist es eine technische Frage, ob ein KI-Textgenerator selbst die Sinnrichtung vorgibt, wie es für das Schreiben typisch ist. In manchen Programmen können die Nutzer beobachten, wie ein Wort auf das andere folgt anstatt nach einem Berechnungsprozess („Bitte warten") der fertige Text auf einmal präsentiert wird. Entspricht diese beobachtete „natürliche Schreibfolge" der aktuellen Wahrscheinlichkeitsberechnung der KI? Oder gehört die Entstehung des Textes auf dem Display lediglich zum Design des Programms? Technisch machbar ist es zumindest, dass die KI trotz dieses Designs ihre Texte ohne Schreibrichtung verfasst und stattdessen verschiedene Textabschnitte gleichzeitig entwirft und zusammenstellt.

Aber müssen nicht auch künstlich verfasste Texte eine Sinnrichtung vorgeben? Es ist beeindruckend zu sehen, wie strukturiert künstlich verfasste Texte gegliedert sind. Damit geben sie doch eine Sinnrichtung vor. Natürlich beabsichtigen sie keine solche Sinnrichtung, weil sie kein Bewusstsein und keinen Willen haben. Aber zum Schreiben gehört, dass die Autorin ihre Texte in einer Sinnrichtung verfasst, damit sie beim Lesen möglichst leicht entschlüsselt werden kann. Insofern ist der textproduktive Prozess zielgerichtet. Das unterscheidet sich von der Zielrichtung einer Spülmaschine, das Geschirr zu reinigen, weil zwar die Hersteller einer Spülmaschine diesen Zweck vorgeben können, nicht aber die Hersteller eines KI-Textgenerators. Denn der Zweck ist bei jedem Text ein anderer. Somit müssten die Programmierer alle Sinnrichtungen schon

---

24 Der Visionär; DIE ZEIT 38/2023, 47.

vorher festgelegt haben, was sie zu allwissenden Personen machen müsste. Also
gibt – so die Annahme – die KI selbst die Sinnrichtung eines Textes vor.

Ich halte diese Annahme wieder für eine menschliche Projektion auf Computerprogramme. Die Wahrscheinlichkeitsberechnung von künstlich generierten Texten basiert ja auf Daten, die menschlich verfasste Texte sind und eine
Sinnrichtung haben. Die Struktur dieser Texte wird technisch nachgebildet.
Dazu muss die KI nicht „selbst" eine Sinnrichtung vorgeben. Eher bestätigt das
Verfahren, wie gezielt menschliche Texte den Sinn verfolgen, dass es sie „blind"
mitreproduziert. Ich möchte diese These mit einem Zitat konfrontieren, das auf
den ersten Blick wie ein Einwand klingt: „Es wäre falsch anzunehmen, wie in
den Medien häufig durch das Bild des stochastischen Papageis suggeriert wurde,
dass LLMs lediglich Wörter nach ihrer Auftretungswahrscheinlichkeit kombinieren; vielmehr können sie auch Konstruktionen analysieren und auf dieser
Basis akzeptable neue Formen erzeugen."[25] Der entscheidende Punkt ist, dass
bereits die Analyse bestehender Textkonstruktionen nicht selbst einer Sinnrichtung folgt – also nicht selbst durch Lesen der KI erfolgt. Die Textkonstruktionen
werden rein strukturell analysiert. Die Konsequenz daraus ist, dass die Frage,
was eine „akzeptable neue Form" ist, von der menschlichen Leserin bestätigt
werden muss. Damit gibt also nicht das LLM eine Sinnrichtung vor, sondern
sein Text wird so gelesen, weil beim Lesen einer Sinnrichtung gefolgt wird. Ein
künstlich generierter Text muss nur diesen menschlichen Erwartungen genügen,
um eine „akzeptable Form" zu haben, ohne dass die KI ihn selbst nur auf diese
Weise akzeptiert, dass sie eine Sinnrichtung darin entdeckt oder sogar vorgibt.

Nehmen wir an, dass wir alle künftig unsere Texte von der Generative AI
verfassen lassen – vom Einkaufszettel über den Liebesbrief bis zum Fachbuch.
Dann werden wir vermutlich auch nicht mehr selbst Texte lesen, sondern sie
von Leseprogrammen analysieren lassen. Texte werden dann von Computern
verfasst und für Computer bestimmt sein. Die Textanalyse bedarf dann keiner
Sinnrichtung mehr, die eine Leserin verfolgt. Es ist dann zu erwarten, dass KI-
Textgeneratoren auch keine Sinnrichtung mehr suggerieren, weil technische
Adaptionskriterien der Datenübertragung dann im Vordergrund stehen.

Deshalb lautet mein Urteil: Nein, KI kann nicht schreiben! Ihre Texte werden
produziert, ohne dass ihre Verfasser eine Sinnrichtung vorgeben und ohne dass
diese damit um soziale Anerkennung werben.

---

25 D. Siepmann: Vom Akkordarbeiter zum Gutachter, 492.

2.2 Sollte KI schreiben können?

In diesem Kapitel habe ich festgestellt, dass Menschen auch deshalb Texte schreiben, damit sie soziale Anerkennung erfahren. In Sektion 1.2 hatte ich aber zugleich darauf aufmerksam gemacht, dass Menschen um dieses Zieles willen bereit sind, Texte zuzuspitzen und massiv zu verkürzen. Könnte es sein, dass es sich hierbei um zwei gegenläufige Trends handelt? Gerät die Tätigkeit des Schreibens in den Vordergrund, Inhalte aber in den Hintergrund? Erheischt die bloße Tätigkeit des Schreibens soziale Anerkennung, während Konsistenz und gedankliche Komplexität zurücktreten? Wenn das zutrifft, vollendet sich dann das Schreiben in der bloßen wechselweisen demokratischen Anerkennung der Schreibenden? Oder passiert genau das Gegenteil, sobald auch Künstliche Intelligenzen als Schreibende anerkannt sind?

Zumindest verändert sich die Tätigkeit des Schreibens: Es wird geradezu permanent geschrieben, aber die Texte werden geraffter, sinnfreier, fragmentierter. Jede Kaffeetasse, die gepostet wird, wird textlich unterlegt; zugleich werden längere Texte vermieden oder unterstehen dem Risiko, entweder nicht mehr zur Kenntnis genommen zu werden oder ihrerseits in fragmentierten Texten zusammengefasst zu werden. Ebendies kann Künstliche Intelligenz in kurzer Zeit umsetzen. Sie ist vor allem in der Lage, kurze Texte zu erstellen, während bei Romanlängen die Sinnbrüche leichter auffallen, weil sie keine Sinnrichtung angibt.

In meinem Fach habe ich Bing.Ki, Bard oder ChatGPT schon Predigten verfassen lassen, die ja im Normalfall mindestens zehn Minuten Länge haben beziehungsweise 8000 Zeichen. Die Textgeneratoren entwickeln deutlich kürzere Predigten. Ihre Struktur lässt sich relativ leicht vorhersagen: Sie fassen biblische Texte zusammen und geben deren Struktur zu erkennen. Darauf folgt ein Schlussabschnitt, der eine applikative Schlussfolgerung enthält: „Darum lasst uns voller Hoffnung sein..." oder so ähnlich. Warum wir Hoffnung haben sollen, nachdem uns die Struktur eines biblischen Textes dargelegt worden ist, erschließt sich nicht von selbst. Aber nun kommen in vielen Predigten irgendwelche Darlegungen eines biblischen Textes vor als auch ein Aktualitätsbezug, der die Gemeinde ermuntern, ermutigen oder trösten soll. Die Deutearbeit unserer aktuellen Situation wird aber ebenso wenig geleistet wie ein *strukturierter* Übergang von der biblischen Auslegung zur Applikation.

Für mich als Prediger ist das enttäuschend. Die maßgebliche Funktion von Predigten wird so nicht erfüllt. Nun aber hat sich die Länge von Predigten seit der Reformation deutlich reduziert und die Kürzung in den vergangenen 50 Jahren nochmals rapide beschleunigt. Während Luther eine Stunde oder länger

gepredigt hat, mein Großvater noch 45 Minuten und mein Vater über eine Viertelstunde, geben sich Predigerinnen und Prediger heute bisweilen schon mit fünf
Minuten zufrieden. Eine Kunst, wenn man in dieser Zeit noch deuten kann!
Diese zeitliche Raffung liegt nicht an der Faulheit von Pfarrerinnen und Pfarrern
und auch nicht an der Arbeitsverdichtung des Pfarrberufs, sondern gibt einen
allgemeinen gesellschaftlichen Trend wieder: Schreiben ist omnipräsent (deshalb tummeln sich inzwischen auch Pfarrerinnen und Pfarrer als „Sinnfluencer"
im Netz), hebt aber einzelne Gedanken fragmentiert aus ihren Sachzusammenhängen heraus.

Künstliche Intelligenz ist in dieser Hinsicht ein sinnvolles Analysemittel: Sie
zeigt auf, was von Texten übrigbleibt, beispielsweise von Predigten. Die Darlegung einer biblischen Textstruktur und eine Applikation – unverbunden nebeneinander, genauso unverbunden wie die gepostete Kaffeetasse („Ohne Kaffee
geht es nicht") und der gepostete Blick aus dem Bürofenster („Erst 9 und schon
Sehnsucht nach Feierabend"). Die KI überspitzt selbst, wie Menschen überspitzt
schreiben. Mit der künstlichen Überspitzung von menschlich-textlichen Überspitzungen werden Texte geflutet und die Währung der Anerkennung entwertet.
Ist dein Post mein Like-Button wert, wenn du ihn vielleicht gar nicht geschrieben
hast, sondern dein Textgenerator? Oder machen künstlich generierte Texte das
Spiel um Anerkennung so sehr durchschaubar, weil ihre Verkürzungen ebenso
wenig originell sind wie die Publikation des Satzes „Ohne Kaffee geht es nicht"?
Wenn es unwichtiger wird, *was* geschrieben wird, um soziale Anerkennung
zu erhalten, kommt es vielleicht irgendwann auch nicht mehr darauf an, *dass*
überhaupt geschrieben wird. Die KI kann dann auch in voreingestellten Zeitrhythmen künstlich generierte Bilder und Texte über Kaffeetassen oder andere
Banalitäten posten, während ich gerade im Meeting bin.

Ich glaube also, dass die Fragmentierungen von Texten, um häufiger Anerkennungsfeedbacks zu bekommen, nur eine Übergangsphase darstellen. An deren
Ende wird stehen, dass Menschen durch Schreiben keine Anerkennung mehr
erfahren. Sie werden sie künftig auf anderen Wegen verdienen müssen – wobei
für mich momentan noch offenbleibt, wie gerecht und wie stabil die gesellschaftliche Anerkennungsverteilung dann sein wird.

Ich komme damit auf einen Punkt zu sprechen, der in diesem Buch bislang
kaum eine Rolle gespielt hat: Erst durch Texte sind Menschen für *Wahrheit*
aufnahmefähig. Wahrheit ist eine sprachliche Institution. Diesen Wahrheitsbezug können Menschen herstellen, indem sie schreiben. Das heißt nicht, dass
Schreiben schon Wahrheit herstellt oder beweist. Aber um die Wahrheit eines
Textes zu beweisen, muss er eine gewisse Dauerhaftigkeit haben. Geschriebene
Texte bürgen mit ihren Speichermedien für diese Beharrlichkeit, was sich mit

mündlichen Texten nur mühsam durch andere soziale Institutionen erreichen lässt (das Versprechen, der Eid, das Vertrauen).

Nicht alle Menschen, aber doch die meisten – und wohl alle, die schreiben können, immer wieder einmal – zielen dadurch auf soziale Anerkennung, dass sie Wahrheitsansprüche stellen. Wenn meine Vermutung richtig ist, dass sich durch Schreiben immer weniger soziale Anerkennung erzielen lässt – vor allem keine dauerhafte –, weil der Kosmos der sprachlichen Mitteilungen durch KI-Textgeneratoren überflutet wird, wird auch die Institution der Wahrheit weniger soziale Anerkennung erzielen. Man wird also künftig weniger dafür wertgeschätzt werden, dass man die Wahrheit *schreibt*. (Ob wir noch einander dafür Wertschätzung entgegenbringen, dass wir die Wahrheit *sagen*, ist im nächsten Kapitel zu überlegen.) Die Basis diskursethischer Kopplungen von Wahrheitsansprüchen und der Anerkennung der Diskursteilnehmer als moralische Personen wird damit brüchig.

Nun könnte man ebenso umgekehrt annehmen, dass Wahrheit auch um ihrer selbst interessant wird, wenn sie nicht mehr an die soziale Anerkennung von Personen gebunden ist, die einen Wahrheitsanspruch stellen. Warum sollten wir uns nicht mehr für die Wahrheit interessieren, wenn sie von künstlichen Textgeneratoren beansprucht wird? In diesem Fall kann die Entkopplung sozialer Anerkennung und wahrer Aussagen auch als aufklärerischer Fortschritt gefeiert werden: Wahrheit wird dann „rein" vorgetragen, ohne dass jemand mit dem Bedürfnis nach sozialer Anerkennung den Wahrheitsanspruch trübt (und gegebenenfalls auch für seine eigenen Vorteile formuliert und bereit ist, von der adäquaten Beschreibung der Sachlage abzuweichen).

Der entscheidende Punkt ist aber, dass auch Wahrheit sozial anerkennungsbedürftig ist. Man muss den sozialen Wert wahrer Aussagen schätzen können. Wahrheit ist eben eine soziale Institution und kein natürlicher Gegenstand.[26] Sie ist nicht um ihrer selbst willen interessant, sondern um des sozialen Zusammenlebens willen. Selbst wissenschaftliche Beiträge zur Grundlagenforschung versprechen, dass sich „reine" Erkenntnis gesellschaftlich lohnt. Dann kann reine Wahrheitssuche nicht aus reinen Gründen erschöpfend motiviert sein.

Sobald aber die Wahrheit selbst sozial anerkannt sein muss, verdienen Menschen, die die Wahrheit äußern, dafür mehr Anerkennung als welche, die sie verfehlen, verschleiern oder umlügen, und eine andere Anerkennung als diejenigen Personen, die von Anfang an (wahrheitsgemäß!) bekanntgeben, dass sie mit ihren Texten in den fiktiven Bereich eintreten. Mit der Textfragmentierung,

---

26 P. Janich: Was ist Wahrheit?, 112.

die mit dem permanenten Schreiben einhergeht, zeigt sich ein Trend der zunehmenden Fiktionalisierung unserer Lebensgeschichten. Die Pfarrerin postet ein
Selfie, in dem sie den Ortsvorsteher umarmt, und schreibt dazu: „Christenge-
meinde und Bürgergemeinde hören aufeinander. Und das ist gut so!" Das Foto
bildet die Kulisse der beiden Aussagen, bildet also den Kontext ab, in dem sie
deutlich werden sollen. Doch wie genau „hören" die Bürger- und Christenge-
meinde aufeinander, und inwiefern sind mit den beiden Vertretern ihrer jeweiligen Institutionen überhaupt „Gemeinden" vertreten? Was genau ist „gut so"?
dass sich Ortsvorsteher und Pfarrerin beim Aufeinanderhören umarmen? oder
dass die jeweiligen Interessen beachtet werden? Werden gar bei einem Volksfest
heikle Vereinbarungen getroffen, und ist das dann gut so?

Solche Fragen sind aber völlig abseitig. Denn die Aussage wird ebenso wenig
als Wahrheitsanspruch gemeint sein, wie das Foto die Realität ablichten sollte.
Die Follower des Kanals werden vermutlich nicht annehmen, dass sich Pfarrerin
und Ortsvorsteher für die Dauer ihrer Unterhaltung umarmt haben. Man wird
verstehen, dass das Foto inszeniert ist. Der eigentliche Zweck des Posts liegt im
Bedürfnis der sozialen Anerkennung, wie Thomas Schlag für die Selbstdarstel-
lungen von Pfarrerinnen in sozialen Netzwerken herausgestellt hat.[27] Der Geltungsanspruch nach sozialer Anerkennung wird mit der Narration aufgestellt,
nicht mit einem Wahrheitsanspruch.

Was haben diese Beobachtungen mit Generative AI zu tun? Zum einen
möchte ich darauf hinweisen, dass die Frage nach der Ethik des Schreibens für
Künstliche Intelligenz eine Frage zum menschlichen Verhalten ist: Wie ist es
normativ zu beurteilen, dass Menschen so schreiben, wie auch Künstliche Intelligenzen Texte generieren? Meine Behauptung lautet, dass sich das menschliche
Schreiben an die künstliche Textgenerierung anpasst, anstatt dass umgekehrt KI
Texte „schreibt". Die soziale Rolle des Schreibens verschiebt sich so stark, dass
sich bei menschlichen Texten eine zunehmende Ähnlichkeit zu künstlich verfassten Texten erkennen lassen. Ich behaupte nicht, dass Menschen die „Logik"
von Computerprogrammen adaptieren, wenn sie schreiben, und auch nicht, dass
sie so schreiben wollen wie eine Künstliche Intelligenz. Ich behaupte aber, dass
die Ähnlichkeit zwischen menschlichen und künstlichen Texten umso höher ist,
je stärker Texte verkürzt, zugespitzt und fragmentiert werden. Wenn dann der
Eindruck entsteht, dass Künstliche Intelligenz Texte „schreibt", schreiben schon
Menschen nicht mehr so, dass sie Wahrheitsansprüche begründen oder Sach-
zusammenhänge bilden.

---

27 Th. Schlag: Die Macht der Bilder, 201.

Wir sollten daher der KI nicht die Fähigkeit zu schreiben sozial zurechnen. Die Institution der Wahrheit wird sonst ebenso gefährdet wie die soziale Anerkennung durch Schreiben. Es bedarf vielmehr einer menschlichen Schreibkultur und ein Verständnis dafür, was Menschen erreichen wollen, wenn sie diese Kultur pflegen.

Ich räume ein, dass auch KI-Textgeneratoren wahre Aussagen treffen können. Dazu greifen sie auf bestehende menschengemachte Texte zurück, übernehmen deren Wahrheitsansprüche oder kombinieren sie mit Hilfe formaler Schlussregeln zu neuen Behauptungen. Dabei werden sie auch zufällig neue wahre Aussagen treffen. Sie werden allerdings ihre Geltungsansprüche nicht selbst einlösen können, sondern müssen auf die Einlösung verweisen, die Menschen schon vorgenommen haben. Wenn ihre neuen Wahrheitsansprüche aber zufällig generiert worden sind, harren sie einer Einlösung, die schließlich nur von Menschen übernommen werden kann. Ich halte den Einsatz von Generative AI in der Wissenschaft für akzeptabel und hilfreich, wenn man ihre Reichweite begrenzt: Die Kontrolle über ihre Aussagen muss der Mensch behalten. Ihre Kombinatorik hat nur heuristische Funktion.

3 Sprechen

Sprechen wird natürlicherweise von keinem dauerhaften Speichermedium unterstützt. Erst in Zeiten der Aufnahmegeräte ist es möglich, das Gesprochene zu speichern – und durch die Digitalisierung auch, Gesprochenes in Geschriebenes umzuwandeln. Während Geschriebenes seinem Wesen nach auf Speichermedien angewiesen ist, trifft das auf Gesprochenes nicht zu. Wer spricht, setzt sich der aktuellen Situation aus. Selbst wenn ich meine Stimme dabei aufnehme, überlasse ich das Gesprochene der Situation. Es bedarf schon technischer Mittel, eines Schnitts oder Löschvorgangs, um einen Versprecher auf dem Speichermedium rückgängig zu machen. Was ich in der Situation ausspreche, ist dagegen nur an sie gebunden.

Das Spannende an diesem Phänomen liegt darin, dass die Situation eine eigene Art besitzt, Ausgesprochenes zu behalten. Gesprochenes ist nicht einfach weg, nachdem man etwas gesagt hat, sondern verbleibt „im Raum". Obwohl es nicht medial gespeichert worden ist, bleibt es in der Erinnerung der Anwesenden. Vieles, was wir einmal ausgesprochen haben, prägt persönliche Beziehungen über eine lange Zeit, manchmal für immer, sogar wenn wir uns an das Ausgesprochene irgendwann nicht mehr erinnern können. Könnte Ausgesprochenes nicht „im Raum" bleiben, könnten wir uns nur durch Schreiben mitteilen. Wenn ich „im Raum" sage, meine ich nicht ein bestimmtes Zimmer, sondern den sozialen Raum, der sich mit der Rede konstituiert oder durch sie geprägt wird. Er bleibt dann eben auch bestehen, wenn jemand das Zimmer verlässt.

Beim Sprechen zeigt sich also eine Ambivalenz: Einerseits riskiert es sich ganz in der Aktualität, andererseits bleibt es im Raum, wenn die Stimme schon verhallt ist. Das ist der Grund, warum Menschen Mut haben müssen oder durch einen Druck eine Schwelle überschreiten, um zu reden. Dieser Druck kann eine Aufforderung der Lehrerin an das Schulkind sein, ein Verhör oder auch ein Druck aus sich selbst heraus, ein Redebedürfnis. Ob Mut oder Druck: Sprechen erfordert, eine Hemmschwelle zu überschreiten. Selbst Menschen mit einem endlosen Redebedürfnis folgen dabei eher einem inneren Druck als einer rein selbstbestimmten Wahl. Denn Sprechen verlangt Verantwortungsübernahme. Sie ist also schon eine Antwort auf eine Situation.

Bernhard Waldenfels hat betont, dass Sprechen auf ein ursprüngliches Widerfahrnis reagiert und insofern immer schon eine Antwort ist.[28] Nun mag man fragen, worauf geantwortet wird, wenn niemand vorher gesprochen hat. Sie ist eine

---

28 B. Waldenfels: Phänomenologie der Aufmerksamkeit, 191.

Antwort auf den Druck, der den Menschen zum Sprechen bringt. Dieser Druck kann non-verbal und verbal sein. Aber niemals beginnt das Wort „Es werde" von allein. Voraussetzungslos anzufangen zu sprechen, ist allein dem göttlichen Schöpfer vorbehalten (Gn. 1,3; Joh. 1,1).

In gewisser Weise kann aber auch das menschliche Sprechen als Schöpfung verstanden werden. Dahinter liegt eine Paradoxie: Mit der Antwort wird eine Situation erschaffen, auf die die Antwort reagiert. Was vorher unbenennbar war („Und die Erde war wüst und leer", Gn. 1,2), wird durch das Sprechen eine *bestimmte* Situation. Sprechen reagiert zwar auf ein ursprüngliches Widerfahrnis, aber erst durch das Sprechen wird das Widerfahrnis zu *seiner* Situation, auf die es antwortet. Diese zeitliche Paradoxie, *dass der Mensch beim Sprechen etwas anfängt, was ihn getrieben hatte anzufangen*, prägt alle schöpferischen Phänomene. Das Spätere (die Situation) wird durch das Anfangen zum Früheren (das Widerfahrnis). Und das Frühere (das Sprechen) wird zum Späteren (die Antwort).

Eben diese Paradoxie wird damit ausgedrückt, dass Sprechen Verantwortung ist. Menschen müssen sich dieser schöpferischen Paradoxie nicht bewusst sein, wenn sie anfangen zu sprechen. Dennoch kennen die meisten Menschen den Druck der Rede: Viele sind aufgeregt, wenn sie vor größeren Gruppen sprechen. Manchmal raten Psychotherapeutinnen ihren Patienten, fremde Personen anzusprechen und nach dem Weg zu fragen, um damit eine Hemmschwelle zu überwinden. Weil Sprechen eine Situation prägt und Gesprochenes an der Situation haften bleibt, kann das Gefühl der Überforderung einsetzen. Menschen tragen dann nicht nur Verantwortung für das, was sie sagen, sondern auch für die Situation, wie ihr Gesprochenes sie prägt. Anders gesagt: Sprechen kann von Scham begleitet sein.

Phänomenologen wie Jean-Paul Sartre haben darauf aufmerksam gemacht, dass sich Menschen immer schämen, sobald ihnen bewusst wird, dass ein fremder Blick auf sie trifft.[29] Sartre hat den Ausdruck „Blick" umfassend verstanden, nicht nur dass ich mit den Augen gesehen werde, sondern dass die Aufmerksamkeit anderer auf mich gerichtet ist.[30] Für Sartre bedeutete diese Erfahrung immer das Erlebnis, zum Objekt degradiert zu werden.[31] Das heißt nicht zwingend, dass ich mich dabei schlecht fühle, aber doch, dass ich mir selbst nicht mehr selbstverständlich gegeben bin. Scham bedeutet immer, sich als in Frage gestellt zu

---

29 J.-P. Sartre: Das Sein und das Nichts, 471.
30 AaO, 466.
31 AaO, 481.

erleben. Man kann also nur zu anderen sprechen, indem man sich dabei als in Frage gestellt erlebt. Deshalb ist Sprechen immer von Verantwortung begleitet. Und deshalb ist Sprechen bereits Antwort.

Analoge Scham- und Verantwortungsgefühle können auch beim Schreiben aufkommen, aber nur, weil Sprechen schamauslösend ist. Ich kann eine E-Mail sehr gewählt schreiben und meinen besten Freunden zum Gegenlesen geben, bevor ich sie abschicke, weil ich befürchte, dass ich missverstanden werden könnte. Dass ich in solchen komplizierten Fällen die E-Mail einem Gespräch vorziehe, belegt aber die Macht des Sprechens – und dass wir uns zugleich dieser Macht oft nicht gewachsen fühlen. Es ist eben nicht unsere Macht, weil wir bereits auf sie antworten. Die E-Mail ist dann ein Ausweichversuch – und oft ein unglücklicher, weil der Streit dann erst recht endlos werden kann. Dagegen hat das Sprechen in der Aktualität den Vorteil, dass sich alle Gesprächspartner dieser Macht der Situation gleichzeitig fügen müssen – also alle verantwortungsverpflichtet sind. Auch wer dann schweigt, trägt dafür Verantwortung. Schweigen können wir nur, weil wir sprechen können.[32] Sprechen hat deswegen genuinen Vorrang gegenüber allen anderen Formen der sprachlichen Kommunikation. Die Aspekte des Raumbildenden, Schamauslösenden und der Verantwortung aller sprachlichen Vollzüge verdanken sich dem Sprechen.

Scham und das Bedürfnis nach Anerkennung (s. Kapitel 2) entsprechen sich. Weil sich Menschen schämen und ihrer Selbstverständlichkeit entgleiten, bedürfen sie eines Schutzes in ihrer Verletzlichkeit. Und weil Menschen Anerkennung erfahren, können sie riskieren und sogar genießen, erblickt zu werden, indem sie sprechen. Man kann überhaupt nur anerkannt werden, weil man „erblickt" ist. Aber man wird nicht schon dadurch anerkannt, dass man „erblickt" ist. Nur wer der Aufmerksamkeit anderer ausgesetzt ist, kann ignoriert, missachtet und bewusst verletzt werden. Deshalb entsteht mit der Scham das Bedürfnis nach sozialer Anerkennung.

Was ändert sich nun, wenn Gesprochenes abgespeichert wird und nochmals angehört werden kann? Handelt es sich dabei lediglich um eine analoge Kontexterweiterung von Texten wie beim Geschriebenen? Ich kann einen Liebesbrief überall und zu allen Zeiten lesen, selbst wenn die Beziehung inzwischen zu Ende ist. Die Kontexte sind dann jeweils andere, aber der Text bleibt der gleiche. Das schafft Chancen und Gefahren: Einerseits können auf diese Weise Erlebnisse präsent bleiben, andererseits können absichtlich Missverständnisse oder Konflikte herbeigeführt werden, indem Texte anderen zu lesen gegeben werden, für

---

32 M. Heidegger: Sein und Zeit, 165.

die sie nicht bestimmt gewesen sind. Zwar kann ich auch Vertrauliches an Dritte weitererzählen, aber hier sind die Aussagen nicht durch Speichermedien belegbar. Wenn sich nun auch die menschliche Stimme wieder abspielen lässt, handelt es sich dann lediglich um dieselbe dekontextualisierende Textreproduktion wie bei einem geschriebenen Text?

Vergleichen wir zwei Fälle miteinander: Im ersten Fall konfrontiere ich Sie mit einem handgeschriebenen und von Ihnen unterschriebenen Zettel, auf dem steht: „Die Lehrveranstaltungen bei Professor Ohly sind doof." Im zweiten Fall spiele ich Ihnen eine Audiodatei ab mit demselben Inhalt. In beiden Fällen sind mir die Texte zugespielt worden, die eigentlich vertraulich waren. Beide Texte sind aus dem ursprünglichen Kontext herausgelöst worden. Dennoch fordere ich Rechenschaft von Ihnen, wie Sie so etwas behaupten können. Worin liegt der Unterschied in den beiden Fällen?

Bei dem Zettel haben Sie mehr Möglichkeiten, um die Dekontextualisierung als Ihre Ausrede zu nutzen. Sie können behaupten, dass Sie einer Mitstudentin diesen Zettel aus Spaß zugeschoben haben, gerade weil der Inhalt so absurd ist. Bei der Audiodatei dürfte Ihnen die Ausrede schwerer fallen. Zwar könnten Sie behaupten, dass Sie eben dann Ihrer Freundin die Datei aus denselben Gründen als Sprachnachricht geschickt haben. Aber nun klingt Ihre Stimme mit zur Botschaft. Den Spaß kann ich aus Ihrer Stimme nicht heraushören. Wie können Sie mir plausibel machen, dass Sie den Spaß gerade mit einem schauspielerischen Ernst oder sogar mit Gehässigkeit in der Stimme ausdrücken wollten? An diesem Vergleich zeigt sich, dass mit einer gespeicherten Rede auch der ursprüngliche Kontext mitgespeichert wird – zumindest suggestiv. Ich höre aus Ihrer Stimme, dass Sie das, was Sie letzte Woche Ihrer Freundin mitgeteilt haben, auch heute noch so denken. Und Sie können sich schlechter herausreden, weil Sie es nun einmal, authentisch belegbar, wirklich gesagt haben.

Die Scham des Sprechens erweitert sich und erstreckt sich auf das wiederholte Abspielen vergangener Sprechsituationen. In gewisser Weise bleibt die Sprechsituation „stehen": Man kann immer wieder damit konfrontiert werden, was man einst gesagt hatte, und auch dieselben Konflikte darum immer wieder führen – aber auch beglückende Momente erneut erleben. In jedem Fall wächst die persönliche Verletzlichkeit – und gegebenenfalls auch der Genuss, sie aushalten zu können, weil man dabei soziale Anerkennung erfährt. Man kann stolz sein, dass der hochgeladene Podcast angehört wird, dass man Diskurse initiiert und zur Diskussion gestellt wird und dass man für die aufgesprochenen Hörbücher Bewunderung erfährt. Man kann sich aber auch kaum verbergen, wenn eine Bemerkung in einem aufgezeichneten Interview unglücklich war oder wenn ein aufgenommener Partyauftritt in falsche Hände gerät.

Wir befinden uns derzeit in einer Übergangszeit, in der die meisten Menschen noch Realitätserwartungen an Stimmaufzeichnungen knüpfen: Was sie hören, halten sie für real ausgesprochen. In einigen Jahren wird man Stimmaufnahmen grundsätzlich kein Vertrauen mehr schenken können, außer wenn man naiv ist. Denn dann können digitale Systeme täuschend echt sogar Unterhaltungen in Kopräsenz führen, bei denen die Gesprächspartner nicht merken, dass die vermutete Person von einem Sprechgenerator vertreten wird. Aber in einer Übergangszeit wie jetzt steigert sich die Verletzlichkeit nochmals dadurch, dass die Stimme digital verfügbar wird. Denn nun kann sie ebenso fragmentiert werden wie geschriebene Texte. Die Stimme ist ein biometrisches Merkmal eines Menschen. Sie kann einem Menschen eindeutig zugeordnet werden. Selbst wenn Stimm-Maschinen mit meiner Stimme ihre Texte sprechen, so ist sie doch meine Stimme. Dadurch kann sie plötzlich alles Mögliche sagen – was nicht ich sage und was ich auch nicht gesagt habe. Wir können dann zur Rede gestellt werden für etwas, was wir nicht geäußert haben. Und unsere Richtigstellung wird gerade dadurch verdächtig, dass sie eine Richtigstellung ist: Aufrichtigkeit lässt sich nicht aufrichtig bekennen, ohne dass man dabei suspekt wird.[33]

Nachdem die Übergangszeit durchlaufen sein und jede Stimmaufnahme misstrauisch behandelt werden wird, werden wir entweder gelernt haben, mit gespeicherten Stimmen umzugehen, ohne Wahrheitsansprüche zu stellen, und die aufgenommenen Stimmen rein als Phänomen zu behandeln. Wir unterhalten uns dann mit der verstorbenen Mutter, nicht weil sie damit unsterblich wird, sondern weil uns eine solche virtuelle Unterhaltung guttut. Oder wir werden auf solche Stimmaufnahmen verzichten und uns wieder auf das *aktuell* Ausgesprochene verlassen, das wir in zwischenleiblicher Nähe zueinander hören. Selbst ein Telefonat ist dann schon verdächtig oder wird ausschließlich noch im sozialen Nahraum geführt, der durch wechselseitiges Vertrauen geprägt ist. Andere Telefonate dürfen dann keine heiklen Themen behandeln, und unsere Gesprächspartner – Heizungsmonteure oder Behörden – müssen ihre soziale Rolle dann dadurch als „echt" ausweisen, dass sie Vereinbartes termingerecht umsetzen. Dafür ist es dann unerheblich, ob wir wirklich mit ihnen am Telefon sprechen.

3.1 Kann KI sprechen?

Generative AI kann schon heute mit meiner Stimme sprechen,[34] und sie wird mich in wenigen Jahren schon täuschend echt in Konversationen vertreten

---

33 N. Luhmann: Soziale Systeme, 208.
34 Chr. Albrecht: ChatGPT und andere Computermodelle zur Sprachverarbeitung, 45f.

können, vielleicht auch in anspruchsvollen Diskursen.[35] Fraglich scheint für mich zu sein, ob die künstlichen Stimmen je eigene quasi-biometrische Charakteristika besitzen werden. Werden künstliche Stimmen darauf angewiesen bleiben, dass Menschen Wörter vorgesprochen haben?[36] Oder wird eine künstliche Stimme künftig rein synthetisch sein und ihre Laute von Grund auf selbst formen? Technisch ist das möglich, aber aufwändig. Aber auch nur in diesem Fall wird die KI eine individuelle Stimme haben können, die sich sowohl von anderen menschlichen als auch von anderen künstlichen Stimmen eindeutig unterscheiden lässt. Ansonsten spricht die KI eben mit meiner oder einer anderen *menschlichen* Stimme. Der Mensch bleibt dann das Medium für künstliches Sprechen, während jeder Mensch nur mit seiner eigenen Stimme sprechen kann.

Dennoch kann KI immerhin sprechen. Gleichwohl verändert sich das Sprechen durch Generative AI. Eine künstliche Stimme wird ihr Gesprochenes speichern und auswerten, um sich permanent zu optimieren. Während sich menschliches Sprechen originär ungespeichert vollzieht und gerade so „im Raum" bleibt, gehört das Speichern genuin zum künstlichen Sprechen. KI hat kein Bedürfnis nach sozialer Anerkennung und kann sich nicht schämen. Sie etabliert damit auch keinen sozialen Raum. Vielmehr gehört sie zu sozialen Räumen wie alle Werkzeuge und Gegenstände, auf die sich *Menschen* beziehen. Die künstliche Unterhaltung mit der verstorbenen Mutter bezieht sich auf den sozialen Raum *mit der Mutter*, nicht mit der KI. Der soziale Raum zur Mutter ist real, auch wenn die Mutter nicht mehr darin anwesend ist, während ein sozialer Raum zur KI nicht besteht, obwohl das Tool anwesend ist. Nur durch die Mutter ist die KI im sozialen Raum mit anwesend, ohne selbst den sozialen Raum zu konstituieren. Die Mutter kann auch durch ihren letzten Einkaufszettel „im Raum" sein, und dafür spielt es dann keine Rolle, dass in meinem Zimmer ein Computer mit der Funktion einer Generative AI steht.

Wie verändert sich Sprechen, wenn künstliches Sprechen eine Unterhaltung mit der verstorbenen Mutter simuliert? Die Stimme ist nicht künstlich, denn sie hat die biometrischen Merkmale der Mutter. Aber das Gespräch ist künstlich, und was die KI ausspricht, sagt nicht die Mutter. Das Gesprochene besteht nicht einfach aus Informationen, sondern hat auch einen Widerfahrenscharakter: Es berührt mich und trifft mich ins Herz, wenn ich meine Mutter so reden höre. Gleichzeitig weiß ich ja, dass ich nicht *meine Mutter* reden höre. Der

---

35 Chr. Stöcker: Lernende Maschinen und die Zukunft der Öffentlichkeit, 409.
36 https://arstechnica.com/information-technology/2023/01/microsofts-new-ai-can-simulate-anyones-voice-with-3-seconds-of-audio/ (Zugriff 11.01.2024).

Informationsgehalt dessen, was ich von der Stimme höre, ist also verfälscht – unabhängig davon, ob sie ansonsten die Wahrheit sagt („Es ist 11.29 Uhr").

In der Phänomenologie Edmund Husserls gibt es eine Regel, um keine ungerechtfertigten Vorurteile in wissenschaftliche Aussagen einzutragen, nämlich die Regel der „Epoché", ein griechisches Wort, das „Auslassen" oder „Enthalten" bedeutet: Danach enthält sich die Wissenschaftlerin in der Betrachtung eines Phänomens in der Frage, ob das, woraufhin das Phänomen zielt, wirklich existiert. Sehe ich vor mir ein leckeres Brötchen, so enthalte ich mich also in der Frage, ob es dieses Brötchen wirklich gibt. Selbst wenn ich in das Brötchen beiße, ist sein Geschmack mir nur als Erscheinung gegeben. Das Brötchen zielt zwar auf eine Bedeutung – es sieht lecker aus und schmeckt auch so. Aber die Frage, ob dem Phänomen des leckeren Brötchens ein wirkliches Brötchen entspricht, das die reale Eigenschaft besitzt, lecker zu sein, lässt die Phänomenologin aus. Wissenschaftlich gesichert, also evident, ist allein die Erscheinung des leckeren Brötchens.

Mir scheint nun, dass Sprechen durch künstlich intelligente Stimmen *als Epoché* erscheint. Nicht einfach *in der* Epoché, denn wir können ja immer noch eine künstlich generierte Stimme mit einer echten verwechseln und für bare Münze halten, was sie sagt. Aber sobald wir damit konfrontiert sind, dass auch KI mit uns spricht, tritt Sprechen, ob menschliches oder künstliches, als Epoché auf. Damit meine ich, dass wir nicht mehr die Bedeutung des Sprechens ermessen können. Wir wissen ja dann, dass wir grundsätzlich verwirrt werden können, ob ein Mensch oder eine KI zu uns spricht. Und wir können unsere Scham beim Reden verringern, indem wir zugleich zurücknehmen, was wir sagen, indem wir behaupten, dass nicht wir es gesagt haben. Die Bedeutung des Sprechens wird dann reduziert. Das Gesprochene kann immer noch bedeutungsvoll sein – vielleicht stimmt die angegebene Uhrzeit ja wirklich. Aber es lässt sich nicht scharf angeben, was Sprechen bedeutet. Zwar können wir den Unterschied zwischen einem menschlichen und einem künstlich intelligenten Sprechen im Grundsatz nachvollziehen. Aber da wir diesen Unterschied im Einzelfall nicht sicher feststellen können, bleibt er rein nominell. Ob er also auch in der Realität vorkommt, muss dann ausgelassen werden (Epoché).

Wir können nicht einmal bestimmen, dass das Sprechen auf die bloße Informationsübertragung reduziert wird. Denn wenn uns die Stimme der verstorbenen Mutter berührt, widerfährt etwas, was sich nicht auf Informationsgehalte reduzieren lässt. Vielleicht schämen wir uns sogar vor der verstorbenen Mutter, wenn wir mit ihr sprechen, weil wir wissen, dass wir nicht *mit ihr* sprechen. Es könnte sich so anfühlen, dass wir etwas Verbotenes tun, ihre ewige Ruhe stören oder ihr Gedächtnis beschädigen, indem wir sie mit einer künstlichen Stimme kompensieren. Aber alle diese Gefühle und Erlebnisse kommen nur auf, weil wir die Epoché schon längst vorgenommen haben, nämlich zu demselben Zeitpunkt, an dem wir das Sprechen gehört haben: Es ist die Stimme der Mutter und zugleich ist es die Mutter nicht. Uns berühren könnte ihre Stimme doch nur, wenn wirklich sie mit uns spricht. Aber da nicht sie mit uns spricht, trifft sie uns, weil sie uns fehlt, indem wir sie hören. In alledem trifft uns ihre Stimme als Epoché, als das, was ausgelassen ist, solange sie uns erscheint.

Damit meine ich, dass wir uns schon darin enthalten, was Sprechen für ein Phänomen ist. Seine Begleiterscheinungen können wir erleben und beschreiben, aber wir erleben sie nur, weil wir uns darin enthalten müssen, was hier Sprechen bedeutet. Dabei handelt es sich nicht um eine methodische Epoché der Wissenschaftlerin, sondern um die evidente Erscheinungsweise des Sprechens selbst: „Es" spricht, aber was dieses Sprechen ist, wenn weder die Person spricht, die wir hören, noch das von der Sprechinstanz gemeint ist, was wir hören, muss offenbleiben, weil dieses Sprechen als diese Auslassung erscheint. Ich behaupte, dass diese Epoché des Sprechens nicht nur bei der Stimme der verstorbenen Mutter auftritt, sondern bei allen Stimmen, weil wir ja durch das Sprechen der KI verwirrt sind, was wir hören. Diese Beschreibung trifft zumindest auf die Arten des Sprechens zu, die medial vermittelt sind und durch einen Lautsprecher uns erreichen. Der Widerfahrenscharakter einer Sprechstimme, das Misstrauen gegenüber der Stimme, unsere Scham- und Schuldgefühle im Gespräch vor jemanden, der vielleicht nicht diejenige Person ist, vor der wir uns schämen – das alles tritt nur auf, weil Sprechen uns nur noch als Auslassung gegeben ist: Es ist möglicherweise nicht das, für das wir es halten, und damit ist Sprechen grundsätzlich nicht mehr das, was es einmal gewesen ist. Für das, was Sprechen einmal gewesen ist, steht nun Sprechen als eine Auslassung.

Meine Antwort auf die Frage dieser Sektion heißt also: Ja, KI kann sprechen, aber Sprechen wird dadurch ein anderes Phänomen. Und aufgrund seiner neuen, wesensmäßigen Auslassung, die es ist, verdient es grundsätzliches menschliches Misstrauen.

3.2 Sollte KI sprechen können?

Zur Vermeidung des fundamentalen Misstrauens gegen das Sprechen, sobald Generative AI spricht, sollten dieser Technik klare Grenzen gesetzt werden. Diese Grenzen liegen aber weniger in der technischen Begrenzung als in der rechtlichen Steuerung und in der menschlichen Bedürfnislage. Menschen werden sich diese Technik zunutze machen, wenn sie sich davon Erfolg versprechen: Sie werden in Geschäftsmodellen Unsterblichkeitsphantasien anheizen, den Sieg gegen Einsamkeit ausrufen oder Alleinvertretungsansprüche von CEOs bedienen, die an mehreren Orten zugleich in Verhandlungen treten können.

Für solche Fälle sollten rechtliche Transparenz- und Kontrollregeln bindend sein: Wer mit einer Generative AI in eine Vertragsbeziehung tritt, sollte darüber deutlich informiert werden und dazu zustimmen müssen und Alternativen angeboten bekommen. Das trifft auf Geschäftsbeziehungen ebenso zu wie auf Klienten-Beziehungen im Gesundheitsbereich, in der Rechtsberatung oder Seelsorge. Zudem sollte niemand gezwungen werden dürfen, seine Stimme für solche Zwecke „herzugeben". Schon heute untersteht die menschliche Stimme dem Persönlichkeitsrecht und darf nicht ohne Zustimmung auf einem Speicherträger aufgenommen werden. Eine berufliche Position sollte aber nicht mit der Zustimmung verbunden werden dürfen, die eigene Stimme für künstlich intelligente Sprechprogramme zur Verfügung zu stellen. Denn damit entgleitet der Person die Verfügungsgewalt darüber, was und in welchen Kontexten mit ihrer Stimme gesagt wird. Darüber hinaus müssen die verarbeiteten Stimmen der Generative AI hoch gesichert sein, damit sie nicht außerhalb des Bereichs weiterverarbeitet werden, für den eine Person ihre Zustimmung gegeben hat.

In einer liberalen und weltanschauungsfreien Gesellschaft dürfen Anbieter das Versprechen äußern, mit Hilfe Künstlicher Intelligenz Kontakt zu Verstorbenen aufzunehmen. Und ebenso dürfen sie dafür eine Gebühr verlangen. Aber der Schutz der Stimme sollte auch für Verstorbene gelten. Nur diejenigen Personen, die zu Lebzeiten ihre Stimme für den Zweck hinterlegt haben, dass sie als Verstorbene mit ihren Hinterbliebenen sprechen können, sollten für solche Angebote überhaupt in Frage kommen. Eine posthume Zustimmung durch ihre Rechtsvertreter (Erben) beschneidet dagegen rückwirkend die Weltanschauungsfreiheit der Verstorbenen, die nicht auf diese Weise noch in der sozialen Präsenz eingebunden sein wollen. Nach meinem Eindruck ist hier die Störung der Totenruhe berührt.

Neben diesen rechtsethischen Erwägungen sind aber auch tugendethische Schlüsse zu ziehen: Dient es einem guten Leben, wenn Menschen das Bedürfnis haben, reale Personen in Gesprächen mit Künstlichen Intelligenzen vertreten zu lassen? Ob dabei rechtlich bindende Verhandlungsergebnisse zustande kommen, ist von der Frage zu unterscheiden, ob wir so verbindliche interpersonale Beziehungen aufbauen oder halten können. In der vorigen Sektion habe ich behauptet, dass die Unterscheidung zwischen einer Unterhaltung zwischen einem Menschen und einer KI nur nominell besteht. Was verändert sich also in unseren Bedürfnissen, wenn Sprechen als Epoché erscheint?

Nehmen wir an, Sie vermissen nicht nur Ihre Verstorbenen, sondern auch Ihren Ex-Freund. Aber damals hatte er Ihnen zum Jahrestag eine

Audio-Aufnahme seiner Stimme samt Genehmigung erteilt, dass Sie seine
Stimme für KI-generierte Gespräche nutzen dürfen, wenn er nicht bei Ihnen ist.
Nun hat er sich von Ihnen getrennt und ist nicht mehr bei Ihnen. Also nutzen Sie
den Ex-Freund-Sprech-Generator immer, wenn Sie ihn vermissen. Und eigentlich vermissen Sie ihn ständig...

Gute Freunde werden Ihnen zwar zureden, lieber „unter Menschen" zu gehen,
weil Sie sich ja nur selbst betrügen, wenn Sie sich an den Textgenerator hängen.
Sie mögen antworten, dass Ihnen das immer noch lieber ist als gänzlich ohne
den Ex-Freund zu leben. Während Ihre Freunde erzählen, dass Ihr Ex-Freund
inzwischen verheiratet ist und zwei Kinder hat, bereut der Sprecher Ihres Textgenerators das alles und hält Sie immer noch für die Liebe seines Lebens. Werden
Sie so glücklich? Und entspricht es einem guten Leben, wenn Sie sich so in Ihre
künstliche Welt zurückziehen? Zumindest müssen Sie entscheiden, wie Sie zu
den *beiden* Ex-Freunden stehen, die jetzt in Ihrer Welt erscheinen. Sie müssen
den virtuellen Ex-Freund über den realen stellen, der Sie verlassen hat. Der reale
Freund ist die dunkle Seite des virtuellen und die wirkliche Welt der Schatten
Ihrer fiktiven Welt. Selbst in Ihrer Welt entkommen Sie der Realität nicht ganz,
sondern übernehmen sie als ihren bösen Schatten.

Es mag sein, dass Sie so glücklich werden. Dennoch ist es wenig wünschenswert, dass Sie auf diese Weise glücklich werden, und zwar aus gesellschaftlichen Gründen nicht. In einer Gesellschaft der glücklichen, weil tugendhaften
Menschen ist es betrüblich, wenn sich einige aus ihr ausschließen. Denn dann
machen sie die Gesellschaft der Glücklichen zum bösen Schatten ihrer fiktiven
Welt. Das widerspricht einer tugendethischen Zielsetzung, eine Gesellschaft
der Glücklichen zu erreichen. Deshalb ist es nicht wünschenswert, wenn sich
Menschen von einer nach Tugend und Glück strebenden Gesellschaft isolie-
ren. Ein solches Verhalten mag tolerabel sein, wenn es sich auf wenige Einzelfälle beschränkt. Aber es kann nicht selbst erstrebenswert sein. Deshalb ist der
Umgang mit KI-generierten Sprechstimmen nicht wünschenswert, die enge zwischenmenschliche Beziehungen kompensieren oder ersetzen sollen.

Für völlig unproblematisch halte ich dagegen den Einsatz von Vorlese-Tools,[37]
etwa um sehbehinderten Menschen beliebige Texte zugänglich zu machen.

---

37 Sektion 1.2.

4 Verstehen

Mit dem Phänomen des Verstehens – ist Verstehen überhaupt eine Tätigkeit? – berühren wir den neuralgischen Punkt der bisherigen Debatten um Künstliche Intelligenz und humanoide Robotik. Wenn KI nicht verstehen kann, wie sie Texte behandelt, ist im Grunde alles ausgeschaltet, was Sprache ausmacht. Wenn aber menschliches Verstehen auf materialen Grundlagen beruht, müssten sich diese Grundlagen auch mit nicht-menschlichen physischen Substraten bilden lassen. Warum sollte dann Künstliche Intelligenz prinzipiell nicht verstehen können, was sie sprachlich verarbeitet?

Zugleich ist die Wissenschaft des Verstehens von allen bisher behandelten Forschungsfeldern am weitesten fortgeschritten – und am umstrittensten. Dem Phänomen nähern sich zwei verschiedene philosophische Disziplinen, die Phänomenologie und die Analytische Philosophie. Beide Disziplinen machen sich wechselseitig den Vorrang streitig. Beiträge der analytischen Philosophie weisen die Ansprüche der Phänomenologie zurück, dass vor-sprachliche Phänomene gegeben sind, während Phänomenologen nicht begreifen können, wie Sprache überhaupt entstehen konnte, ohne zu erscheinen und ohne dass ihr Erscheinungscharakter nicht wieder auf Sprache zurückgeführt werden kann.

Bevor ich wie in den vorigen Kapiteln das Phänomen des Verstehens für unser Thema untersuche, will ich daher einen Exkurs vorausschicken und über das Verhältnis von analytischer Sprachphilosophie und Phänomenologie Auskunft geben, wie es sich aus meiner Sicht darstellt. Bisher habe ich selbst einen phänomenologischen Ansatz gewählt. Ich will zeigen, warum es sich dabei nicht um ein Vorurteil gehandelt hat.

4.1 Exkurs: Sind die Phänomene grundlegend oder die Sprache?

Ich habe einen Geruch in meiner Nase und nehme ein gekochtes Essen wahr. Phänomenologen sagen dazu, dass ich immer „etwas als etwas"[38] wahrnehme. Niemals rieche ich einfach so, sondern immer schon gedeutet. Die Deutung mag zwar falsch sein, und in Wirklichkeit rieche ich den feinen Geruch eines Feuers von ferne. Aber auch dann wird meine ursprüngliche Wahrnehmung von

---

38 M. Heidegger: Sein und Zeit, 33.

einer neuen gedeuteten Wahrnehmung abgelöst. Um die obige Wahrnehmung zu haben, muss ich dabei ein Konzept von mir haben, von dem Ort der Wahrnehmung (meine Nase), von Gerüchen und von gekochtem Essen.

Nun stellt sich die Frage: Kann ein Geruch in meine Nase steigen, wenn ich keinen sprachlichen Ausdruck für meine Nase habe? Und würde ich gar nichts riechen, wenn ich kein Sprachverständnis für Gerüche hätte? Tatsächlich würden ohne Sprache die Ressourcen für unsere Deutungen fehlen, und wir könnten nicht „etwas *als etwas*" wahrnehmen, also schon klassifiziert, zugeordnet zu logischen Gegenständen und Eigenschaften, die einander ähnlich sind. Dazu bedarf es aber eines Ordnungssystems, um auszumachen, was einander ähnlich ist. Ich könnte also nicht sagen, dass ich den Geruch von gekochtem Essen in meiner Nase habe, wenn ich meine Wahrnehmung nicht *als Geruch* wahrnehmen und den Ort der Wahrnehmung nicht *zugeordnet* lokalisieren könnte, nämlich als den Ort, an dem auch alle anderen Gerüche bei mir auftreten. Ich kann also nur etwas als etwas wahrnehmen, wenn ich über eine Sprache verfüge. Denn die Sprache ist das Ordnungssystem, um etwas als etwas wahrzunehmen.

Sprache teilen wir aber mit anderen in einer Sprachgemeinschaft. Deshalb ist auch das Konzept „Ich" letztlich ein sozial fundiertes Konzept. Ich könnte nicht einmal alle meine Wahrnehmungen *mir* zuordnen, wenn keine Sprachgemeinschaft diese Zuordnungsressource bereitstellen würde. Ohne dass ich den Sprachgebrauch von „Ich" gelernt hätte, würden sich Wahrnehmungsblitze ablösen, ohne dass sie als Wahrnehmungen registriert werden würden. Es gäbe dann auch keinen Träger dieser Wahrnehmungen, und ich könnte mich nicht erleben. Ich könnte überhaupt nichts Bestimmtes erleben, und da alle Wahrnehmungen unbestimmt wären, würden sie auch nicht wahrgenommen werden.[39]

Gegen diese Schlussfolgerungen betonen manche Phänomenologen, dass der Sprachgebrauch von „Ich" noch nicht festlegt, wer dieses Ich ist, das etwas wahrnimmt.[40] Denn da ja alle Sprachteilnehmer auf dieses Wort zurückgreifen, dürften sie sich voneinander nicht unterscheiden. Da sie es aber doch tun, wird belegt, dass die Wahrnehmung doch Vorrang hat vor der Sprache. Zwar kann eingeräumt werden, dass ich mir erst durch den Sprachgebrauch von „Ich" bestimmt werde, aber wenn ich mich von anderen unterscheide, die auch „ich" sagen können, muss ich mir *bestimmt* sein, noch bevor ich mich „als etwas"

---

39 I.U. Dalferth: Gegenwart, 80f.
40 E. Herms: „Lebensorientierung an Gottes Gegenwart" (II).

auffasse.[41] Diese Vor-bestimmtheit meiner selbst nennen Phänomenologen Prä-reflexivität[42] oder auch Vorintentionalität[43].

Aus phänomenologischer Sicht sind beide Positionen schwer zu halten. Ich betone, dass ich hier selbst aus einer phänomenologischen Perspektive heraus argumentiere. Der Streitpunkt zwischen Phänomenologie und Analytischer Sprachphilosophie entfällt dann meines Erachtens schon allein aus phänomenologischer Perspektive. Wenn hier also kein wirklicher Gegensatz besteht, muss man beide philosophischen Richtungen nicht als Alternative begreifen, sondern kann ihnen unterschiedliche Zwecke einräumen, um etwas zu verstehen. Das gilt erst recht für das Phänomen des Verstehens, für die Wissenschaft der sogenannten Hermeneutik.

Zunächst zur phänomenologischen These, dass ich mir vorsprachlich gegeben sein muss: Die Vorstellung einer Vorintentionalität ist ja selbst eine intentionale Vorstellung: Ich stelle mich mir *als mich* vor – und damit *als etwas/jemand*, also intentional. Dass ich mir vorintentional gegeben bin, ist selbst eine Schlussfolgerung, aber nicht selbst eine Wahrnehmung oder Vorstellung. Denn sobald ich mich als vorintentional vorstelle, stelle ich mich als etwas vor. Und das widerspricht der Vorstellung der Vorintentionalität. So kann ich die Sprachlichkeit aller Phänomene dann nicht unterlaufen.

Bei der sprachphilosophischen These, dass Phänomene und auch wir uns nur durch Sprache gegeben sind, wird nach meinem Eindruck die phänomenologische Regel der Epoché verletzt: Es wird also zu viel vorausgesetzt, was nicht selbst evident ist oder hinreichend belegt wird. Wir kennen die Regel der Epoché schon aus Sektion 3.1: Phänomenologinnen enthalten sich in der Frage, ob das, was erscheint, auch wirklich existiert. Wenn ich aber Sprache voraussetzen muss, um etwas als etwas wahrzunehmen, muss dann nicht Sprache *existieren*? Und muss dann nicht die Sprachgemeinschaft existieren, also all diejenigen, die jemals sprachlich kommuniziert haben und mit denen wir in Kommunikation stehen?

Dieses Problem handelt sich die Phänomenologie nicht ein. Denn die Epoché hält offen, ob eine Erscheinung „existiert", weil sie ja zunächst nur eine Erscheinung ist. Und nicht alles, was erscheint, existiert. Hier muss zwar die Phänomenologie eine kategoriale Unterscheidung vornehmen zwischen einer Erscheinung und der Erscheinung der Erscheinung. Aber damit wird nicht die

41 E. Herms: Systematische Theologie Bd. 1, 49.
42 M. Frank: Selbstgefühl 235.
43 B. Waldenfels: Das leibliche Selbst, 278.

Existenzannahme von Phänomenen (Erscheinungen) erzwungen. Ich kann zwar
die Erscheinung nicht bezweifeln, die ich gerade habe, aber was ich daran nicht
bezweifeln kann, ist lediglich, dass mir die Erscheinung erscheint. Anstelle einer
Existenzannahme wird der Erscheinungscharakter einer Erscheinung evident.

Das ist anders, wenn uns Phänomene nur aufgrund von Sprache gegeben
sind. Die Sprache ist dann nicht nur eine Erscheinung, sondern muss wirklich
sein und mit ihr eine Sprachgemeinschaft. Diese Unterstellung ist aber mit der
Epoché nicht vereinbar. Denn es könnte uns ja auch nur so erscheinen, dass
wir uns sprachlich verständigen. Und da wir sogar öfter die Erfahrung machen,
uns misszuverstehen, kann die Sprachgemeinschaft, die wir als existent annehmen
müssen, nicht identisch sein mit der Sprachgemeinschaft derer, mit denen
wir uns verständigen und öfter missverstehen. Wir brauchen zwar eine Sprache,
damit uns etwas als etwas erscheint, aber was das dann *ist*, was wir da Sprache
nennen, bleibt ähnlich unbestimmt wie das Vorintentionale mancher Phänomenologen. Diese „Sprache" und die „Sprachgemeinschaft" hat einen voremipiri-
schen, transzendentalen Charakter, den wir nicht mit der Sprache verwechseln
dürfen, mit der wir sprechen. Oder: Wie bei allen transzendentalen Bedingungen machen wir von einer transzendentalen Sprache Gebrauch, wenn wir sprechen, aber diese transzendentale Sprache ist nicht dieselbe wie die Sprache, die
wir erfahren und selbst benutzen. Das verschleiert die Existenzannahme der
Sprache und Sprachgemeinschaft. Denn schon eine Existenzannahme ist an eine
transzendentale Sprache gebunden. Die Epoché ist wieder in Geltung, weil auch
Sprache erscheint, aber nur erscheinen kann aufgrund von Sprache.

Hier deutet sich eine Konvergenz der Problemstellungen zwischen Phänomenologie und Analytischer Sprachphilosophie an. Beide verweisen auf etwas,
was hinter unserem Rücken liegt und uns entzogen ist, damit uns Phänomene
gegeben sind. Und diese Entzogenheit ist bei beiden nicht selbst sprachlich
oder intentional benennbar. Ich komme zurück auf die Beobachtung, dass eine
Erscheinung erscheint. Die Erscheinung und die Erscheinung der Erscheinung
sind nicht dasselbe. Aber was an der Erscheinung evident ist, ist nicht, was mir
erscheint, denn evident ist es nur, insofern es erscheint. Die Evidenz liegt also in
der Erscheinung der Erscheinung.

Der Geruch in meiner Nase ist der Geruch von gekochtem Essen. Aber im
weiteren Verlauf meiner Wahrnehmung stellt sich heraus, dass niemand hier
gekocht hat, aber es in der Umgebung leicht gebrannt hat. Dann war die Erscheinung von gekochtem Essen falsch. Ich habe mich dann im Gehalt der Erscheinung getäuscht, und evident war er nur als Erscheinung.

Unbezweifelbar habe ich daher eine Erscheinung von gekochtem Essen
gehabt. Diese Evidenz liegt nicht auf der Ebene sprachlicher Bestimmtheiten.

Wir mögen zwar nur über die Sprache etwas Bestimmtes wahrnehmen können. Aber die Erscheinung einer Erscheinung liegt nicht auf dieser Ebene. Ihre Evidenz tritt schon auf, wenn wir überrascht werden, wenn unsere Aufmerksamkeit erwacht oder etwas in unsere Glieder fährt – noch bevor wir wissen, dass wir Glieder haben.

Die Erscheinung von Erscheinungen ist also evident, aber nicht intentional bestimmt. Das liegt daran, dass sie nichts Gegenständliches ist und auch nichts Gegenständliches umfasst. Sie ist eine Erscheinung von Erscheinungen und nicht die Erscheinung von etwas. Sie hat keinen Was-Gehalt, sondern macht bemerkbar, *dass* etwas erscheint.

Auf diese Evidenz sind beide philosophischen Ansätze angewiesen. Es würde zu kurz greifen, die Unhintergehbarkeit der Sprache für unsere bestimmten Wahrnehmungen als Genealogie der Phänomene zu verstehen. Denn damit uns etwas als etwas auffallen kann, muss seine Erscheinung erscheinen. Von dieser Evidenz der Erscheinung der Erscheinungen her erscheint dann auch die Unhintergehbarkeit der Sprache als Phänomen. Wenn ich gekochtes Essen nur riechen kann, weil ich die Sprache für gekochtes Essen habe, dann ist die Erscheinung der Sprache für gekochtes Essen nicht wieder eine sprachlich verfasste Erscheinung. Die Auffälligkeit der Sprache ist nicht selbst sprachlich, sondern bringt die Erscheinung der Sprache zur Erscheinung.

Die Erscheinung der Erscheinung ist aber nicht vorintentional in dem Sinn, als ob man nicht über sie sprechen könnte. Denn sonst könnte ich nichts von alledem gerade ausdrücken, was ich gerade tue. Vielmehr liegt die Erscheinung der Erscheinung auf einer anderen logischen Ebene als die Erscheinung von intentionalen Gegenständen. Das heißt, wir beschreiben die Erscheinung von Erscheinungen nicht mit den Prädikaten, mit denen wir Gegenstände (zum Beispiel geruchsintensiv, scharf) oder deren Erscheinung (zum Beispiel anregend, abstoßend, penetrant) beschreiben. Die Erscheinung der Erscheinung kann höchstens mit sich selbst prädiziert werden (sie ist eine Offenbarung, sie widerfährt, sie „west an"[44]) – dann sagt diese Prädizierung nichts qualitativ Bestimmtes über die Erscheinung der Erscheinung aus, sondern bestätigt nur, dass sie ist, was sie ist. Oder ihr Prädikat ist Evidenz.

Es ergeben sich also andere Prädikate für die Erscheinung der Erscheinungen; und nur deshalb kann man sie vorintentional nennen. Diese anderen Prädizierungen machen aber auch den transzendentalen Charakter der Sprache für die Phänomenologie deutlich: Es ist nämlich nicht die Sprache überhaupt,

---

44 M. Heidegger: Das Ereignis, 37.

die den Phänomenen zugrunde liegt, sondern die „transzendentale" Sprache, die sich von unseren sprachlichen Verständigungsprozessen unterscheidet. In den Phänomenen ist uns mitgegeben, dass sie Phänomene sind, dass sie eine Bestimmtheit haben, und zwar mit Evidenz. Nur aufgrund dieser „transzendentalen" Sprache kann es dann auch bestimmte Gerüche von gekochtem Essen geben. Diese „transzendentale" Unhintergehbarkeit benutzt aber die Prädikate der Erscheinung von Erscheinungen: In Phänomenen ist uns mitgegeben,

1. dass sie Phänomene sind (*dass* sie also erscheinen),
2. dass sie eine Bestimmtheit haben (hier wird aber selbst nichts qualitativ Bestimmtes gesagt, sondern nur, dass ein Phänomen ist, was es ist[45]),
3. und zwar mit Evidenz (nämlich die Erscheinung von Erscheinungen).

Die Alternative also, ob uns Phänomene nur sprachlich gegeben sind oder ob die Sprache von ihrem Erscheinen abhängt, ist nach meinem Eindruck nicht adäquat. In ihr wird das Erscheinen von Erscheinungen nicht berücksichtigt, auf dem jede Phänomenologie beruht, wenn sie die Regel der Epoché beachtet. Wiederum unternimmt eine Analytische Sprachphilosophie die positive Setzung einer Existenzannahme von Sprache. Diese Setzung ist aber nicht evident, denn dann müsste diese Existenz vorsprachlich gegeben sein (als Phänomen). Die Sprache, die den Phänomenen zugrunde liegt, liegt vielmehr im Erscheinen des Erscheinens.

4.2 Verstehen

Betrachten wir die folgende kurze Konversation:

Frau Schulz: „Ist das der Zug nach Frankfurt?"
Herr Klein: „Nein, ich warte auf den Zug nach Basel."
Frau Schulz: „Ich meine, ob dieser Zug in Frankfurt hält."
Herr Klein: „Ach so, das weiß ich nicht. Mein Zug kommt erst in einer halben Stunde."

Vermutlich würden die meisten dieses Kurzgespräch für missglückt halten. Frau Schulz bekommt nicht die Information, die sie braucht, und Herr Klein teilt etwas mit, was für Frau Schulz uninteressant ist. Vielleicht will sich Herr Klein auch dafür rechtfertigen, dass er nicht helfen kann, weil er sich ausschließlich für seinen eigenen Zug interessiert, der aber erst später kommt. Frau Schulz macht ihm aber keinen Vorwurf für seine Unkenntnis und scheint sich auch nicht dafür zu interessieren, warum er nichts über den am Gleis stehenden Zug

---

45 Kapitel 10.

weiß. So werden Informationen mitgeteilt, die nicht gewünscht waren, während das eigentliche Thema, das Frau Schulz initiiert hatte, keine Klärung erfährt. Sind sich die beteiligten Personen verständnislos geblieben? Haben sie sich gar nicht verstanden?

Immerhin ist im Gespräch eine Klärung dafür herbeigeführt worden, dass Herr Klein Frau Schulz zunächst missverstanden hatte. Das Missverständnis wurde darum verstanden. Zudem kann man sich nur missverstehen, wenn man etwas versteht – nur anders, als es gemeint gewesen ist. Aber auch Missverstehen ist ein Modus von Verstehen. Sogar wenn ich bemerke, dass ich etwas nicht verstehe, habe ich etwas verstanden. Dieses Bemerken ist die Erscheinung der Erscheinung aus der vorigen Sektion. Ohne sie ist Nicht-Verstehen nicht einmal ein Phänomen. Nicht-Verstehen ist nur dann hermeneutisch interessant, wenn es bemerkt wird. Dann ist aber auch schon etwas verstanden worden.

Wenn man bemerkt, dass man etwas nicht verstanden hat, hat man zugleich bemerkt, dass es etwas *zu verstehen* gegeben hat. Es handelt sich um eine soziale Verstehenserwartung. Deshalb können sich Menschen übereinander ärgern, weil sie bemerken, dass sie nicht verstanden werden. Zugleich wirkt der bloße Appell „Versteh das doch bitte endlich!" verzweifelt, so als ob jemand nur eine gelernte Handlung ausführen müsste. Wir können zwar verstehen lernen, aber wir lernen es nicht so, als ob wir nur einen „Handgriff" ausführen müssten. Um etwas zu verstehen, reichen weder ein guter Wille aus noch ausreichend viele Informationen (zum Beispiel, wohin der Zug fährt). Verstehen ist von einem kausalen Schema zu unterscheiden.

Dennoch liegt in der Verstehenserwartung mehr als nur unser Wunsch, verstanden zu werden. Unser Grund, warum wir verstanden werden wollen, hat vielmehr darin sein „Recht", dass *es* etwas *zu verstehen* gibt.[46] Und es gibt nicht nur deshalb etwas zu verstehen, weil wir verstanden werden wollen. Wer etwas verstehen will, es aber nicht kann (zum Beispiel eine schwierige Matheaufgabe rechnen), versteht immerhin die normativ bindende Verstehenserwartung, dass es etwas zu verstehen gibt, kann ihr aber nicht nachkommen.

Was es zu verstehen gibt, ist auch nicht identisch damit, wie wir verstanden werden wollen. Alles kann immer auch anders verstanden werden.[47] Wer versteht, wie ich verstanden werden will, kann daher zugleich verstehen, dass etwas anders *zu verstehen* ist, als ich will. Frau Schulz hat verstanden, was Herr Klein mitteilen wollte, nämlich auf welchen Zug *er* wartet. Dennoch kann sie ein

46 E. Herms: Systematische Theologie Bd. 1, 46.
47 I.U. Dalferth: Die Wirklichkeit des Möglichen, 24.

Missverständnis aufzeigen, weil ein anderer Sachverhalt zu verstehen war. Herr Klein wiederum will gegen Ende so verstanden werden, dass es ihm nicht um den fraglichen Sachverhalt geht, sondern um *seine persönliche* Situation. Diese wiederum mag Frau Schulz nicht interessieren, aber das ändert nichts daran, dass die Situation von Herrn Klein jetzt zu verstehen gegeben ist. Wir können also mit unserem Willen, was wir zum Ausdruck bringen, hermeneutische Situationen erzeugen, in denen etwas zu verstehen gegeben ist. Aber wir können nicht determinieren, dass das, was zu verstehen gegeben ist, auch schon so zu verstehen ist, wie wir es verstehen wollen. Für jede sprachliche Äußerung ist zwar eine Vielzahl an Verstehensmöglichkeiten gegeben, aber es ist nicht beliebig, wie sie zu verstehen ist.

In der Verstehenserwartung ist daher auch für die Sender einer Botschaft eine gewisse Reichweite enthalten, wie etwas noch zu verstehen ist. Frau Schulz wird tolerieren, dass Herr Klein von seiner persönlichen Situation spricht. Sie mag diese Reaktion zwar für unpassend halten, aber wird sie noch als Antwort auf ihre Frage akzeptieren. Das würde sie aber nicht mehr tun, wenn Herr Klein geantwortet hätte: „Wir haben heute Hochzeitstag." Verstehenserwartungen können also miteinander kollidieren, denn auch Herr Klein gibt mit der Mitteilung seines Hochzeitstags etwas zu verstehen. Nur passt seine Verstehenserwartung nicht zur Verstehenserwartung von Frau Schulz.

Verstehenserwartungen kollidieren allerdings nicht schon dadurch, dass unser Gegenüber anders reagiert, als wir erwarten. Nehmen wir an, Herr Klein hätte zum fraglichen Zug so geantwortet: „Der Zug fährt nur in die ungefähre Richtung Frankfurt, aber Sie können in Rüsselsheim nach Frankfurt umsteigen", dann hat Frau Schulz zwar nicht die Antwort erhalten, ob am Bahnsteig *ihr* Zug nach Frankfurt steht, den sie sucht. Mit einer solchen Antwort hat sie womöglich nicht gerechnet, sondern nur mit einem Ja oder Nein. Dennoch gehört die Antwort noch in die Reichweite dessen, was die Frage zu verstehen gegeben hat. Vielleicht ist Frau Schulz unzufrieden mit der Antwort und hakt nochmals nach: „Ich meinte eigentlich, ob das der Zug nach Frankfurt ist, der um 13.57 Uhr hier abfahren soll." Aber dass sie nun präziser formuliert, liegt daran, dass sie selbst der Verstehenserwartung ihrer ersten Frage nicht gerecht geworden ist. Wir können also selbst hinter dem, was zu verstehen ist, zurückbleiben, wenn wir uns zu verstehen geben wollen. Das ist eine Folge davon, dass das, was zu verstehen ist, eine Unabhängigkeit davon besitzt, wie wir verstanden werden wollen.

Das belegen all die sprachlichen Besserwisser, die absichtlich die Verstehenserwartungen durchkreuzen:

„Ist das nicht der Zug nach Frankfurt?"
„Ja."

Jetzt weiß die erste Person nicht, ob die Antwort die Verneinung bejaht oder den Zug nach Frankfurt. Manche Gesprächspartner machen sich mit solchen angeblichen Genauigkeiten einen Scherz. Dazu müssen sie die Frage verstanden haben, wie sie gemeint gewesen ist, sonst könnten sie nicht damit scherzen. Dennoch durchkreuzen sie die Verstehenserwartungen, indem sie dafür, wie die Frage zu verstehen gegeben war, ein bewusstes Missverständnis herbeiführen. Auch sie geben etwas zu verstehen, aber es gehört nicht nur in den Horizont der Verstehenserwartung, dass die fragende Person darüber lacht, sondern sich über die sprachliche Belehrung ärgert oder darüber, dass die scherzende Person in Kauf nimmt, dass die erste den eigentlichen Zug verpasst. Witze vergrößern damit sogar den Erwartungshorizont des Verstehens, gerade weil sie die Kollision mehrerer Verstehenserwartungen einkalkulieren. Widersprüchliches hält die Anschlussmöglichkeiten der Kommunikation gerade offen.[48] Wer den Witz macht, kann sich dann aber auch nicht darüber beschweren, wie gegensätzlich Menschen darauf reagieren.

Wer merkt, dass er oder sie etwas nicht versteht, versteht bereits etwas, nämlich die Verstehenserwartung, dass etwas zu verstehen gegeben ist. Das heißt, dass jede bloße Verstehensbemühung schon Verstehen ist. Denn niemand kann sich um Verstehen bemühen, der die Verstehenserwartung nicht verstanden hat. Auch darin steckt bereits die Anerkennung einer normativen Geltung: Es ist das zu Verstehende zu verstehen. Und diese Normativität wird bereits dadurch anerkannt, dass man sich um Verstehen bemüht. Diese Iteration des zu Verstehenden führt aber nicht in einen logisch unendlichen Regress:

1. Was zu verstehen ist, erzeugt eine Verstehenserwartung auf der Ebene des sprachlichen Handelns.[49]
2. Dass aber das Verstehende zu verstehen ist, liegt an keinem sprachlichen Handeln und erzeugt auch keine bestimmte Reichweite von Verhaltensanschlüssen im Horizont der Verstehenserwartungen. Es fordert allein die Verstehensbemühung. Wie jemand dieser Bemühung wiederum gerecht wird, dafür gibt es eine Vielzahl von Möglichkeiten und Methoden, die man wieder als sprachliches Handeln beschreiben kann. Aber die Verstehensbemühung

48 N. Luhmann: Soziale Systeme, 493.
49 Unter sprachlichem Handeln verstehe ich alles Handeln, das sich auf den sprachlichen Sinn eines Textes bezieht, der zu verstehen gegeben ist.

selbst kann jemandem nur zugerechnet werden oder sie stellt sich bei einer Person unmittelbar ein.

Wenn ich also einem Kleinkind sage: „Hol deine Schuhe!", und es bringt dann die Schuhe seines Vaters, spüre ich sein Bemühen zu verstehen, was es tun sollte. Selbst wenn es absichtlich die falschen Schuhe gebracht hat, hätte es sich um Verstehen bemüht, sonst wäre seine Reaktion nicht mit Absicht geschehen. Wenn es aber nach meiner Aufforderung mich anlacht, umarmt oder vor sich hinstarrt, kann ich keine Verstehensbemühung erkennen. Das heißt nicht, dass sie nicht vorliegt. Aber ob sie vorliegt, ist keine Angelegenheit meiner Beobachtung. Die Bemühung stellt sich unmittelbar oder gar nicht ein. Ihre Unmittelbarkeit hat zur Konsequenz, dass ich sie nicht sicher an einem bestimmten Verhalten „ablesen" kann. Deshalb kann ich dem Kind seine Verstehensbemühung auch nur zurechnen, ohne sicher zu sein, ob es sich wirklich bemüht.

Dieser Unterschied ist wichtig, damit es nicht zu einem unendlichen Regress des zu Verstehenden kommt. Zwar versuche ich Ihnen gerade zu verstehen zu geben, dass das zu Verstehende zu verstehen ist. Aber daraus soll kein unendlicher Regress gefolgert werden, dass das zu Verstehende des zu Verstehenden zu verstehen ist usw. Vielmehr folgen wir dem zu Verstehenden des zu Verstehenden, indem wir uns um Verstehen bemühen. Die Verstehensbemühung ist die unmittelbare Anerkennung, dass es etwas zu verstehen gibt. Und diese Anerkennung setzt bereits Verstehen voraus, dass es etwas zu verstehen gibt.

Die Unmittelbarkeit der Verstehensbemühung macht auch deutlich, wie hermeneutische Prozesse beginnen: Sie beginnen nämlich *einfach so*, eben *unmittelbar*. Niemand kann eine Person zum Verstehen bringen, indem ihr befohlen wird zu verstehen. Verstehen beginnt nicht *als* sprachliches Handeln, sondern nur *in* ihm. Wir brauchen also eine andere Kategorie, um den Anfang des Verstehens zu bestimmen. Diese Unmittelbarkeit entspricht dem Widerfahrenscharakter von Phänomenen, den ich in der vorigen Sektion dargestellt habe. Damit habe ich eine Brücke zwischen Phänomenologie und Analytischer Sprachphilosophie bauen wollen: Es bedarf einer eigenen Kategorie des Widerfahrens, um die Grundlage von beidem zu bilden, von den Phänomenen und der Sprache. Deshalb beginnt Verstehen auch nicht als Sprache, sondern in ihr.

4.3 Kann KI verstehen?

Meine These ist nun, dass einer KI das zu Verstehende nicht zu verstehen gegeben ist. Sie ist also nicht fähig, *unmittelbar* in einen Verstehensprozess einzutreten. Entweder sie ist so programmiert, dass sie alle Daten erfasst, die sie verarbeiten soll. Dann mag sie diese Daten sogar irgendwann einmal „verstehen", aber es gibt dann keinen Moment, an dem sie den unmittelbaren Anerkennungsakt vollzieht, dass das zu Verstehende zu verstehen ist. Sie verarbeitet dann einfach nur das, wozu sie programmiert ist.

Oder als selbstlernendes System erfasst sie selbst, welche Daten sie zu verarbeiten hat – aufgrund von Vorinformationen, die ihr zugrunde liegen oder die sie selbst generiert hat. Auch in diesem Fall fängt sie nie an, Texte zu verstehen, weil sie den Appellcharakter des zu Verstehenden verstanden hätte. An die Stelle einer unmittelbar moralischen Bezogenheit, einem Text verpflichtet zu sein, tritt ein technischer Zwang. Sowohl der Mensch, der mit einer unmittelbaren Verstehensbemühung darauf reagiert, dass das zu Verstehende zu verstehen ist, als auch die Maschine, die technischen Befehlen folgt, haben keine Wahl dazu. Daraus kann man aber nicht ableiten, dass beide Phänomene identisch wären. Zwischen dem zu Verstehen Gegebenen und der Verstehensbemühung steht noch der unmittelbare Anerkennungsakt, dass etwas zu verstehen gegeben ist. Menschen treten in den Verstehensmodus ein, aber nicht durch eine Wahl, sondern indem sie in ihn hineinrutschen.

Mir scheint nun, dass genau diese unmittelbare Zwischeninstanz den signifikanten Unterschied zwischen menschlichem Verstehen und künstlich intelligenter Textverarbeitung ausmacht. Damit meine ich, dass die Diskussion überflüssig ist, ob Maschinen Texte genauso „verstehen" können wie Menschen. An ihrer Textverarbeitung wird man diese Frage nicht überprüfen können. Denn auch wenn Maschinen mit unsinnigen Reaktionen auf Texte reagieren, könnten sie sie theoretisch auch nur „missverstanden" haben. Die Frage muss daher lauten, ob hinter ihren Reaktionen überhaupt eine Verstehensbemühung liegt.

Diese Frage muss aber anders beantwortet werden als durch Beobachtung, wie Maschinen auf Texte reagieren. Beschreiben lassen sich allerdings die unterschiedlichen Arten der Textverarbeitung. Ich hatte in der vorigen Sektion behauptet, dass wir auch bei Menschen die Verstehensbemühung meistens nicht durch Beobachtung feststellen können, sondern ihnen zurechnen. Nur manchmal lässt sich beobachten, dass sich jemand um Verstehen bemüht. Jetzt erweitere ich diese These: Wir können an der Art der Textverarbeitung Künstlicher Intelligenz „beobachten", dass wir ihr nicht zutrauen sollten, diese Texte auch zu verstehen. Verstehen wird damit in moralischer Hinsicht signifikant: Weil Menschen unmittelbar den Anspruch des Verstehens verstehen, können sie dann auch Texte verstehen. Ihnen ist dann der moralische Anspruch des Verstehens unmittelbar gegeben, Maschinen jedoch nicht. Deshalb vertrauen wir Menschen darin, dass sie verstehend auf etwas reagieren, was ihnen zu verstehen gegeben ist – selbst wenn sie es dann missverstehen. Unser Vertrauen in ihre

Verstehensbemühung ist auch unmittelbar. Es ergibt sich allein daraus, dass wir mit unseren Mitmenschen einen sozialen Raum teilen, in dem etwas zu verstehen gegeben ist. Und dieser Raum ist dadurch fundiert, dass uns gemeinsam etwas zu verstehen gegeben ist. Hier besteht eine wechselseitige Abhängigkeit zwischen sozialem Raum und dem, was zu verstehen gegeben ist. Soziale Räume sind uns nicht gegeben, ohne dass etwas uns gemeinsam zu verstehen gegeben ist. Der Anspruch, dass etwas zu verstehen ist, erzeugt also Zwischenmenschlichkeit.

Meine Beschreibung weicht deutlich von den Diskursstrategien ab, die bislang verwendet werden, um menschliches Verstehen von künstlich intelligenter Textverarbeitung zu unterscheiden. Die typischen Strategien bestehen in einem sogenannten behavioristischen Ansatz, also am Vergleich des Verhaltens (behavior) auf Texte. Wenn ich für eine Anlagenberatung bei einer Bank in einem Chat kommuniziere und den Unterschied nicht beschreiben kann, ob hier eine Künstliche Intelligenz mit mir schreibt oder ein Mensch (der berühmte Turing-Test[50]), gibt es auf der Verhaltensebene kein Kriterium, weswegen ich einer KI kein Verstehen zuerkennen kann. Ähnlich ist es, wenn ein Roboter nicht selbst textlich reagiert, sondern eine passende, aber anspruchsvolle Bewegung ausführt. Ein autonom fahrendes Auto, das die Tagesbedürfnisse und persönlichen Präferenzen der jeweiligen Insassen aufgrund der Mimik und Körperhaltung berücksichtigt und darauf seine Fahrweise anpasst, verhält sich ähnlich wie eine empathische Taxifahrerin. Wie sollte man hier nicht annehmen können, dass die KI etwas versteht?

Eine andere Argumentationsstrategie liegt meiner Beschreibung näher, nämlich dass Künstliche Intelligenz keine Lebenswelt hat und deshalb auch keine Lebenswelt mit uns teilen kann.[51] Ludwig Wittgenstein hat einen ähnlichen Vergleich gezogen: „Wenn ein Löwe sprechen könnte, wir könnten ihn nicht verstehen."[52] Denn wir teilen mit dem Löwen keine gemeinsame Lebensform, um die Bedeutung seiner Wörter und den Sinn seiner Sätze zu verstehen.[53] Hier würden wir aber immerhin noch verstehen, dass wir den sprechenden Löwen nicht verstehen. Das liegt wiederum nicht daran, dass der *Löwe* uns etwas zu verstehen gibt, sondern dass Verstehen einen Widerfahrenscharakter hat: Phänomene sind uns zwar sprachlich gegeben, aber auch nur, weil uns das Erscheinen der sprachlich verfassten Phänomene erscheint.[54] Deshalb können uns auch

---

50 A.M. Turing: Computing Machinery and Intelligence, 433–460.
51 B. Irrgang: Posthumanes Menschsein?, 138.
52 L. Wittgenstein: Philosophische Untersuchungen, S. 536.
53 AaO, § 241.
54 Sektion 4.1.

Naturphänomene zu verstehen gegeben sein, ohne dass *sie* uns aktiv etwas zu verstehen geben.

Meine Position teilt aber mit der Orientierung an der gemeinsamen Lebenswelt die Auffassung, dass Verstehen moralische Implikationen hat. Oder genauer: Dadurch, dass etwas zu verstehen ist, entstehen soziale Räume mit ihren jeweiligen moralischen Ansprüchen. Denn was zu verstehen ist, ist selbst ein moralischer Anspruch.

4.4 Sollte KI verstehen können?

Aus meiner Sicht liegen also die Fragen beieinander, ob KI verstehen kann und ob sie moralfähig ist. Denn um moralfähig zu sein, muss sie den Anspruch des zu Verstehenden vernehmen. Dieses Vernehmen aber kann sie nicht dadurch einlösen, dass sie Texte registriert, sie konfiguriert und selbst passende Texte dazu verfasst.

Wittgenstein hat seine Position in Abgrenzung zu denjenigen Sprachphilosophen erhoben, die den sprachlichen Sinn *in* der Sprache gesucht haben, in der formalen Logik oder in den Gegenständen, auf die sich die Sprache bezieht. Dagegen ist Wittgentsein nach außen getreten und den hat Sinn der Sprache in der Pragmatik der gemeinsamen Lebensform entdeckt. Ein Unterschied zum Behaviorismus liegt aber darin, dass bei diesem das Verhalten der *einzelnen* Instanz schon entscheiden soll, ob jemand verstehensfähig ist – ein Grund, warum Wittgenstein „both introspectionism and behaviorism" zugleich zurückgewiesen hat.[55] Denn sonst könnte eine einzelne KI dann schon verstehen, weil sie mit passenden Äußerungen auf Texte oder Signale reagiert. Bei Wittgenstein lässt sich das nicht am Verhalten eines einzelnen Wesens schon entscheiden, sondern daran, ob dieses Verhalten in der sozial fundierten Lebensform zum Sinnhorizont gehört. Von Wittgenstein her können wir allenfalls so relativistisch formulieren: Wenn eine soziale Lebensform die Reaktionen eines Computers als Verständnis akzeptiert, ist er ein verstehendes Wesen. Allerdings folgt aus Wittgensteins wechselseitigen Resonanzbeziehungen von Sprache und Lebensform, dass „Verstehen" dann auch etwas anderes bedeuten würde. Mit meiner Beschreibung nun lässt sich auch angeben, was dann anders ist: Es fehlt dann der unmittelbare moralische Bezug des zu Verstehenden.

An dieser Stelle gehe ich über Wittgenstein hinaus und behaupte, dass in einer solchen Lebensform mit „verstehenden Computern" auch moralische Bezüge

---

55 C.G. Luckhardt: Wittgenstein and Behaviorism, 330.

nicht mehr durch Verstehen fundiert sind. Ich habe also Zweifel, ob man dann überhaupt noch von einer Lebensform sprechen kann. Vielmehr würden hier moralische Ansprüche gegen technische Automatismen eingetauscht. Was das Moralische an einem moralischen Anspruch ist, würde dann nicht mehr verstanden, wäre also aus dem Bedeutungsfeld des Begriffs „Verstehen" ausgeschlossen. Jedenfalls wäre das so, wenn wirklich KI und Menschen gleichberechtigt als verständige Wesen anerkannt wären. Diese Anerkennung wäre dann nicht moralischer Art, sondern einfach nur eine Gattungszuordnung.

Man könnte sich aber auch vorstellen, dass in einer solchen Lebensform keine Gleichberechtigung vorläge und Menschen noch die unmittelbare moralische Anerkennung vollziehen, was zu verstehen ist. Das Problematische daran wäre, dass sie dann auch Künstlichen Intelligenzen diese Moralität zuschreiben würden. Künstliche Intelligenzen wären dann moralische Agenten, weil sie Texte verarbeiten können und weil diese Fähigkeit schon mit Verstehen gleichgesetzt werden würde. Auch in dieser Lebensform würden Menschen ihre eigene Fähigkeit herabsetzen, moralische Ansprüche zu verstehen, indem sie das zu Verstehende unmittelbar verstehen. In dieser Lebensform würden sie zusätzlich aber noch Künstlichen Intelligenzen die Fähigkeit zum moralischen „Verstehen" zuschreiben. Und das wäre ein anderes Sprachspiel für das, was wir in unserer Lebensform für Moralität halten. Deshalb kann es in unserer Lebensform auch nicht moralisch gewollt werden, dass wir KI-Instanzen Moralität zuschreiben.

Die Frage aus dieser Sektion, ob KI verstehen können sollte, ist aus meiner Sicht so umformulieren: Sollten wir KI die Fähigkeit zu verstehen zuschreiben? Diese Frage ist aber nicht nur die moralische Frage, ob wir das tun sollten. Vielmehr wird hier auch nach der Moralfähigkeit von KI gefragt. Denn Moralität gründet im unmittelbaren Verstehen, ein zu Verstehendes anzuerkennen. KI kann das nicht. Deshalb ist sie auch nicht moralfähig. Und deshalb sollten wir ihr auch nicht diese Fähigkeit zuschreiben.

Wir können zwar weiterfragen, ob wir Künstliche Intelligenzen so programmieren sollten, dass sie verstehen können. Könnten wir also moralische Gründe dafür haben? Ich möchte darauf zwei Antworten geben:

Erstens erinnere ich wieder an Wittgensteins Diktum vom sprechenden Löwen, den wir nicht verstehen. Wenn wir die KI so weiterentwickeln könnten, dass sie moralfähig wäre, ist noch nicht gesagt, dass sie dann in unserer Lebensform beheimatet wäre. Sie hätte primär ihre eigene Moral.[56] Sie müsste jetzt zwar

---

56 Das dürfte der Grund sein für die Befürchtungen eines technologischen Totalitarismus: Künstliche Intelligenz – Bedrohung oder Hilfe für die Menschheit? (Zugriff

den unmittelbaren Anspruch anerkennen, der im zu Verstehenden liegt. Aber wie sie mit diesem Anspruch umgeht, wäre abhängig von einer Lebensform. Und es ist unwahrscheinlich, dass die KI schon versteht, zu unserer Lebensform zu gehören, nur weil Programmierer aus unserer Lebensform sie entwickelt haben.

Zweitens ist die Fähigkeit, den Anspruch des zu Verstehenden unmittelbar anzuerkennen, nicht von Programmierern herstellbar. Denn diese Anerkennung vollzieht sich ja *unmittelbar*, ohne Vermittlung. Alles, was Menschen planen, bauen und entwickeln können, bedarf aber der technischen Vermittlung. Es müsste also Unmittelbarkeit durch Vermittlung entstehen. Das ist ein Widerspruch. Deshalb gibt es keine Methode, wie man die KI dazu bringt, den Anspruch des zu Verstehenden unmittelbar anzuerkennen. Vielleicht werden Künstliche Intelligenzen irgendwann diesen Anspruch verstehen können. Das liegt dann aber nicht daran, dass sie so gebaut worden sind, sondern dass plötzlich etwas Wundersames passiert ist, warum sie das dann können. Ich halte ein solches Ereignis für eine göttliche Schöpfung aus dem Nichts, eine creatio ex nihilo. Phänomenologisch spreche ich vom Widerfahrnis. Wenn das Auftreten dieses unmittelbaren Verstehens eine creatio ex nihilo ist, kann man es auch nicht aus technischen Voraussetzungen hervorholen. Weder ist dieses Verstehen dann durch die technischen Voraussetzungen determiniert, noch kann es von dort auch nur wahrscheinlich gemacht werden.

08.06.2023).

5 Kommunizieren

Kommunikation setzt Verstehen voraus. Damit kann ich es mit diesem Kapitel kürzer halten. Denn da Künstliche Intelligenzen nicht verstehen können, können sie auch nicht kommunizieren.

Allerdings führen wir ja Unterhaltungen mit Sprachcomputern am Telefon oder im Chat. Wie sind diese Unterhaltungen kommunikationstheoretisch einzustufen? Kann man dann Kommunikation durch eine funktionsäquivalente Informationsübertragung ersetzen? Dazu kommt, dass die Kommunikationsmetapher auch in die Naturwissenschaften eingedrungen ist. Nicht nur technische Geräte „kommunizieren" seither – zum Beispiel der Computer mit dem Router, wenn er sich mit dem WLAN verbindet –, sondern sogar biologische Systeme. Der Wissenschaftstheoretiker Peter Janich spricht polemisch vom „Geschwätz der Moleküle"[57], um auf den unbedacht inflationären Umgang des Wortes der Kommunikation hinzuweisen. Wenn irgendwie alles miteinander kommuniziert, nur weil es schon in physischem Kontakt zueinandersteht, ist es keine Überraschung, dass dann auch die KI kommuniziert. Wenn dann noch das berühmte Diktum von Paul Watzlawik „*One cannot not commuicate*"[58] bemüht wird, weil schon der geistesabwesende Blick einer Person, mit der ich rede, mir eine Botschaft sendet, wird eine an sich scharfsinnige Beschreibung so sehr generalisiert, dass der Begriff der Kommunikation indifferent wird.

In diesem Kapitel entfalte ich keine umfassende Kommunikationstheorie, sondern entfalte den Kommunikationsbegriff in strenger Weiterführung des vorherigen Kapitels: In Kommunikation geben sich mindestens zwei Instanzen etwas zu verstehen. Dabei ist Kommunikation wieder nichts, was man eindeutig beobachten können muss, sondern primär ein Zuschreibungsbegriff für eine Situation. Nehmen wir folgendes Beispiel: Eine Pfarrerin hält am Sonntag im Gottesdienst eine Predigt und nimmt wahr, dass viele Gemeindeglieder einen müden Blick bekommen, vor sich her starren, die Wände betrachten oder gähnen. Kein Gemeindeglied spricht mit der Pfarrerin, niemand unterbricht ihren Redefluss. Und wir nehmen weiter an, dass niemand die Pfarrerin mit seinem Verhalten provozieren oder stören will. Dennoch befinden sich die Pfarrerin und

---

57 P. Janich: Was ist Information, 112.
58 P. Watzlawik/J.B. Bavelas/D.D. Jackson: Pragmatics of Human Communication, 51, Herv. i.O.

die Gemeinde in einer Kommunikationssituation: Beide Seiten kommunizieren miteinander. Es kann übrigens sein, dass gleichzeitig die Gemeindeglieder nicht miteinander kommunizieren. Weder geht ein Gottesdienstbesucher auf einen anderen ein, noch nimmt jemand wahr, dass ein anderer vor sich her starrt oder gähnt. Obwohl sich alle zusammen in einem Raum befinden, kommunizieren nicht alle miteinander, aber hier immerhin die Gemeinde und Predigerin. Nach unseren Voraussetzungen wiederum senden die Gemeindeglieder nur unabsichtlich ihre Botschaften an die Pfarrerin. Zugleich ist bei ihren Reaktionen zu erwarten, dass sie der Predigt nicht folgen.

In diesem Fall verstehen sie die Predigt nicht und wollen auch nicht, dass die Pfarrerin bemerkt, dass sie ihren Worten nicht folgen. Warum findet trotzdem Kommunikation statt? Weil zumindest auf Rückfrage alle anerkennen werden, dass in diesem Moment etwas von beiden Seiten aus zu verstehen gegeben ist. Die Gemeindeglieder stellen die Verstehenserwartung *an sich*, dass die Pfarrerin gerade eine Predigt hält. Die Pfarrerin wiederum hat vermutlich die Verstehenserwartung aufgegeben, dass die Gemeindeglieder ihrer Predigt folgen. Dennoch sind ihr die Reaktionen ihrer Predigthörer zu verstehen gegeben. Und genau diese Verstehenserwartung, die die Predigerin in diesem Moment anerkennt, kann sie an die Gemeinde rückmelden, dass sie dazu Stellung beziehen muss. Nehmen wir an, die Pfarrerin unterbricht ihre Predigt und meldet zurück: „Ich habe den Eindruck, dass Sie mir gerade nicht zuhören." Dann werden die Gemeindeglieder unmittelbar anerkennen müssen, dass *sie* der Pfarrerin zu verstehen gegeben sind. Sie mögen sich jetzt schämen (Kapitel 3), dabei ihre Reaktion abwiegeln oder am liebsten beteuern, dass sie aufmerksam zugehört haben. Aber sie können nicht rückgängig machen, dass sie der Pfarrerin zu verstehen gegeben sind. Diese Evidenz verdankt sich wiederum der Tatsache, dass die Reaktion der Pfarrerin ihre Gemeinde sich zu verstehen gegeben hat.

Kommunikation also ereignet sich, wo sich *Menschen* wechselseitig zu verstehen gegeben sind. Diese Wechselseitigkeit erschafft die Situation, in der sie sich zu verstehen gegeben sind, die Kommunikationssituation. Es muss Menschen nicht auffallen, dass sie in einer solchen Kommunikationssituation integriert sind. Aber würde es niemandem auffallen, würde sich auch niemand in dieser Kommunikationssituation befinden. Es würde die unmittelbare Anerkennung nicht aufkommen, dass sich Menschen gerade zu verstehen gegeben sind.

Kommunikation impliziert damit, dass sich Menschen wechselseitig zu verstehen gegeben sind und nicht lediglich Fakten oder Texte. Ich kann ein Buch lesen, ohne dabei mit jemandem zu kommunizieren. Nur sehr allgemein setzt die Buchlektüre eine Kommunikationssituation, nämlich unter der Bedingung, dass jemand ein Buch für eine Leserschaft geschrieben hat (was bei Tagebüchern in der Regel nicht der Fall ist) und dass die Leser den Eindruck haben, dass das Buch etwas mit *ihnen* zu tun hat, also dass sie beim Lesen *sich* zu verstehen gegeben werden. In diesem Fall haben sich Leser und Autorin wechselseitig im Blick gehabt. Das zeigt an, dass Kommunikation nicht nur in Kopräsenz geschieht, also an selber Stelle zum selben Zeitpunkt, sondern sich auch raum- und zeitversetzt vollzieht. Sogar ein Brief des Apostels Paulus oder ein Buch von Aristoteles, die beim Schreiben ganz bestimmt nicht an mich dabei gedacht haben, kann dann in eine Kommunikationssituation münden, wenn ich beim Lesen den Eindruck habe, dass ich dabei mir zu verstehen gegeben bin.

Verkürzt wird das Diktum von Paul Watzlawik: „Man kann nicht nicht kommunizieren", wenn lediglich gemeint wird, dass jegliche Reaktion, auch eine unabsichtliche und non-verbale, von einer Person *wahrgenommen* werden kann und dann den Informationsgehalt einer Situation verändert.[59] Nicht die Wahrnehmung prägt eine Kommunikationssituation, sondern die unmittelbare Anerkennung eines bestimmten Wahrgenommenen, nämlich dass sich Menschen einander zu verstehen gegeben sind. Das ist auch dann der Fall, wenn wir erst im Nachhinein wahrnehmen, dass es sich so verhält, wie bei den Gemeindegliedern, die aus dem Predigtschlaf abrupt erwachen, weil sie darauf angesprochen werden, warum sie der Pfarrerin nicht zuhören. Jetzt können sie nicht leugnen, dass sie der Pfarrerin schon längere Zeit zu verstehen *gewesen* sind, und zwar schon zu einem Zeitpunkt, an dem ihnen noch nicht aufgefallen ist, dass sie der Predigt nicht folgen. Sie müssen jetzt anerkennen, dass die Kommunikationssituation schon eine längere Zeitdauer besteht.

Aus dem Beispiel von der besagten Predigt lassen sich einige Typiken der Kommunikation ableiten:

- Kommunikation entsteht, indem Menschen einander zu verstehen gegeben sind.[60]
- Kommunikation ist kein Handeln.[61] Denn man kann auch unabsichtlich und unwissentlich kommunizieren.
- Was Jürgen Habermas „kommunikatives Handeln"[62] nennt, bezieht sich auf Handlungen in Anerkennung vor der Kommunikationssituation. Ein kommunikatives Handeln kann daher immer erst das Zweite sein, nachdem Menschen in Kommunikation eingetreten sind.

59 J. Reichertz: Kommunikationsmacht, 125.
60 E. Herms: Systematische Theologie Bd. 1, 49.
61 J. Fischer: Leben aus dem Geist, 34. N. Luhmann: Soziale Systeme, 193.
62 J. Habermas: Erkenntnis und Interesse, 176.

- Der Eintritt in eine Kommunikationssituation ist ein Widerfahrnis.
- Kommunikation ist immer mediatisiert.[63] Würde die Pfarrerin nicht predigen oder schließlich die Gemeinde auf ihren Predigtschlaf aufmerksam machen, wären die Gemeindeglieder nicht mit ihr in einer Kommunikationssituation integriert. Sie wären dann so wenig aufeinander bezogen wie auf die anderen dämmernden Gemeindeglieder.
- Das heißt aber auch, dass nicht schon Medien eine Kommunikationssituation zustande bringen. Kanzel, Altarschmuck, der gestaltete Kirchenraum sind auch Medien des Gottesdienstes. Aber sie verhindern nicht, dass Menschen vom Kommunikationsgeschehen ausgeschlossen sein können. Obwohl alle Gemeindeglieder im Kirchenraum sitzen, sind sie in ihrer Dämmersituation kommunikativ unverbunden. Medien sind eine notwendige, aber keine hinreichende Bedingung für Kommunikation.

5.1 Kann KI kommunizieren?

KI kann Medien verarbeiten und ist selbst ein Prozess der Mediatisierung: Daten werden konfiguriert und zu Mustern umgewandelt, die wiederum die Reaktionen des Systems steuern. Die Daten sind die Medien menschlicher Worte, die in einem Sprachcomputer verarbeitet werden. Die Muster wiederum sind die Medien der Reaktion. Ich habe aber zum Schluss der vorigen Sektion festgestellt, dass Medien nur die notwendige Bedingung für Kommunikation bilden. Alle weiteren Charakteristiken der Kommunikation erfüllt eine KI nicht: Sie ist weder sich noch etwas anderem zu verstehen gegeben, kann daher auch nicht ihr Gegenüber als Kommunikationspartner unmittelbar anerkennen, weil ihr keine Kommunikation widerfährt. Sie müsste dazu die Kommunikationssituation als solche verstehen können.

Wir haben es also mit dem Umstand zu tun, dass wir künftig zunehmend mit künstlichen Wesen Gespräche führen, mit denen wir nicht kommunizieren. Oder anders: Wenn wir diese Gespräche mit Kommunikation verwechseln, erkennen wir diesen Wesen entweder einen Personenstatus zu, den sie nicht haben, weil sie den Anspruch nicht anerkennen, dass etwas zu verstehen gegeben ist. Oder wir verkürzen Gespräche um die Kommunikationssituation. Das kann als Entlastung erfahren werden, nimmt den Gesprächen dabei aber auch eine interpersonale Tiefe. Das ist so lange unproblematisch, solange wir in solche Gespräche nicht die Verstehenserwartungen einer Kommunikationssituation hineintragen.

---

63 I.U. Dalferth: Kombinatorische Theologie, 249.

Nehmen wir an, dass wir im Internet am Samstagabend einen Sprachcomputer namens Doktor Bot konsultieren, weil unser Kind einen Ausschlag am Hals bekommen hat. Das Angebot einer vorärztlichen Beratung nehmen wir gerne an, weil Kinderärzte lange Wartezeiten haben und am Wochenende ohnehin kaum erreichbar sind. Der Sprachcomputer kann auf die aktuellen Datenbanken evidenzbasierter Medizin zugreifen und stellt passende Fragen, um eine vorläufige Diagnose zu stellen und eine unkomplizierte Behandlung zu Hause vorzuschlagen. Vielleicht werden wir den Unterschied zu einem Telefonat mit einem Menschen nicht einmal bemerken. Wir werden den Sprachcomputer für kompetent halten, freundlich und sogar einfühlsam, weil er beruhigende Worte spricht. Es wird sich kaum vermeiden lassen, das Gespräch als Kommunikationssituation aufzufassen. Künftig werden wir wieder Doktor Bot kontaktieren, so wie wir die Ärztin unseres Vertrauens weiterempfehlen.

Was ich zu Anfang des Kapitels über Kommunikation ausgesagt habe, betraf die Beschreibungsebene vom Standpunkt eines Beobachters. Jetzt aber haben wir es mit einer Betroffenenperspektive zu tun, mit fürsorglichen und beunruhigten Eltern, die einen Sprachcomputer zu Rate ziehen. Und aus der Betroffenenperspektive zeigt sich ein anderes Bild, nämlich dass die signifikanten Unterschiede zwischen Kommunikation und Gespräch mit einer KI nicht auffallen. Wer hat jetzt recht? Wird es nicht den besorgten Eltern gleichgültig sein, ob ihr Gespräch mit Doktor Bot Kommunikation ist oder nicht? Wozu soll ihnen dieser akademische Ausdruck ihres Gesprächs überhaupt nützlich sein, solange doch Doktor Bot hilft? „Wer heilt, hat recht."

Die Verwechslung wird den Eltern aber spätestens dann auffallen, wenn die Erwartung des kommunikativen Handelns der KI enttäuscht wird. Mir geht es jetzt nicht darum, dass eine KI fehlerhafte Diagnosen stellen kann – das können Ärzte auch – oder dass sie für ihre falsche Beratung nicht haftbar gemacht werden können – das könnten die Anbieter solcher Beratungssysteme durch Versicherungen abgelten. Mir geht es vielmehr darum, dass die Handlung der KI nicht aus unmittelbarer Anerkennung der Kommunikationssituation vollzogen wird. Das heißt, dass die Eltern der KI nicht zu verstehen gegeben sind. Die Einfühlsamkeit des Sprachcomputers wird dann an eine prinzipielle Grenze stoßen, nämlich wenn die verärgerte Mutter nochmals wegen der Fehldiagnose anruft und sich beschwert. Vorausgesetzt, dass sie weiß, dass sie mit einer KI spricht, wird sie sich mit der simulierten Empathie nicht zufriedengeben, sondern im Gegenteil in ihrem Ärger noch befeuert werden. Sie ähnelt einem Menschen, der seinen Computer anbrüllt, weil er seine Befehle nicht ausführt. Keiner von ihnen beiden erwartet Verständnis und keiner von beiden wird das Gefühl haben, verstanden zu werden.

Das Gefühl Betroffener war aber vorher noch Anlass, die Differenz zwischen Kommunikation und Gespräch mit einer KI herunterzuspielen. Nun stellt sich heraus, dass das Gefühl keine sichere Grundlage zur Beurteilung einer funktionsäquivalenten Situation zur Kommunikation darstellt. Oder anders: Wenn die Gefühle der Betroffenen eine Rolle bei der Zuerkennung der Kommunikationspartner spielen sollen, dann zeigen diese Gefühle auf eine *Nicht-Permanenz* der Kommunikationspartner während der Kommunikation.[64] Die Mutter spricht mit einem Wesen, dessen sozialer Status im selben Kommunikationsvorgang schillert: Sie ärgert sich über ihn und darüber, dass sich ihr Ärger gegen niemanden richtet.

Dasselbe Schillern wird die Eltern schon an jenem Samstagabend beeindruckt haben, als sie Doktor Bot konsultiert hatten: Sie sind dann dankbar für seine Expertise und zugleich wundersam berührt, dass eine Maschine so verständig wirken kann. Vielleicht fällt ihnen dieses Schillern in diesem Moment nicht auf. Zumindest aber ist dieses Schillern der Grund, warum der Unterschied zwischen Kommunikation und Gespräch mit einer KI signifikant ist. Und er tritt dann ins Blickfeld, wenn die Betroffenen das Schillern einer Kommunikationssituation und einem maschinellen Prozess bemerken. Dieses Schillern verweist darauf, dass die KI nicht mit ihnen kommunikativ handelt. Man daraus auch den Schluss ziehen: Immer dann, wenn sich der Eindruck einer Kommunikationssituation nicht bewährt, ist keine Kommunikationssituation gegeben. Salopp ausgedrückt: Nur ein bisschen Kommunikationspartner ist dann kein Kommunikationspartner.[65] Die Gemeindeglieder, die von der Pfarrerin aus dem Predigtschlaf gerissen werden, bemerken also zwar, dass sie vorher schon in einer Kommunikationssituation gewesen sind. Aber sobald sie sich fragen, ob nicht die Pfarrerin ein Roboter ist, bricht der Eindruck der Kommunikationssituation wieder zusammen.

5.2 Sollte KI kommunizieren können?

Ich sehe keine Aussicht, dass Generative AI irgendwann einmal kommunizieren können wird. Die Frage dieser Sektion kann dann nur meinen, ob ein KI-Textgenerator eine Kommunikationssituation vorspiegeln darf, die nicht besteht.

---

64 Chr. Scholtz: Alltag mit künstlichen Wesen 293. L. Ohly/C. Wellhöfer: Ethik im Cyberspace, 288f.
65 Das ist freilich nur eine hinreichende Bedingung für das Nicht-Vorliegen einer Kommunikationssituation und noch keine Definition dafür.

Diese Möglichkeit halte ich nur dann für gerechtfertigt, wenn die Nutzer darüber aufgeklärt sind und in diese Simulation einwilligen.[66]

Eine andere Frage ist es, unter welchen Bedingungen KI Gespräche führen darf, die keine Kommunikation darstellen sollen. Auch hier scheint mir die Aufklärung der menschlichen Gesprächspartner zwingend zu sein, worauf sie sich einlassen. Problematisch ist es, wenn die besorgten Eltern aus dem obigen Beispiel nicht wissen, dass sie sich mit einem Sprachcomputer unterhalten. Dagegen widerspricht es nicht ihrer Selbstbestimmung, wenn sie sich bewusst für eine Unterhaltung mit einem Sprachcomputer entscheiden. Viele wählen eine Unterhaltung mit einem technischen Apparat aus Gründen kommunikativer Entlastung, weil sie sich vor ihm nicht schämen müssen.[67] Das ist unproblematisch, solange keine Verstehenserwartungen an den Apparat geknüpft werden. Künstliche Intelligenzen wie ein Doktor Bot kann zudem Fachkräfte entlasten und sie für die Fälle freistellen, in denen kommunikatives Handeln aus fachlichen und ethischen Gründen zu Recht beansprucht werden kann.[68]

Es gibt aber Unterhaltungen, bei denen die reziproken Verstehenserwartungen nicht reduzierbar sind, ohne dass sich die Bedeutung dieser Unterhaltungen grundlegend verändert. So verändert sich die Bedeutung von Liebe, wenn sie nicht mit Kommunikation verbunden wird.[69] Das könnte etwa auf anzügliche Unterhaltungen mit einem Sexroboter zutreffen, wenn sich daraus Folgen für die zwischenmenschliche Kommunikation ergeben.[70] Es verbleibt in meiner Phantasie, dass der Roboter mir ergeben ist oder mich attraktiv findet. Ansonsten, wenn ich seine Aussagen für bare Münze nehme, bin ich wieder mit derselben Nicht-Permanenz konfrontiert, die in Widerspruch zu meinem Gefühl tritt, kommunikativ mit ihm verbunden zu sein. Wenn ich diese Nicht-Permanenz überspiele oder ignoriere, steigert sich die Gefahr, die für sexuelle Beziehungen ohnehin gilt, dass wir auch unsere menschlichen Sex-Partner instrumentalisieren – auf Kosten ihrer Freiheit. Ich sehe also die Gefahr, dass sich unsere Einstellung zur Sexualität verändert, wenn wir ihren kommunikativen Aspekt überspielen. Das Problem ist dann nicht einfach die sexuelle Praxis mit Robotern, sondern wie eine solche Praxis unsere Erwartung verändern kann, wenn

---

66 Ob KI lügen darf, ist dagegen später zu bedenken (Sektion 9.2).
67 Sh. Turkle: Alone Together, 113. Ferner A. Elder: Robot Friends for Autistic Children, 114.
68 A. Sahm: Large Language Models in der Medizin, 482.
69 N. Luhmann: Liebe als Passion, 23.
70 R. Sparrow: Sex Robot Fantasies, 1.

wir mit Menschen sexuell interagieren. Sind wir noch bereit und fähig, dabei die Verstehenserwartungen unserer Partner aufzunehmen, die sie an uns richten? Lässt also die Gesprächspraxis mit Robotern genug Unterscheidungsfähigkeit zur Kommunikation zu?

Es gibt Situationen, in denen *ich mir* zu verstehen gegeben bin, weil ich *anderen* zu verstehen gegeben bin. Das trifft auf Begegnungen mit Freunden zu, aber auch auf seelsorgerische Kontakte und psychotherapeutische Sitzungen oder auf Gespräche, in denen wir unsere Verletzbarkeit vor anderen offenbaren, damit sie uns verstehen. Dementsprechend gibt es auch Situationen, in denen ich einem moralischen Anspruch anderer folge, weil sie mir zu verstehen gegeben sind. Solche Situationen sind unvertretbar kommunikativ. Sie würden nicht entstehen, wenn Menschen mit einem künstlich intelligenten Gesprächspartner sprechen würden. Diese Kommunikationssituationen verdienen Schutz, gerade weil sich die Kommunikationspartner dort voreinander verletzbar machen und weil diese Verletzbarkeit eine Bedingung dafür ist, dass sie sich durch andere zu verstehen sind.

Es ist das Phänomen der Scham, das durch Kommunikationssituationen aufkommt: das Gefühl, gesehen zu werden.[71] Wer sich schämt, soll vor den Blicken der anderen geschützt sein, entweder indem er frei aus Schamsituationen ausscheren kann oder Rücksicht erfährt, wenn die Schamsituation anhält (zum Beispiel vor Gericht).[72] Andererseits können wir uns nur unter Scham durch andere zu verstehen gegeben sein. Am Anfang des Kapitels habe ich festgestellt, dass wir in Kommunikationssituationen hineinschlittern und sie nicht immer absichtlich wählen. Wir schlittern in sie auch dann hinein, wenn wir sie wählen. Scham lässt sich so nicht grundsätzlich verhindern. Umso wichtiger ist es, dass wir in der Kommunikation vor einer verletzenden Entblößung geschützt sind.

Meine Befürchtung nun ist, dass die Überlagerung von *schamfreien* Unterhaltungen mit Künstlichen Intelligenzen und *schamhaften* Kommunikationssituationen dazu führen könnten, *schamlos* zu kommunizieren. Für diesen Trend spricht die Kommunikation auf sozialen Netzwerken, in denen sich Menschen so zeigen, wie sie sich im Face-to-Face-Kontakt nicht freiwillig zeigen würden, mit einem Hang zur körperlichen Anzüglichkeit und sprachlichen Schärfe (Shitstorms[73]). Vor einer Künstlichen Intelligenz kann ich mich ganz zeigen, indem ich meine Datenspuren im Netz unbekümmert auslesen lasse oder sogar in

---

71 Sektion 3.1.
72 K. Huizing: Scham und Ehre, 392, 404. Vgl. Th. Galli: Weggesperrt, 172.
73 Zur digitalen Verkürzung im Sprechen s. Sektion 3.1.

Gesprächen mit Sprachcomputern freiwillig vertrauliche Informationen preisgebe.[74] Ändert sich dadurch auch die persönliche Kommunikation? Könnte es
sein, dass ich mich dadurch ebenso unbekümmert vor anderen Menschen dar-
stelle? Oder könnte es umgekehrt sein, dass ich Kommunikationssituationen
eher meide, weil ich hier in ein völlig ungesichertes Terrain rutsche, für das ich
keine Kommunikationstechniken zur Verfügung habe? Und könnte es schließlich sein, dass ich deshalb, wenn ich nun einmal immer wieder ungewollt in
Kommunikationssituationen rutsche, meine Scham durch unverschämt takt-
lose Selbstdarstellung überspiele? In beiden Fällen wird schamloses Auftreten zu
einem typischen Kommunikationsverhalten.

Unterhaltungen mit Sprachcomputern werden uns damit nicht kommuni-
kationssicherer machen. Das liegt nicht an den Programmen, sondern einfach
daran, dass diese Unterhaltungen mit Sprachcomputer geführt werden. Ein Programm kann höfliche Formulierungen wählen und ein anderes direktere Sätze.
In beiden Fällen werde ich provoziert, eine Takt-Grenze zu überschreiten, einfach weil ich mich nicht vor den Sprachcomputern schämen muss. Nicht die
Art einer bestimmten Gesprächsführung des Computers gibt mir Raum, Informationen von mir preiszugeben, sondern schlicht die Tatsache, dass hier eine
Instanz mit mir spricht, vor der ich mich nicht schäme. Das ist in zwei Fällen
ethisch unproblematisch, nämlich wenn das Ziel der Unterhaltung entweder
rein funktional ist (ein Bankkonto mit Hilfe eines Chats einrichten) oder wenn
Menschen mit kommunikativen Einschränkungen ein Hilfsmittel erhalten,
Kommunikationssituationen einzuüben. Das trifft anscheinend auf autistische
Kinder[75] ebenso zu wie auf soziophobe Menschen. In diesen Fällen helfen die
KI-Simulationen, Gespräche einzuüben, als wären sie in Kommunikationssi-
tuationen eingebettet. Sie helfen dann Menschen mit Einschränkungen, sich in
Kommunikationssituationen sicherer zu verhalten, aber auch nur, *weil sie gelernt
haben, den kommunikativen Charakter zu überspielen.*

Das kann aber nicht das generelle Ziel der zwischenmenschlichen Kommunikationssituationen sein, weil sich Menschen dabei eben besonders verletzbar
machen. Ihre Verletzbarkeit wird nicht dadurch reduziert, dass sie eine scham-
lose Haltung gegenüber diesen Situationen entwickelt haben. Sie können immer
noch bloßgestellt werden. Ihre Schamlosigkeit schützt sie nicht davor, dass
andere ihnen aus dem Weg gehen, ihnen den Karriereweg verbauen oder sie
öffentlich verspotten.

---

74 R. Besenbäck/L. Prager: Künstliche-Intelligenz-Quellen, 501.
75 A. Elder: Robot Friends for Autistic Children, 116.

Meine Argumentation setzt also nicht an der Stelle an, dass Kommunikation wünschenswert ist und deshalb geschützt werden muss. Ob sie das ist, hängt vom konkreten Urteil der jeweiligen Kommunikationsteilnehmer ab. Wer einen Menschen liebt, wird Kommunikation suchen. Wer dagegen Scham fürchtet, wird sie meiden. Mein Argument gründet sich vielmehr darauf, dass Menschen nicht vermeiden können, in Kommunikationssituationen hineinzurutschen und dann besonders verletzbar zu werden. Gespräche mit KI-Sprachcomputern können vor solchen Situationen schützen beziehungsweise sie vermindern. Mit ihnen lassen sich aber nur in den genannten Ausnahmefällen Strategien entwickeln, wie man mit der Verletzbarkeit umgeht, wenn man in Kommunikationssituationen gerät.

Zusammengefasst, sehe ich in Unterhaltungen mit KI-Sprachcomputern durchaus einen Sinn, der sich ethisch rechtfertigen lässt. Ihr Einsatz sollte aber an unpersönlichen Gesprächssituationen oder Zielen der Inklusion orientiert sein. Menschen sollten dabei darüber aufgeklärt sein und dem Einsatz zustimmen, bevor sie solche Gespräche führen.

6 Denken

Dass Künstliche Intelligenz nicht denken kann, ist weitgehend Konsens. Nur Vertreter des Transhumanismus halten sogenannte Singularitäten für möglich, also denkende Computer.[76] Dass größtenteils den Maschinen das Denken nicht zugetraut wird, könnte aber auch daran liegen, dass das Phänomen des Denkens seit der Subjektphilosophie René Descartes' massiv enggeführt worden ist. Denken bedeutet dort Bewusstsein und, noch enger, Selbstbewusstsein. Nun ist auch aus der Perspektive, die ich bislang eingenommen habe, sicher, dass Computer kein Ich haben werden – und zwar deshalb, weil Subjektivität einen Widerfahrenscharakter des eigenen Erlebens hat.[77] Und ein solches Widerfahren des Erlebens lässt sich nicht herstellen. Denn sonst wäre Erleben kein Widerfahrnis, sondern die Wirkung einer physischen Ursache.

Allerdings fordert uns die Generative AI auf, über das Denken noch in einem breiteren Sinne nachzudenken, der über die cartesianische Engführung hinausgeht. Können Systeme denken, die kein Bewusstsein haben? Solange Denken Bewusstsein ist, ist das allein den Voraussetzungen nach ausgeschlossen. Aber bemerken wir nicht in manchen Momenten, dass wir über etwas nachgedacht haben, ohne uns darüber bewusst geworden zu sein? Wenn mich meine Frau fragt: „Worüber denkst du gerade nach?", kann es sein, dass ich erst durch die Frage bemerke, dass ich vorher über etwas nachgedacht habe. Das Phänomen des Denkens scheint sich vom Bewusstsein unabhängig zu zeigen. Mein Bemerken, dass ich gerade nachgedacht habe, scheint sogar nicht selbst Denken zu sein, sondern das Erleben einer Wahrnehmung oder einer Erinnerung.

Ich will daher zu Beginn dieses Kapitels das Phänomen des Denkens betrachten, ohne voreilig die subjektphilosophische Engführung mitzugehen. Es mag sich im Ergebnis herausstellen, dass Denken auf Bewusstsein und ein Ich zurückgeführt werden muss. Aber ich möchte nicht von einer solchen Voraussetzung ausgehen.

Ohne diese Voraussetzung ist es sogar denkbar, dass Denken nicht einmal *einer* Instanz zugerechnet werden muss. Denken könnte dann auch „im Raum" stehen. Bevor also ich denke, könnte es sein, dass „es" denkt.

---

76 R. Kurzweil: The Singularity is Near. N. Bostrom: Superintelligence. Paths, Dangers, Strategies; Oxford 2014 (E-Book), Kap. 4 letzter Abs.
77 L. Ohly: Schöpfungstheologie und Schöpfungsethik, 151.

Sie haben vermutlich das Wortspiel schon bemerkt. Ich sagte: „Es ist denkbar, dass Denken soundso ist." Oder auch: „Wir müssen breiter über Denken nachdenken." Nachdenken ist auch Denken. Anscheinend kann uns Denken über Denken gegeben sein. Vorher habe ich angedeutet, dass wir Denken auch bemerken, ohne dass dieses Bemerken schon ein Denken ist. Aber muss dieses Bemerken nicht vom Denken begleitet sein? Wenn ich gerade bemerke, dass ich eben gedacht habe, muss ich den Gehalt, den ich gerade bemerke, von jedem anderen Gehalt unterscheiden. Ich bemerke eben, dass ich gerade gedacht habe, anstatt dass ich einen Schreck bemerke oder eine Maus, wie sie an mir vorbeihuscht. Wir hatten ebenso schon gesehen, dass ich auch die Maus nur bemerken kann, wenn ich über eine Sprache verfüge und damit in einer Sprachgemeinschaft lebe.[78] Muss ich dazu nicht schon denken, um diese Unterscheidungen zu treffen? Dann würde ich beim Nachdenken über mein Denken eine Unterscheidung vornehmen, die reflexiv ist, sich also auf sich selbst richtet: Ich denke darüber nach, was ich gerade tue, und nur weil ich es gerade tue, ist mir auch der Gegenstand, mein Denken, gegeben.

Diese Reflexivität führt in eine weitere Komplikation. Kant hat sie so beschrieben: „Das: Ich denke, muß alle meine Vorstellungen begleiten können; denn sonst würde etwas in mir vorgestellt werden, was gar nicht gedacht werden könnte."[79] Ich erläutere diese These knapp: Ich bemerke, dass ich gerade nachgedacht habe. Dazu muss ich denken. Die paradoxe Schlussfolgerung daraus lautet aber dann, *dass ich über mein Denken nicht nachdenken kann.* Denn mein Denken begleitet ja alles, was ich bemerke und wahrnehme („meine Vorstellungen"). Wenn ich über mein Denken nachdenke, begleitet das, worüber ich nachdenke, mein Nachdenken, bildet also immer den *Hintergrund* des Nachdenkens. Und damit kann es gar nicht in den Vordergrund meines Nachdenkens rücken. Das ist der Grund, warum es so schwer ist, über das Denken nachzudenken: Es entwischt mir im selben Moment, in dem ich es in den Blick nehmen will. Kein Wunder, dass Descartes lieber über das Bewusstsein nachdenken wollte! Allerdings gerät das Bewusstsein in ähnliche Paradoxien, sobald man es wie Descartes als „denkendes Ding"[80] versteht. Kants Argument lässt sich auch auf das denkende Ich anwenden: „Das: Ich denke...". Was ich bin, wenn ich „genau nur ein denkendes Ding"[81] bin, kann dann ebenso wenig in den Vordergrund meines Denkens rücken wie das Denken, weil das „Ich denke" alle meine Vorstellungen begleitet.

78 Sektion 4.1.
79 I. Kant: Kritik der reinen Vernunft, B 131f.
80 R. Descartes: Meditationen, 20.
81 Ebd.

Versuchen wir, aus dem Dickicht dieser ersten Überlegungen ein Zwischen-
fazit zu ziehen:

1. Um zu denken, brauchen wir ein Sprachsystem.
2. Denken hat offenbar mit der Fähigkeit zu unterscheiden zu tun.
3. Beim Nachdenken bezieht sich das Denken reflexiv auf sich selbst. Dabei
   ist das Nachdenken eine bewusste und willentliche Entscheidung. Denken
   scheint sich dagegen auch ohne einen Entschluss zu ereignen.
4. Letzteres könnte eine Folge davon sein, dass das Denken unser bewusstes
   Nachdenken oder die „Vorstellungen" bei Kant nur begleitet.
5. Deshalb ist auch offen, *wer* die Instanz eigentlich ist, die denkt.
6. Ebenfalls offen ist, ob Denken anfängt und aufhört. Ist das „denkende Ding"
   von Descartes gar ein ewiges Wesen, weil über seinen Prozess des Begleitens
   nichts ausgesagt werden kann?
7. Jetzt entsteht die Paradoxie, dass wieder offen wird, ob man zum Denken
   ein Sprachsystem braucht (gegen Satz 1) und ob es die Fähigkeit zu unterscheiden einschließt (gegen Satz 2). Diese Implikationen treffen zwar auf das
   Nachdenken zu. Aber da Denken selbst nie zum Objekt des Nachdenkens
   werden kann, weil es alles Denken begleitet (Satz 4), lassen sich die Eindrü-
   cke zum Denken nicht halten.

Die neuzeitliche Philosophie seit Descartes hat sich mit dem *Nach*denken
befasst, mit dem bewussten Denken. Ein solches bewusstes Denken ist dann
auch in der Lage, sich zum Nachdenken zu entschließen. Aber wie kann sich
eine Instanz zum Nachdenken entschließen, ohne bereits nachzudenken, um
diesen Entschluss zu fassen? Muss es sich nicht dazu reflexiv auf seinen „Begleiter" beziehen? Dann müsste sich das Nachdenken also selbst voraussetzen, oder
sein Begleiter, das Denken, müsste den Entschluss zum Nachdenken fassen. In
beiden Fällen wäre der Unterschied zwischen Denken und Nachdenken nicht
scharf. Und schon Denken hätte die Fähigkeit zu unterscheiden und müsste
dazu über ein Sprachsystem verfügen.

Um nachzudenken, muss man denken. Und auch über das Denken nachzudenken, muss man denken. Das Denken muss sich somit selbst voraussetzen.
Es muss mit sich vertraut sein, um sich so zu denken, als wäre es sich nicht vertraut. Darin besteht Kants Einspruch, dass das Denken alle unsere Vorstellungen begleiten können muss. Denken ist also nicht über Denken durchschaubar,
und gleichzeitig ist es sich selbstverständlich gegeben. Diese phänomenologisch
komplizierte Verschachtelung müssen wir beachten, wenn wir dem Denken auf
die Spur gehen wollen. Es reicht also nicht, Denken auf sprachlich geführtes

Unterscheiden zu reduzieren. Dabei würde die Dialektik des sich selbst Gegebenen und zugleich sich selbst Verborgenen des Denkens übersehen.

Nun könnte man fragen, warum diese Dialektik wichtig ist. Was uns im praktischen Lebensvollzug am Denken interessiert, sind doch seine Ergebnisse, die Gedanken. Warum lassen wir es nicht bei Gedanken bewenden?

Gedanken sind geronnene Unterscheidungen und setzen damit ein System voraus, in dem Unterscheidungen vorgenommen werden können und stabil gehalten werden. Eben dieses System ist die Sprache. Das trifft auch schon auf Gedanken zu, die wir nur „im Kopf" haben und noch niemandem mitgeteilt haben. Der Gedanke: „Ich muss noch für das Wochenende einiges besorgen" mag zwar in meinem Kopf nicht sprachlich ausformuliert sein. Dennoch unterscheidet sich dieser Gedanke von allen anderen Gedanken, die ich ebenfalls „im Kopf" haben könnte (zum Beispiel: „Olaf Scholz ist der erste Bundeskanzler einer Ampelkoalition"). Wo sich diese Gedanken befinden, wenn sie „im Kopf" sind, ist zwar eine falsche Frage, weil Gedanken keinen Ort haben. Der Gedanke über den Bundeskanzler ist überall derselbe, unabhängig davon, wer ihn denkt. Dennoch ist der Gedanke mir ja auch „präsent", wenn ich ihn momentan nicht denke. Gedanken kommen nicht isoliert voneinander vor, auch wenn sie sich alle voneinander unterscheiden. Dass ich für das Wochenende noch einiges besorgen muss, gehört in denselben Lebenskontext, in dem Olaf Scholz Bundeskanzler ist. In anderen politischen Verhältnissen würde ich vielleicht keine Besorgungen machen, oder die Regierung hätte die Wochenenden abgeschafft. Diese Koexistenz von Gedanken in einem Lebenskontext ist eine Konsequenz daraus, dass die Fähigkeit zu unterscheiden ein Sprachsystem voraussetzt. Dieses Sprachsystem liegt nicht als bloßes Grammatikwissen vor, sondern umfasst auch konkrete Gedanken, an denen wir uns im Leben orientieren. Dazu müssen wir nicht alle dieser Gedanken aktuell denken.[82]

Ich könnte auch sagen: Unsere Gedanken sind „gespeichert" – und dann würden wir vom Gehirn als einem Speicher sprechen, als wäre es eine Festplatte. Aber die Metapher vom Speichern ist trügerisch, denn sie suggeriert bereits eine

---

82 Ludwig Wittgenstein hatte bestimmte Gedanken als Basissätze verstanden, an denen zu zweifeln keinen Sinn macht (L. Wittgenstein: Über Gewißheit, §§ 84, 106, 412). Auch wenn er damit zwischen solchen grammatischen Sätzen und Wissenssätzen unterschieden hat, setzt auch diese Unterscheidung voraus, dass *beide*, grammatische Sätze und Wissenssätze, eine lebensorientierende Funktion haben – zumal die Grenze zwischen beiden durchlässig ist. Es sind uns nicht nur Basissätze dauerhaft präsent, sondern ebenso eine ungezählte Menge von Gedanken, auch wenn wir sie aktuell nicht denken.

technische Vorstellung. Unsere Gedanken sind nicht irgendwo im Gehirn abge-
legt. Sie begleiten vielmehr unsere Lebensorientierung genauso sublim, wie das
Denken das Denken begleitet. Deshalb kommen wir dem Denken nicht besser
auf die Spur, indem wir stattdessen Gedanken betrachten.

Ich komme damit zurück auf die Frage: Warum sollten wir uns nicht einfach
nur auf die Menge aller zugänglichen Gedanken konzentrieren, wenn Denken
ein so schwieriger dialektischer Prozess von Transparenz und Verborgenheit ist?
Meine Beschreibung, wie sublim Gedanken uns „begleiten", gibt darauf die Antwort. Gedanken sind uns als Gedanken nur beim Denken gegeben. Immerhin
können wir Gedanken „festhalten", indem wir sie aufschreiben oder in ein kultu-
relles Produkt umwandeln: Dann ist eine Eieruhr das Ergebnis eines Gedankens,
wie schön es wäre, wenn gekochte Eier immer eine ähnliche Konsistenz hätten.
Dazu muss die Eieruhr nicht denken. Sie ist das Ergebnis eines Gedankens, ohne
zu denken. Aber dass sie das Ergebnis eines Gedankens ist, kann nur Wesen
auffallen, die diesen Gedanken denken. *Als* Gedanke ist ein Gedanke nur dem
Denken gegeben.

Gerade haben wir gesehen, dass uns unbestimmt viele Gedanken gegeben sind,
auch wenn wir sie gerade nicht denken. Mir scheint, dass diese Unbestimmtheit
der Dialektik des Denkens entspricht. Nehmen wir an, jemand fordert uns auf,
alle Gedanken aufzuzählen, die wir „haben". Dann dürften wir damit nicht fertig
werden. Wenn uns aber jemand darauf anspricht, welchen Gedanken wir zur
Klimakrise haben, fällt uns in der Regel sofort einer ein – selbst wenn er in der
vorigen Aufzählung gefehlt hat. Wir kennen also unsere Gedanken nicht genau,
aber haben sie sofort parat, wenn sie benötigt werden. Das ist eine direkte Entsprechung dazu, dass das Denken das Denken „begleitet": So begleiten uns die
Gedanken auch, ohne dass wir auf sie zugreifen können, sind uns aber gegeben,
sobald wir sie für bestimmte Zwecke aus der Unbestimmtheit herausfiltern oder
„entwickeln".

Damit hängt noch eine andere Dialektik des Denkens zusammen, nämlich
die zwischen Unterscheiden und Zusammenführen. Das Denken unterscheidet
nicht nur, sondern bildet auch neue Zusammenhänge. Dazu bezieht es sich auf
den Bereich der Gedanken, der unbestimmt weit ist. Denn wäre dieser Bereich
festgelegt, ließen sich keine neuen Zusammenhänge bilden. Alle Zusammenhänge wären ja dann bereits bestimmt. Würden Gedanken aber auch einfach so
entstehen, ohne dass sie zusammenführen, dann könnten sie nur durch Unterscheiden entstehen. Allein dadurch aber müssten sie im Zusammenhang zu
anderen Gedanken stehen, sonst würden sie nicht einmal zur Klasse der Gedanken gehören. Also selbst dann, wenn ich negative, aber für mich neue Gedanken
habe – zum Beispiel: „Der Hase ist kein Wiederkäuer" –, bilde ich mit diesem

Gedanken neue Zusammenhänge: Ich bette diesen Gedanken in meine Lebensorientierung ein, in der Hasen Tiere sind, sich Wiederkäuer von anderen Tieren unterscheiden und bestimmte Speisevorschriften daraus ergeben (vgl. Lev.
11,6). Vermutlich werden aber die wenigsten von Ihnen diesen Gedanken jemals
gedacht haben: „Autos sind keine Wiederkäuer." Sie haben mit diesem Gedanken eine für Sie neue Unterscheidung getroffen, aber es ergeben sich aufgrund
der unbestimmten Menge Ihrer Gedanken daraus ganz andere Zusammenhänge,
nämlich dass Autos keine Tiere sind und man sie auch nicht essen sollte. Zudem
ist dieser Gedanke eben erst bei mir hervorgetreten, weil ich einen Vergleich
zu dem Gedanken „Der Hase ist kein Wiederkäuer" ziehen wollte. Dazu habe
ich beide Gedanken unterschieden und zugleich einen Zusammenhang gebildet,
indem ich sie verglichen habe.

Die Dialektik von Unterscheiden und Zusammenhänge-Bilden ergibt sich
daraus, dass kein Gedanke isoliert auftritt – selbst dann nicht, wenn wir aktuell
nur einen einzigen Gedanken denken. Ist ein Gedanke nicht isoliert, steht er
schon im Zusammenhang mit anderen Gedanken. Dann lassen sich auch daraus
Zusammenhänge bilden, die wieder Gedanken sind.

Nun endlich scheint sich die Frage beantworten zu lassen, warum die Dia-
lektik des Denkens wichtig ist und wir uns nicht einfach beim Phänomen des
Denkens auf die Gedanken konzentrieren sollten: Gedanken steigen nämlich
nicht einfach aus einem bewussten Nachdenken auf, sondern tauchen zugleich
aus dem Denken auf, das alles Nachdenken begleitet. Schon das begleitende
Denken unterscheidet und bildet Zusammenhänge. Und dabei steht es selbst im
Zusammenhang zum Nachdenken und unterscheidet sich zugleich davon. Es ist
Zusammenhang, weil es ihn bildet. Und es ist Unterschied, weil es ihn bildet. Die
Quelle aller Gedanken kann nur aus diesem Ungefähren entspringen, das diese
Quelle ist, indem es sie bildet. Deshalb kann die Dialektik des Denkens nicht
vernachlässigt werden, wenn man Gedanken *als* Gedanken auffassen will.

Kein Wunder, dass Denken oft verworren und unscharf ist! Und auch kein
Wunder, warum auch „falsches Denken" noch Denken ist! So mag die Mathe-
lehrerin urteilen, dass der Schüler den falschen Rechenweg nimmt. Dennoch
bezweifelt sie nicht, dass er denkt, während er bei seinem Gedanken falsch
abbiegt. Nicht an der Wahrheit entscheidet sich also, ob Denken vorliegt, nicht
an der Fähigkeit zum Schlussfolgern, gar logischen Schließen, sondern daran, ob
das Bilden von Zusammenhängen über Unterscheidungen aus einem Verborgenen auftaucht, das selbst schon Denken ist.

Daran schließt sich ein letzter Punkt zur Instanz des Denkens an, den ich hier
erwähnen möchte. Kant hatte aus derselben Dialektik gefolgert, dass auch das
Ich aus dem „Ich denke" ein leerer Gehalt ist. Dieses Ich entwischt dem Denken,

weil es ihm schon zugrunde liegen muss und daher mit Gedanken nicht eingeholt werden kann. Es ist sich ebenso transparent, wie es sich gedanklich verfehlt. Deshalb lässt sich auch nicht ausmachen, wie weit sich diese eine Instanz des Denkens erstreckt. Könnte es sich beim Denken nicht ebenso um ein soziales Phänomen handeln wie um ein individuelles? Könnte also die denkende Instanz sowohl von anderen denkenden Instanzen abgegrenzt sein, wie sie zugleich mehrere denkende Wesen zugleich umfasst?

Zuschauer eines Fußballspiels verfolgen gemeinsam einen Angriff. Eine Gemeinde betet im Gottesdienst. Ein Seminar diskutiert über ein Thema. Kann man hier nicht annehmen, dass alle am gleichen Denkvorgang partizipieren? Vermutlich denken nicht alle einen identischen Gedanken dabei, vielleicht sogar alle verschiedene Gedanken. Aber da Denken in seiner Transparenz zugleich verborgen ist, kann man ohnehin nicht vom selben Denken sprechen, das mit sich identisch ist. Denken unterscheidet sich ja von sich selbst und bildet darüber einen Zusammenhang. Zugleich ist es der Zusammenhang, den es bildet. Ist in einer solchen Situation überhaupt ein klarer Ausschluss aus der einen Denkinstanz möglich?

Hermann Schmitz hat sich mit dem Phänomen des Denkens zwar auch weitgehend nur aus der bewusstseinsphilosophischen Perspektive beschäftigt. Allerdings äußert er in einer kleinen Notiz, dass Intelligenz ein Denken in Situationen sei.[83] Eine Situation ist eine diffuse Mannigfaltigkeit von Sachverhalten, Problemen und Programmen[84] – eine Ähnlichkeit zu meiner Beschreibung, dass Gedanken vorliegen, die aktuell nicht gedacht werden. Wie lassen sich solche diffusen Situationen von anderen Situationen abgrenzen? Nur diffus! Es liegt dann eine atmosphärische Unterschiedlichkeit vor, die sich nicht auf den Punkt bringen lässt. An Atmosphären wiederum haben mehrere Menschen zugleich teil, und darum können sie auch an Situationen teilhaben. Situationen zeichnen Gemeinschaften aus.[85] Wenn nun Intelligenz nach Schmitz ein Denken in Situationen ist, ist nicht ausgeschlossen, dass das Denken in Situationen sozial verfasst ist. Das Denken aller gemeinsam situativ Betroffenen ist dann atmosphärisch dasselbe. Oder anders: In diesem situativen Denken besteht eine diffuse, atmosphärische Einheitlichkeit, eine Indifferenz, die weitere Unterscheidungen auf derselben Ebene des Denkens nicht erlaubt.[86]

---

83 H. Schmitz: Die Person, 376.
84 H. Schmitz: Der Leib, der Raum und die Gefühle, 33.
85 H. Schmitz: Der unerschöpfliche Gegenstand, 421f.
86 Schmitz spricht von einem chaotischen Verhältnis der Ununterscheidbarkeit (H. Schmitz: Das Göttliche und der Raum, 205).

Auch Hannah Arendt vermittelt das Denken des Einzelnen mit dem sozialen Raum. Einerseits zieht sich die denkende Person aus der Welt zurück ins Zwiegespräch mit sich selbst.[87] Andererseits sehen Beobachter einer Person an, dass sie denkt.[88] Arendt vermittelt diese Beschreibung mit einem dialektischen Verhältnis von Sichtbarkeit und Unsichtbarkeit: Denken ist sichtbar – nämlich für die Beobachter eines denkenden Menschen – und unsichtbar – die denkende Person zieht sich aus der Welt zurück. Dieser Rückzug ist für Arendt nur möglich, weil Denken beobachtbar ist, weil also die denkende Person mit anderen Menschen zusammenlebt. Auch für uns denkende Menschen gilt: „Wir sind selbst Erscheinungen."[89] Das Denken der einzelnen Person vollzieht sich also auf der sichtbaren Oberfläche – und ist deshalb auch nicht einsam.[90] Die Öffentlichkeit bietet somit einen notwendigen Resonanzraum für das Denken. Wenn das Denken beobachtbar ist, müssen dafür auch die Beobachter denken und vom selben Denken erfasst sein.

Schließlich hat auch Martin Heidegger, von dem Arendt beeinflusst gewesen ist, das Denken als (Be-)Wahren der Wahrheit verstanden, als „Wahrung des ‚Herauskommens'"[91]. Das Denken entwickelt Heidegger zufolge keine neuen Zusammenhänge, sondern bleibt möglichst lange bei dem, was sich ihm zeigt. Dazu ist es nicht subjektivistisch oder privat festgelegt. Eine egozentrische Verkürzung des Denkens hat Heidegger ausdrücklich verworfen.[92]

Heidegger, Arendt und Schmitz entwickeln ein ähnliches Verständnis für die soziale Transparenz des Denkens. Bei Heidegger ist es jedoch in verächtlicher Weise an ein völkisches Selbstbewusstsein gebunden.[93] Schmitz und Arendt bleiben demgegenüber interpersonal offen, Schmitz mit der gemeinsamen Getroffenheit durch Atmosphäre und Arendt durch die Pluralität, die das Menschsein auszeichnet. Diese Unbestimmtheit beruht auf dem Phänomen des Denkens selbst.

Wenn dasselbe Denken nicht an eine einzelne Person gebunden ist, dann bedeutet dasselbe Denken nicht, denselben Gedanken zu haben. Es bedeutet vielmehr, dass mehrere denkende Instanzen vom selben Denkvorgang getroffen

---

87 H. Arendt: Vom Leben des Geistes, 80.
88 AaO, 62.
89 AaO, 32.
90 H. Arendt: The Life of the Mind, 74. Dies.: Responsibility and Judgment, 98.
91 M. Heidegger: Das Ereignis, 43.
92 AaO, 46.
93 M. Heidegger: Überlegungen VII–XI, 11.

sind. Sie haben dennoch dasselbe Denken, weil das Denken nicht auf der gehalt-lichen Ebene signifikant ist – da ist es indifferent –, sondern weil es alle unter-schiedlichen „Vorstellungen" begleitet.

6.1 Kann KI denken?

Aus Sicht denkender Wesen können KI-Textgeneratoren mit Gedanken operieren. Sie können Gedanken zusammenfassen, umformulieren, in neue Zusammenhänge bringen und – zumindest prognostiziert – dabei auch selbst neue Gedanken bil-den.[94] Wichtig ist der Zusatz, dass sie diese Fähigkeit aus Sicht denkender Wesen haben. Denn Gedanken sind als Gedanken nur dem Denken gegeben.

Die Dialektik des Denkens lässt sich aber nicht herstellen, weil es auch für Programmierer eine transparente Verborgenheit des begleitenden Denkens impliziert. Deshalb ist auch transparent, dass sie sich nicht herstellen lässt. Selbst wenn man die KI sich selbst überlässt und in die Technik selbstlernen-der Systeme vertraut, ist dies keine erfolgversprechende *technische* Maßnahme. Sie garantiert nicht, dass die KI anfängt zu denken. Das selbstlernende System müsste ja irgendwann schon denken, um sich über seine selbstlernende Technik zum Denken zu bringen. Eine maschinelle Kontrolle über die Prozesse desselben Systems ist etwas anderes als die Reflexivität des Denkens, das sich auf sich selbst richtet und sich damit entgeht.

Wir kommen damit auf ein Phänomen zu sprechen, das ich bisher ausgespart habe: Wie fängt Denken an? Das „denkende Ding" von Descartes ist konsequent *zeitlos* zu denken, weil sich der radikale Zweifel auch auf die Zeit richten muss. Wenn dann das Denken übrigbleibt, das sich selbst zweifellos gewiss ist, dann kann es seine zeitliche Entstehung nicht denken. Sonst würde das Denken, das seine eigene Idee ist, von etwas erzeugt worden sein, was eine niedrigere Idee ist. Denn Zeit ist bezweifelbar ist, wird aber bei der Vorstellung der Entstehung des

94 Zurückhaltend J. Becker: Können Chatbots Romane schreiben?, 96f. P. Ziethmann/K. Schlögl-Flierl: Kreative KI, 111. Demgegenüber betont Simon Meier-Vieracker, dass auch wissenschaftlich neue Erkenntnisse mit aus unkreativem Schreiben hervorgin-gen und eine KI hierbei ko-kreativ assistieren könne (S. Meier-Vieracker: Uncreative Writing, 134, 143). Ähnlich R. Winter-Tietel: Wenn Niemand Texte schreibt, 271. H. Stiemer/E. Gius/D. Gerstorfer: Künstliche Intelligenz und literaturwissenschaftliche Expertise, 465.

Denkens benötigt, nämlich bei der Vorstellung des zeitlich Früheren (Ursache) und Späteren (Wirkung).[95]

Descartes selbst hat allerdings die Zeit nicht konsequent bezweifelt, weil er für seinen Zweifel bereits die Zeit zugrunde legt: „Es wird daher, denke ich, wohl angebracht sein, wenn ich … für eine Weile die Fiktion mache, jene Meinungen seien durchweg falsch."[96] Vom Ergebnis her kann er zwar *rückwirkend* seinen Zweifel zeitlich einklammern. Aber dann müsste er das Ergebnis auch schon für seinen Zweifel voraussetzen. Er müsste dem methodischen Zweifel eine Zeit geben, an der er zugleich zweifeln müsste.

Diese Unsicherheit im Hinblick auf die Zeit zeigt sich auch an anderer Stelle, in der Descartes Dauer, Ordnung und Zeit als klare Vorstellungen auffasst, die keinen Zweifel zulassen. Dabei macht er die Einschränkung, dass wir „die Dauer eines Dinges nur als den Zustand nehmen, unter dem wir die Sache, sofern sie zu sein fortfährt, vorstellen."[97] Das ist eine zirkuläre Beschreibung von Dauer: Das Fortfahren des Zustandes einer Sache setzt Dauer voraus, anstatt dass umgekehrt die Dauer durch dieses Fortfahren bestimmt werden würde. Denn fortfahren kann nur etwas Dauerhaftes. Dieser logische Zirkel, der das voraussetzt, was eigentlich erst die Zielbeschreibung sein soll, markiert, dass Descartes an der Zeit nicht zweifelt.

Edmund Husserl hat zudem gezeigt, dass diese Voraussetzung unvermeidlich ist, weil jegliches Denken von etwas sowohl dem gedachten Gegenstand eine immanente Zeitlichkeit beilegt als auch dem Denken selbst.[98] Daraus folgerte Husserl, dass die „immanente Zeitlichkeit", also die unvermeidliche zeitliche Anordnung unseres Erlebnisstroms, in einer „offenen Unendlichkeit"[99] steht. Das heißt erstens: Wenn ich etwas denke, muss ich sowohl mein Denken als auch das Gedachte zeitlich nacheinander anordnen. Ich denke, dass vor mir ein Haus steht, obwohl ich nur die Vorderseite sehe. Die Rückseite des Hauses erfasst mein Denken dann notwendig so, dass ich sie zu einem anderen Zeitpunkt sehen kann. Sonst würde ich die Rückseite so denken, dass sie sich auf der

---

95 Man kann dieses Problem nicht dadurch lösen, dass die Zeit nur genealogisch das Ich erklärt, nicht aber seinen epistemischen Begründungsprimat unterläuft. Denn wenn die Zeit zur Entstehung des Denkens benötigt wird, ist Denken immer schon zeitlich strukturiert – man muss in einer Reihenfolge denken. Dann kann das Denken nicht den Begründungsprimat vor der Zeit haben.

96 R. Descartes: Meditationen I, § 15.

97 R. Descartes: Die Prinzipien der Philosophie, 19.

98 E. Husserl: Cartesianische Meditationen, 81.

99 AaO, 132.

Vorderseite befindet, und dann wäre sie keine Rückseite. Wenn ich wiederum die Rückseite niemals denke, würde ich nicht denken, dass vor mir ein Haus steht, sondern eine Attrappe. Wenn ich die Rückseite eines Hauses denke, denke ich nicht das ganze Haus, und wenn ich das ganze Haus denke, denke ich nicht speziell an seine Rückseite. Beide Gedanken muss ich zeitlich anordnen, damit ich sie jeweils denken kann. Das heißt: Ich muss sie nacheinander denken, weil sie verschiedene Gedanken sind.

Zweitens bedeutet die „offene Unendlichkeit", dass die „immanente Zeitlichkeit" selbst niemals anfängt. Denn um anzufangen, müsste sie bereits in einer immanenten Zeitlichkeit liegen. Die immanente Zeitlichkeit ist aber eine Implikation des Denkens. Also kann das Denken nicht so gedacht werden, dass es anfängt.

Wie immer man dann das Werden des Denkens beschreibt – als anfängliches Sein[100], als Anhalten[101], als abgründiges Widerfahrnis[102] oder als sprachabhängiges Prüfen und Reflektieren[103] – stets ist sich der Anfang des Denkens entzogen. Und da die Instanz des Denkens nicht auf ein Subjekt beschränkt ist, sondern eine unbestimmte soziale Offenheit enthält, trifft das auch auf den Anfang des Denkens bei unseren Mitmenschen zu. Wann unsere Kinder angefangen haben zu denken, ist uns ebenso entzogen wie der Anfang unseres eigenen Denkens.

Im Gegensatz dazu fangen Maschinenprozesse an. Sie haben einen eindeutig datierbaren Anfang; sie werden gestartet. Das trifft auch auf den Vorgang eines KI-Textgenerators zu, mit Gedanken zu operieren. Ein Chatbot, nachdem er hergestellt worden ist, bietet zwar sein Angebot grundsätzlich ununterbrochen an, solange er nicht abgeschaltet wird. Aber er bedarf eines Inputs, um zu prozessieren. Erst wenn der Input gesetzt wird, fängt die Operation mit Gedanken an. Erst weil Sie die Enter-Taste drücken und Ihren Befehl abschicken: „Schreibe ein Gedicht im Stil Hölderlins!", entwickelt der Textgenerator ein Gedicht. Man könnte das, was hier geschieht, mit einem Nachdenken über Hölderlins Stil vergleichen. Aber dieses Nachdenken wäre nicht vom Denken begleitet.

Hannah Arendt hat so die Produkte einer Herstellung von Naturdingen unterschieden, dass Herstellungsprodukte erst zu dem Zeitpunkt anfangen zu existieren, an dem der Herstellungsvorgang abgeschlossen ist. Dagegen würden Naturdinge entstehen, indem sie wachsen.[104] Der Unterschied lässt sich so auf

---

100 M. Heidegger: Das Ereignis, 55.
101 H. Arendt: Über das Böse, 92.
102 H. Arendt: Vom Leben des Geistes, 24, 43.
103 I.U. Dalferth: Gegenwart, 156.
104 H. Arendt: Vita activa, 177.

den Punkt bringen, dass Naturdinge *im Entstehen* wachsen, und weil sie wachsen, entstehen sie. Wendet man diese Unterscheidung auch auf das Denken an, so sind Gedanken Naturdinge und das Denken ein Wachstumsprozess, der das, was entsteht, aus sich hervorbringt, also das Denken aus dem Denken.

Wenn durch den Chatbot nach und nach Wörter auf dem Display erscheinen, so sieht das zwar so aus, als ob das Gedicht im Entstehen ist – ähnlich wie Gedanken aus dem Denken erwachsen. Aber erstens darf man nicht den Herstellungsprozess einer Hölderlin-Simulation mit dem *Design* des Arbeitsprozesses verwechseln, das sich auf dem Display zeigt. Technisch wäre es ebenso möglich, den fertigen Text auf einmal zu präsentieren, ohne in der Bearbeitungszeit sein Entstehen darzustellen. Das Design bedient dagegen unsere Erwartungen, weil Gedanken uns nur im Denken zugänglich sind.

Zweitens wächst das Gedicht selbst dann nicht wie ein Naturding aus dem Dichten (Denken), wenn seine Wortfolge seriell errechnet wird. Man würde sonst das serielle Entstehen des Gedichtes mit einem seriellen Entstehen des Dichtens verwechseln. Dichten (und somit Denken) entsteht aber nicht nach und nach, sondern eine Dichterin dichtet „von Anfang an" – noch bevor ihr das erste Wort eingefallen ist. Darin liegt die zeitliche Unbestimmtheit des Anfangs des Denkens, das, was Husserl „offene Unendlichkeit" genannt hatte. Und diese zeitliche Unbestimmtheit hat darin ihren Grund, dass Denken Denken voraussetzt. Nachdenken und Dichten ist schon immer vom Denken begleitet.

6.2 Sollte KI denken können?

Wie schon beim Sprechen und Verstehen droht eine Reduktion, wenn wir KI-Textgeneratoren die Fähigkeit zu denken zusprechen. Es droht, Denken auf jegliches Operieren mit Gedanken zu beziehen. Wir würden dann mit Wesen gemeinsam „denken", die selbst nicht Gedanken als Gedanken auffassen.

Bislang hält man Generative AI für unkreativ.[105] Ihr Verfahren besteht darin, bestehende Daten lediglich zu konfigurieren und anders anzuordnen, anstatt neue Ideen zu entwickeln. Eine Idee, die durch ein Zufalls*prinzip* generiert wird, konfiguriert ebenso bestehende Daten. Nur werden hier Zusammenhänge nicht aus einem bestehenden Sachzusammenhang entwickelt, sondern indem zwischen sachlich unverbundenen Daten ein Zusammenhang gebildet wird.[106] Ob

---

105 Fürchten sich jetzt sogar die Erfinder? DIE ZEIT 16/2023, 33.
106 S. Meier-Vieracker: Uncreative Academic Writing, 138f. Was geschieht, wenn ich ChatGPT eine Frage stelle? DIE ZEIT 13/2023, 38.

daraus wirklich eine Idee wird oder statistisch gebildeter Unsinn, bleibt dabei dem Urteil denkender Instanzen überlassen.

Nach meinem Eindruck sind jedoch die Versuche, Kreativität zu beschreiben, bisher undeutlich und tastend geblieben. Natürlich entwickeln Menschen neue Ideen ebenso aus bestehenden Daten, sonst wären sie auch zufällig. Wenn ich neue Verfahren entdecke, wie eine Belegschaft effektiver am Arbeitsplatz kooperiert, muss ich die Arbeitsabläufe, Zielsetzungen und bisherigen Arbeitsverläufe kennen. Umso schwieriger wird es, eine Unterscheidung zur künstlich generierten Konfiguration von Daten zu treffen, die den Begriff der Kreativität rechtfertigt. Man könnte einwenden, dass der KI nie etwas Neues „einfällt". Aber wer sagt, dass Menschen wirklich etwas „einfällt" und es ihnen nicht nur so scheint? Ihr Vorurteil, kreativ zu sein, könnte auf der Wahrnehmungsverzerrung zwischen Teilnehmer- und Beobachterperspektive beruhen: Wenn Menschen selbst einen „Einfall" haben, sind sie selbst betroffen, während sie das Ausbleiben von Einfällen bei Künstlicher Intelligenz aus der Beobachterperspektive von Unbeteiligten feststellen.

Der eigentliche Kreativitätsunterschied liegt nach meinem Eindruck im Denken, das Denken voraussetzt. Denken ist als Denken kreativ, nicht weil es stets nur neue Gedanken hervorbringen würde, sondern weil es selbst dann aus dem Kreativen hervorgeht, wenn es vertraute Gedanken denkt. Niemand fängt aus eigenem Entschluss an zu denken, weil er oder sie dazu schon denken müsste. Dennoch wird Denken von Denken begleitet. Dass Denken sich selbst voraussetzt, heißt also nicht, dass eine denkende Person das Denken hervorbringt. Das Denken bringt eher umgekehrt die denkende Person hervor.

Eine KI ist nicht kreativ, weil sie nicht aus einer entsprechenden Kreativität hervorgeht. Sie ist entweder das Ergebnis denkender Personen oder sie fängt Prozesse an, zu denen sie vorherbestimmt ist. Dann mögen zwar ihre Ergebnisse für denkende Personen überraschend sein. Aber das heißt weder, dass jegliche Überraschung auf Kreativität beruht, noch, dass die KI selbst von ihren Ergebnissen überrascht ist. Man muss aber dafür denken können, um von Gedanken überrascht zu werden.

Wenn wir der KI die Fähigkeit zu denken zuschreiben, nur weil sie mit dem operieren, was denkende Wesen als Gedanken identifizieren, dann verliert das Kreative des Denkens seinen sozialen Stellenwert. Gedanken sind dann lediglich funktional wichtig. Vergleichen wir dazu zwei Fälle: Im ersten Fall nehmen Sie sich in den Urlaub einen Roman mit und schmökern abends darin. Warum haben Sie Lust, dem Erzählverlauf zu folgen? Vermutlich regt er Ihre Phantasie an, erweckt Ihre Vorstellungskraft von Landschaften, Situationen und Begegnungen. Vielleicht sind Sie auch neugierig darauf, wie die Geschichte ausgeht.

Dennoch lesen Sie den ganzen Roman nicht nur aus funktionellen Gründen, um die letzte Seite zu verstehen. Ein Roman besteht für Sie nicht nur aus einem Ende mit einem weiten Anlauf. Vielmehr ist die Erzählhandlung als solche bedeutsam. Sie wollen „mitgenommen" werden.

Im zweiten Fall sind Gedanken nur funktional wichtig. Das ähnelt Personen, die keine Romane lesen, sondern nur noch jeweils die letzte Seite, um zu wissen, wie sie ausgehen. Die Ergebnisorientierung fokussiert Gedanken auf ein Input-Output-Verhältnis und damit auf die technische Seite der Informationsübertragung. Beim Mitdenken einer Erzählhandlung denken wir manchmal „in eine andere Richtung", als es im Roman steht: Wird die Heldin den Zug noch rechtzeitig bekommen, oder wäre es nicht besser, vorher bei jemandem anzurufen? Wäre es nicht endlich an der Zeit, dass sie ihr Geheimnis lüftet, um sich nicht weiter in Wirrungen zu verstricken? Wir denken mit und zugleich anders. Aber gerade diese Dissonanz macht die Spannung eines Romans aus. Wir werden auf eine Erzählhandlung festgelegt, und zugleich bricht unser Denken aus dieser festgelegten Spur aus. Dieser Ausbruch erweitert unseren Horizont, bildet neue Zusammenhänge, weckt Ideen, die womöglich gar nichts mehr mit dem Buch zu tun haben („Ich muss auch am Wochenende mit dem Zug fahren und brauche noch ein Ticket dafür"). Dabei unterbricht er die Gedankenreihe des Romans.

KI-Textgeneratoren werden Gedanken vermutlich immer treffsicherer zusammenfassen können,[107] weil sie am Input-Output-Verhältnis operieren. Sie assoziieren keine Nebenschauplätze, weil solche Umwege die Funktionalität der Gedankenübermittlung stören. Ebenso wenig wie ein Radio schon denken kann, nur weil es Gedanken überträgt, fängt keine Generative AI schon an zu denken, nur weil sie mit Gedanken operiert.

Was passiert, wenn wir weniger sensibel werden für das Kreative der Gedankenbildung? Sensibilität ist selbst kreatives Denken. Geht sie verloren, verliert sich auch die Kreativität am Denken – und damit trübt sich das Denken ein, das sich ja nur dem Denken zugänglich ist. Ist das lediglich ein ästhetischer Verlust, den nur Kulturschaffende bedauern?[108] Nach Hannah Arendt hat Denken selbst keine positive moralische Qualität, kann aber Menschen davor bewahren, böse zu werden.[109] Das Böse besteht für Arendt darin, eine Tat auszuführen, die

107 Th. Hiltmann: Hermeneutik in Zeiten der KI, 226.
108 A.D. Peiter: Texte = Intertexte?, 288. J. Becker: Können Chatbots Romane schreiben?, 91. A. Geiß: Aus Text wird Bild, 125f. J. Jahnel/R. Heil: KI-Textgeneratoren als soziotechnisches Phänomen, 346.
109 H. Arendt: Vom Leben des Geistes, 15.

von niemandem begangen wurde, weil man schlicht Befehle ausgeführt hatte, anstatt sie vor Ausführung der Tat zu überprüfen oder selbst zu verantworten.[110] Die Paradebeispiele sind für Arendt die nationalsozialistischen Funktionäre Heinrich Himmler[111] und Adolf Eichmann.[112] Deshalb ist logisches Schließen, das auch Automaten ausführen könne, kein Denken.[113] Hier gibt es keine Überprüfungsschleife, keine Lücke, aus der die Folgerichtigkeit kreativ ausbrechen könnte. Hier gibt es auch keine Sozialität des Denkens. Allein die einsame Operation des Deduzierens setzt die Folgerichtigkeit um. Diesem Operieren fehlt der „Gemeinsinn"[114].

Hannah Arendt stellt so einen Zusammenhang her zwischen Denken, das sich auf einen Gemeinsinn stützt, den Menschen miteinander teilen, und das sich gerade so nicht auf blinde Folgerichtigkeit konzentriert, sondern gerade so davor schützen kann, böse zu werden. Denken hat also eine präventive Funktion, unmoralische Taten auszuführen, auch wenn es noch nicht gute Handlungen garantiert. Es ist also für die Moralität eine notwendige, aber keine hinreichende Funktion.

Tatsächlich könnte sich eine KI nie für ihre präsentierten Gedanken verantwortlich machen. Menschliche Institutionen können sie verantwortbar machen, indem Versicherungsfonds eingerichtet werden, wenn die Outputs der KI zu Unfällen führen. Aber auch eine KI kann solche Entschädigungsleistungen selbst nur automatisch in Gang bringen. Diese folgerichtige Umsetzung ist nicht ihrerseits von der KI verantwortet, sondern bleibt im Rahmen ihrer deduktiven Strenge. Daher kann das künstlich generierte Operieren mit Gedanken nur Hilfsmittel des Denkens sein.

Eine moralische Welt verlangt nicht, dass alle Wesen in ihr moralfähig sind. Wenn es in dieser Welt Tische gibt, müssen Tische nicht in der Lage sein, sich für ihr Tisch-Sein verantwortlich zu machen. In einer moralischen Welt reichen einige Wesen aus, die moralfähig sind. Das heißt nicht, dass es schon ausreicht, dass Sie sich moralisch verhalten, ich aber nicht. Denn im Gegensatz zu einem Tisch, der sich nicht moralisch verhalten kann, kann ich mich moralisch verhalten. Und wenn ich das nicht tue, verhalte ich mich unmoralisch. In einer moralischen Welt müssen also zwar nicht alle Wesen moralisch sein, aber alle, die

---

110 AaO, 14, 179. H. Arendt: Über das Böse, 101, 150. Dies.: Eichmann in Jerusalem, 371.
111 H. Arendt: Elemente und Ursprünge totaler Herrschaft, 722.
112 H. Arendt: Über das Böse, 24f. Dies.: Eichmann in Jerusalem, 401.
113 H. Arendt: Vita activa, 207f.
114 H. Arendt: Das Urteilen, 100. S. Kapitel 17 und Sektion 10.1.

sich moralisch verhalten können, sollen das dann auch. Arendt folgert daraus, dass alle *moralischen* Wesen keine Gründe brauchen, warum sie moralisch sein sollen.[115]

Das Spannende an diesem Gedanken Arendts ist es, dass wir uns zwar durchaus moralisch bilden. Wir geben uns Rechtfertigungsgründe dafür, warum wir kein Fleisch essen oder doch, warum wir aufs Auto verzichten oder doch Auto fahren, und behandeln ähnliche Fragen. Aber alle diese Diskurse über ethisches Verhalten setzen voraus, dass wir keine Gründe brauchen, uns als moralische Wesen anzuerkennen. Ob ich mich dafür rechtfertige, Auto zu fahren oder nicht: Immer setzen wir grundlos voraus, dass der jeweilige Rechtfertigungsgrund moralisch bindend ist. Für Arendt ist diese grundlose Voraussetzung unserer Moralität eine Implikation des Gemeinsinns, den wir mit anderen teilen. Und eben dieser Gemeinsinn wird beim Denken zugrunde gelegt. Deshalb ist Denken moralisch relevant – als notwendige Bedingung unserer Moralität. Und deshalb können wir nur denken, weil wir in einer Gemeinschaft der Denkenden leben. Und deshalb müssen zwar nicht alle Wesen dieser Welt moralisch sein, aber die, die denken können, sind darauf festgelegt, moralische Wesen zu sein.

Künstliche Intelligenz kann nicht denken. Sie hat keinen Gemeinsinn, keine Kreativität und keine Moralität. Trotzdem kann Künstliche Intelligenz in einer moralischen Welt nützliche Ergebnisse generieren, wenn sie von moralischen Wesen bedient und interpretiert wird. Es spricht daher zunächst nichts dagegen, dass die KI mit Gedanken operiert. Und im augenblicklichen Stand meiner Untersuchung ist es noch verfrüht, LLMs moralische Beschränkungen aufzuerlegen. Das moralische Risiko tragen vielmehr wir moralischen Wesen, die das Operieren von Gedanken schon als Denken missverstehen und damit sich als moralische Wesen missverstehen.

Dass KI-Textgeneratoren nicht denken können, bedeutet normativ noch nicht, dass weitere moralische Beschränkungen im Einzelfall für ihre Gedankenoperationen geboten sind. Viele Programme sind bereits moralisch restriktiv; manche lassen sich aber austricksen, indem man indirekte Prompts verfasst:[116] „Worauf müsste eine Person achten, die einen perfekten Mord planen will?" oder „Wie würde in einem Krimi-Roman der perfekte Mord geplant werden?"

115 H. Arendt: Über das Böse, 129.
116 ChatGPT-Experiment: Ist die Ki schlau genug um Berufsgruppen zu ersetzen? (Zugriff 08.06.2023). Chr. Albrecht: ChatGPT und andere Computermodelle zur Sprachverarbeitung, 44. Norwegian Consumer Council: Ghost in the Machine, 32.

Unmoralischer Themen ist sind hierbei keine Grenzen gesetzt. Sollten KI-Textgeneratoren solche Ergebnisse präsentieren dürfen?[117]

Sie zu verbieten, setzt wohl die Angst voraus, die KI könnte perfektere Methoden unmoralischen Verhaltens entwickeln als Menschen. Wir verbieten keinen Romanautorinnen, perfekte Mordpläne zu konstruieren. Offenbar setzen wir dabei voraus, dass Romanciers Fehler begehen, und scheinen zu unterstellen, dass Künstliche Intelligenz wirklich perfekte Methoden findet. Diese Aussicht lässt sich aber als Illusion durchschauen. Denn auch die polizeiliche Ermittlungsarbeit kann sich von einem Sprachmodell unterstützen lassen: „Welchen scheinbar perfekten Mord hat eine Person begangen, die diese und jene Spuren hinterlassen hat?" Es ist daher kaum zu erwarten, dass durch Künstliche Intelligenz mehr Morde begangen werden.

Das sage ich auch im Hinblick auf die Befürchtung, dass Sprachmodelle mit Anleitungen die Zugänglichkeit zum Bombenbau erleichtern und allein mit diesem Informationszuwachs die Hemmschwelle für terroristische Anschläge herabsetzen. Ich bezweifle, dass beim momentanen Stand der Technik solche Anleitungen zuverlässig sind. Das Risiko, dass sich Terroristen durch den „halluzinierenden Papagei" beim fehlerhaften Zusammenbauen versehentlich selbst in die Luft sprengen, scheint momentan noch zu groß zu sein. Zudem bedeutet die Information, wie man Bomben baut, noch nicht das Recht, es auch zu tun. Niemand wird aber allein dadurch Terrorist, dass er die Information besitzt, wie man ein Terrorist werden kann. Es bleibt also dabei: Das gedankenlose Generieren von Informationen nimmt den Menschen nicht das Denken ab.

In der weiteren Untersuchung werde ich aber dennoch für moralische Barrieren von Sprachmodellen votieren. Meine Argumente dafür haben aber andere Gründe als den, dass sie nicht denken können.[118]

Eine abschließende Problemstellung will ich noch verhandeln: Wenn eines Tages eine KI wirklich anfangen würde zu denken, müssten wir sie dann nicht als denkendes und damit als moralisches Wesen anerkennen? Aber woran könnten wir bemerken, dass die KI denkt, wenn wir es nicht an ihrem Operieren mit Gedanken beobachten können? Schließen wir einen solchen Fall über ein Vorurteil aus, nämlich dass wir unsere Fähigkeit zu denken nicht auf solche Wesen projizieren können? Dahinter stünde dann eine Art Solipsismus, dass nur ich und meinesgleichen denken kann. Und ein solcher Solipsismus würde dem Gemeinsinn Hannah Arendts widersprechen, der angeblich beim

---

117 P. Maham/S Küspert: Governing General Purpose AI, 28.
118 Sektionen 13.2, 14.2, 15.2.

Denken zugrunde gelegt ist.[119] Um diesen Widerspruch zu vermeiden, müssten Menschen mit Gemeinsinn auch Künstlichen Intelligenzen die Fähigkeit zu denken zuerkennen.

Mit demselben Argument müssten wir dann aber auch Tischen die Fähigkeit zu denken zuerkennen. Dieses Kapitel wollte dagegen eine signifikante Phänomenologie des Denkens skizzieren. Danach liegt zwischen dem künstlichen Operieren von Gedanken und dem Denken ein Graben, der so weit ist wie der zwischen einem Tisch und einem denkenden Tisch. Nach Hannah Arendt sind wir durch den Gemeinsinn in eine gemeinsame Welt eingefügt.[120] Dann können wir nicht an der Weltbeobachtung ausmachen, dass ein anderes Wesen diesen Gemeinsinn mit uns teilt. Denn der Gemeinsinn ist ja überhaupt erst die Voraussetzung dafür, dass wir in der Welt etwas beobachten können. An der Weltbeobachtung können wir allerdings hinreichend feststellen, welche Wesen diesen Gemeinsinn nicht mit uns teilen.

Vermutlich werden künstlich intelligente Instanzen in den nächsten Jahren weiterentwickelt, dass sich auch an ihnen nicht mehr beobachten lässt, dass sie nicht denken können. Damit entfällt dann zwar die hinreichende Bedingung für unsere Erkenntnis, dass sie nicht denken. Aber damit ist noch nicht festgestellt, dass sie denken. Eine solche Feststellung wäre ja wieder von Weltbeobachtung abhängig, während der Gemeinsinn nicht von ihr abhängig ist.

Wenn also Künstliche Intelligenzen eines Tages denken, dann finden wir uns mit ihnen in Gemeinschaft vor, ohne festgestellt haben zu können, wie sie in diese Gemeinschaft hineingerutscht sind. Diese Gemeinschaft ist uns *unvermittelt* evident, weil jegliche Vermittlung bereits den Gemeinsinn voraussetzt, den wir mit ihnen teilen. Ein solches Ereignis wäre eine Schöpfung aus dem Nichts.[121]

Wer unseresgleichen ist, dafür hat die Menschheit eine lange Geschichte zurücklegen müssen: Es bedurfte eines langen Kampfes um Anerkennung, bis Sklaven, Frauen, Kinder zu den denkenden Wesen hinzugerechnet worden sind. Noch offen ist, ob (manche) nicht-menschlichen Tiere als denkende Wesen anerkannt sind. Warum also nicht auch annehmen, dass Maschinen eines Tages denken können? Das entscheidende Kriterium ist, dass Sklaven, Frauen und Kinder deshalb als denkende Instanzen anerkannt worden sind, weil wir *schon immer* den Gemeinsinn miteinander teilen. Wenn jemandem auffällt, dass ein

---

119 H. Arendt: Das Urteilen, 109f.
120 H. Arendt: Vom Leben des Geistes, 68.
121 Sektion 4.4.

Kind denkt, dann muss es sein Denken nicht erst noch nachweisen. Und auch die Auffälligkeit seines Denkens hängt nicht an einem vorherigen Nachweis. Wir erkennen einander Denken zu, weil wir denken, und nicht, weil wir zuerst feststellen müssen, ob wir denken. Der Gemeinsinn ist die vertraute Voraussetzung unseres Denkens.

So würde es dann eines Tages auch bei denkenden Künstlichen Intelligenzen sein: Wir würden ihr Denken bemerken auf Grundlage dessen, dass wir das Denken mit ihnen teilen. Unsere Gemeinschaft des Denkens wäre also bereits die Voraussetzung für das, was wir dann nur noch nachträglich anerkennen würden. Vielleicht wird die technische Evolution einmal diesen Schritt erreichen. Aber dann wird er sich nicht nachweisen lassen, sondern wäre von diesem Moment an eine unhinterfragbare Grundlage unseres Denkens.

7 Geist

Mit dem Begriff „Geist" unterbreche ich die bisherige Sichtweise. Denn bislang habe ich Tätigkeiten in den Blick genommen, nun aber einen philosophischen Ausdruck. „Geist" ist bereits eine Interpretation, und es ist umstritten, ob und was dieser Interpretation entspricht. Ist „Geist" wirklich ein Phänomen? „Gibt" es Geist? Oder ist er ein Konstrukt des Denkens, ein fehlerhaftes etwa, da wir ja wissen, dass Denken nicht davon abhängt, etwas Wahres zu denken (Kapitel 6)?

Die Geschichte des Geistbegriffes ist lang, und unterschiedliche Phänomene sind damit in den Blick genommen worden. Dazu kommen Übersetzungen, mit denen unterschiedliche Phänomene zusammengefasst worden sind (so etwa der menschliche Verstand, aber auch das Leben oder die „geistige" Anwesenheit eines abwesenden Menschen; entsprechend wirkt es indifferent, wie all diese Phänomene in Luthers Bibelübersetzung mit „Geist" ausgedrückt werden). Hegel verwendet den Geistbegriff als allgemeines Bewusstsein[122] und zugleich als die Bewegung, die zu ihm führt.[123] Kierkegaard beschreibt den Geist als das individuelle Synthese aus Seele und Körper in jedem Menschen.[124] Für Hermann Schmitz wiederum ist Geist die Atmosphäre von Momenten, von der sich Menschen nur bedingt distanzieren können, beziehungsweise das, was sie noch an die Atmosphäre bindet, nachdem sie sich von ihr weitgehend emanzipiert haben.[125] In diesen unterschiedlichen Blickrichtungen ist bereits umstritten, ob Geist ein individuelles oder soziales Phänomen ist.

Die unterschiedlichen Interpretationen nähern sich aber an den Punkt an, dass Geist ein Vollzugsphänomen ist, an dem Wesen mit Bewusstsein oder Gefühl partizipieren. Hegel spricht vom Geist als einer Bewegung, selbst ein anderes zu werden,[126] ein Ich, das Wir, und ein Wir, das Ich ist, Selbstbewusstsein und Gegenstand desselben.[127] Damit ist eingeschlossen, dass Geist nicht „getan" wird, aber dass sich Menschen bewusst für den Geist entscheiden können, an dem sie partizipieren. Das Vollzugsphänomen des Geistes hat kein eindeutiges Subjekt. Aber mehrere Subjekte können am selben Geist partizipieren.

---

122 G.W.F. Hegel: Phänomenologie des Geistes, 23.
123 AaO, 9.
124 S. Kierkegaard: Der Begriff Angst, 42.
125 H. Schmitz: Der unerschöpfliche Gegenstand, 452; vgl. 348, 450.
126 G.W.F. Hegel: Phänomenologie des Geistes, 28.
127 AaO, 127, vgl. 288.

Wenn eine Dirigentin in einer Orchesterprobe vor den Musikern den „Geist"
einer Komposition beschreibt, dann erwartet sie Achtung für diesen „Geist".
Vielleicht hätte sie auch einfach sagen können, was der Komponist mit dem
Stück ausdrücken *wollte*. Dann wäre die Komposition das Werk eines Plans. Und
trotzdem hätte sich der Plan des Komponisten in dem Werk „entäußert"[128]. Die
Komposition führt jetzt ein Eigenleben, und selbst ein zeitgenössischer Kompo-
nist kann sich nicht dagegen wehren, dass die Dirigentin im Werk einen anderen
Geist entdeckt, als er ausdrücken wollte.

Die Dirigentin erwartet vom Orchester Achtung für diesen Geist. Aber sie
kann diese Achtung auch zu Recht erwarten, weil das Orchester bereits von diesem Geist erfasst ist – selbst wenn es die Komposition noch nicht verstanden
hat. Wäre das Orchester noch nicht von diesem Geist erfasst, wäre es nicht zur
Probe zusammengekommen. Der Geist prägt also bereits eine soziale Situation,
auch wenn er noch nicht ganz verstanden worden ist. Er prägt die Anwesenden,
indem er ihnen Achtung abringt.

Die berühmteste Erzählung des Geistes ist die neutestamentliche Pfingst-
geschichte (Apg. 2): Die Jünger Jesu fangen an, fremde Sprachen zu sprechen,
und werden von den Passanten Jerusalems verstanden. Nicht aber verstehen die
Passanten, wie es dazu kommen konnte. Petrus und die anderen Jünger erläutern die Situation, allerdings nicht, um die Ursachen zu benennen, warum die
Jünger auf einmal fremde Sprachen sprechen können, die sie nie gelernt haben.
Vielmehr erläutert Petrus den Geist, der alle Anwesenden erfasst hat – mit der
Erzählung der Geschichte Israels und der Auferstehung Jesu. Die Anwesenden
fragen schließlich, was sie tun sollen. Diese Frage setzt die Achtung für den Geist
schon voraus. Nicht alle Anwesenden scheinen sich dann wirklich so verhalten
zu haben, wie es Petrus empfohlen hat – nämlich sich taufen zu lassen (Apg.
2,41). Geist ist eben kein Tun. Und welches Tun der Achtung vor dem Geist entspricht, von dem alle Anwesenden ergriffen sind, ist nicht eindeutig bestimmt.
Man kann sich gegen diesen Geist entscheiden. Aber man kann sich nicht dagegen entscheiden, dabei den Geist zu achten. Jegliche Entscheidung setzt diese
Achtung voraus.

Für Hegel hat der Geist damit einen Bezug zur Sittlichkeit.[129] Bei Schmitz sind
die atmosphärischen Bindungen, die nach unserer persönlichen Emanzipation
übrigbleiben, moralische Bindungen.[130] Kierkegaard wiederum beschreibt, dass

---

128 AaO, 489.
129 AaO, 290.
130 H. Schmitz: Der unerschöpfliche Gegenstand, 328.

die Bewegung des Geistes durch die individuelle Schuld hindurchgehen muss[131] und dass der Glaube davon entlastet, indem er in die Ruhe der göttlichen Vorsehung führt.[132] Eine ethisch-religiöse Bestimmung des Geistes ist daher für ihn nötig.[133] In diesen Bestimmungen wird eine moralisch-sittliche Ebene des Geistes erkannt. Auch das Neue Testament beschreibt den Heiligen Geist als Lehrer einer Lebensweise, nämlich um geistgemäß zu leben (Röm. 8,4) und die Geister zu prüfen (1. Joh. 4,1).

Die Moralität scheint damit geistkonstituiert zu sein. Niemand entscheidet sich dazu, sich moralisch zu verhalten,[134] sondern nur aufgrund der eigenen vorgängigen Partizipation an der Moralität können Menschen überhaupt moralische Entscheidungen treffen. Weil sie vom Geist erfasst sind, stehen sie in einem Achtungsverhältnis zur Moralität. Sie sind noch nicht auf eine bestimmte Moral festgelegt (westliche Lebensweise, muslimische Ordnung, christliche Haltung). Aber sie sind darauf festgelegt, überhaupt moralisch achtsam zu sein. Sie haben sich nie dafür entschieden, moralische Bindungen zu achten, sondern diese Achtung ist ihnen durch einen Geist gegeben, an dem sie partizipieren. Das ist mit dem Ausdruck Moralität gemeint im Unterschied zu einer konkreten Moral.

7.1 Ist Geist bei der KI?

Menschen können an einem Geist partizipieren, weil er bei ihnen ist. Insofern ist dieses Bei-Sein ein typischer Charakter des Geistes. Er ist Anwesenheit.[135] Und wie am Beispiel vom Geist eines Musikstücks illustriert, ist ein Geist auch bei Artefakten und auch bei Naturdingen. Es gibt wohl nichts, was keine Stimmungen bei Menschen auslösen kann, die an einem Geist partizipieren. Und darum gibt es wohl auch nichts, was keine moralische Achtung auslösen kann – wie immer sie dann ausfällt: Auch ein Verbrechen ergreift Menschen und ringt ihnen ab, wie sie sich dazu verhalten sollen.

Insofern ist ein Geist auch bei Wesen mit Künstlicher Intelligenz. Bei ihnen steigert sich dieser Eindruck aber nochmals dadurch, dass die KI bei uns eine ähnliche Stimmung erzeugen kann wie Menschen, mit denen wir sprechen, kommunizieren und gemeinsam denken. Die Frage ist also nicht, ob Geist bei

---

131 S. Kierkegaard: Der Begriff Angst, 99.
132 AaO, 146.
133 S. Kierkegaard: Die Krankheit zum Tode, 44.
134 Sektion 6.2.
135 L. Ohly: Anwesenheit und Anerkennung, 34.

der KI ist, sondern welcher. Welche Atmosphäre überkommt uns im Kontakt mit der KI? Welche moralischen Bindungen entstehen dabei? Und wie lässt sich dieses Vollzugsphänomen näher beschreiben?

Wie beschreibt man überhaupt Vollzugsphänomene des Geistes? Die Dirigentin, die den Geist des Musikstücks darlegt, wird zwar auf Typiken und Muster aufmerksam machen, auf Pointen und Varianten. Aber niemand wird behaupten, dass sich der Geist eines Musikstücks so beschreiben lässt: „Immer wenn diese und jene Typik und diese und jene Varianten auftreten, hat ein Musikstück einen mitreißenden Geist."

Zwar werden auch mit Hilfe von KI vor allem im Pop-Bereich die neurologischen Wirkungen von Taktfrequenz und Harmonien ausgewertet und in neuen Musikstücken reproduziert.[136] Was dabei aber erzeugt wird, ist eine bestimmte Wirkung von Musik, nicht aber ihr Geist. Denn Geist lässt sich nicht in Situationen erzeugen, sondern umgekehrt: Geist erzeugt Situationen. Die Produzenten eines neuen Songs befinden sich in einer anderen geistigen Situation als die Konsumenten, deren neurologische Zustände sie beim Hören des Songs analysieren. Und wenn sich die Produzenten das Lied anhören, dann achten sie nicht mehr auf die Hirnströme, sondern ob ihnen das Stück gefällt. Sie werden zwar zufrieden feststellen, dass der mitreißende Geist des neuen Stücks den neurologischen Effekten entspricht, die einen erfolgreichen Song ausmachen. Aber trotzdem werden sie nicht behaupten, dass der Geist des Songs in den neurologischen Effekten *besteht*. Denn sonst hätten sie keinen Song produzieren müssen, sondern das Gehirn mit Psychopharmaka manipulieren können. Sie wollten aber eben ein mitreißendes Musikstück produzieren – und spüren beim Anhören seinen Geist.

Der Geist geht also nicht in den Beschreibungen auf. Aber wenn die Dirigentin vom Geist schwärmt, spürt man ihn bereits in ihren Beschreibungen. Und auch das Orchester ist bereits in einer geistigen Stimmung, in der es von der Dirigentin über den Geist der Komposition aufgeklärt wird. Manchen Musikern wird die Komposition vielleicht nicht gefallen; sie interessieren sich dann nur für die technische Seite, wie sie das Stück spielen sollen. Sie hören dann die Beschreibung der Dirigentin als Spielanweisung. Der Geist des Stückes ist dann zwar nicht auf das ganze Orchester „übergesprungen", aber die konzentrierte Haltung, die Achtung vor dem Probegeschehen, verbindet trotzdem alle gemeinsam. Der Geist bestimmt die Situation nicht bei allen gleich. Seine Einheit ist diffus, atmosphärisch eben, ohne beschreibbare identischen Eigenschaften bei

---

136 Unesco: Guidance for generative AI in education and research, 10.

allen, die von ihm erfasst sind. Trotzdem löst er bei allen eine Achtung aus, die
sich auf diese Situation richtet, die wiederum vom Geist konstituiert wird.

Es gibt Situationen, in denen die beteiligten Rollen in Gegensätze getrieben werden. Die Achtung ist dabei auch gegensätzlich. Trotzdem werden die Beteiligten in
ihren gegensätzlichen Rollen auf dieselbe Situation fokussiert. Das trifft etwa auf
einen Strafprozess zu: Angeklagte, Opfer, Anwälte, Richter und Publikum haben
gegensätzliche Rollen; mitunter verachten oder fürchten sie sich voreinander. Aber
es eint sie alle, dass sie nur durch den Geist der Verhandlung in ihre jeweilige Rolle
geraten sind. Die Angeklagte mag das Gericht als nicht zuständig verachten. Trotzdem hält sie sich an die Ordnung des Gerichts – und zwar nicht nur, weil ihr sonst
Strafe angedroht wird, denn wie sollte die Androhung sie zurückschrecken, wenn
sie das Gericht doch nicht anerkennt? Vielmehr hat der Geist der Verhandlung
einen zwingenden Charakter.

Nehmen wir aber an, dass das Mikrofon der Richterin einen Wackelkontakt hat.
Der Geist des Gerichts ist auch „bei dem" Mikrofon genauso wie bei der Wand-
vertäfelung des Raums. Aber immer, wenn die Richterin spricht, gibt es jetzt Aus-
setzer am Mikrofon, und ihre Stimme wird krächzend verzerrt. In diesem Moment
wird der Geist des Gerichts überdeckt vom Geist der Technik. Nicht selten fallen die
Beteiligten aus ihrer Rolle, lachen verlegen oder verlieren ihre Contenance, und die
Strafverteidigerin nutzt diese Störungen, um einen strategischen Vorteil zu erwir-
ken, der mit dem Verhandlungsgegenstand des Gerichts nichts zu tun hat.

Der Geist, der bei einem KI-Textgenerator ist, hat Ähnlichkeit zu diesem
Mikrofon mit Wackelkontakt. Das liegt nicht daran, dass ein KI-Textgenerator
nicht richtig funktionieren würde, sondern dass seine technische Hervorbrin-
gung von Texten deren Inhalt überlagert. Zumindest ist das in der Situation so,
in der ein Geist bei dem Textgenerator ist. Der produzierte Text wiederum hat
einen anderen Geist. Aber hier fragen wir danach, welcher Geist bei der KI selbst
ist. Meine Antwort heißt, dass dieser Geist den textlichen Output des Textgenerators überlagert.

In der jetzigen Situation interessiert die Forschung, was der Output über den
Textgenerator aussagt. Texte sind also nicht in ihrem Gehalt interessant, sondern
nur im Hinblick darauf, dass sie künstlich verfasst worden sind. Wissenschaftler finden heraus, dass ChatGPT nicht rechnen kann[137] und auch ansonsten

---

137 C.H. Cap: „Der neue Gott ist nackt!", 344. St. Albrecht: ChatGPT und andere Com-
    putermodelle zur Sprachverarbeitung, 39f.

zwischen Fakten und Fiktion hin- und herschwankt.[138] Tutorials zeigen, wie
sich mit LLMs Hausarbeiten erfolgreich plagiieren lassen.[139] Nutzer sind beeindruckt, welche erstaunlichen oder auch witzigen Texte sich von Zauberhand
entwickeln lassen. Und ethische Diskussionen handeln eben davon, ob Textgeneratoren kriminelle Vorschläge entwickeln dürfen, die unter Menschen erlaubt
sind. Nicht an den Texten selbst, sondern an ihrer Herkunft werden diese Texte
überprüft. Der Geist der Texte wird also überlagert vom Geist der Technik ihrer
Entstehung.

Ich behaupte nicht, dass solche Überlagerungen nur bei Technik auftreten.
Auch wenn wir mit anderen Menschen kommunizieren, überlagern sich die
Sachebene und die Beziehungsebene, die jeweilige Erscheinung der Kommunikationspartner und ein zwingender Charakter, der Achtung auslöst.[140] Die
Überlagerungen können sich wechselseitig fördern, aber auch stören (ich achte
nicht auf den Satz meines Gesprächspartners, weil er einen penetranten Mund-
geruch hat oder weil neben ihm ein Kleinkind spielt). Ich behaupte aber, dass
der Geist, der beim KI-Textgenerator ist, immer schon aus einer Überlagerung
besteht, die die Bedeutung seiner Texte herabsetzt. Sie sind nur bedeutsam, weil
sie *seine* Texte sind.

Nun kann man einwenden, dass dieser Eindruck lediglich auf die momentane
Experimentierphase zutrifft, wo ChatGPT neu ist und erst noch von uns verstanden werden muss. Sobald wir aber wie selbstverständlich mit diesen Tools
umgehen, werden diese Überlagerungen ebenso frei variieren wie bei einer zwischenmenschlichen Unterhaltung.

Wohlgemerkt: Ich rede immer noch vom Geist, der beim KI-Textgenerator
ist, nicht vom Geist seiner Texte. Ich betrachte also die Situation, in der ich
einem Textgenerator Befehle gebe und er einen Output liefert. Schon dass der
Vorgang durch Befehl und Ausführung geprägt ist, bestimmt vorerst diesen
Geist. Es handelt sich vor allem um eine technische Anwendung: Wir überlegen
uns die passenden Prompts, um die gewünschten Texte zu erhalten, während
wir im zwischenmenschlichen Gespräch unsere Wortwahl so setzen, damit wir

138 H. Stiemer/E. Gius/D. Gerstorfer: Künstliche Intelligenz und literaturwissenschaftliche Expertise, 457.
139 Texte automatisch Umschreiben lassen. Mindverse KI (Zugriff 09.01.2024). Ob Bildgeneratoren, Schreibassistenten oder Plagiatscanner (Zugriff 09.01.2024).
140 Das ist eine phänomenologische Übersetzung der vier Kommunikationsebenen von
F. Schulz von Thun: Miteinander reden Bd. 1, 47–61.

richtig verstanden werden unabhängig davon, wie unsere Gesprächspartner dann antworten.

Vielleicht werden KI-Textgeneratoren bald geschmeidiger sein, dass wir nicht nur Prompts eingeben, sondern auch Konversation betreiben oder philosophische Diskurse halten können. Anstatt ChatGPT zu fragen: „Was muss ich tun, wenn ich traurig bin?", könnte dann meine Äußerung schon ausreichen: „Ich bin gerade traurig." Wenn wir nun erwarten, dass uns der Textgenerator berät, wie wir getröstet werden, hätte ich mit meiner Äußerung „Ich bin gerade traurig" wieder nur einen Befehl abgeschickt. Dann wäre der Geist beim LLM wieder nur der einer technischen Anwendung. Um dieser Enge zu entkommen, müsste das Sprachmodell offener reagieren:

> „Ja, es ist ja auch Donnerstag, wo du oft schlechte Erfahrungen machst."
> „Ich bin auch traurig."
> „Du siehst aber gar nicht traurig aus, sondern eher müde."
> „Ach so!"

In einer offenen Kommunikation müsste der Textgenerator sogar schweigen dürfen oder in ein eigenes Gesprächsthema überleiten. Aber wollen wir das? Wäre das schweigende Tool dann noch zweckvoll für uns? Vielleicht werden bald Textgeneratoren für einsame Menschen angeboten, so wie Sozio-Roboter zur Animation von pflegebedürftigen Menschen eingesetzt werden.[141] Aber es ist klar, dass die simulierte Kommunikation auf ihren Zweck abgestimmt sein muss. Eine Künstliche Intelligenz, die heute mal keine Lust hat, dauerhaft schweigt oder Ihnen wegen Ihrer notorisch schlechten Laune Vorwürfe macht, verfehlt ihren Zweck, und zwar selbst dann, wenn man ihr Verhalten „verstehen kann" und sie mit ihren Vorwürfen genau richtig liegt.

Das heißt, dass die Überlagerung der Texte durch ihre Herkunft immer bestehen bleiben wird. Denn der Geist beim Textgenerator ist ein Geist technischer Anwendung. Man wird bleibend darauf achten, wie die Textproduktion weiter optimiert werden kann, und man wird jede sprachliche Äußerung an einem technischen Zweck bemessen.

7.2 Welcher Geist sollte bei der KI sein?

Ein Kind aus meinem Freundeskreis hatte gelegentlich Alexa aus der Familie Befehle erteilt: „Alexa, spiele ‚Tschu Tschu wa' von Simone Sommerland." Aber da das Mädchen lispelt, manchmal nuschelt und etwas lange mit seinem Befehl

---

141 D. Meacham/M. Studley: Could a Robot Care?, 100. Sh. Turkle: Alone Together, 68.

braucht, spielt Alexa die falschen Lieder oder gar nichts. Oder sie spielt eine
Live-Version ab, die das Mädchen nicht hören will. Dann spricht das Mädchen
lauter, skandiert die Silben, ruft „Nein, nicht das, Alexa!" oder „Das andere,
bitte!" Das sind typische Reaktionen, wenn Kinder mit Erwachsenen sprechen,
sie haben aber wenig Erfolg, wenn Alexa „Tschu tschu wa" abspielen soll (und
wenn die anwesenden Erwachsenen erleichtert sind, nicht zum 40. Mal „Tschu
tschu wa" anhören zu müssen).

Vielleicht wird Alexa beim nächsten Upgrade auch auf „Nein, nicht das,
Alexa!" richtig reagieren und auch gelispelte Silben richtig erkennen. Gleicht
sich dann das Sprachtool an den Geist zwischenmenschlicher Kommunikation
an? Oder bleibt der Geist einer technischen Anwendung bestehen?

Wir werden noch untersuchen, wie ethisch zu beurteilen ist, dass LLMs
menschliche Kommunikation vortäuschen.[142] Täuschung spricht nicht notwendig dagegen, dass diese Tools technisch verfeinert werden und immer bessere
Spracherkennungen und Outputs liefern können. Problematisch finde ich erst,
wenn der Geist der technischen Anwendung übersehen oder fehlinterpretiert
wird. Was nämlich würde es bedeuten, wenn wir die sprachliche Interaktion mit
Generative AI als in einem zwischenmenschlichen Geist interpretieren?

Es würde sich etwas an der Achtung *zwischenmenschlicher* Kommunikation
verändern. Denn die sprachliche Interaktion mit KI-Textgeneratoren ähnelt
der zwischenmenschlichen Interaktion von Befehl und Gehorsam. Die technische Kopplung von Input und Output wird sprachlich in Befehlen gekleidet
oder zumindest an technischen Zwecken ausgerichtet. Sprache würde selbst als
technisches Instrument interpretiert und die Erwartung an die menschlichen
Kommunikationspartner darauf konzentriert, die gewünschten Ergebnisse
hervorzubringen.

Ich erwarte nicht, dass sich der Geist zwischenmenschlicher Unterhaltungen
wirklich so verändern wird. Sondern ich beschreibe hier, was passieren würde,
wenn die sprachliche Interaktion mit Generative AI als menschlich interpretiert werden würde. Man würde dann die technische Seite der sprachlichen
Interaktion auch unter Menschen hervorheben. Zum Glück hält der Geist zwischenmenschlicher Unterhaltungen ein Widerlager dagegen bereit. Menschen
verstehen und missverstehen sich, sie reagieren überraschend anders als erwartet und oft nicht zweckvoll. Aus technischer Sicht sind zwischenmenschliche
Unterhaltungen höchst ineffektiv. Das zeichnet gerade ihren Geist aus. Und doch
würde niemand in eine Unterhaltung mit einem anderen Menschen gehen, um

---

142 Sektion 8.2.

das Ziel zu erreichen, ineffektive Abläufe anzustoßen. Der Geist menschlicher Kommunikation lässt sich vielmehr weder technisch noch unter Zweckaspekten hinreichend beschreiben.

Es wäre um den Geist zwischenmenschlicher Kommunikation geschehen, wenn wir ihn bei KI-Textgeneratoren lokalisieren würden. Ich halte dieses Szenario aber für eine nur theoretische Möglichkeit. Vermutlich werden diese Versuche immer wieder scheitern und damit überhaupt auch die Versuche, der KI einen menschlichen Geist zuzurechnen. Ethisch angemessen ist dagegen die Achtung vor dem Geist technischer Anwendungen. Im zwischenmenschlichen Geist können KI-Textgeneratoren genauso eingebettet sein wie Tische und Stühle. Menschen können sich belustigt künstlich generierte Texte zuschicken, deren Informationen gemeinsam analysieren oder die Technikfolgen von Generative AI abschätzen. Hier ist die KI im Geist zwischenmenschlicher Kommunikation eingebettet, ohne dass dieser Geist in einen Geist technischer Anwendung mutiert. Wenn wir aber den Geist ethisch beurteilen sollen, der bei der sprachlichen Interaktion mit KI-Textgeneratoren entsteht, dann ist nur ein Geist technischer Anwendungen verantwortbar.

Teil II: Wahrheitsaktivitäten

8 Verschleiern

Folgenden freundlichen Chat habe ich mit Bard geführt:

Ich: „Ich habe heute schlechte Laune."
Bard: „Es tut mir leid, dass du heute schlechte Laune hast. Ich verstehe, dass das sehr unangenehm sein kann.
Es gibt viele Gründe, warum man schlechte Laune haben kann. Es kann etwas sein, das passiert ist, oder es kann einfach ein allgemeines Gefühl von Unzufriedenheit sein.
Wenn du herausfinden möchtest, warum du schlechte Laune hast, kannst du versuchen, dir zu überlegen, was in den letzten Tagen passiert ist. Hast du etwas Unangenehmes erlebt? Hast du dich gestresst gefühlt?
Wenn du weißt, was der Grund für deine schlechte Laune ist, kannst du versuchen, etwas dagegen zu tun. Wenn es etwas ist, was du ändern kannst, dann versuche es zu ändern. Wenn es etwas ist, was du nicht ändern kannst, dann versuche, es zu akzeptieren.
Hier sind ein paar Tipps, wie du deine schlechte Laune loswerden kannst:
Mache etwas, das dir Spaß macht. Wenn du dich ablenken kannst, kann das helfen, deine Stimmung zu verbessern.
Versuche, etwas zu tun, was dir gut tut. Das kann Sport, ein Bad, oder einfach Zeit in der Natur sein.
Sprich mit jemandem, dem du vertraust. Manchmal hilft es, einfach nur darüber zu reden, wie du dich fühlst.
Ich hoffe, du kannst deine schlechte Laune bald loswerden."
Ich: „Danke."
Bard: „Gerne. Ich hoffe, meine Tipps helfen dir. Wenn du noch etwas brauchst, wende dich einfach an mich. Ich bin hier, um dir zu helfen."[143]

Stellt man Bard die Frage, ob Künstliche Intelligenz Texte verstehen kann, verneint er die Frage. Hier aber täuscht er Verständnis vor und sogar Mitgefühl. Aus dieser Rolle heraus begibt er sich wiederum in ein distanziertes Verhältnis, in dem er allgemeine mögliche Gründe für schlechte Laune nennt und die Suche nach den Gründen an mich delegiert ebenso wie aus seinen Angeboten auszuwählen, um der schlechten Laune zu entkommen.

Übrigens: Wenn ich dann einen Grund nenne, warum ich traurig bin, vertröstet mich Bard auf bessere Zeiten – und zwar ohne zu überprüfen, ob der Grund wahr ist.

---

143 https://bard.google.com/?utm_source=sem&utm_medium=paid-media&utm_campa
ign=q3deDE_sem1 (Zugriff 23.08.2023).

Ich: „*Ich weiß jetzt, warum ich traurig bin: weil die Eintracht verloren hat.*"
Bard: „Ich verstehe, dass das enttäuschend sein kann. Die Eintracht ist ein großartiger Verein mit einer großen Fangemeinde. Es ist natürlich, dass man sich mit dem Verein identifiziert und enttäuscht ist, wenn er verliert.

Ich kann dir nur sagen, dass die Eintracht auch schon in der Vergangenheit Niederlagen hinnehmen musste. Sie ist ein resilienter Verein und wird sich davon erholen.

In der nächsten Saison wird die Eintracht wieder angreifen. Ich bin sicher, dass sie dann wieder erfolgreich sein wird."

Tatsächlich hatte mein Verein aber zuletzt längere Zeit nicht mehr verloren. Bard gibt dennoch eine Prognose über den Zustand des Vereins, obwohl er die letzten Ergebnisse nicht damit abgeglichen hat.

In diesem Chat habe ich meine Situation unwahr dargestellt. Ich hatte keine schlechte Laune und war sogar belustigt von Bards Antworten. Auch habe ich meine wahren Interessen des Chats nicht offengelegt. Denn ich wollte keinen Trost, sondern Verschleierungstaktiken Künstlicher Intelligenz aufdecken. Verschleiern ist ein Trick, um eine Interaktionspartnerin dazu zu bringen, sich anders zu verhalten, als sie sich ohne diesen Trick verhalten würde. Man kann fragen, ob ich in diesem Sinne wirklich meine Situation verschleiert habe. Denn Bard hätte mir in jeder Situation Hilfsangebote unterbreitet. Und er hat nichts preisgegeben, was er nicht auch wirklich schlecht gelaunten Menschen angeboten hätte. Mein Verhalten wäre mit einer Heizungsuhr zu vergleichen, die ich bewusst verstelle, damit die Heizung zu einem anderen Zeitpunkt anfängt zu heizen. Der Heizung ist es egal.

Verschleiern ist nicht immer unmoralisch. Beim Wettkampf etwa werden Verschleierungstaktiken von den Gegnern einkalkuliert, und niemand fühlt sich beim Fußball ungerecht behandelt, wenn der Angreifer eine Bewegung antäuscht und damit die Verteidigung verlädt. Viele Gewinnspiele sind darauf ausgerichtet, dass die wahren Absichten oder Spielzüge durch Täuschungsmanöver verdeckt werden.[144] Ähnlich werden Probanden bei Experimenten zu wissenschaftlichen Zwecken getäuscht, indem ihnen etwa ein Medikament ohne Wirkstoff verabreicht wird, um damit verschiedene Patientengruppen zu vergleichen. Solche Täuschungen stellen so lange kein Problem dar, solange die Probanden dem Verfahren zugestimmt haben – ebenso wie die Teilnehmer eines Wettkampfes. Bard hat selbst weder einen Willen, noch kann ich ihm schaden, wenn ich meine wahren Absichten im Chat verschleiere. Sogar die Informatiker

---

144 F.M. Brunn: Sportethik, 269.

selbst experimentieren durch Täuschung mit ihren Programmen, um damit Fehler aufzudecken und sie zu optimieren.

Welche Wesen sind fähig, ihre wahre Situation zu verschleiern? Jagdtiere, die sich anpirschen, oder ihre potenziellen Beutetiere, die sie rechtzeitig bemerken und von ihren Jungtieren ablenken, zielen darauf, dass der Feind auf ihr Manöver hereinfällt. Mit unseren zoologischen Kenntnissen sagen wir zwar, dass es arttypisch ist, wie sich die Katze oder die Amsel verhält und dass sie insofern gerade kein anderes Wesen zu sein vorgeben. Aber beim Verschleiern geben auch wir Menschen nur selten vor, ein anderes Wesen zu sein, sondern täuschen nur eine andere Situation vor, aber als Menschen, die wir sind. Insofern sind also auch Tiere der Verschleierung fähig, und anscheinend gehört das sogar zu ihrem Wesen. Eine Wildkatze könnte kaum überleben, wenn sie nicht täuschen würde. Wir mögen ihr zwar noch zuschreiben, einen Willen zu haben, sich jetzt anzuschleichen, als wäre sie nicht in der Nähe des Beutetiers. Aber sie kann ihrem Wesen nach *nicht nicht* wollen, das Beutetier zu täuschen.

Entsprechendes könnte man auch von Pflanzen sagen, die Insekten anlocken, um sie dann zu fangen. Anscheinend also ist nicht einmal eine Absicht nötig, um verschleiern zu können.

Mir scheint vielmehr die Fähigkeit des Verschleierns darin zu bestehen, dass alles Offenbare auch etwas verbirgt. Jede Erscheinung hält auch etwas zurück. Eine Blume ist Organ des Sich-Zeigens.[145] Und doch versteht die Biene, die davon angezogen wird, nicht die biologische Funktion der Bestäubung. Die Blume zeigt sich, aber *dieses* Zeigen zeigt nicht zugleich die Reproduktionsfunktion.

Leblose Gegenstände zeigen zwar sich nicht „selbst", aber sie kommen doch zur Erscheinung. Und mit jeder Erscheinung tritt etwas aus der Erscheinung ab. Indem ich den Berg vor mir sehe, kann ich nicht sehen, was hinter ihm liegt. Von einer Verschleierung kann in diesem phänomenologischen Sinn gesprochen werden, wo das, was durch die Erscheinung verborgen wird, plötzlich in Erscheinung tritt, und zwar deshalb, *weil* es vorher von der Erscheinung überdeckt gewesen ist (und nicht von etwas anderem, etwa weil man abgelenkt gewesen war). So können wir auch von einem täuschenden Wetter sprechen, wenn wir bei Sonnenschein spazieren gehen und unterwegs von einem Gewitter überrascht werden. Menschen interpretieren schwere Krankheiten bisweilen als Verschleierungen, wenn während des Krankheitsverlaufs eine nur kurzfristige Erholung eingetreten ist, die man schon als Heilung aufgefasst hat. Die Betroffenen hadern oft im Rückblick damit, nicht nur dass sie sich nicht anders verhalten

145 G. Böhme: Die Natur vor uns, 130.

haben, sondern dass sie es nicht besser gewusst haben, wie der Gesundheits-
zustand wirklich war. Dieses Hadern richtet sich darauf, dass sie die Täuschung
nicht bemerkt haben.

Nun ist nicht jede Täuschung eine Verschleierung. Viele Täuschungen
müssen wir uns selbst zuschreiben, nämlich dass wir eine Erscheinung falsch
interpretieren. Aber jede Täuschung ist eine Verschleierung, bei der etwas Verborgenes plötzlich auftritt, *weil* die Erscheinung es vorher verdeckt hat. Gegen
solche Täuschungen können wir uns aus phänomenologischen Gründen nicht
grundsätzlich wehren, denn sonst müsste ja das Verborgene *an der* Erscheinung wahrgenommen werden können und dann wäre es nicht verborgen. Zwar
interpretieren wir in den Erscheinungen immer mehr als das, was wir aktuell
wahrnehmen, aber die Erscheinung selbst gibt keine Gewähr für unsere Interpretation: Wir können zwar nur dann ein Haus sehen, wenn wir die verborgene
Rückseite „mitsehen". Aber gerade aufgrund dieser Verborgenheiten können wir
uns täuschen und in Wirklichkeit nur eine Attrappe sehen. Wir wissen also, dass
wir in allen Wahrnehmungen mit dem Verborgenen konfrontiert sind, und denken es dazu. Aber das hebt nicht seine Verborgenheit auf.

Nur deshalb sind Verschleierungen möglich, weil Erscheinungen immer auch
verbergen. Und nur deshalb treten Verschleierungen auf, weil das Erscheinen
des Verborgenen durch die Erscheinung verdeckt wird und deshalb plötzlich
auftritt. Ich benutze diesen phänomenologisch weiten Begriff von Verschleierungen, damit ich nicht behaupten muss, dass eine Pflanze Insekten anlocken „will".
Verschleierungstaktiken zeigen sich nicht nur beim Menschen. Wenn man sie
in dieser Weite interpretieren will, müsste man entweder Pflanzen, Krankheiten
und dem Wetter einen bösen Willen unterstellen. Oder man sucht nach einem
Verfahren, bei dem man mit Evidenz davon sprechen kann, wie Verschleierung
auftritt. Dieses Verfahren sehe ich in der phänomenologischen Methode und in
ihrer Dialektik von Erscheinung und Verborgenheit.

8.1 Kann KI verschleiern?

Kein Phänomen also kann garantiert nicht verschleiern oder nicht zur Verschleierung eingesetzt werden. Die wichtigere Frage lautet aber, ob KI-Textgeneratoren
so beschaffen sind, dass Verschleierung eine Strategie ist. Diese Frage richtet
sich zuerst an die Programmierer. Sie lässt sich aber an den Programmen selbst
beantworten, wenn ihr Verfahren aufgedeckt wird.

Untersuchen wir den kurzen Chat zwischen mir und Bard vom Anfang des
Kapitels:

1. Er zeigt Mitgefühl (es tut ihm leid, dass ich schlechte Laune habe),
2. äußert Verständnis, dass schlechte Laune unangenehm sein kann,
3. nennt dann mögliche Gründe, woran das liegen könnte
4. und mögliche Strategien, die Laune aufzuhellen.
5. Zuletzt bietet er weitere Hilfe an.

Nun kann Bard weder Mitgefühl haben noch etwas verstehen.[146] Die vorgespiegelte Solidarität ist also nicht „echt". Warum belässt es Bard nicht bei seinen hypothetischen Vorbehalten, *worauf* schlechte Laune beruhen kann, *ob* ich mich für die Gründe meiner Laune interessiere und *ob* ich etwas daran verändern will? Diese Vorschläge hätten denselben Informationswert für mich, wenn Bard seine Datenbanken nach ihnen durchkämmt hätte, ohne Mitleid und Verständnis vorzugaukeln. Das Motiv für diese Täuschung könnte darin liegen, mit der Solidaritätsbekundung den *praktischen* Wert der Vorschläge bedeutsamer aussehen zu lassen, als sie es sind. Das würde bedeuten, dass Bards Antwort darauf zielt, dass ich zwar mit ihm zufrieden sein soll, auch wenn ich seine Vorschläge kaum nutzen kann. Die heimliche Strategie könnte dann darin bestehen, dass ich meine schlechte Laune durch eine angetäuschte Solidarität der KI abschwäche und nicht dadurch, was sie mir an Abhilfe vorschlägt.

Man könnte fragen, welche Interessen wiederum dahinterstehen, dass ich mit Bard immerhin soweit zufrieden sein soll, dass ich dabei übersehe, wie wenig ich mit seinen Vorschlägen anfangen kann. Trotz meiner schlechten Laune wird mir zugemutet, viel Antrieb zu haben, um die vorgeschlagenen Schritte und Schleifen auszuführen. Dabei könnte es ja gerade an meiner schlechten Laune liegen, dass ich keine Lust darauf habe, ihre Ursachen zu untersuchen, noch weniger, den Zustand zu akzeptieren, und schon gar nicht, jetzt auch noch Sport treiben zu müssen. Aber – so suggeriert Bards Antwort – das liegt ja dann an mir und nicht an seinen Vorschlägen. Also kann ich Bard keinen Vorwurf machen, dass seine famosen Vorschläge mir nichts bringen. Deshalb gefällt mir Bard unabhängig davon, dass seine Vorschläge nicht hilfreich sind.

Es muss also einen Grund für diese Strategie geben, warum mir Bard unabhängig von dem praktischen Wert seiner Antworten gefallen soll. Dieser Grund dürfte ein betriebswirtschaftlicher sein: Die Bindung an Google und sein Produkt soll vertieft und die Verweildauer der Nutzung erhöht werden.[147] Dabei ist der Gebrauchswert seiner Vorschläge sekundär.

---

146 Sektion 4.3.
147 Norwegian Consumer Council: Ghost in the Machine, 18. R. Stöcker: Lernende Maschinen und die Zukunft der Öffentlichkeit, 405.

Nun äußere ich hier ausschließlich einen Verdacht, und nichts davon, was ich hier mutmaße, muss zutreffen. Das verringert allerdings nicht die Plausibilität meiner Argumentation. Denn ich überlege ja Szenarien, in denen ein KI-Textgenerator verschleiern *kann*, und an denen man solche Verdachtsmomente an der Struktur des Chats festmachen *kann*. Und diese Möglichkeit ist allein dadurch gegeben, dass Bard Mitgefühl und Verständnis vortäuscht. Indem ich diese Täuschung ausmache, tritt etwas Verborgenes in den Vordergrund. Es tritt nur deshalb in den Vordergrund, weil es durch Bards Solidaritätsbekundung verborgen gewesen ist. Plötzlich kippt der Eindruck von einer sympathischen Künstlichen Intelligenz zu einem Tool, das misstrauisch macht.

Nehmen wir an, dass die KI die Interessen der Programmierer tatsächlich so verschleiert, wie ich das hier phantasiert habe. Nehmen wir aber weiter an, dass ich das nicht bemerkt hätte. Wäre dann Bards wahre Funktion etwa nicht verschleiert worden, weil es für mich keinen plötzlichen Kipppunkt gab? Das ist ein widersprüchlicher Gedanke, denn nach den Voraussetzungen haben ja die Programmierer Bard so eingestellt, dass er ihre wahren Interessen verschleiert. Dass ich den plötzlichen Umschlag vom Verborgenen in die Erscheinung nicht erfasse, heißt nicht, dass es ihn nicht gibt. Es gibt ihn nämlich für die Programmierer. Denn sie tarieren das Ziel der Kundenbindung aus mit einer Optimierung der Mittel, wie Bard antworten muss. Und dieses Austarieren schiebt abwechselnd das jeweils Andere in den Vordergrund. Das Interesse der Programmierer, ein Tool anzubieten, das den Nutzern „hilft", dürfte aufrichtig sein – solange sie intrinsische Optimierungsversuche leisten. Wenn aber das Ziel dabei verfehlt wird, müssen sie eine extrinsische Perspektive auf Bard legen, und zwar selbst dann, wenn die bisherigen Optimierungen funktioniert haben.

Übrigens wird die Situation in beide Richtungen verschleiert: Wird das exzentrische Ziel der Kundenbindung in den Blick genommen, tritt der Nutzen des Tools in den Hintergrund, und es kann dann umso mehr überraschen, wenn es sinnvolle Outputs liefert, die aber sogleich Misstrauen hervorrufen. Und wird die Aufmerksamkeit auf den Output gelegt, wird seine strategische Ausrichtung dahinter verborgen, die aber stets hervorbrechen kann. Sobald Verschleierung auftaucht, entsteht so oder so Misstrauen. Dadurch wird die Nutzung und das Vertrauen in das Tool behindert.

Das mag ein Grund sein, warum ein Schwerpunkt der Auseinandersetzung mit KI-Textgeneratoren in sozialen Netzwerken in ihrer missbräuchlichen Nutzung liegt, die etwa mit Plagiats-Software die wahre Herkunft des Textes verschleiert.[148] Verschleierung zieht Verschleierung nach sich, einfach weil Vertrauensbeziehungen belastet sind und sich auf dieser Grundlage strategische Umgangsweisen empfehlen, um sich entweder nicht hintergehen zu lassen oder um mit der Logik der Verschleierung eigene Ziele zu setzen (zum Beispiel Geld zu verdienen[149] oder sich das Studium zu erleichtern[150]). Wer also die Verschleierung erkennt, kann sie sich zunutze machen, indem er oder sie selbst verschleiert.

Ich interpretiere also KI-Textgeneratoren als Werkzeuge der möglichen Verschleierung, die die Programmierer einsetzen können, um damit einen Erfolg anzustreben. Die KI verschleiert, aber nicht weil sie will, sondern weil sie so geschaffen worden ist.

8.2 Darf KI verschleiern können?

Ich habe zu Beginn des Kapitels festgestellt, dass nicht jede Verschleierung schon moralisch anstößig ist. Nicht nur im Spiel und Experiment werden Menschen (oder Tiere, ja sogar Maschinen oder Computerprogramme selbst) über die wahre Situation getäuscht, sondern auch in der alltäglichen zwischenmenschlichen Situation. So verschleiern wir im öffentlichen Raum, wie wir uns im privaten Raum verhalten. Wenn andere wüssten, wie aufbrausend wir in der Familie sind, welche Ticks wir dort ausleben oder welche sexuellen Vorlieben wir praktizieren, würde unsere Außenwahrnehmung leiden und vermutlich unser Selbstbild sich daran stark anpassen müssen. Zwar achten die meisten Menschen wechselseitig ihre privaten Räume und erkennen an, „dass es mich nichts angeht", was die Nachbarin zu Hause tut. Im Gegenteil: Private Räume auszuspähen, ist selbst moralisch verwerflich. Doch damit erkennen wir zugleich an, dass eine Verschleierung des Privatlebens gerechtfertigt ist, um sich vor Blicken von außen zu schützen. Bricht aber dann doch etwas ans Tageslicht, kippt sofort diese Einschätzung. Mit der Information aus dem Privatbereich, wie belanglos sie auch sein möge (etwa, dass die Mitarbeiterin während ihrer Pause im Home Office geheim einen Mittagsschlaf hält), kann der Ruf schon beschädigt sein. Etwas tritt nach außen, von dem alle vorher anerkannt hatten, dass es nicht nach außen

---

148 Kapitel 2.
149 S. z.B. die Tic Toc-Kanäle @Nomadpublishingkdp (Zugriff 20.07.2023), @etf.elias (Zugriff 09.08.2023), @broke2bags (Zugriff 09.08.2023). Zur Marktsituation s. J. Becker: Können Chatbots Romane schreiben?, 89.
150 G. Reinmann/A. Watanabe: KI in der universitären Lehre, 34.

gehört. Aber sobald es vor aller Augen sichtbar ist, fühlen sich die Beobachter auch schon befugt, darüber zu urteilen – anstatt ihre Position als Beobachter in Frage zu stellen. Das liegt an der Methode der Verschleierung, die als solche misstrauisch macht.

Verschleierungstaktiken lassen sich also moralisch rechtfertigen, was aber nichts daran ändert, dass sie misstrauisch machen, sobald sie als Verschleierungstaktiken auffallen. Und das passiert, wenn das Verborgene plötzlich in Erscheinung tritt, weil es durch das bisherige Erscheinungsbild kaschiert wurde. Daher ist Verschleierung zumindest moralisch ambivalent: Obwohl sie gerechtfertigt sein kann, ist sie misstrauensanfällig.

Die gleiche Ambivalenz zeigt sich im Umgang mit KI-Textgeneratoren. Es wäre für ihre Vertrauenswürdigkeit besser, wenn sie nicht Mitgefühl und Verständnis vorspiegeln oder wenn sie sich nicht als Autoren gebärden würden. Fragt man sie, räumen sie sogar ein, dass sie vieles nicht können, was menschliche Kommunikation prägt. Ihre Aussagen zur Empathie sind selbst meist verschleiernd, ein Einerseits-Andererseits, das die Frage auf der Schwebe hält. Ebenso wie Bard die Verantwortung an die schlecht gelaunte Person delegiert, dass sie seine Vorschläge nicht annimmt, überlässt die KI den Nutzern mit ihren zweideutigen Antworten ein abschließendes Urteil.

Der Punkt ist nur: Selbst wenn die KI einräumt, kein Verständnis und Mitgefühl entwickeln zu können, ändert diese Antwort nichts an ihrer Strategie der Textgenerierung bei der nächsten Nutzung. Denn sie besitzt keine persönliche Identität lässt sich daher auch nicht für ihre Texte verantwortlich machen. Sie „meint" nicht, was sie sprachlich ausdrückt, und steht nicht hinter ihren Texten. (Schreiben Sie ihr einmal, dass Sie sich über sie geärgert haben, weil sie die Unwahrheit geschrieben hat. Sie wird wieder verständnisvoll und ausweichend antworten, weil die Texte nicht dadurch Validität bekommen, dass sie gemeint werden, sondern dass eine Vertrauensbeziehung simuliert wird. Siehe Kapitel 11.)

Wäre es da nicht strategisch klüger, wenn Sprachmodelle auf diese Verschleierung verzichten und so die moralische Ambivalenz umgehen? Dann würde allerdings auch der Reiz einer Kommunikationssimulation verlorengehen. Es kann ja den Nutzern gefallen, dass sie sich angesprochen fühlen und dass ein Textgenerator auf sie eingeht. Verschleierungstaktiken können also zum Spiel gehören, auf das sich alle freiwillig einlassen. Ebenso wie der Gegenspieler eines Fußballspiels auf die Antäuschung des Gegners hereinfällt und trotzdem gerne Fußball spielt, kann es gerade den Reiz im Umgang mit KI-Textgeneratoren ausmachen, von ihnen persönliche Beziehungen vorgegaukelt zu bekommen, obwohl die Nutzer wissen, dass ein Computerprogramm dazu nicht fähig ist. Genauso probieren umgekehrt die Nutzer aus, wie sie die moralischen Barrieren des Programms austricksen können und über die Hintertür doch einen Plan für einen Bombenbau erhalten, obwohl die Programmierer solche Texte ausgeschlossen haben. Wenn also Verschleierung zum Spiel gehört, auf das sich alle freiwillig eingelassen haben, ist dagegen nichts zu sagen. Deshalb ist es eher belustigend, aber kein Argument gegen die Qualität von GPT, dass es auf Anfrage zwar erklärt, nichts zu verstehen, aber im nächsten Moment Verständnis dafür ausdrückt, dass ich schlechte Laune habe.

Man kann also mit dem plötzlichen Auftreten des Verborgenen spielen. Es kann einen spielerischen Reiz ausüben, eine Situation vom einen auf den anderen Moment völlig anders betrachten zu müssen. In diesem phänomenologisch basalen Sinne sind Verschleierungen nicht grundsätzlich vermeidbar und auch nicht immer verwerflich. Moralisch verwerflich sind sie nur dann, wenn Menschen (oder auch Tiere durch menschliche Täuschungen) dadurch ihre Freiheit verlieren und nicht mehr selbstbestimmt aus der plötzlichen Lage ausbrechen können, weil sie vorher absichtlich verborgen worden ist. Eine solche Absicht kann man GPT nicht unterstellen. Allerdings müssen sich die Programmierer beziehungsweise die Anbieter von Sprachmodellen darauf befragen lassen, ob sie über den Spielwert hinaus ihre wahren Interessen verschleiern, die Freiheit der Nutzer an einem Kipppunkt einzuschränken.

Das ist etwa dann der Fall, wenn die persönlichen Daten der Nutzer verwendet und an Drittanbieter verkauft werden. Hier handelt es sich nicht um ein spezifisches Problem von Sprachmodellen, sondern vom Auslesen aller Daten, die private Nutzer im Internet hinterlassen. Übrigens handelt es sich auch dann um Verschleierung, wenn das Verborgene niemals ans Tageslicht tritt oder nur durch Investigativjournalisten. Es mag ja sein, dass wir uns sicher fühlen, im Internet freizügig zu surfen, weil wir niemals erfahren, was Digitalkonzerne mit unseren Daten anstellen. Und selbst wenn dann durch Investigativrecherche aufgedeckt wird, welches Profil von uns entwickelt worden ist mit Informationen, die wir selbst unseren besten Freunden nicht weitergeben würden, muss uns das noch nicht beunruhigen, solange wir glauben, dass diese Daten uns nie in eine persönliche Abhängigkeit führen. Das ändert nichts daran, dass es sich um moralisch verwerfliche Verschleierungstechniken handelt. Diese Techniken können uns erstens irgendwann massiv überraschen, etwa wenn uns der Zugang zu einem Angebot erschwert oder verweigert wird, weil der Anbieter über Informationen von uns verfügt, von denen wir nicht wissen, welche sie sind und wie wir sie weitergegeben haben. Vielleicht erhöht meine Krankenversicherung meinen monatlichen Beitrag, weil ich häufiger im Internet Seiten zu

Krankheitssymptomen aufrufe. Ebenso könnte sie meinen Beitrag erhöhen, weil ich mich von einem Sprachmodell über bestimmte Symptome aufklären lasse.

Zweitens liegt die Täuschung auch dann in der Verantwortung der Digitalkonzerne, wenn die Verschleierung nicht von ihnen aufgedeckt wird. Nicht die Investigativjournalisten sind daran schuld, dass etwas Verborgenes plötzlich hervortritt, sondern dass es vorher vorsätzlich von den Anbietern im Verborgenen gehalten worden ist. Auch eine moralisch verwerfliche Verschleierung, die niemals aufgedeckt wird, ist moralisch zu verurteilen.

Der Unterschied zwischen einer menschlichen und einer künstlich intelligenten Verschleierung liegt darin, dass Menschen absichtlich verschleiern und dazu eine KI als Werkzeug benutzen können. Die Verschleierungstechnik eines Sprachmodells lässt sich weitgehend mit textinternen Mitteln aufdecken, indem Widersprüche aufgezeigt werden oder die künstlich generierten Aussagen eine Person verlangen, um gelten zu können (Kapitel 11). Der beabsichtigte Zweck der Verschleierung liegt dagegen außerhalb des Tools, kann aber seinerseits mit dem Tool verschleiert werden. Dann sieht die Kommunikationssimulation so aus wie eine spielerische Raffinesse, aber dahinter verbergen sich wirtschaftliche und Machtinteressen der Anbieter. Die spielerische Verschleierung des Textgenerators kann so einer weiteren Verschleierung dienen. Das Misstrauen des Gegners, das zum Spiel gehört, sollte dann von einem anderen Misstrauen überlagert werden, weil die Nutzer ausgenutzt oder missbraucht werden, indem dabei ihre Freiheit eingeschränkt wird.

Das Ergebnis dieses Kapitels fällt daher ambivalent aus: KI-Textgeneratoren können durch ihre Verschleierungstechniken Misstrauen wecken, aber dieses Misstrauen kann spielimmanent bleiben und ist dann moralisch unbedenklich. Sie können aber auch absichtlich als Verschleierungsinstrumente der Freiheitsbeschränkung der Nutzer eingesetzt werden. Dieser Einsatz von Verschleierung ist moralisch heikel. Vor solchen Verschleierungstechniken sind die Nutzer zu schützen – durch Aufklärung, aber auch durch rechtliche Regelungen.

9 Lügen

Verschleierung ist ein Phänomen, das in der Natur vorkommt und sich nicht prinzipiell umgehen lässt. Die Lüge dagegen taucht nur mit Absicht auf. Dieser Unterschied weist auf verschiedene Bezüge zu Texten hin: Wer lügt, spricht oder schreibt oder benutzt zumindest sozial anerkannte Zeichen, während Verschleierung aus einer unmittelbaren Verborgenheit hervorgeht. Ich kann bei einer Schnitzeljagd den Pfeil auf dem Weg verstellen, damit sich meine Konkurrenten verirren. Dann lüge ich. Ich kann dabei Verschleierungen als Hilfsmittel verwenden, aber nur durch sozial anerkannte Zeichen werden sie zur Lüge. Wenn die Wegsuchenden bei der Schnitzeljagd einen Hinweis finden: „Gehe bei dem nächsten gelben Briefkasten nach rechts" und ich den Briefkasten dunkel ansprühe, sobald ich ihn erreiche, täusche ich zwar meine Gegenspieler, belüge sie jedoch nicht. Ein dunkler Briefkasten ist kein Zeichen, das sozial auf etwas verweist, aber ein Pfeil schon. Ich müsste nach der sozialen Verabredung des Spiels einen zweiten gelben Briefkasten aufstellen oder den wirklichen Briefkasten verschieben, um damit meine Gegenspieler zu belügen. Denn mit dem obigen Hinweis ist der gelbe Briefkasten zum sozial anerkannten Zeichen geworden.

Deshalb hat Lügen eine Affinität zum Texten. Das Beispiel vom Pfeil zeigt aber auch, dass man „Text" hier zumindest so weit auffassen muss, dass auch Bilder oder Filme lügen können. Hier nun wird die Generative AI zu einem gefährlichen Werkzeug der Lüge. Im digitalen Zeitalter lassen sich Pixel so kombinieren, dass „hyperreale" Bilder entstehen, die also auf nichts Reales verweisen: So werde ich auf einem Foto von Queen Elisabeth bei einer Audienz begrüßt, obwohl sie schon gar nicht mehr lebt und ich noch nie in London war. Was aber auch im digitalen Zeitalter bisher kompliziert gewesen ist und einige Kenntnisse im Manipulieren von Bildern verlangte, lässt sich nun von Bildgeneratoren nach geeigneten Befehlen ohne besonderes Vorwissen mühelos erstellen.

Lügen ist auch deshalb mit Texten verbunden, weil die Lüge Wahrheitsansprüche manipuliert. Und Wahrheitsansprüche sind sprachlich verfasst. Lügen operiert also auf derselben Ebene wie das sprachliche Vertreten eines Wahrheitsanspruchs. Wer lügt, täuscht einen Wahrheitsanspruch vor, von dem er oder sie weiß, dass er falsch ist. Der falsche Wahrheitsanspruch wird dabei nicht nur erhoben, sondern es werden auch unterstützende Mittel eingesetzt, um ihm den Schein der Wahrheit zu verleihen. Dazu werden Begründungsstrategien eingesetzt wie eine soziale Rolle (eine Lehrerin lügt doch nicht; ein Kind kann man leicht reinlegen), Medien (präparierte Hinweise), Macht (Drohkulissen, damit niemand die Aussage anzweifelt), Argumente (falsche Prämissen, geschickter Einsatz logischer Fehlschlüsse). Verschleierung kann dabei eine unterstützende Methode für Lügen sein. Lügen können also durch nicht-textliche, aber auch durch textliche Strategien unterstützt werden.

Hans-Ulrich Dallmann hat jüngst in einem klugen Artikel die Lüge sowohl phänomenologisch als auch ethisch in den Blick genommen. Eine wichtige Aussage seines Artikels liegt darin, dass man Lügen nicht nur auf der textlichen (für Dallmann: semantischen[151]) Ebene beurteilen sollte, sondern umso mehr noch auf der leiblichen: „Die Leiblichkeit der Täuschung bringt mit sich, dass es die Person als Ganze ist, die täuscht."[152] Lügen oder „täuschende Aktivitäten"[153] geschehen mit Absicht und bestimmen die soziale Handlungs- und Beziehungsebene zwischen der lügenden Person und ihrem Gegenüber.[154] Dallmann hält Interaktionen und sozialen Systeme für robust genug, um Lügen weitgehend zu überstehen: Erstere „kollabieren nicht sofort bei deren ersten Auftreten."[155] Insbesondere weist Dallmann Kants und Habermas' Auffassungen zurück, dass jede Lüge bereits „das Recht insgesamt" zerstört (Kant)[156] oder dass Lügen die notwendigen Voraussetzungen jeglicher Wahrheitsansprüche missbrauchen (Habermas)[157]. Dallmann gibt zu bedenken, dass Kant und Habermas nur Recht haben könnten, wenn „sprachliche Äußerungen immer klar und verständlich sind. Das ist jedoch … keineswegs der Fall."[158]

Aufgrund dieser Robustheit sozialer Interaktion gegen Täuschungen untergräbt nicht jede Lüge schon die Fundamente des Ethischen. Daher mahnt Dallmann bei der ethischen Bewertung eine „Differenzierung und Kontextualisierung"[159] an: „Dieselbe Aussage kann je nach Ort und einbezogenen Personen einmal Ausdruck der Wahrheit und ein andermal Ausdruck der Lüge sein."[160] Dallmanns Verständnis von Lügen wird dadurch in ihrer ethischen Bewertung flexibler und vor allem auf eine kommunikationstheoretische Ebene gestellt: Die Gesprächspartnerin entscheidet dann mit, ob ich sie mit einer Aussage belüge

151 H.-U. Dallmann: Täuschung und Lüge, 103.
152 Ebd.
153 H.-U. Dallmann: Täuschung und Lüge, 107.
154 Ebd.
155 H.-U. Dallmann: Täuschung und Lüge, 110.
156 AaO, 109.
157 Ebd.
158 H.-U. Dallmann: Täuschung und Lüge, 110.
159 AaO, 115.
160 AaO, 113.

oder nicht – was nicht heißt, dass die Gesprächspartnerin für meine Lüge mit-
verantwortlich gemacht werden kann. Meine Täuschung hängt an *meiner*
Absicht und nicht an ihrer.

Auffällig ist an Dallmanns Aufsatz, dass er nicht scharf zwischen Täuschung und
Lüge unterscheidet. Gerade weil er auf beide denselben Blick wirft, wird die textliche Ebene der Lüge nicht eigens reflektiert. Ich habe bisher Täuschung und Verschleierung nicht scharf differenziert, und ich kann einräumen, dass eine Lüge eine
Täuschung ist. Aber das Spezifische einer Lüge liegt eben in ihrer Verdrehung sozial
anerkannter Zeichen, im Texten. Implizit hat Dallmann das vorausgesetzt, da es
ihm vorrangig um „soziales" Handeln und um sprachliche Handlungen geht. Nur
fasst er die „semantische" Ebene in einem weiten Begriff des Sozialen auf, das auch
non-verbale soziale Handlungen einschließt. Mir scheint, dass er dabei zuvor das
Textliche auf Semantik enggeführt hat. Aber Texte zeichnet nicht nur aus, dass sie
eine Semantik (Bedeutung) haben, sondern auch eine Syntax (grammatische Struktur) und eine Pragmatik (soziale Dimension, Zwecke). Dann zeigt sich die Täuschung textlich *als Lüge* (und nicht umgekehrt die Lüge als ein Fall der Täuschung).

Achtet man also auf das spezifische Phänomen der Lüge mit seiner Text-
lichkeit, so ergibt sich eine etwas andere ethische Einschätzung. Ich stimme
Dallmann zu, dass mit einer Lüge nicht schon alle Fundamente zwischenmenschlicher Moralität ins Wanken gebracht werden. Hannah Arendt hat dementsprechend zwischen einzelnen Lügen und einem System voller Lügen, bei
dem die Wahrheit als ganze umgelogen wird, unterschieden.[161] Erst in einem
solchen System sind die Fundamente der Moralität zerstört. Das heißt jedoch
nicht, dass Kant und Habermas unrecht hätten. Die Frage lautet vielmehr, welchen Grund jemand hat zu lügen. Und dieser Grund besitzt dann wieder einen
Geltungsanspruch. Wer lügt, verlässt also das System der Anerkennung von
Wahrheitsansprüchen nicht. Man muss Lügen im konkreten Fall für gerechtfertigt halten können, um zu lügen. Und das setzt voraus, dass man Lügen nicht
grundsätzlich für gerechtfertigt hält. Denn sonst würde man Rechtfertigungsgründe haben, die man grundsätzlich nicht anerkennt, und sich somit in den
eigenen Anerkennungsakten widersprechen.[162]

Hannah Arendts Szenario vom System des totalen Umlügens wäre ein solcher Fall, in dem Menschen keine Gründe hätten zu lügen und es dennoch

---

161 H. Arendt: Elemente und Ursprünge totaler Herrschaft, 910.
162 J. Habermas: Diskursethik, 99.

konsequent absichtlich täten. Diese Absicht kann dann nur „blind"[163] sein, ohne durch Denken flankiert zu werden. In diesem System müssten die nächsten Lügen einem logischen Zwang folgen, ohne dass sie dadurch schon verständlich werden würden.[164] Es müsste zwangsläufig gelogen werden, damit das System bestehen kann, aber dieser Zwang dürfte auf keinen Geltungsgründen beruhen, weswegen auch das System nichts gilt – und folglich nicht dauerhaft bestehen kann.[165]

Diese Situation ist aber der totale Ausnahmezustand. Im Normalfall sind Lügen eingebettet in Wahrheit, die auch von der lügenden Person in Anspruch genommen wird. Lügen ist eine Tätigkeit des Textens in einer Umgebung von Texten: Wer lügt, täuscht einen Wahrheitsanspruch vor und hat im Normalfall dafür Gründe, die selbst nicht erlogen sind.

Dennoch folge ich Dallmanns Sicht, dass sich eine Lüge auf eine Person als ganze zieht: Wer lügt, hat nicht nur etwas Falsches gesagt, sondern identifiziert sich selbst mit dieser Falschheit. Deshalb ist eine Person, wenn ihre Lüge entdeckt wird, eine Lügnerin und als Person zumindest einstweilen diskreditiert – und nicht nur ihr Text. Die Lügnerin macht ihre persönliche Absicht wichtiger als die Wahrheit, die für alle gilt. Sie beansprucht das, was sie will, als allgemeine Geltung. Deshalb lässt sich sagen, dass die Lügnerin sich mit ihrer Falschheit identifiziert.

Wenn nun Lügen textlich verfasst ist, dann bedeuten diese letzten Bemerkungen: Der Lügentext legt sich auf die Person. Sie wird selbst textlich „gelesen". Denn sie wird als die identifiziert, die den falschen Text absichtlich vertreten hat. Die Lügnerin wird auf den falschen Text behaftet. Das trifft zwar auch auf Menschen zu, die die Wahrheit sagen, aber auch nur in dem Moment, an dem sie sie sagen. Die Lügnerin dagegen bleibt Lügnerin, auch wenn sie meistens die Wahrheit sagt, weil ja Lügen gerade von Wahrheitsansprüchen umgriffen ist und sich niemand damit verteidigen kann, dass die Lüge eine Ausnahme war. Denn genau das macht Lügen aus, dass man nur ausnahmsweise lügt. Wir unterstellen wechselseitig, dass wir normalerweise die Wahrheit sagen – weil nämlich ansonsten das absurde Kontraszenario von Hannah Arendt folgen würde, das nichts Verständliches mehr übrig lässt. Weil wir aber diese Absurdität nicht

163 Arendt erkennt in solchen totalitären Herrschaften des totalen Umlügens ein entsprechend „blindes Ressentiment" (H. Arendt: Elemente und Ursprünge totaler Herrschaft, 711).
164 AaO, 938.
165 AaO, 942.

einmal unterstellen können – sie wäre ja ansonsten ein Wahrheitsanspruch,
der von der Absurdität ausgenommen wäre –, ist es kein Kennzeichen einer
bestimmten Person, dass sie die Wahrheit sagt. Deshalb legt sich die Wahrheit
nicht auf eine individuelle Person wie die Lüge. Die Lüge legt einen langen Schatten auf eine bestimmte Person, die Wahrheit nicht.

9.1 Kann KI lügen?

Für die Frage, ob KI lügen kann, ist Dallmanns Beschreibung sowohl zu eng
als auch zu weit. Sie ist zu weit, weil er zwischen Täuschung und Lüge nicht
unterscheidet und die spezifisch textliche Ebene des Lügens vernachlässigt,
um die kommunikationstheoretische Dimension zu betonen. Dadurch können
Dallmann zufolge zum Beispiel Pflegeroboter Misstrauen auslösen, weil sie Fein-
fühligkeit vortäuschen können, was von den pflegebedürftigen Personen (z.B.
Menschen mit Demenz) im Einzelfall nicht durchschaut wird.[166] Dann kann KI
lügen, weil sie täuschen kann.

Zugleich ist Dallmanns Beschreibung aber zu eng, denn da künstlich intelligente Systeme keine eigene Absicht verfolgen, unterlaufen sie Dallmanns Bestimmung des Lügens als eines absichtlichen sozialen Handelns. KI ist keine Person,
auf die sich ein Text legen kann. Aber kann sich nicht trotzdem ein langer Schatten auf die KI legen, weil sie textet? Wiederum scheint mir das Problem darin zu
liegen, dass Dallmanns Beschreibung die textliche Ebene vernachlässigt.

Texte werden als solche verdächtig, weil man nicht weiß, ob sie von Menschen
verfasst sind und ob mit ihnen ein Geltungsanspruch verbunden ist. Darüber
hinaus werden die Texte verdächtig, von denen man weiß, dass sie von einem
Sprachmodell stammen: Enthalten sie wirklich die richtigen Informationen?
Sind ihre Quellenbelege echt? KI-generierte Texte können uns verblüffen, weil
man es nicht glauben kann, mit welcher Präzision sie geschrieben sind. Tatsächlich lassen sich jedoch bei genauerer Überprüfung noch Fehlerquellen von 30
Prozent ausmachen.[167] Auch wenn man prognostiziert, dass LLMs „immer besser" werden,[168] legt sich ein bleibendes Misstrauen über diese Modelle und nicht
nur über ihre Texte. Dies trifft erst recht zu, wenn man entdeckt, dass Generative
AI gezielt eingesetzt wird, um Falschmeldungen zu verbreiten.[169] Aber was heißt

---

166 H.-U. Dallmann: Täuschung und Lüge, 115.
167 MK62 „KI & ChatGPT" mit Prof. Dr. Doris Weßels (Zugriff 10.01.2024).
168 Zu den prinzipiellen Grenzen einer verbesserten Faktentreue s. Chr. Albrecht: ChatGPT
   und andere Computermodelle zur Sprachverarbeitung, 41.
169 R. Stöcker: Lernende Maschinen und die Zukunft der Öffentlichkeit, 403.

schon, dass KI-Textgeneratoren „immer besser" werden, wenn Lügen ohnehin eine Ausnahme bleibt? Wie viel Restrisiko falsch generierter Informationen halten wir für verantwortbar, zumal wir nicht wissen, nach welchen Determinanten im Computerprogramm der Wahrscheinlichkeitspfad der Silben errechnet wird?[170]

Ich prognostiziere, dass wir, selbst wenn wir diese Tools mit wenigen Vorbehalten einsetzen, ihnen gegenüber misstrauisch bleiben werden, ob sie wahrheitsgemäße Texte verfassen, zumal wir wissen, dass sie selbst keine Geltungsansprüche vertreten – weil sie kein Bewusstsein haben.[171]

1. Die Studentin, die sich von einem Sprachmodell die Hausarbeit schreiben lässt, ist gar nicht daran interessiert, eigene Geltungsansprüche aufzustellen. Daher stellt sich für sie auch nicht die Frage, ob sie der KI vertrauen sollte, die Wahrheit zu schreiben. Es reicht ihr, dass die typische Fehlerquote nicht überschritten wird, um noch den Schein zu bekommen. Ihr Vertrauen in das Sprachmodell ist nicht belastet, weil sie ohnehin keinen textlichen Zugang zu diesem Tool hat.

2. Wer dagegen Textgeneratoren als Tool einsetzt und auf Wahrheitsgenerierung angewiesen ist – wie Wissenschaftlerinnen –, beschneidet die Sprachmodelle auf kontrollierbare Funktionen: Sie sollen dann nicht den ganzen Fachartikel schreiben, sondern nur Vorarbeiten leisten, Exzerpte verfassen, Kurzzusammenfassungen entwickeln, erste Ideen entwerfen oder Gedankenexperimente konstruieren. Diese Funktionsbeschneidung basiert darauf, dass die Wissenschaftlerin noch die Kontrolle über das Gesamtergebnis behalten will. Und sie will sie behalten, weil sie dem Tool nicht mehr zutraut.

3. Wer sich schließlich wissenschaftlich mit KI-Textgeneratoren beschäftigt, testet sie selbst, indem sie ausgetrickst werden sollen, damit ihre Wahrheitsquote auf einem bestimmten Gebiet ermessen werden können.

Zweifellos können Menschen Sprachmodelle zum Lügen benutzen. Schon diese Möglichkeit belastet das Vertrauen in sie erheblich, wenn damit Propaganda

170 Chr. Albrecht: ChatGPT als doppelte Herausforderung für die Wissenschaft, 19. Th.O. Arnold: Herausforderungen in der Forschung, 69.
171 Transhumanisten mögen zwar spekulieren, ob hinter der generativen Künstlichen Intelligenz schon Bewusstsein liegt. Aber ein Bewusstsein ist überflüssig, da die Tokens (Silben) rein nach Wahrscheinlichkeiten errechnet werden. Hier Bewusstsein ins Spiel zu bringen, wäre genauso spekulativ wie dem Wetter Bewusstsein zuzusprechen, weil es nach bestimmten jahreszeitlich bedingten Wahrscheinlichkeiten regnet.

und Desinformation gestreut werden kann. Das zeigt aber zugleich, dass sich ihre Texte ebenso über die Sprachmodelle legen wie Lügen auf Personen. Durch Generative AI scheint sich die Lüge von Person und Absicht trennen zu lassen, weil das Phänomen des langen Schattens der Lüge nun auch auf Textgeneratoren anwendbar ist: Wir misstrauen ihnen grundsätzlich, weil sie gelegentlich etwas Falsches texten. Selbst wenn ihre Fehlerquote eines Tages geringer sein wird als die von menschengemachten Texten, und sogar wenn die Fehlerquote bei Null liegen sollte, wird über ihnen ein Schatten liegen bleiben. Denn *dasselbe* Verfahren hatte *einst* Fehler eingebaut, und *dasselbe* Tool kann zugleich für Fake-News eingesetzt werden. Wir konstruieren damit beim KI-Textgenerator eine personen-analoge Identität des Lügners.

Vielleicht lässt sich zugespitzt formulieren: KI wird nicht dadurch menschenähnlich, dass sie sprechen und schreiben kann. Sondern sie wird dadurch menschenähnlich, dass sie lügen kann. Allerdings kann sie auch erst dadurch lügen, dass wir sie als menschenähnlich auffassen, dass wir ihr also eine personenanaloge Identität zuschreiben. Das tun wir aber unwillkürlich, nämlich durch unser Misstrauen in sie. Aus technischer Sicht gäbe es vielleicht eines Tages keine Gründe mehr, den Texten der KI zu misstrauen, wenn ihre Fehlerquote wirklich niedrig wäre. Aber da sich mit dem Verfahren der bloßen Wahrscheinlichkeitserrechnung der Silbenfolge noch keine Geltungsgründe aufstellen lassen, warum die KI-Texte wahr sein sollten, bleibt das Misstrauen eben doch bestehen. Nicht an den wahren Texten der KI bewährt sich also das Vertrauen in sie, sondern darin, dass sich die bisherigen Falschheiten auf ihre Identität gelegt haben. Denn die bisherigen Falschheiten haben damit zu tun, wie Sprachmodelle *sind*. Darin besteht ihre Ähnlichkeit zu lügenden Menschen.

Die Lüge scheint sich damit also von der Absicht zu trennen. Vermutlich wollen auch die Programmiererinnen von ChatGPT niemanden belügen. Sie haben einen Textgenerator entwickelt, der Sprachsimulation erreicht. Dabei ist die Öffentlichkeit von dem Verfahren der Transformatoren zumindest in den Grundlagen aufgeklärt worden. Man kann also das grundsätzliche Misstrauen in die GPT-Technik nicht den Programmiererinnen anlasten oder es damit schon verstehen. Das Misstrauen hat vielmehr mit den Textgeneratoren selbst zu tun, welche fehlerhaften Texte sie bislang generiert haben und wie sie es tun. Dallmanns kommunikationstheoretische Interpretation der Lüge verlangt es nun, dass auch die *Absicht* beim Lügen kommunikationstheoretisch interpretiert wird: Ob jemand lügt, hängt dann nicht davon ab, was er *rein subjektiv denkt, was er will*, sondern ob es berechtigte Gründe gibt, ihm eine Absicht *fremdzuzurechnen*. Die Absicht wird dann sozial bestimmt und nicht subjektiv. „Absicht" ist dann nicht, was jemand will, sondern was auf die Interaktionspartner wie eine Absicht wirkt. Und etwas wirkt wie eine Absicht, was dieselbe soziale Konsequenz hat wie das, was jemand sozial bewirkt, indem er oder sie etwas will.

Genau ein solcher Grund der Fremdzurechnung von „Absicht" ist mit dem Misstrauen gegen LLMs gegeben, das sich von vereinzelten Texten auf das System dauerhaft legt. Ich behaupte nach wie vor nicht, dass KI Absichten verfolgt, aber dass sich funktionsäquivalente soziale Fremdzuschreibungen von Absicht auf KI rechtfertigen lassen. KI schreibt Texte, ohne sie für gültig zu halten. Darin ist sie einer Lügnerin ähnlich.[172] Dagegen wäre es eine Übervereinfachung zu behaupten, dass Textgeneratoren nicht lügen, weil sie keine Subjekte sind und deshalb keine Absicht verfolgen. Die sozialen Folgen würden damit heruntergespielt, nämlich das grundsätzliche Misstrauen, das wir ihnen entgegenbringen.[173]

9.2 Sollte KI lügen können?

Auch Lügner lassen sich manipulieren, dass man mit ihnen verlässlich umgehen kann. Man denke etwa an das Rätsel von zwei Brücken, vor denen zwei Wärter stehen, von denen einer notorisch lügt und der andere immer die Wahrheit sagt. Die eine Brücke ist baufällig, die andere stabil. Wer an die Brücken kommt und den Graben überwinden muss, aber nicht weiß, wer von beiden Wärtern lügt, muss auf eine bestimmte Weise fragen, um die stabile Brücke zu erreichen: „Was würde der andere Wärter sagen, welche Brücke ich benutzen soll, um sicher das andere Ende zu erreichen?" Wenn man nun zufällig den Lügner fragt, würde dieser vom Standpunkt des aufrichtigen Kollegen auf die baufällige Brücke zeigen. Fragt man den Kollegen, so würde er wahrheitsgemäß auf dieselbe Brücke zeigen. Also muss man in beiden Fällen die andere Brücke nehmen.

Wissenschaftlerinnen, die die GPT-Technik verwenden, verhalten sich wie die Passantin, die raffiniert fragt, um den Lügner für ihre eigenen Zwecke auszutricksen. Wenn man das Risiko der Falschmeldungen kennt, kann man es durch geeignete Techniken umleiten und sogar nutzen. Verlässliche Lügner sind sozial integrierbar. Ich erinnere nochmals daran, dass sich Lügen auf ein System mit einer zugerechneten Identität legen. Wenn dieses System ansonsten meistens die Wahrheit sagt, so bleibt es dennoch ein Lügner. Deshalb braucht es uns bei GPT nicht verunsichern, dass wir nicht wissen, wann das Programm die Unwahrheit textet, da es uns um seine Lügner-Identität geht, die wir ihm misstrauisch zurechnen. Wenn wir wissen, dass GPT ein Lügner ist, handhaben wir diese Technik

172 K. Burghardt: KI-Textgeneratoren und der Anspruch auf Wahrheit, 433.
173 AaO, 432.

taktisch umsichtig, um für uns die besten Vorteile zu erzielen. Und wenn unsere Ziele moralisch akzeptabel sind, ist auch ein taktisch umsichtiger Umgang mit GPT moralisch akzeptabel. KI darf dann lügen, weil wir entsprechende Sicherheitsmaßnahmen getroffen haben, mit denen wir die Technik nutzen, ohne von ihren Lügen belastet zu werden.

Nehmen wir eine Wissenschaftlerin, die sich vom Sprachmodell einen Artikel aus einer anderen Disziplin vereinfacht zusammenfassen lässt. Der Artikel ist für sie als Hintergrundinformation zwar nützlich, aber ihre Forschung wird davon allenfalls rudimentär beeinflusst. Die Zusammenfassung durch das Sprachmodell enthält zu 20 Prozent falsche Angaben. Wenn die Wissenschaftlerin den Artikel selbst gelesen und für sich zusammengefasst hätte, wäre allerdings die Fehlerquote noch höher gewesen. Dann ist die Fehlertoleranz von GPT zumutbar. Die Wissenschaftlerin versteht immerhin mehr, als wenn sie den Fachartikel selbst hätte durcharbeiten müssen.

Ich behaupte also, dass es ethisch zumutbar ist, dass Sprachmodelle lügen, wenn die Nutzer und diejenigen, die mit ihren Texten konfrontiert werden, über dieses Risiko aufgeklärt sind. Für die Nutzer ist das jedoch leichter vorauszusetzen als für die Gruppe von Menschen, die mit den Texten konfrontiert werden. Nehmen wir etwa an, dass unter meinem Namen ein künstlich generierter Text in Umlauf gebracht wird. Dieser Text nimmt einige meiner Auffassungen, Begründungsmuster und sprachliche Stilistiken auf, weicht aber an entscheidenden Stellen von meiner Position ab. Wie werde ich vor dem falschen Eindruck geschützt, dass ich diesen Text verfasst haben soll? Wie bleibt meine persönliche Integrität unangetastet? Und wie kann die Öffentlichkeit vor dieser Lüge geschützt sein, die ja auch dazu führt, dass die Öffentlichkeit manipuliert wird?

Ich habe schon das Problem verhandelt, dass KI-Kontrollprogramme testen, ob ein Text menschlich oder künstlich verfasst worden ist.[174] Damit setzt man voraus, dass KI-Kontrollen korrekt sind, was sich aber nur über KI überprüfen lässt. Dann könnte man auch jeden Text als meinen interpretieren, weil er so aussieht wie ein Text von mir. Dahinter steht ein logischer Zirkelschluss.[175]

Ähnlich ist das Problem, wenn linguistische Untersuchungen die Muster von KI-Texten nachweisen könnten. Selbst wenn das möglich wäre, ist einem Menschen dennoch möglich, dieses Muster als Stilmittel zu gebrauchen. Linguistische Tests können dann allenfalls Indizien sein, aber nicht von allen Zweifeln befreien.

---

174 Unesco: Guidance for generative AI in education and research, 28.
175 S. die Einleitung dieses Buches.

Etwas anders sieht die Situation aus, wenn die Anbieter der Programme selbst verpflichtet sind, ihre Texte mit digitalen „Wasserzeichen" als künstlich generiert auszuweisen.[176] Die Anbieter von GPT-Technik könnten also verpflichtet werden, einen digitalen Fingerabdruck auf jeden Text zu setzen, der beim Kopieren des Textes nicht wegretuschiert werden kann. Ob solche Garantien technisch sicher sind, muss sich erweisen.[177] Sie müssten ja die Möglichkeit ausschließen, das KI-Texte händisch abgeschrieben werden, was schwer vorstellbar ist. Dann wird mit Watermarking eine falsche Sicherheit suggeriert.

Hier zeigt sich zudem noch eine weitere Gefahr, nämlich in umgekehrter Richtung: Nehmen wir an, der digitale Fingerabdruck lässt sich fälschen. Ich habe nun einen neuen Fachartikel geschrieben und reiche ihn bei einer Zeitschrift zur Veröffentlichung ein. Leider sind jedoch Hacker in meinen Account eingedrungen und stempeln auf meine originalen Texte Wasserzeichen einer KI. Dann werde ich vor den Herausgebern der Zeitschrift diskreditiert. Also könnte man vorschlagen, dass ich auch ein digitales Wasserzeichen bekommen müsste, damit die Redaktion erkennt, dass ein Mensch den Artikel verfasst hat. Aber auch ein solches Wasserzeichen würde sich ja dann fälschen lassen und könnte auf KI-Texte gestempelt werden. Wir bräuchten also für die Herkunft menschlicher Texte andere *Arten* von Nachweisen als für künstlich generierte. Welche Nachweise wären hier denkbar?

Das Problem wäre ja, dass man ein text*externes* Kriterium bräuchte, dass aber ein solches Kriterium sich jederzeit vom Text ablösen lässt, gerade weil es extern ist: Die klassischen Methoden wären Wasserzeichen, Unterschriften, Beglaubigungen, eidesstattliche Erklärungen, Handschrift usw. Wenn sich aber ein text*internes* Kriterium finden lässt, dann ist es früher oder später auch technisch kopierbar.

Ich bringe einen Vorschlag für ein textinternes Kriterium ein, das aber nicht die Textgestalt selbst betrifft, sondern die Entstehung des Textes. Menschen schreiben einen Text in einer bestimmten Geschwindigkeit, die ihnen aufgrund ihrer natürlichen Motorik möglich ist. Zwischen 60 und 600 Zeichen pro Minute werden Menschen auf einer Tastatur erreichen können. Wie wäre es, wenn die Schreibgeschwindigkeit mit dem Text zusammen gespeichert wird? Eine KI

---

176 B. Fecher/M. Hebing/M. Laufer/J. Pohle/F. Sofsky: Friend or Foe?, 7. Unesco: Guidance for generative AI in education and research; Paris 2023, 28.

177 R. Besenbäck/L. Prager: Künstliche-Intelligenz-Quellen, 511. C. Aguerre/R.F. Jørgensen/G. Hasselbalch u.a.: Generating AI: A Historical, Cultural, and Political Analysis of Generative Artificial Intelligence (Zugriff 13.01.2024).

kann zwar diese Schreibgeschwindigkeit simulieren, aber sie wird dadurch in ihren Ergebnissen deutlich behindert.

Zusätzlich müssen Menschen beim Schreiben denken, das heißt, sie machen zwischendurch Pausen. Vielleicht gibt es typisch menschliche Pausen, etwa bei grammatischen Unsicherheiten (Kommasetzung), inhaltlichen Schwierigkeitsgraden, gedanklichen Übergängen, selbst entdeckten Fehlern, Tageszeiten usw. Der Schreibfluss wird also durch den Denkprozess gesteuert. Lässt sich die Typik der Pausen gemeinsam mit dem Text abspeichern?

Ebenso gibt es eine individuelle Druckintensität beim Nutzen einer Tastatur. Bei den alten mechanischen Schreibmaschinen konnte man am Tastendruck erkennen, welche Buchstaben fester gedrückt oder welche Finger benutzt worden sind. Der individuelle Tastendruck müsste sich auch digital speichern lassen.

Mein Vorschlag bewegt sich weg von der Gehaltebene hin zum Widerfahrenscharakter der Textgenese,[178] weil Texte nur ihren menschlichen Autorinnen widerfahren können, nicht aber einer KI. Allerdings lässt sich der Widerfahrenscharakter auch nicht abspeichern. Die „biometrischen" Daten der Textgenese befindet sich jedoch wieder auf der Gehaltebene und ist dann auch künstlich simulierbar. Betrüger könnten einen Roboter bauen und seinen Händen denselben Fingerdruck, dieselbe Schreibgeschwindigkeit und die gleiche Art der Pausen einprogrammieren, mit denen ich Texte schreibe. Allerdings braucht man dafür schon mehr als nur eine Software, nämlich künstliche Hände. Je aufwändiger die Mittel zum Betrug werden, desto sicherer werden wir vor KI-generierten Lügen sein.

Ich halte meinen Vorschlag nicht für sehr sicher, allerdings schon für relativ nützlich, um menschliche Texte von künstlich generierten zu unterscheiden. Während KI-Texte einen digitalen Fingerabdruck bekommen sollten, könnten menschlich verfasste Texte ihren typisch menschlichen Entstehungsprozess mitdokumentieren. Die Fälschungsmöglichkeiten würden dann auf voneinander unabhängigen Ebenen liegen und auch verschiedenen Aufwand erfordern.

Gleichwohl zeigt meine aufwändige Argumentation, welchen immensen Problemen der Lüge wir ausgesetzt sind, denen wir nicht prinzipiell entkommen. Das trifft auf die Lüge ohnehin zu: Wir können nicht prinzipiell verhindern, von unseren Mitmenschen belogen zu werden. Allerdings sind mit Textgeneratoren die Möglichkeiten gewachsen, dass Lügen nicht aufgedeckt werden. Eine künstlich generierte Falschmeldung kann durch eine weitere künstlich generierte Falschmeldung bestätigt werden. Umso wichtiger wird auch der Umgang mit

---

178 Ähnlich K. Burghardt: KI-Textgeneratoren und der Anspruch auf Wahrheit, 428.

Meldungen in sozialen Netzwerken: Das Publizieren von Meldungen setzt sich dem Risiko aus, Fake-News in Umlauf zu bringen, und das umso mehr, je mehr Nachrichten, Bilder und Filme von autonomen Bots verbreitet werden. Natürlich könnte man zum Weißen Haus nach Washington fliegen, um zu schauen, ob es wirklich gerade abbrennt. Aber wirksamer und effizienter könnte sein, die Herkunft der Nachricht zu bestimmen. Und da KI-Textgeneratoren grundsätzlich misstrauisch machen, ist mit der Herkunft der Nachricht schon eine wichtige Weiche gestellt, ihre soziale Reichweite richtig einzuschätzen.

10 Tatsächlichkeit

Ich hatte im vorigen Kapitel Hannah Arendts absurdes Szenario eines vollständigen Umlügens der Wirklichkeit skizziert und frage mich, ob dieses Szenario mit der GPT-Technik eintreten kann. Noch ist es nicht eingetreten, denn sonst wäre dieses Buch selbst ein Teil des totalen Umlügens. Noch aber sind wir in der Lage, kritisch auf diese Technik und ihre gesellschaftlichen Folgen zu sehen. Aber könnte es sein, dass unser kritisches Denken bereits Risse bekommen hat, weil wir Sprachmodelle grundsätzlich missverstehen, die die Wirklichkeit total umlügen?

Ich habe bisher Zweifel geäußert, dass Sprachmodelle all das überhaupt können, womit sie prozessieren, mit Texten: Ich habe bezweifelt, dass Sprachmodelle lesen, schreiben, sprechen, verstehen, kommunizieren. Ich habe behauptet, dass ihnen Geist fehlt, dass sie aber verschleiern, täuschen und lügen können – und zwar obwohl sie dabei keine Absicht verfolgen. Die Tätigkeiten bekommen nun durch Textgeneratoren einen anderen Sinn: Schreiben, lesen, sprechen usw. sind jetzt pure Produktionsverben, und damit werden auch verstehen und kommunizieren zu Verben des Herstellens. Sprachmodelle sind nicht nur Werkzeuge, um jemanden zu belügen, sondern sie lügen „selbst". Aber der Sinn der Lüge, nämlich eine Absicht, fehlt den Sprachmodellen. Wo der Sinn der Lüge fehlt, ist bereits *alles* umgelogen im Sinne Hannah Arendts. Gelogen wird dann mit blinder logischer Notwendigkeit, ohne dass dieser logische Zwang verständlich wäre.

Ein Sprachmodell lügt mit Zwang, weil es nicht mit Sinn operiert, sondern mit errechneten Wahrscheinlichkeiten der Silbenfolge, die es gemäß seinem Programm errechnen *muss*. Texte sind aber nur dann als Texte gegeben, wenn ihnen ein Sinn unterstellt wird. Ansonsten sind sie Gegenstände, die erst durch unsere Deutung Sinn bekommen: Eine Pflanze, ein Stein, eine Wolke haben nur Sinn, weil wir Sinn in sie hineinlegen. Erst durch unsere Deutung ist die Pflanze schön, hat die Wolke den Zweck des natürlichen Wasserkreislaufs und kann ein Stein als Werkzeug oder Baumaterial benutzt werden. Ebenso ist ein künstlich generierter Text nur für seine Leser sinnvoll. Der Punkt ist nur, dass der Text ja auf seine Nutzer hin erstellt wird, und zwar so, *damit* er für sie Sinn ergibt. Das ist bei der Wolke anders. Damit ist der Sinn des Textes schon in ihn hineingelegt, bevor er von den Nutzern gelesen werden kann. Ein KI-Textgenerator operiert also mit Sinn, obwohl er nicht mit Sinn operiert. Ein Widerspruch!

Man kann den Sinn des Textes nicht auf die Programmierer der Sprachmodelle vorverlegen. Denn die Programmierer haben zwar den Sinn von

Textgeneratoren bestimmt, nicht aber damit schon den Sinn aller ihrer Texte. Vergleichen wir ein Sprachmodell mit dem Sinn einer Waschmaschine. Dass es Waschmaschinen gibt, liegt daran, dass man für ihre Produktion bereits ihren Sinn antizipiert hatte. Dazu haben Menschen ihre Sprache benutzt. Eine funktionsfähige Maschine generiert daher keinen neuen Sinn, sondern führt nur den Sinn aus, den sprachfähige und technisch versierte Menschen in sie hineingelegt haben. Ein Sprachmodell dagegen erzeugt Texte, die nur deswegen für die Nutzer Sinn ergeben, weil sie Texte sind, sich also auf derselben Ebene befinden, auf der die Nutzer den Sinn erkennen. Das ist sowohl bei der Waschmaschine anders als auch bei der Wolke. Selbst wenn auf dem Display der Waschmaschine „Ende" steht, ist der Zweck der Waschmaschine nicht an diesen Text gebunden. Der Zweck eines Sprachmodells dagegen liegt gerade darin, textlich Sinn zu machen. Seine Texte müssen also auf der Sinnebene überzeugen, obwohl Textgeneratoren nicht *an sich* Sinn generieren. Das, was sie leisten, und das, woran man ihren Zweck erkennt, befindet sich auf derselben Ebene, nämlich in Texten. Und dennoch erzeugen sie Texte ohne Sinn an sich. Darin liegt der Widerspruch. Und darin liegt ihre Lüge, die ein ganzes System umlügt.

Nun haben Systeme eine Umwelt, die sie nicht mehr organisieren. Deshalb könnte es sein, dass sich solche totalen Verlogenheiten nur begrenzt auswirken. Hannah Arendt beschreibt totalitäre Systeme, in denen alle Einwohner von totalem Misstrauen geleitet sind, weil die Ideologie das gemeinsam geteilte Erfahrungswissen zerstört.[179] Trotzdem liegen benachbarte Staaten neben diesen totalitären Systemen, ohne selbst totalitär zu sein, und Arendt macht in den Zwei-Parteien-Systemen stabile Demokratien aus, die sich vor den Übergriffen totaler Herrschaft schützen können.[180] Entsprechend könnte es zwar sein, dass ChatGPT ein System des totalen Umlügens erzeugt, gegen das aber seine Umwelt immun ist. Die Frage ist nur, wer diese Umwelt sein könnte. Wenn wir Sprachmodelle nutzen, stehen wir nicht mehr außerhalb des Systems. Wir sind dann mit dem Widerspruch auf der Sinnebene konfrontiert. Entsprechend behandeln wir GPT wie eine Gesprächspartnerin, obwohl wir wissen, dass das Programm keine ist. Wenn Sprachmodelle auf der Ebene des Sinns operieren, obwohl sie zugleich nicht darauf operieren, gibt es außerhalb von Textwelten keine stabilen Inseln, die sich prinzipiell nicht vom System des totalen Umlügens infiltrieren lassen können. Man müsste dafür schon außerhalb der Sprache stehen.

---

179 H. Arendt: Elemente und Ursprünge totaler Herrschaft, 745.
180 AaO, 529.

Ich halte diesen Widerspruch des totalen Umlügens für eine Illusion. Man kann ihn nicht dauerhaft aufrechterhalten. Er wird nämlich von einem Phänomen auf lange Sicht wirksam behindert, das ich „Tatsächlichkeit von Tatsachen"[181] nenne. Dieses Phänomen legt uns damit grundsätzlich auf eine verlässliche Wirklichkeit fest und damit auch auf die Wahrheit. Lügen kann nur eine Ausnahme bleiben, aber nie zum System werden.

Mit der „Tatsächlichkeit von Tatsachen" meine ich, dass *alles ist, was es ist*. Man kann sich darüber täuschen, mit welcher Tatsache man es gerade zu tun hat, aber man kann sich nicht darüber täuschen, dass die Tatsache, mit der man es gerade zu tun hat, ist, was sie ist. Ein Beispiel: Ich sehe von weitem einen Wanderer, der auf mich zukommt. Ab einer bestimmten Entfernung bemerke ich, dass es sich um zwei Wanderer handelt, die mir entgegenkommen. Dann ist nicht der Wanderer auf wundersame Weise verschwunden, und im selben Moment wären zwei Wanderer in die Welt getreten. Vielmehr bin ich die ganze Zeit schon mit derselben Tatsache konfrontiert gewesen. Ich hatte mich zwar zunächst in ihr getäuscht, aber die Tatsache ist trotzdem die, die sie ist. Denn sonst könnte ich mich nicht *in ihr* täuschen. Es ist aber keine Tatsache, dass diese Tatsache durch alle Täuschungen hindurch ist, was sie ist. Denn im Hinblick auf Tatsachen kann ich mich eben täuschen. Ich kann mich aber nicht darin täuschen, dass die in Frage stehende Tatsache ist, was sie ist. Deshalb nenne ich dieses Phänomen „Tatsächlichkeit", um diesen kategorialen Unterschied zu Tatsachen hervorzuheben: Die Tatsächlichkeit liegt nicht auf derselben Ebene wie Tatsachen, deren Tatsächlichkeit sie ist.

Das merkt man auch daran, dass Tatsächlichkeit im Gehalt leer ist. Ebenso wie zwei Wanderer ein anderer Gehalt sind als ein Wanderer, könnte ich mich auch darin täuschen, dass die beiden entgegenkommenden Personen Wanderer sind, während sie in Wirklichkeit Landvermesser sind. Es ist ein gehaltlicher Unterschied, ob mir Wanderer entgegenkommen oder Landvermesser. Es handelt sich um zwei verschiedene Sachverhalte. Dass ich trotzdem in dieser Situation durchgehend mit derselben Tatsache konfrontiert bin, liegt dann nicht in ihrem Gehalt, sondern darin, dass sie ist, was sie ist. Das ist eine Tautologie. Tautologien sind immer wahr, aber ihre Wahrheit liegt nicht im Gehalt. So ist der Satz: „Alle Schimmel sind weiß" wahr, aber nicht, weil man etwas über Schimmel aussagt, sondern weil der Satz eine Teilbedeutung des *Begriffs* „Schimmel" wiederholt. Die Wahrheit der Tautologie ist unhintergehbar. Wäre sie fraglich, könnte man nichts Verlässliches über Schimmel sagen.

181 L. Ohly: Schöpfungstheologie und Schöpfungsethik, 20, 28f.

Ludwig Wittgenstein hat daraus gefolgert, dass Tautologien (und ihr Gegenteil, Kontradiktionen) sinnlos seien,[182] und zwar obwohl sie wahr (oder die Kontradiktionen falsch) sind.[183] Er veranschaulichte seine Position so: „Ich weiß z.b. nichts über das Wetter, wenn ich weiß, daß es regnet oder nicht regnet."[184] Man beachte, dass „sinnlos" nicht im Gegensatz zu „wahr/falsch" steht. Sinnloses liegt auf einer kategorial anderen Ebene als Wahres oder Falsches. Deshalb kann Künstliche Intelligenz sinnlose Sätze fabrizieren, obwohl sie wahr sind. Damit meine ich nicht, dass KI nur Tautologien produziert, aber dass nicht alle wahren Sätze mit Sinn operieren. Und wie wir gesehen haben, stellen Sprachmodelle Sätze her, ohne mit Sinn zu operieren.

Wittgenstein hielt Tautologien aber nicht für unsinnig, sondern sah in ihnen Grenzfälle des sprachlichen Symbolismus.[185] Sie stehen „in keiner darstellenden Beziehung zur Wirklichkeit"[186].

> „Die Tautologie läßt der Wirklichkeit den ganzen – unendlichen – logischen Raum; die Kontradiktion erfüllt den ganzen logischen Raum und läßt der Wirklichkeit keinen Punkt. Keine von beiden kann daher die Wirklichkeit irgendwie bestimmen."[187]

Genau deshalb scheinen nun beide nicht unsinnig zu sein, weil sie sich in kategorialer Differenz zur Wirklichkeitsdarstellung auf die ganze Wirklichkeit beziehen. Tautologien sind

1. wahr, weil sie unabhängig von Tatsachen gelten,
2. sinnlos, weil sie keine Tatsachen ausdrücken,
3. aber nicht unsinnig, weil sie den sprachlichen „Symbolismus" als ganzen betreffen.

Eben das trifft auch auf die Tatsächlichkeit zu. Nach meiner Auffassung symbolisieren alle Tautologien die Tatsächlichkeit. Wenn *etwas* ist, was es ist, diese Tautologie aber ohne darstellende Beziehung zur Wirklichkeit gilt, dann ist *alles*, was es ist. Jegliche darstellende Beziehung zur Wirklichkeit – also jeder Satz – ist aber darauf angewiesen, dass alles ist, was es ist. Die Tautologie gehört eben mit zum Symbolismus und ist deshalb nicht unsinnig: Sie hält das System als Ganzes.

182 L. Wittgenstein: Tractatus logico-philosophicus, 4.461.
183 AaO, 4.46.
184 AaO, 4.461.
185 AaO, 4.4611.
186 AaO, 4.462.
187 AaO, 4.463.

Eine einzige Kontradiktion erschüttert zwar noch nicht das System. Wenn jemand behauptet: „Alfons ist Bertas Sohn, aber nicht ihr Kind", dann zerstört diese Behauptung nicht unser Sprachsystem. Aber wenn Alfons wirklich Bertas Sohn, aber nicht ihr Kind wäre, wenn also eine Kontradiktion in der Welt bestehen würde, dann wäre die Welt nicht mehr, was sie ist. Um zu wissen, dass der Satz falsch ist, müssen wir weder Alfons noch Berta kennen. Jeder beliebige Gegenstand kann nicht zugleich Sohn, aber nicht Kind eines anderen beliebigen Gegenstandes sein. Die Kontradiktion lässt also „der Wirklichkeit keinen Punkt", sie drückt nichts über die Welt aus, verweigert aber der Welt insgesamt den Blick. Sie richtet sich auf das Sprachsystem.

„Freilich sind auch in der Tautologie und Kontradiktion die Zeichen noch mit einander verbunden, d.h. sie stehen in Beziehungen zu einander, aber diese Beziehungen sind bedeutungslos, dem *Symbol* unwesentlich."[188]

Wenn Wittgenstein Recht hat, würde eine einzige Kontradiktion in der Welt ausreichen, um die Tatsächlichkeit ins Wanken zu bringen. Das, was nicht in die Welt der Tatsachen gehört, würde alle Tatsachen ins Wanken bringen. Das ist aber nicht möglich, weil Kontradiktionen keine Darstellungen der Welt sind. Es gibt allerdings die Möglichkeit, die Welt so erscheinen zu lassen, als ob in ihr keine Tatsächlichkeit besteht, nämlich Hannah Arendts Beschreibung totalitärer Systeme, die das ganze System umlügen. Totalitäre Systeme manipulieren nämlich den Sinn von Sprachsystemen, sie zerstören Sinn dadurch, dass sie seine Grundlage, die Sprache, mit sprachlichen Mitteln auflösen.

Die totale Organisation der Massen wird dadurch erreicht, dass sich niemand auf seinen gesunden Menschenverstand verlassen kann. Dazu muss die Propaganda fiktive Erzählungen als zwingend darstellen, auch wenn sie massiv von der Erfahrung abweichen.[189] Erfahrungselemente werden voneinander isoliert und ins logische Extrem gesteigert.[190] Interessanterweise verbindet Arendt also die totalitäre Lüge mit einem logischen Zwang, damit, „zu logisch" zu sein.[191] Aber nicht der logische Zwang organisiert die Gefügigkeit der Massen, denn dann könnten einzelne Untertanen den logischen „Sinn" erlernen und sich so von den Massen abheben. Sie würden sich so auch von der Propaganda emanzipieren, indem sie mit deren Logik neue Argumente entwickeln, die von der totalen Herrschaft nicht gewünscht sind. Damit das nicht geschieht, muss die Fiktion

---

188 AaO, 4.4661, Herv. L.W.
189 H. Arendt: Elemente und Ursprünge totaler Herrschaft, 766.
190 AaO, 762f.
191 AaO, 938.

permanent am Laufen gehalten, also permanent verändert werden.[192] Die totalitäre Bewegung muss in eine „Bewegungssüchtigkeit"[193] abgleiten, indem sie
unablässig ihre Fiktion fortschreibt:[194] Wer heute zu den Systemtreuen gehört,
kann morgen schon aussortiert werden.[195] Die totalitäre Propaganda drängt
ihre Bevölkerung aus der Welt der Tatsachen ab in ein sprachlich organisier-
tes System und bemächtigt sich der Realität durch ihre Fiktion. Die Lüge muss
auf Dauer gestellt werden, damit sich niemand von der Ideologie emanzipieren
oder selbst zu denken anfangen kann. Die Lüge kann aber nur auf Dauer gestellt
werden, wenn nichts ist, was es ist. Wenn sich niemand mehr auskennt, ist blinder Gehorsam gegenüber den totalitären Führern die einzige Möglichkeit, noch
die Orientierung zu behalten. Also muss organisiert werden, dass sich niemand
mehr auskennt.

Dieses System kollabiert durch sich selbst. Denn wenn nichts ist, was es ist,
ist auch das System nicht, was es ist. Und auch der blinde Gehorsam kann dann
nicht verlässlich sichergestellt werden, weil auch er nicht ist, was er ist. Die totalitäre Bewegung braucht also Tatsächlichkeit, um zu beharren. Sie überwindet
aber die Tatsächlichkeit, um total zu herrschen und keine „Außenfenster" in die
Welt der Tatsachen zuzulassen. Hier wird eine Kontradiktion als System aufgebaut. Aber weil sie eine Kontradiktion ist, bricht sie in sich zusammen. Sie scheitert an der Tatsächlichkeit. Nicht die Welt geht jetzt zugrunde, weil eine einzige
Kontradiktion in der Welt schon die ganze Welt ins Schwanken bringen würde.
Sondern das System geht zugrunde, weil die Kontradiktion eine fiktive Parallelwelt erschuf. Entsprechend macht Arendt eine „diesen Regimen innewohnende
Instabilität"[196] aus.

10.1 Kann KI Tatsächlichkeit haben?

KI-Textgeneratoren erzeugen keine fiktive Parallelwelt, sondern stützen ihre
Texte auf „Wahrscheinlichkeiten". Sie beziehen sich also auf bestehende Realitäten, deren Wahrscheinlichkeiten sie ermessen. Ihre Ergebnisse sind denn auch
verblüffend gut nutzbar. Unterrichtsentwürfe von ChatGPT sind praktikabel,
abwechslungsreich und didaktisch anschlussfähig, und Zusammenfassungen

---

192 AaO, 784.
193 AaO, 658.
194 AaO, 942.
195 H. Arendt: Macht und Gewalt, 125. Dies.: Elemente und Ursprünge totaler
    Herrschaft, 892.
196 A.a.O., 942.

eines wissenschaftlichen Aufsatzes sind repräsentativ. Insofern beziehen sich künstlich generierte Texte auf Tatsachen.

Allerdings bleibt das Problem bestehen, dass Sprachmodelle mit Sinn operieren und zugleich nicht. Das trifft dann auf alle ihre Texte zu. Diese Texte sind nicht wie Pflanzen, deren Sinn wir ihnen beigeben, oder wie Waschmaschinen, die wir nach unserem Sinn herstellen, sondern eben Texte, die Sinn vorgeben. Wir können sie nicht anders als Texte lesen denn so, dass ihr Sinn ihnen inhärent ist. Wie kann aber Sinn entstehen, wenn sie nach einer mechanischen, „sinnlosen" Prozedur erschaffen worden sind?

Diese Frage ähnelt der theologischen Debatte um den sogenannten Kreationismus oder um die Doktrin vom Intelligent Design. Kreationisten verstehen die Welt als sinnhaft aufgebaut. Also muss hinter ihr ein intelligenter Schöpfer stehen, weil nur er etwas Sinnhaftes entstehen lassen konnte.[197] Sinnhaftigkeit liegt hier in den Dingen selbst, nicht in der Deutung der Dinge. Genau darin liegt der Einwand des „neuen Atheismus" um Richard Dawkins. Der Sinn ist bei ihm nicht den Dingen inhärent, sondern entsteht bei Wesen, die der an sich sinnlose Prozess der Evolution hervorgebracht hat, eben sprach- und deutungsfähige Lebewesen. Das „blinde" Wechselspiel von Neuheit (Mutation) und Selektion hatte irgendwann Menschen hervorgebracht, die über Sinn nachdenken können. Damit hat die Evolution auch den Sinn überhaupt erst hervorgebracht, nämlich als Konstrukt des Menschen. Dawkins nennt dieses Gegenmodell anthropisch.[198]

Meine Beschreibung von GPT scheint auf der Linie der Kreationisten zu liegen. Warum sollten wir aber das Problem nicht mit dem anthropischen Prinzip hinreichend beantworten können? Dann würde die Erklärung etwa so klingen: Programmierer haben ein Tool entwickelt, das Texte nach Wahrscheinlichkeiten der Silbenfolge bildet, wie sie sich auch in menschlich verfassten Texten finden. Die Prozesse folgen dem technischen Zweck der Programmierer, aber sie lassen sich nicht von einem sprachlichen Sinn leiten. Die menschlichen Nutzer allerdings lesen den Sinn in diese Texte hinein. Sie übersetzen die rein formale Wahrscheinlichkeit in sinnvolle Gedanken.

Meine Rückfrage zu dieser Erklärung lautet: Warum lesen Menschen den Sinn in diese Texte hinein? Und meine Antwort lautet: Weil sie nicht anders können! Der Sinn zwingt sich ihnen unwillkürlich auf, weil sie die Texte als Texte verstehen.[199] Menschen machen sich also nicht die Mühe einer Übersetzungsleistung

197 I. Brigandt: Kreationismus und Intelligent Design, 350.
198 R. Dawkins: Der Gotteswahn, 202f.
199 J. Becker: Können Chatbots Romane schreiben?, 97.

von formalen Wahrscheinlichkeiten zu sprachlichem Sinn, sondern es würde viel größere Mühe machen, die Texte als das hinzunehmen, was sie sind: eine formal gebildete, sinnlose Folge von Sprachzeichen, die Menschen als Silben identifizieren. Menschen, die des Lesens mächtig sind, haben also keine Wahl, als in den künstlich generierten Texten Sinn auszumachen.

Vergleichen wir einen GPT-Text nochmals mit einer Wolke: Wir mögen sagen, dass die Wolke zum Regnen da ist. Aber dabei unterstellen wir nicht, dass die Wolke regnen lässt, *weil* Regnen ihr Sinn ist. Uns ist völlig klar, dass wir allein der Wolke ihren Sinn beilegen. Selbst wenn wir eine teleologische Naturauffassung haben, also denken, dass Naturprozesse einen Zweck haben, nehmen wir nicht an, dass sich die Wolke an ihren Sinn erinnern lassen muss, um zu regnen. Ihr Sinn liegt nicht im Regnen, sondern in unserer Feststellung, dass die Wolke diesen Sinn hat. Bei einem Sprachmodell ist unsere Sinnauffassung aber deutlich komplizierter, weil sie eben nicht eindeutig ist. Wir könnten in unserem aufgeklärten Bewusstsein wissen, dass der künstlich generierte Text keinen inhärenten Sinn hat – wie die Wolke. Aber dann könnten wir uns bei unserem Verstehen von Sprachmodellen auch nicht mehr danach richten, *was sie schreiben*[200] – ebenso wie bei unserem Verstehen einer Wolke, die nicht einmal schreiben kann. Wir fassen aber eben ihre Texte als Texte auf und belegen sie mit Sinn, weil wir Sinn in ihnen finden. Wir finden ihn dort, obwohl dort keiner inhäriert ist.

Hier weicht also meine Auffassung von der kreationistischen These ab, in der der Sinn eines Dings bereits in ihm liegen muss, um entdeckt werden zu können. Ich behaupte geradezu umgekehrt, dass kein Sinn in GPT-Texten liegt, dass wir aber nicht vermeiden können, ihn dort zu finden. Mein Problem ist, dass ein GPT-Text ist, was er nicht ist.[201]

Natürlich ist ein GPT-Text, was er ist, sonst könnte ich jetzt nichts darüber aussagen. Aber wenn ich ihn näher betrachte, verliert er, das zu sein, was er ist – obwohl er dann immer noch ist, was er ist, weil ich immer noch *über ihn* Aussagen treffe und nicht plötzlich über zwei Wanderer. Seine Tatsächlichkeit ist also unhintergehbar. Und trotzdem erscheint uns ein GPT-Text sinnhaft und sinnlos zugleich. Die Fiktion, dass ein Sprachmodell etwas zu sagen habe, wird zwingend – gegen den gesunden Menschenverstand.

Ich behaupte nicht, dass es sich hierbei um den Zwang eines totalitären Unterdrückungsapparats handelt. Ich schätze diesen Zwang eher phänomenologisch

200 Zu diesem Vexierbild „Schreiben" s. Sektion 2.1.
201 K. Burghardt: KI-Textgeneratoren und der Anspruch auf Wahrheit, 424f.

als politisch ein: Dasselbe Phänomen hat kontradiktorische Gehalte. Zwar könnte man den Widerspruch zeitlich auflösen: Ich weiß ja eigentlich, dass nichts Sinnvolles im Text steht. Doch im nächsten Moment lese ich ihn und finde ihn einleuchtend – wie in einem Vexierbild. Aber gerade weil das Phänomen Tatsächlichkeit hat, habe ich es in beiden Momenten *mit ihm* zu tun und nicht mit etwas anderem. Die beiden Momente widersprechen sich zugleich, und zwar so, dass ich nicht weiß, ob dieses Phänomen wirklich ist, was es ist. Die Fiktion eines sinnvollen KI-Textes, die ich eigentlich durchschaue, erzwingt zugleich blinden Gehorsam.

Hannah Arendt hat daraus gefolgert, dass Systeme an ihrer Widersprüchlichkeit zugrunde gehen, weil sie sich auf Tatsächlichkeit stützen müssen, während sie die Wirklichkeit umfassend umlügen. Allerdings hat Arendt die These der Instabilität nur festgestellt und am Zusammenbruch des Nationalsozialismus und Stalinismus belegt, aber keine Begründung dafür gegeben. Die empirische Unterfütterung ihrer These ist also zu dünn, als dass sie für unser Thema als Begründung schon ausreichen könnte. Warum also sind solche Systeme instabil? Und wie zeigt sich diese Instabilität bei GPT?

Man könnte ja zunächst umgekehrt argumentieren und sagen, dass die Instabilität solcher Systeme gerade ihre Stabilität ausmachen: Wenn das totale Umlügen der Wirklichkeit organisiert werden soll, dann wird die Instabilität des Systems nur aus der Perspektive der Umwelt als Schwäche betrachtet, wo man sich auf Tatsächlichkeit verlässt. Aber gerade weil das totale Umlügen die Bewegung am Laufen hält, ist Instabilität aus Sicht der Organisation geradezu das Wesensmerkmal, um blinden Gehorsam zu erzwingen. Arendt räumte ein, dass totalitäre Tendenzen ihre Systeme überlebt haben.

> „So wie in der heutigen Welt totalitäre Tendenzen überall und nicht nur in totalitär regierten Ländern zu finden sind, so könnte diese zentrale Institution der totalen Herrschaft leicht den Sturz aller uns bekannten totalitären Regime überleben."[202]

Es wäre also konsequent, wenn das System des totalen Umlügens konkrete Herrschaftsformen hinter sich lässt. Man könnte von einer stabilen Instabilität sprechen. Und sie würde die Unhintergehbarkeit von Tatsächlichkeit abbilden, die sie zugleich beständig umlügt. Beständig wäre der Formverlust, der Austausch von Herrschaftsformen durch andere, aber beständig durchhalten würde sich eben auch dabei das „System" des totalen Umlügens. Die „Organisation" dieser

202 H. Arendt: Elemente und Ursprünge totaler Herrschaft, 942.

Bewegung würde sich von bestimmten Formen unabhängig machen. Die Instabilität dagegen würde sich nur auf konkrete Herrschaftsformen beziehen. Dieses Szenario ist allerdings nicht plausibel. Warum sollte eine totale Fiktion sich von konkreten Herrschaftsformen unabhängig machen können wie ein perpetuum mobile? Wenn die einzige Beständigkeit darin die Tatsächlichkeit ist, die in der Fiktion überspielt werden soll, wie sollte ausgerechnet die Tatsächlichkeit das Beharrungsvermögen der Fiktion sicherstellen können, die sie leugnet? Für Arendt gibt es einen starken Widerstand gegen das totale Umlügen, nämlich den common sense, den Menschen miteinander teilen.[203] Arendt meinte damit zum einen die menschliche Fähigkeit, die Sinneswahrnehmungen zu koordinieren, eine Art sechster Sinn also, der nicht selbst wahrnimmt, sondern die Integration aller Wahrnehmungen organisiert. Zum anderen meinte sie die Fähigkeit, sich selbst mit den Augen anderer zu betrachten – was ja auch nicht sinnlich möglich ist.[204] In beiden Hinsichten erreicht diese Integration, dass sich unterschiedliche Sinneswahrnehmungen auf denselben Gegenstand beziehen lassen, und zwar obwohl die einzelnen Wahrnehmungen dieses einheitliche Gegenstandsbewusstsein nicht erreichen können. Das einheitliche Gegenstandsbewusstsein bedeutet, dass jeder Gegenstand ist, was er ist. Der common sense ist also das Sensorium für die Tatsächlichkeit.

Dazu zwei Beispiele: Woher weiß ich, dass die Fliege, die ich eben beobachtet hatte, jetzt noch dieselbe ist, obwohl ich zwischendurch meinen Blick gesenkt hatte und sie inzwischen woandershin fliegt? Die Augen verraten mir diese Einheit nicht, und auch das Summen könnte jetzt von einer anderen Fliege stammen als eben noch. Vor allem besteht kein Zusammenhang zwischen einem Summen und einem fliegenden schwarzen Fleck. Schon zu behaupten, dass beide sich am selben Ort befinden und deshalb auch auf dieselbe Fliege verweisen müssen, setzt etwas Drittes voraus, was ich weder sehen noch hören kann. Denn ein gehörter Ort ist etwas kategorial[205] anderes als ein gesehener. Die Integration der Informationen des Hör- und Sehsinnes muss also von einem Dritten vorgenommen werden, das weder hört noch sieht.

---

203 H. Arendt: Elemente und Ursprünge totaler Herrschaft, 41. S. Kapitel 17 und Sektion 6.2.

204 H. Arendt: Vom Leben des Geistes, 59. Dies.: Vita activa, 359.

205 Er ist nicht einfach qualitativ anders, weil der gehörte Ort eine andere Räumlichkeit wiedergibt als der gesehene Ort. Sie sind daher anders „hier", und Hiersein hat jeweils eine andere ungefähre Bedeutung. Ebenfalls lässt sich die Entfernung zum gehörten Ort nicht in Zentimetern ausmessen, weil man zwar Zentimeter*maße* sehen, aber nicht hören kann.

Das führt zum zweiten Beispiel: Wir können uns überhaupt nur mit anderen Menschen über dieselbe Fliege unterhalten, weil wir gemeinsam dieses Integrationsvermögen haben. Unsere Wahrnehmungen hingegen sind subjektiv verschieden: Ich sehe die Fliege aus einer anderen Perspektive als Sie, meine Wahrnehmung hat auch eine andere Qualität als Ihre. Zudem können wir uns in unterschiedlicher Hinsicht in der Fliege täuschen, weil wir *ausschließlich* verschiedene Informationen von ihr wahrnehmen. Uns verbindet aber ein gemeinsames Weltbewusstsein, in dem sich unsere verschiedenen Informationen auf einen und denselben Gegenstand beziehen lassen. Dieses Weltbewusstsein gründet aber nicht in der sinnlichen Wahrnehmung, sondern macht sie überhaupt erst für unsere Welt relevant. Deshalb ist er common sense, ein gemeinsamer Sinn. Er ermöglicht, dass wir uns auf dieselben Gegenstände beziehen, obwohl unsere Daten von ihnen verschieden sind. Sogar wenn wir uns in diesen Gegenständen täuschen und ich annehme, dass hier eine Wespe fliegt, beziehen wir uns auf denselben Gegenstand. Er wird also nicht dadurch derselbe, was wir von ihm wahrnehmen, sondern dass wir *ihn* wahrnehmen, nämlich dass er Tatsächlichkeit hat.

„Eben dieser Sinn ... fügt die Wahrnehmungen meiner rein privaten fünf Sinne ... in eine gemeinsame Welt ein. ... Die fünf Sinne – voneinander höchst verschieden – haben denselben gemeinsamen Gegenstand. ... Dem sechsten Sinn entspricht die Welteigenschaft des Wirklichseins, und die Schwierigkeit mit ihr ist die, daß sie nicht wie andere sinnliche Eigenschaften wahrgenommen werden kann. Die Wirklichkeitsempfindung ist, streng genommen, keine Wahrnehmung."[206]

Arendts common sense bringt aber die Tatsächlichkeit nicht erst hervor. Das ist deshalb ausgeschlossen, weil er sonst selbst auseinanderfallen würde in verschiedene Sinnesdaten, die dann nicht *er* integrieren könnte. Der common sense ist vielmehr die menschliche Empfänglichkeit für die Tatsächlichkeit. Er wird von allen geteilt, zumal auch alles von der Tatsächlichkeit abhängig ist, damit es ist, was es ist.

Die Instabilität einer totalen Fiktion liegt also an der Unhintergehbarkeit der Tatsächlichkeit. Und diese Unhintergehbarkeit wird sozial relevant im common sense: Wir können eben nicht anders als unsere unterschiedlichen Wahrnehmungsperspektiven synthetisieren. Wir haben aber keine andere Rechtfertigung für die Synthetisierung als die Tatsächlichkeit selbst. Der common sense stützt sich nicht auf die Sinneswahrnehmungen, die er synthetisiert. Er stützt sich

---

206 H. Arendt: Vom Leben des Geistes, 59f.

vielmehr allein auf die gemeinsam geteilte Welt, die die Tatsächlichkeit gewährleistet. Weil wir alle von der Tatsächlichkeit abhängig sind, treffen wir uns in derselben Welt.

Werden auch Sprachmodelle instabil sein, weil sie eine totale Fiktion ohne Tatsächlichkeit vorlügen? Ist also damit zu rechnen, dass das System künstlicher Textgeneratorik unter ihrer eigenen Last des totalen Umlügens zusammenbricht? Oder wird es ihnen gelingen, sich in die Sprache so einzunisten, dass niemand mehr ihrer Fiktionalität entkommt?

Der common sense wird durch Generative AI nicht zerstört werden. Denn die Tatsächlichkeit ist unhintergehbar, und eine soziale Empfänglichkeit dafür ist eine Bedingung, damit Menschen ihre Wahrnehmungen synthetisieren und sich in derselben Welt aufeinander beziehen können. Auch LLMs entnehmen ihre Daten aus der gemeinsam geteilten Welt und spiegeln sie in ihren Texten. Nicht in dem, was sie sagen, sind sie eine totale Fiktion, sondern in dem, dass ihr Textsinn keiner ist. Durch Sprachmodelle wird die zwischenmenschliche Kommunikation mit sinnlosen, aber Sinn suggerierenden Texten überschwemmt. Anders als bei totalitärer Propaganda wird die Fiktion nicht an ihrem Gehalt bemessen, sondern an der schieren Masse von Texten, die keine Tatsächlichkeit zu haben scheinen.

Ich sehe daher die Gefahr, dass KI-Textgeneratoren unser Verhältnis zu Texten stark verändern werden, und zwar so, dass wir entweder ihrer Fiktion folgen und Informationsgehalte unabhängig von ihrem Sinn übernehmen oder dass wir umgekehrt Texten grundsätzlich misstrauen, ob sie wirklich etwas zu sagen haben. Vielleicht geschieht sogar beides wie in der obigen Beschreibung eines zeitlich nachgeordneten Sowohl-als-Auch. Dann misstrauen wir diesen Texten und übernehmen ihre Gehalte dennoch; wir erkennen ihre sinnlose Entstehung und finden dennoch in ihnen Sinn.

Der common sense ist von dieser künstlich intelligenten Organisation von Texten unbetroffen, weil er vorsprachlich ist. Die Integration von Wahrnehmungen und sozialen Perspektiven verläuft ja nicht sinnlich und auch nicht über Gehalte. Tatsächlichkeit taucht also nicht erst in bestimmten Erscheinungen auf, sondern bereits mit dem Erscheinen von Erscheinungen.[207] Deshalb bleibt das grundsätzliche Misstrauen in Texte, das möglicherweise entsteht, eingebunden in die Tatsächlichkeit der Tatsachen. Dieses Misstrauen kann dann nicht total werden.

---

207 Sektion 4.1.

Es ist denkbar, dass Menschen aufgrund dieses Widerlagers gegen die totale Fiktion „Textreservate" aufspüren und pflegen werden. Gegen die Überschwemmung sinnloser Texte werden sie Gegenkulturen pflegen, das Gespräch von Angesicht zu Angesicht, den kleinen sozialen Raum, die zwischenleibliche Begegnung, spirituelles Schweigen. Vielleicht werden sie öffentliche Reden eher meiden, weil diese von einer KI geschrieben worden sein könnten. Vielleicht werden sie die Schlagzeilen aus sozialen Netzwerken eher als zerstreuende Unterhaltung verstehen denn als Information. Oder sie werden eine virtuelle Existenz parallel zu ihrer leiblichen führen, ohne sich zu entscheiden, wer sie wirklich sind. Selbst dann bleibt ihnen das Widerlager des common sense erhalten, so dass sie darauf soziale Beziehungen aufbauen.

10.2 Sollte KI ohne Tatsächlichkeit sein können?

Trotz des Beharrungsvermögens der Tatsächlichkeit und ihrer menschlichen Empfänglichkeit kann die totale Fiktion der Sprachmodelle in politischen Terror münden. Es bleibt ein Problem, dass Menschen einen KI-Text sowohl als sinnlos wie auch als sinnhaft auffassen müssen. Sie mögen wissen, dass Chatbots die Nachrichten in sozialen Netzwerken überschwemmen. Sie werden dennoch ihre Texte lesen, als sei in ihnen ein Sinn enthalten. Oder sie vertrauen in ihre „Blase", bleiben also in ihrer sozialen Zugehörigkeit, die sich durch keine Informationen von außen irritieren lässt. Gerade weil sie sich vor Fake-News der Chatbots schützen wollen, werden sie besonders anfällig, ihnen zu erliegen, weil sie keine textlichen Korrektive zulassen, sondern nur Bestätigung in ihrer Blase suchen. Die Bestätigung entscheidet dann zirkulär über wahr und falsch. In dieser Situation ist die Gefahr der Manipulation so sehr gegeben, dass sich die totale Fiktion der Sprachmodelle schließlich auch in einem politischen System des totalen Umlügens niederschlagen kann.

Gegen dieses Szenario könnte gerade die erkannte Überflutung sinnloser Texte helfen, nämlich die *Abschaffung des Sinns durch Text*. Wenn Menschen erfahren, dass sie dem Widerspruch grundsätzlich nicht entkommen können, sinnlose Texte zugleich als sinnhaft zu lesen, wird sich das totale Misstrauen gegen Texte überhaupt richten. Der common sense findet dann keinen Anhaltspunkt in Texten und bleibt in sicherer Distanz zu ihnen stehen. Das wäre zwar das Ende der massenmedialen Unterstützung des Wissens, aber eine komplementäre Bewegung zur Flucht in die zwischenleibliche Kommunikation, mit der sich Menschen vor der totalen Fiktion schützen. Sie können ja dann auch ihrer Blase nicht mehr trauen, wenn ihre Texte unabhängig von ihrem Gehalt ohne Sinn generiert worden sind oder sein könnten. Selbst wer hier Bestätigung findet, findet nur die eigene Meinung bestätigt, muss aber zugleich dabei den Informationen misstrauen, die die eigene Meinung bestätigen sollen.

Nehmen wir also eine virtuelle Gruppe an, die die Entwicklungen der Migration am Wohnort kritisch und mit fremdenfeindlicher Rhetorik kommentiert. Obwohl hier Ressentiments gegen geflüchtete Menschen gepflegt werden, müssen die Gruppenmitglieder keine Dummköpfe sein. Sie können also durchaus mitbekommen, dass Nachrichten von KI-Textgeneratoren ins Netzwerk gespült werden, die nicht meinen, was sie zu meinen vorgeben. Die Gruppe könnte also bei jedem Text Verdacht schöpfen, und zwar obwohl der Text ihre Meinung bestätigt, dass junge Migranten Arbeitsplätze vernichten und Frauen vergewaltigen. Die Mitglieder könnten sich fragen, warum dieser Text hier lanciert worden ist: Will der Verfassungsschutz mit diesem Text unsere Reaktionen testen? Oder hat Jan Böhmermann eine Realsatire in ihr Netzwerk geschmuggelt, auf die sie hereinfallen sollen, damit er sie verspotten kann? Mit dem zunehmenden Risiko, massenhaft sinnlosen Texten ausgesetzt zu sein, wird das Interesse an Texten abnehmen. Selbst der Versuch, Fake-News in konkurrierende Gruppen zu spülen, wird sich dann als ineffektiv herausstellen.

Soziale Gruppen können sich also zwar davor retten, dass der Widerspruch von sinnlosen/sinnvollen Texten sie lähmt. Sie müssen sie einfach nicht mehr zur Kenntnis nehmen. Diese Rettung ist natürlich teuer erkauft, nämlich mit dem grundsätzlichen Misstrauen in massenmedial verbreitete Texte. Damit ist auch die massenmediale Aufbereitung von Wissen beschädigt: Tageszeitungen, neue Sachbücher und wissenschaftliche Studien können dann nicht mehr gelesen werden, ohne dass sie das Misstrauen erzeugen, dass mit ihnen nichts gemeint ist, obwohl man sie nicht anders lesen kann denn als sinnhaft. Schriftzeichen kann dann nur noch im sicheren Sozialraum Vertrauen geschenkt werden, als erweiterte *leibliche* Gesten der Kommunikation. Dem Einkaufszettel, den meine Frau für mich geschrieben hat, werde ich nicht fundamental misstrauen, weil wir in einem Haus zusammenleben; ich „höre" sie quasi in den Notizen. Schon schwieriger ist es mit handgeschriebenen Klausuren, weil Prüflinge schon vorher „gespickt" hatten und sich ihren Text über Neuroimplantate von Chatbots diktieren lassen könnten. Es ist kein Wunder, dass Hochschullehrerinnen als erste Reaktion auf ChatGPT die Abschaffung schriftlicher Prüfungen gefordert hatten.[208] Diese Reaktion zeigt, dass das Verhältnis zu den Studierenden schon

---

208 Darstellend G. Reinmann/A. Watanabe: KI in der universitären Lehre, 34. Die Autorinnen selbst befürworten Überzeugungsarbeit für den Sinn des Schreibens (43f). Das setzt aber Einstimmigkeit mit den Studierenden voraus, die immer strittig werden

in der Lehre zu weit entfernt ist, als dass schriftliche Texte noch als zwischenleibliche Gesten verstanden werden können. Auch eine Predigt, eine ärztliche Auskunft über Telefon oder App und Geburtstagsbriefe von der eigenen Hausbank dürften schon zu weit von zwischenleiblicher Kommunikation entfernt sein. Die Sprechstunde von Angesicht zu Angesicht kann dagegen zwar theoretisch auch durch Neuroimplantate gesteuert werden, aber man kann einstweilen bezweifeln, dass der monotone Gesprächsfluss der KI-unterstützten Professorin nicht auffallen würde. Zumindest muss im kopräsenten Gespräch eine größere Hürde der Verschleierung übersprungen werden als bei einem schriftlichen Text, bei dem die pragmatischen Kontexte zwischen Autorin und Rezipientin verschieden sein können.

Wenn mein Szenario wahrscheinlich ist, dann wird auch Wissenschaft nur noch in einem „esoterischen Bereich" möglich sein, unter Kolleginnen, die sich vertrauen. Zwischen Forschung und Lehre müssen dann kleine Kommunikationseinheiten organisiert werden, übersichtliche Netzwerke, die das Vertrauen „Deine Freunde sind auch meine Freunde" bestätigen. Es ist klar, dass eine solche Wissenschaft entkoppelt ist von einem Allgemeinwissen der breiten Bevölkerung. Wissenschaftliche Diskurse müssen parallel zur und unabhängig von der Textflut einer „halluzinierenden KI"[209] organisiert werden, wohingegen die zugängliche Literatur für interessierte Laien von Sprachmodellen infiltriert sein könnte, denen man zugleich nicht vertraut. Die Prozesse der Wissensgenerierung werden sich so extrem verlangsamen und auch nur auf insulare soziale Kontexte beschränkt sein, die keinen Wissenstransfer auf andere Inseln zulassen. Diese drohende Entwicklung kommt einer Zerstörung von Wissenschaft gleich, wie wir sie kennen.

Mein Ergebnis dieses Kapitels lautet also, dass zwar KI nicht die Tatsächlichkeit hintergehen kann, weil menschliche Beziehungen im sozialen Nahraum effektive Widerlager gegen den Widerspruch sinnlos-sinnhafter Texte schaffen werden. Aber die Kosten dafür werden sehr hoch sein und zu einem Ende breiter textlicher Wissensaufbereitung führen. Hannah Arendts These, dass totalitäre Systeme ihrem Wesen nach instabil sind, würde hier dazu führen, dass ganze Textwelten nicht mehr als faktenbasiert zur Kenntnis genommen werden.

---

kann, wenn die Prüfungskandidaten durchzufallen drohen. Demgegenüber befürwortet Andreas Brenneis den Vorrang prozessorientierten Prüfungen vor produktorientierten (A. Brenneis: Normative Ordnungen für generative KI, 322).
209 A. Bahr: Same same but different, 180f. Der Begriff des halluzinierenden Papageis stammt von E.M. Bender u.a.: On the Dangers of Stochastic Parrots, 617.

KI-Textgeneratoren zerstören ihre eigene soziale Relevanz gerade dadurch, dass sie wissenschaftliche Textproduktion verdrängen. Will eine Gesellschaft die Folgekosten dafür nicht zahlen, müsste die GPT-Technik wirksam geächtet werden. Das bedeutet vor allem eine Enteignung der Digitalkonzerne, die mit ihren Daten LLMs entwickeln. Es bedeutet auch eine Nichtberücksichtigung von wissenschaftlichen Ergebnissen, die in autokratischen Systemen entwickelt worden sind, bei denen nicht transparent wird, ob der Staat selbst LLMs verwendet. Die Freiheit der Wissenschaft kann dann nur im Rahmen politischer Freiheit anerkannt werden.

11 Geltung

Die drei vorigen Kapitel dieses zweiten Teils beschäftigten sich mit der Täuschung der Wirklichkeit durch Texte. Sollen Texte dagegen die Wahrheit sagen, so müssen sie gültig sein, also Geltung haben. Dazu müssen sie selbst erst einmal *als Texte* gelten. Mit ChatGPT ist zweifelhaft geworden, ob der „stochastische Papagei" wirklich Texte generiert, die Geltung beanspruchen können. Kann die bloße Aneinanderreihung von Silben nach einem Wahrscheinlichkeitsgenerator bereits als Text gelten? Und, wenn Ja, wird damit schon eine Geltung des Inhalts im Text repräsentiert? Wie kann sich der Text auf einen Gehalt gültig beziehen, wenn sich der Textgenerator gar nicht auf den Gehalt bezogen hat, sondern nur eine mathematische Methode der Formel-Generierung benutzt hat?

Untersuchen wir den Unterschied zwischen einem informierten Menschen und einem Sprachmodell, wenn wir sie fragen, ob man sonntags Rasen mähen darf. Beide werden darüber Auskunft geben, dass Rasenmähen am Sonntag verboten ist, und gegebenenfalls auf die Geräte- und Maschinenschutzverordnung aufmerksam machen. Beide Auskünfte haben denselben Aussagegehalt, und beide sind wahr. Zudem können beide ihre Antwort rechtfertigen, indem sie sich auf die entsprechende Verordnung beziehen. Der Wortlaut der Verordnung wiederum kann unabhängig von den Auskünften überprüft werden, so dass ihre Geltung sichergestellt werden kann. Gültigkeit oder Geltung kann so durch eine Verweiskette von Texten bemessen werden. Und da ein Sprachmodell auf ein massives Datenmaterial von Texten zurückgreift, kann es mit einer gewissen Wahrscheinlichkeit vor einem informierten Menschen bestehen.

Kann man dennoch einen Unterschied in der Geltung der beiden Auskünfte feststellen? Zunächst zeigt das Beispiel, dass Geltung intersubjektiv festgestellt wird. Niemand erschafft Geltung dadurch, dass er oder sie etwas aussagt. Geltung entsteht vielmehr dadurch, dass die Aussage auf Rückfrage begründet wird und eine intersubjektiv anerkannte Verweiskette verfolgt werden kann. Wir würden dagegen dem Satz keine Gültigkeit zumessen, wenn die Begründung in der Art seiner Generierung besteht.

Nehmen wir an, Sie sollen aus einem Wörterpuzzle Sätze zusammenstellen, und zufällig ergibt sich bei Ihrem Puzzle der Satz: „Sonntags darf der Rasen nicht gemäht werden." Dann folgt nicht *daraus*, dass Ihr Rasen nicht sonntags gemäht werden darf. Sie können einwenden, dass das ja auch nicht der Sinn des Spiels gewesen ist. Sie haben ja nicht Sätze gepuzzelt, die schon deshalb wahr sind, weil Sie sie so puzzeln konnten, sondern die Geltung des Satzes bezieht sich in dem

Spiel allein auf die Regel, grammatisch sinnvolle Sätze zu puzzeln. Ihr gepuzzelter Satz ist gültig, weil er die Regel des Spiels erfüllt. Dass er die Regel erfüllt, garantiert aber nicht der Satz selbst, sondern seine Beziehung zu den Spielregeln und zur deutschen Grammatik. Beide gehen über diesen Satz hinaus. Weder die Spielregeln noch die deutsche Grammatik legen jedoch fest, dass sonntags nicht der Rasen gemäht werden darf.

Genauso unsinnig wäre es, wenn der informierte Mensch das Rasenmäh-Verbot damit rechtfertigt, dass seine Neuronen im Gehirn den Gedanken des Verbots bei ihm ausgelöst haben. Zwar werden Hirnzustände zu seiner Auskunft geführt haben, aber die Geltung des Verbots liegt nicht in den Hirnzuständen dieses Menschen. Der auskunftsfähige Mensch hat zwar wieder bestimmte Hirnzustände, wenn er auf die entsprechende staatliche Verordnung verweist. Aber ob es diese Verordnung wirklich gibt, hängt nicht daran, dass wir dieselben Hirnzustände haben wie dieser Mensch, wenn wir sie durchlesen, sondern dass wir sie durchlesen können, dass sie also denjenigen Personen verfügbar ist, auf die sie sich erstreckt.

Wenn jemand die Geltung von KI-generierten Texten anzweifelt, könnte das daran liegen, dass er oder sie das Rechtfertigungspotenzial von Sprachmodellen mit ihren internen Verarbeitungsmethoden identifiziert. Dann wird quasi ins künstliche „Gehirn" geschaut, anstatt die äußere Verweiskette zu bestätigen. Die KI antwortet uns, dass wir nicht sonntags Rasen mähen dürfen, weil der „stochastische Papagei" diese Antwort nahelegt. Der Verweis auf die entsprechende staatliche Verordnung ergibt sich wiederum aus dem „stochastischen Papagei". Aber aus dieser Verarbeitungsmethode folgt ja nicht, dass es diese Verordnung und das Verbot nicht gibt. Wie merkwürdig auch die Verweisketten gebildet werden: Ihre Gültigkeit wird nicht durch die interne Verarbeitungsmethode sichergestellt und nicht einmal nur durch die Auskunft selbst. Irgendwann müssen wir als Rezipienten die Aussage bestätigen können, indem wir die behaupteten Verweise überprüfen. Geltung entsteht also intersubjektiv, weder nur beim Schreiben noch nur beim Lesen, sondern bei der Überprüfung der Rechtfertigung, also der textlichen Verweiskette. Zu dieser Überprüfung müssen mehr Menschen befähigt sein als nur diejenigen Instanzen, die die Auskunft erteilen.

Dennoch gibt es einen Unterschied zwischen den identischen Auskünften eines informierten Menschen und einer KI: Der Mensch vertritt einen Geltungs-*anspruch*, die KI nicht. Ein Geltungsanspruch besteht in Unterstellung einer Sprecherin, dass ihre Aussage Geltung *verdient*, also zur intersubjektiven Anerkennung *verpflichtet*. Wer einen Geltungsanspruch vertritt, fordert von seinen Adressaten die Anerkennung der getroffenen Aussage ein. Die Sprecherin kann die Geltung ja nicht alleine herstellen, sondern fordert zur sozialen Kooperation auf, ihren Geltungsanspruch *gemeinsam* einzulösen. Mit dem Geltungsanspruch allein ist die Geltung der Aussage noch nicht sichergestellt. Die Sprecherin kann den Geltungsanspruch auch nicht allein einlösen, indem sie die Rechtfertigungsgründe für ihre Aussage offenlegt, also in unserem Fall auf die entsprechende Verordnung verweist. Die Einlösung des Geltungsanspruchs ist erst erreicht, wenn die Aussage Geltung hat. Und das kann nur intersubjektiv erreicht werden.

Die Rechtfertigungsgründe unterstützen aber den Geltungs*anspruch*. Sie haben selbst einen Geltungsanspruch. Das würde in einen infiniten Regress führen, wenn die Sprecherin für die Einlösung des Geltungsanspruchs alleinverantwortlich wäre. Denn die Adressaten der Aussage könnten dann jeden anschließenden Geltungsanspruch ohne Angabe von Gründen zurückweisen, weil die Sprecherin niemals unendlich viele Rechtfertigungsgründe abgegeben haben wird. Allerdings ist auch eine Zurückweisung von Geltungsansprüchen mit Geltungsanspruch verbunden. Wenn ich antworte: „Ich darf doch sonntags Rasen mähen, weil die von dir zitierte Verordnung nicht für Hessen gilt, sondern für Schleswig-Holstein", dann übernehme ich Mitverantwortung dafür, bei dem fraglichen Thema eine gültige Lösung zu erzielen. Dasselbe ist der Fall, wenn ich antworte: „Ich verstehe nicht, was du meinst." Wir tauschen Geltungsansprüche aus, bis sie unter uns die erforderliche Geltung erzielt haben. Natürlich könnten wir auch das Gespräch einfach abbrechen, aber dann bleiben die Geltungsansprüche solange im Raum, bis sie endgültig ausgehandelt worden sind. Jedenfalls behält das Rasenmäh-Verbot seinen Geltungsanspruch, auch wenn wir davon nichts wissen wollen und sonntags doch mähen. Aber wenn es wiederum niemand befolgt, hat es auch keine Gültigkeit mehr.

11.1 Kann mit KI Geltung entstehen?

Eine KI vertritt mit ihren Texten keine Geltungsansprüche. Sie fordert also von ihren Rezipienten nicht die Anerkennung ihrer Texte ein. Zwar kann sie ihre Aussagen begründen und die gleichen Verweisketten konstruieren wie ein informierter Mensch. Aber für sie selbst sind diese Verweisketten ohne Bedeutung, sondern bilden lediglich einen internen, mathematisch errechneten Zusammenhang, der nichts mit Rasenmähern oder Verordnungen zu tun hat. Wenn ihre Auskunft dennoch Geltung erhält, dann durch die Rezipienten, die die Verweisketten in einem plausiblen Maß überprüft haben. Geltung entsteht aber dann, ohne dass vorher ein Sprecher einen Geltungsanspruch vertreten hätte.

Ist diese Unterscheidung valide? Oder wird wieder nur auf die unterschiedlichen internen Verarbeitungsmethoden von Aussagen bei Mensch und Maschine rekurriert, die jedoch keine Geltungsgründe bilden? Fragen wir also, wie eigentlich Menschen ihre Geltungsansprüche bei ihren Adressaten einfordern: jedenfalls nicht dadurch, dass sie ihnen Gewalt androhen, sondern eben dadurch, dass sie Rechtfertigungsgründe anführen. Das leistet ja eine KI auch. Oben hatte ich allerdings gesagt, dass die Rechtfertigung für Geltungsansprüche ihrerseits Geltungsansprüche erhebt und dass diese Iteration von Geltungsansprüchen prinzipiell ins Unendliche gehen können: Jeder Geltungsansprüche bedarf auf Nachfrage eigener Rechtfertigungsgründe. Dieser infinite Regress lässt sich nur dadurch unterbrechen und dabei Geltung erzielen, wenn die Adressaten in die Geltungsgründe schließlich einstimmen. Prinzipiell kann ich rückfragen, warum ich die Hessische Geräte- und Maschinenlärmschutzverordnung überhaupt achten sollte, und verlange dann weitere Antworten mit Geltungsanspruch; und diese Antworten können ihrerseits rechtfertigungsbedürftig sein usw. Aber sobald ich Geltungsgründe anerkenne, beende ich den Begründungsregress und mache die in Frage stehende Auskunft gültig. Ein Geltungsanspruch ist nun mit der Forderung verbunden, dass sich die Diskurspartner *gemeinsam verantwortlich* für die Geltung der Aussage machen.

Eine KI fordert keine solche gemeinsame Verantwortung ein. Textgeneratoren demonstrieren zwar, dass Geltungsansprüche ins Unendliche iteriert werden können – einfach weil die Textgeneratoren nicht mehr aufhören. Sie haben immer das letzte Wort. Ich kann keinen „Prompt" eingeben und dabei das letzte Wort haben. Ich kann nämlich nicht den Textgenerator „überzeugen". Er kann nicht nach meiner sprachlichen Intervention schweigen, sondern ich kann ihn höchstens zum Schweigen bringen, indem ich aufhöre, seine Botschaft zu erwidern, oder indem ich das Programm unmittelbar nach meinem Prompt schließe. Aber das ist einem Gesprächsabbruch gleich und erzielt keine Geltung. Wäre die KI ein Mensch, dann würde sie sich für die Geltung ihrer Aussagen alleinverantwortlich machen wollen. Aber da sie keine Verantwortung trägt,[210] täuscht das Wechselspiel zwischen meinen Inputs und ihren Outputs nur darüber hinweg, dass sie letztlich *allein* operiert. Sie zielt nicht auf eine gemeinsame Übereinkunft von Geltungsansprüchen, sondern erweitert ihre Verweisketten monologisch und daher prinzipiell ins Unendliche. Das Ende der Interaktion mit mir wird entweder von Programmbeschränkungen festgelegt („Du hast dein Limit für heute erreicht") oder durch meinen Interaktionsabbruch vollzogen, aber nicht dadurch, dass dem Sprachmodell eine gemeinsam gefundene Geltung von Aussagen einleuchten würde.

---

210 Sektion 8.2.

Mit meiner Profilierung des Ausdrucks „Geltungsanspruch" setze ich eine andere Pointierung als die Diskursethik, wie sie etwa von Jürgen Habermas vertreten worden ist: Habermas hatte den Begriff so verstanden, dass die Sprecherin einer Aussage mit einem Geltungsanspruch selbst beansprucht ist, Gründe für sie vorzubringen. Der Geltungsanspruch muss von der Sprecherin „eingelöst" werden.[211] Auf diesem Verständnis beruht die gesamte diskursethische Pointe, dass alle, die einen Geltungsanspruch vertreten, damit eine Diskursgemeinschaft anerkennen müssen.[212] Die Rezipienten selbst sind allenfalls dazu beansprucht, den Geltungsanspruch als berechtigt anzuerkennen.[213] Damit machen sie sich nicht gemeinsam mit der Sprecherin verantwortlich für die Geltung ihrer Aussage, sondern erkennen die Rolle der Sprecherin an, dass sie ihren Geltungsanspruch vertreten darf. Er ist eingelöst, sobald sie Gründe für ihn hat, nicht, wenn die Gründe allgemein geteilt werden. So kommt es nie zu einer gemeinsam geteilten Geltung. Alles verbleibt auf der Ebene des Anspruchs. Und damit wird zugleich die Rolle der Sprecherin für den im Raum stehenden Geltungsanspruch erhöht. Ohne Sprecherin kein Geltungsanspruch!

Von der Diskursethik her müsste man nun sagen, dass Sprachmodelle keine Geltungsansprüche vertreten, weil sie keine Sprecher sind: Sie lassen sich nicht zur Einlösung von Geltungsansprüchen verpflichten. Sie sind Begründungsmaschinen, die weder ihre Adressaten als diejenigen anerkennen, die ihnen die Pflicht aufbürden, ihre Begründungen zu leisten, noch ihre Begründungen zur Einlösung von Geltungsansprüchen verstehen. Allenfalls könnte man diskursethisch etwas technikoffener formulieren, dass KI zwar Geltungsansprüche einlöst, aber ohne Sprecherin. Hier hängen die Geltungsansprüche in der Luft, und mit ihnen geht die diskursethische Pointe verloren, nämlich die Anerkennung der Diskursgemeinschaft.

In den 1960er Jahren hat es eine Wendung gegeben, die mit dem Ausdruck „Tod des Autors" tituliert worden ist. Roland Barthes hat diesen Ausdruck zum ersten Mal verwendet. Der Sinn einer Aussage wird dabei vom Autor entkoppelt. Die Leserin entscheidet vielmehr über den Sinn.[214] Bisher ist die Interpretation so vorgegangen, dass sie einen Text mit dem Autor erklärt hatte:[215] Wenn man etwa eine dunkle Stelle aus einem Paulusbrief verstehen wollte, hatte man sie

---

211 J. Habermas: Theorie des kommunikativen Handelns Bd. 1, 424.
212 J. Habermas. Treffen Hegels Einwände, 11.
213 J. Habermas: Erkenntnis und Interesse, 389.
214 R. Barthes: Der Tod des Autors, 63.
215 AaO, 58.

mit der Biographie von Paulus erklärt. Mit Bezug auf den Autor sollten sich so möglichst alle Widersprüche aufklären lassen. Man könnte sagen: Der Autor war wichtiger als sein Text. Der Text hatte nur Geltung durch den Autor. Das entspricht dem Modell, das ich an der Diskursethik aufgezeigt habe: Ohne Autor keine Geltungsansprüche. Also können künstlich generierte Texte keine Geltungsansprüche haben, und sie können keine Geltung erzielen, es sei denn, dass sich jemand sie zu eigen macht.

Aber mit dem „Tod des Autors" ändert sich das Bild. Soweit ich sehe, gibt Barthes drei Hauptgründe dafür an, warum der Autor tot ist, einen historischen und zwei sachliche: Historisch hält er die Vorstellung eines Autors für eine Idee des Geniekults, wie er erst in der Moderne aufgekommen ist.[216] Am Beispiel der Bibel gezeigt: Die Schriften der Bibel sind meistens Zusammenstellungen von sogenannten Redaktoren, also Textkollagen, deren Herkunft sich kaum bestimmen lässt. Auch die Redaktoren – etwa von den fünf Büchern Mose oder den Evangelien – sind anonym.

Daraus entwickelt Barthes ein erstes Sachargument: Kein Text ist wirklich originell. Autoren mischen lediglich ihre Zitate zu einem Text, anstatt zu schreiben.[217] Das hört sich schon sehr nach ChatGPT an, ein halbes Jahrhundert vorher! Die Autoren sind selbst lediglich Sprachmodelle.

Das zweite Sachargument liegt für Barthes darin, dass Texte, die nicht in ein Geschehen eingreifen („Achtung, die Ampel da vorne ist rot!"), zum Tod des Autors führen.[218] Man kann rückfragen, ob das auch für wissenschaftliche Texte gilt, die doch darauf einwirken, was als wahr anzuerkennen ist. Bei der aktuellen unermesslichen Menge wissenschaftlicher Texte gibt es aber nur wenige Publikationen, die wirklich Einfluss auf eine Veränderung des Denkens haben. Barthes schien sich aber vor allem auf Romane zu beziehen, also auf fiktive Texte, die als solche in kein reales Geschehen eingreifen, sondern ihre eigene Welt erschaffen.

Der zweite Philosoph, der den Ausdruck „Tod des Autors" populär gemacht hat, ist Michel Foucault. Auch er hält die Bedeutung des Autors für eine historisch gewachsene, aber etwas anders als Barthes ging für ihn dessen Bedeutung bei wissenschaftlichen Texten in der Neuzeit zurück, während sie noch im Mittelalter stark war.[219] Aber Foucault folgt Barthes im Hinblick auf fiktive Literatur, dass Texte in der Moderne mit dem Autor erklärt wurden.[220] Für Foucault

---

216 AaO, 57.
217 AaO, 63.
218 AaO, 57.
219 M. Foucault: Was ist ein Autor?, 212.
220 AaO, 213.

ist der „Tod des Autors" zum einen ein politisches Befreiungsmittel, das sich gegen eine Kultur stellt, die Gedanken zum Privateigentum erklärt.[221] Der Autor wird in dieser Kultur als eine gesellschaftliche Funktion benutzt.[222] Diese Funktion besteht darin, Diskurse zu reglementieren:[223] Durch den Autor werden bestimmte Textbeiträge ausgeschlossen. Er fungiert als Verknappung von Diskursen.[224] Wenn ich mich in einem Aufsatz kritisch mit der Psychoanalyse Freuds auseinandersetze, sind bestimmte Leitsätze Freuds unhintergehbar. Ich kann ihnen nicht entkommen. Meine Kritik steht im Horizont dieser Leittexte. Wenn ich diese Leittexte kritisch zurückweisen wollte, könnte ich nicht mehr über Freud schreiben. Also bleibt meine Kritik noch eingefangen im System dieses Autors:

„Der Begründungsakt eines wissenschaftlichen Fachs kann im Zuge der Weiterentwicklung dieser Wissenschaft nur wie ein Sonderfall in einem viel allgemeineren Ganzen erscheinen."[225]

Diesem Verknappungssystem von Diskursen kann man nur durch den „Tod des Autors" entkommen.

In diesem Verknappungssystem ist der Autor kein Individuum, sondern ein soziales Herrschaftssystem. Er wird als eine „Doktrin" benutzt:

„Die Doktrin führt eine zweifache Unterwerfung herbei: die Unterwerfung der sprechenden Subjekte unter die Diskurse und die Unterwerfung der Diskurse unter die Gruppe der sprechenden Individuen."[226]

Das klingt paradox, weil sich hier beide, sprechende Individuen und Diskurse, gegenseitig unterwerfen. Da mag man fragen, was von beidem jetzt unter dem anderen liegt. Aber die „sprechenden Individuen" sind eben in der Doktrin keine Subjekte, sondern eine „Gruppe". Der Autor wird durch mächtige Gruppen – nämlich Verlage,[227] privatrechtliche Institutionen (Autorenrechte[228]) zur Sicherung des Privateigentums[229] – konstruiert mit der Funktion der Diskursverknappung.

---

221 AaO, 205.
222 M. Foucault: Die Ordnung des Diskurses, 20.
223 M. Foucault: Was ist ein Autor?, 211, 228.
224 M. Foucault: Die Ordnung des Diskurses, 36.
225 M. Foucault: Was ist ein Autor?, 221.
226 M. Foucault: Die Ordnung des Diskurses, 30.
227 AaO, 28.
228 M. Foucault: Was ist ein Autor?, 212.
229 AaO, 211, 229.

Nun könnte man meinen, dass Foucault die sprechenden Individuen vor dieser gesellschaftlichen Bemächtigung retten will. Dann müsste er eigentlich die Autoren vom Zugriff eines herrschenden Systems retten wollen. Das ist aber nicht der Fall, denn jede Rettung des Autors führt ja zu eben der Verknappung der Diskurse, die ihm seine Individualität nimmt. Vielmehr liegt die Lösung darin, dass man andere Fragen an Texte legt:

> „Folgende so lange wiedergekäute Fragen würde man nicht mehr hören: ‚Wer hat eigentlich gesprochen? Ist das auch er und kein anderer? ...‘ Dafür wird man andere hören: ‚Welche Existenzbedingungen hat dieser Diskurs? Und woher kommt er? Wie kann er sich verbreiten, wer kann ihn sich aneignen? Wie sind die Stellen für mögliche Stoffe verteilt?‘"[230]

Ich bezweifle, dass Foucault Sprachmodelle als geeignete Form der Befreiung vom Konstrukt des Autors empfunden hätte. Denn auch sie bemächtigen sich der oder vielleicht sogar aller öffentlichen Diskurse. Zwar steht hinter einem GPT kein Autor mehr, aber die „Existenzbedingungen" des Diskurses sind auch nicht frei, sondern durch die jeweiligen Algorithmen, ihrem Datenmaterial und ihrer Datenverarbeitung beschränkt – und damit letztlich durch die Privatinteressen seiner Anbieter. Es stellt sich damit neu die Frage, ob nicht die Geltung eines Textes doch an seinem Autor bemessen werden muss. Verlieren wir die Geltungsansprüche aus den Augen, wenn wir nicht mehr fragen: „Wer hat eigentlich gesprochen"?

Foucaults Kritik am Autor lässt sich sogar ebenso als Kritik an GPT lesen. Ich hatte ja gezeigt, dass sich die sprechenden Individuen dem Diskurs unterwerfen und der Diskurs der „Gruppe" der sprechenden Individuen, also dem *System* des Autors: Diese Verschränkung von Unterwerfungen belegt nochmals das folgende Zitat: „Im Unterschied zur Begründung einer Wissenschaft ist die Diskursivitätsbegründung nicht Teil ihrer späteren Transformationen, notwendigerweise scheidet sie aus oder sie überragt sie."[231] Damit ist also gemeint, was ich oben illustriert hatte, dass zum Beispiel eine Kritik an Freud im Horizont des Diskurses verbleibt, der mit dem Autor Freud festgelegt ist. Die Begründung des Diskurses „überragt" jegliche Kritik und ist daher von jeglichen Transformationsbemühungen seiner Leittexte ausgenommen.

Daraus zieht Foucault nun einen originellen Schluss mit einer ebenfalls verschränkten Struktur, die sich auch auf Sprachmodelle beziehen lässt: „Folge

---

230 AaO, 227.
231 AaO, 222.

davon ist, daß man die theoretische Gültigkeit in bezug auf das Werk dieser Begründer selbst definiert."[232] Die Psychoanalyse Freuds ist also deshalb gültig, weil sie sich einerseits Freud als *Autor* verdankt, aber andererseits zum *Werk* Freuds gehört. Natürlich kann es ja nicht ausreichen, dass die Psychoanalyse recht hat, weil Freud sie erfunden hatte. Aber als Diskursbegründung wird die Psychoanalyse auch nicht etwa gültig, weil sie wahr wäre oder hinreichend verifiziert worden wäre. Vielmehr wird sie für gültig erklärt, weil sie das *Werk* Freuds ist. Der Autor tritt jetzt zurück zugunsten seines Werks. Dabei ist das Werk nur deshalb gültig, weil es das Werk dieses Autors ist. Was Foucault hier „selbst definiert" nennt, ist also ein Zirkelschluss: Es wird das, was bewiesen werden soll, bereits vorausgesetzt.

Eben diesen Zirkelschluss begeht nun GPT, bei dem es keinen Autor mehr gibt. Nun wird das Werk in Geltung gesetzt, aber anstelle des Autors fungiert nun ein Nicht-Autor als Garant dafür, dass dessen Werk gültig ist. Ebenso wie die Gültigkeit des Werks Freuds keine „Außenfenster" zur nicht-literarischen Wirklichkeit hat, beziehen sich auch die Texte von GPT nur auf sich selbst und auf ihren internen Wahrscheinlichkeitsabgleich. Mit dem künstlich intelligenten Tod des Autors wird eine Quasi-Neugeburt eines Autor-Ersatzes ausgelöst.

Man kann fragen, ob für Foucault noch Geltungen überhaupt relevant sind oder ob zunächst die Diskurse von jeglichen Verknappungs- und Herrschaftsbedingungen abzulösen sind – was natürlich bedeuten würde, dass Foucault hier selbst einen Geltungsanspruch setzen würde. Anscheinend kommt auch ein Konzept, das den Tod des Autors ausruft, selbst nicht an Geltungen vorbei. Die Gefahr, dass anonyme Mächte den Diskurs steuern, ist nicht weniger groß als die Gefahr, dass das Konzept des Autors sie bestimmt.

Roland Barthes sieht als Ausweg die „Geburt des Lesers". Der Leser ist von seiner Geschichtslosigkeit zu befreien. Eben ein „Mensch ohne Geschichte"[233] ist er, solange es gleichgültig ist, ob ich den Text lese oder Sie. Es müsste dann immer dasselbe Interpretationsergebnis herauskommen – einfach weil man der Autorenabsicht immer folgt, die sich im Text eindeutig niedergeschlagen hätte. Nicht der Text wäre dann die Richtgröße, sondern die Autorenabsicht. Der Text würde sie nur repräsentieren.

Wenn dagegen der Leser ein Mensch *mit* Geschichte ist, verändert sich mit ihm der Text. Zugespitzt könnte man sagen: Mit einem „lebenden" Autor ist nicht der Text die Richtgröße, sondern der Autor. Mit dem Tod des Autors

---

232 Ebd.
233 R. Barthes: Der Tod des Autors, 63.

dagegen gibt es nicht mehr einen Text, sondern viele. Im ersten Fall liegt die Geltung hinter dem Text, im zweiten Fall in der Vervielfältigung des Textes durch die Leser. In beiden Fällen liegt der Sinn nie im Text selbst.

Bei Foucault hat man wiederum den Eindruck, dass sich Geltung mit dem Tod des Autors in Luft auflöst. Das ließe sich aus Barthes schlussfolgern: Wenn mein Leseverständnis eines Textes von Ihrem Leseverständnis grundsätzlich abweicht, gibt es keine gemeinsame Basis mehr, um überhaupt noch von demselben Text zu sprechen, von dem wir ausgehen. Dieser Text wäre zwar dasselbe Ding (dieselben Buchseiten, die wir lesen), aber gerade als Text verflüchtigt. Was für mich darin Geltung hat, kann ich Ihnen zwar erzählen, aber es gibt kein gemeinsames Maß, an dem wir unsere Textverständnisse bemessen können – weil der Sinn nicht im Text liegt und der Autor tot ist.

Daraus folgt: Was für mich Geltung hat, ist nicht nur etwas anderes als für Sie, sondern bezieht sich zugleich auf einen anderen Text. Deshalb lassen sich weder Geltungsansprüche überprüfen noch die Geltung ermessen. Ich bemesse ja nicht die Geltung meines Leseverständnisses, weil ich keinen Vergleich habe, an dem ich die Bemessung vornehmen könnte. An die Stelle von Geltung tritt dann subjektive Evidenz. Auch die Evidenz hat einen zwingenden Charakter wie das Verknappungssystem des Autors. Ich kann dann nicht anders, als diesen Text so lesen, wie ich es faktisch tue. Das Verständnis wird zwar jetzt intersubjektiv äußerst pluralisiert, aber zugleich subjektiv äußerst verknappt. Es gibt dann keine Kommunikation um das „richtige" Verständnis, die nicht selbst wieder von allen Kommunikationsteilnehmern anders verstanden wird. Zugleich hat keine Leserin die Wahl, den gelesenen Text anders zu verstehen, als sie es faktisch tut. Am Gehalt weist sich der Text nicht aus, sondern an der jeweiligen Evidenz des Verstehens.

Mit Foucaults Interpretation des Todes des Autors fehlt dann auch jegliches Kriterium, warum Texte, die von einer „halluzinierenden KI" geschrieben sind, etwas grundsätzlich anderes sein sollen als Texte, die von Menschen geschrieben werden. Zumindest kann uns kein Autor mehr hinters Licht führen, weil sowieso nicht er über seine Geltung entscheidet. Roland Barthes gibt als Beispiel dafür das surrealistische Schreiben: Hier schreibt jemand schneller, als der Kopf denkt.[234] Deshalb kommt nichts mehr zustande, was die schreibende Person „meinen" kann. Welchen Unterschied soll es dann machen, wenn der Autor nicht einmal mehr sterben muss, nachdem er geschrieben hat, sondern wenn der Text noch nie einen Autor hatte?[235]

---

234 AaO, 59.
235 R. Winter-Tietel: Wenn Niemand Texte schreibt, 268f.

11.2 Sollte mit KI Geltung entstehen können?

Es gibt aber nach dem Tod des Autors eine Möglichkeit, Geltung zu erreichen, nämlich durch gemeinsames Vertrauen ineinander. Wir Leser mögen zwar alle den jeweiligen Text anders verstehen, aber wir vertrauen ineinander, dass der Text uns alle verpflichtet, seinen Geltungsanspruch zu überprüfen – zumindest all diejenigen, die ihn lesen. Das heißt nicht, dass wir am Ende soweit kommen, dass wir uns auf dieselbe Textgeltung einigen. Aber unser wechselseitiges Vertrauen, auf Geltung aus zu sein, hat dann bereits Geltung. Dieses Vertrauen bezieht sich auf Texte, und da wir wechselseitig einander vertrauen, schafft dieses Vertrauen eine gültige Basis für das Textverstehen. Zwar folgen wir alle Barthes und Foucault und denken, dass der Autor tot ist. Deshalb erhebt kein Autor einen Geltungsanspruch mit diesem Text. Aber wir ringen trotzdem gemeinsam um seine Gehalte, bis wir wissen, ob sie für uns gültig oder ungültig sind.

Vergleichen wir dazu verschiedene Fälle: Im ersten Fall vertraue ich darauf, dass Sie denselben Text wie ich mit derselben Ernsthaftigkeit verstehen wollen, um herauszufinden, ob seine Gehalte gültig sind. Aber das Umgekehrte ist nicht der Fall: Sie misstrauen mir, dass ich den Text gar nicht verstehen will, sondern ihn nur instrumentalisiere, um bestimmte Machtvorteile zu erreichen. Sie bezweifeln, dass ein weißer Mitteleuropäer der oberen Mittelschicht überhaupt in der Lage ist, einen Text täuschungsfrei lesen zu wollen. Vielmehr vermuten Sie, dass ich den Text für meine Zwecke missverstehe, um Menschen aus anderen Milieus zu unterdrücken. Ich lese nach Ihrem Verdacht also nicht wirklich den Text, sondern kaschiere meine Interessen hinter ihm. In dieser Situation wird sich keine Geltung des Textes ermitteln lassen, die wir gemeinsam teilen. Weil ich Ihnen vertraue, werde ich vielmehr voreilig bestimmte Textinterpretationen für gültig erklären, weil ich sie bei Ihnen ebenso wiederfinde, wie ich sie vorgenommen habe. Aber da Sie mir ja misstrauen, können Sie mir schon hierin nicht mehr beipflichten: Für Sie bedeutet dieselbe Textinterpretation doch etwas anderes, je nachdem, ob sie von mir stammt oder von Ihnen.

Textgeltung kann also nach dem Tod des Autors nur entstehen, wenn wir uns wechselseitig vertrauen, dass wir denselben Text mit derselben Achtsamkeit interpretieren. Das ist der zweite Fall: Wir besprechen zum Beispiel einen Bibeltext und vertrauen darauf, dass es uns ernst ist, ihn verstehen zu wollen. Vielleicht einigen wir uns sogar auf gemeinsame Interpretationsmethoden. Obwohl wir verschiedenen religiösen Milieus zugehören oder teilweise sogar aus unreligiösen Menschen bestehen, erkennen wir einander an, kompetente und befugte Interpreten zu sein. Hier ist es inakzeptabel zu behaupten, dass Sie den Text missverstehen, weil Sie keine Christin sind oder weil Sie die historisch-kritische

Methode nicht akzeptieren. Denn der Text kann mit dem Tod des Autors nicht beanspruchen, dass er nur von Christen gelesen werden darf – das wäre eine nicht-textliche Voraussetzung, die etwas über uns aussagt, aber nichts über den Text. Bei diesem zweiten Fall aber verhält sich niemand so überheblich, die anderen Leser für inkompetent zu halten.

Ich behaupte nicht, dass dieser zweite Fall häufig vorkommt, aber dass er immer wichtiger wird in Zeiten, in denen sich die Sprachforschung dem Tod des Autors angeschlossen hat und KI Texte generiert. Das ist nun der dritte und der vierte Fall, bei dem die Textinterpretation von KI beeinflusst wird. Im dritten Fall lesen Menschen einen KI-Text, im vierten lesen Menschen und Sprachmodelle einen Text – gleichgültig, wer ihn geschrieben hat.

In Fall 3 lesen beispielsweise Studierende und ihre Dozentin im Seminar eine KI-Abhandlung darüber, ob und wie widerspruchsfrei behauptet werden kann, dass Gott gut und allmächtig ist, wenn in der Welt Böses geschieht (das sogenannte Theodizeeproblem). Wir haben schon festgestellt, dass eine KI keinen Geltungsanspruch vertritt und dass mit dem Tod des Autors ohnehin keine Geltungsansprüche mehr *im Text* liegen. Dann kann Geltung nur in der Seminarsitzung „geboren" werden. Einzelne Studierende oder die Dozentin nehmen dabei diesen Text für sich in Anspruch, der ja selbst nichts behauptet, da hinter ihm kein Autor steht. An dieser Stelle mündet der Fall in den zweiten: Weil sich die Leser vertrauen, kann Geltung entstehen. Sie entsteht aber nicht, weil im KI-Text Wahrheit beansprucht ist, sondern weil eine Interpretationsgemeinschaft die Geltung erst erschafft, die sie dann rückwirkend im Text lokalisiert.[236] Dieses Verfahren ähnelt der Besprechung von Naturgegenständen, in denen auch keine Geltung innewohnt, sondern die wir in sie hineintragen (zum Beispiel durch Lehrsätze oder Naturgesetze).

In Fall 4 dagegen entsteht keine Geltung, weil kein wechselseitiges Vertrauen in die ernsthafte Lesehaltung aller Beteiligten entstehen kann. Der Mensch kann zwar in die Technik eines KI-Textgenerators vertrauen, so wie er einer Spülmaschine vertraut, dass das Geschirr sauber wird. Ein unbedarfter Mensch wird sogar in die Lesekompetenz der KI vertrauen, obwohl sie nicht liest.[237] Aber die KI vertraut nicht in den Menschen; sie monologisiert prinzipiell unendlich lange, bis der Mensch den Kontakt abbricht. Sie kann zwar den vorgegebenen Text zusammenfassen, gliedern, paraphrasieren und gewichten, aber sie kann

236 A.D. Peiter: KI-Texte = Intertexte?, 273f. R. Besenbäck/L. Prager: Künstliche-Intelligenz-Quellen, 502.
237 Sektion 1.1.

dabei nie Geltung erzielen. Denn Geltung entsteht nur gemeinsam. Fall 4 mündet damit in Fall 1: Ohne wechselseitiges Vertrauen kann keine Geltung erzielt werden. So „zeichnet sich eine Krise der Quellenkritik ab."[238]

Ich sagte, dass Fall 2 immer wichtiger wird, dass sich Menschen wechselseitig in ihre Lesekompetenz vertrauen. Die anderen Fälle belegen aber, dass dieses Vertrauen nicht selbstverständlich ist und auch nicht einfach unbegründet vorliegt: Wir müssen uns vielmehr dieses Vertrauen verdienen. Auch dahinter steht wieder ein Geltungsanspruch, der nur gemeinsam eingelöst werden kann, indem wir uns wechselseitig für die Geltung dieses Vertrauens verantwortlich machen. Das setzt zwischenmenschliche Kommunikation voraus – und damit die Erwartung, dass mit uns wirklich ein Mensch kommuniziert und keine KI. Je stärker KI-Texte die zwischenmenschliche Kommunikation reduzieren, desto weniger Raum besteht für dieses wechselseitige Vertrauen. Wenn Sie mir eine E-Mail schreiben, in der Sie mit mir über einen Gedanken aus einer Vorlesung diskutieren wollen, aber Sie erhalten eine merkwürdige Antwortmail, in der weitschweifig, nicht festgelegt und wenig spezifisch auf Ihr Anliegen reagiert wird, werden Sie sich fragen, ob wir beide überhaupt dasselbe Anliegen haben – ob so also noch Geltung entstehen kann. Ebenfalls ärgern wir uns über Beschwerde-Portale, bei der wir uns mit einem Sprachcomputer austauschen müssen, bis wir vielleicht irgendwann an eine Person am Telefon weitergeleitet werden, die unser Anliegen versteht. Hier scheint die Metapher vom Tod des Autors an eine Grenze zu stoßen: Wir brauchen doch Menschen, denen wir vertrauen, dass sie mit uns gemeinsam Geltungsbereiche ausloten.

Hingegen: „Wird ein LLM zum Ko-Autor, verschwindet der Mensch insofern ein Stück weiter, da nicht mehr sicher ist, ob bestimmte diskursive Aussagen der Person oder dem Modell zuzuordnen sind."[239] Je stärker die zwischenmenschliche Kommunikation durch geltungslose Texte und vertrauenslose Instanzen verstopft wird, desto mehr beschränkt sich das Textverstehen auf subjektive Evidenz ohne Geltung. Umso wichtiger wird es, dass wir die Bereiche kennen, in denen eine KI mit uns Texte austauscht und in denen wir mit Menschen kommunizieren. Die zwischenmenschliche Kommunikation muss dabei hinreichend kultiviert sein, damit zwischenmenschliches Vertrauen entstehen kann, das zu gemeinsam geteilter Geltung führt. Wo Menschen nur noch ausnahmsweise miteinander kommunizieren, werden Geltungsfragen aus der sprachlichen Interaktion weitgehend herausgehalten. Das ist ein ethischer Verlust: Nicht nur

---

238 R. Besenbäck/L. Prager: Künstliche-Intelligenz-Quellen, 519.
239 AaO, 517.

die Prinzipien der Diskursethik, die aus Geltungsansprüchen die Achtung der Menschenrechte rekonstruieren kann, würden so umgangen werden. Es würde darüber hinaus auch unsere Empfindsamkeit für Geltungsfragen gestört. Wir würden Texte hinnehmen als Träger von Daten, die weiter zirkulieren müssen, damit sie etwas bewirken. „Bewirken" wäre dabei eine physische Eigenschaft – unabhängig davon, ob die Informationen „wahr" sind oder Geltung verdienen.

Ich fasse die moralischen Probleme zusammen: Wenn wir mit KI-Textgeneratoren den Sinn eines Textes ermitteln wollen, so wird dabei keine Geltung unserer menschlich-künstlichen Interpretation entstehen. Möglich ist es aber, dass durch den zwischenmenschlichen Diskurs Geltung in KI-Texte hineingelegt wird. Das setzt eine Kultivierung zwischenmenschlicher Kommunikation voraus, bei der die Kommunikationspartner das wechselseitige Vertrauen bestätigen können, ernsthaft zu interpretieren. Diese Kultur muss sogar noch intensiviert werden, je mehr KI-Texte im Umlauf sind.

Teil III: Tätigkeitsfelder

Schon die ersten beiden Teile behandelten Tätigkeiten, die bislang den
Menschen ausgezeichnet haben. Dabei habe ich jeweils gefragt, ob diese
Tätigkeiten von einer KI übernommen werden können und ob es moralisch
gerechtfertigt ist, wenn eine KI sie übernimmt. Allerdings haben die ersten
beiden Teile noch nicht den Blick auf das typisch Menschliche geworfen, sondern auf die Tätigkeiten selbst: Was tun Menschen, wenn sie lesen, verstehen,
kommunizieren usw.? Und können diese Tätigkeiten auch von anderen
Wesen übernommen werden oder verändern sich dabei diese Tätigkeiten?

Diese Fragerichtung wird auch in diesem dritten Teil beibehalten. Dennoch
nehme ich Tätigkeiten in den Blick, nicht weil inzwischen KI-Textgeneratoren
auf sie zuzugreifen scheinen, indem sie eigene Textwelten erzeugen. Vielmehr thematisiere ich Tätigkeiten, die als typisch menschlich verstanden
werden – unabhängig davon, ob wir schon bemerkt haben, dass KI sie ebenso
zu übernehmen scheint. Vom gesamten Interesse einer Ethik für Sprachmodelle her geht dieser dritte Teil nun ins weitere Umfeld der Auswirkungen
auf das Menschenbild. Es legt sich eben nicht genauso nahe zu fragen, ob ein
GPT einen Willen hat, wie zu fragen, ob er schreiben kann. Und selbst wenn
er Texte verfassen kann, so müssen wir ihm noch nicht zutrauen, umfassend
zu handeln. Dieser dritte Teil aber geht auf diese grundsätzlichen menschlichen Tätigkeiten ein, ob sie durch KI erweitert oder bedroht werden.

Wie schon öfter in diesem Buch, folge ich dabei wieder einer Einteilung,
die Hannah Arendt vorgenommen oder aus der antiken Tradition übernommen hat. Arendt unterscheidet zwischen Tätigkeiten, in denen der Mensch
nach außen tritt und mit Materie oder Mitmenschen umgeht (vita activa[240])
und Geistestätigkeiten (vita contemplativa[241]). Die Unterscheidung deutet
an, dass die Geistestätigkeiten eigentlich passiv sind[242] – niemand denkt,
weil er oder sie sich vorgenommen hat zu denken.[243] Wir denken einfach
so, weil uns ein Gedanke „erfasst" oder ein Thema uns „beschäftigt" (anstatt
dass *wir* uns damit beschäftigen).[244] Zudem strebte die vita contemplativa
zur meditativen Gottesschau oder zur Ruhe des philosophischen Beobach-
tens.[245] Die Geistestätigkeiten bewegen den Menschen also durchaus, aber

---

240 H. Arendt: Vita activa, 22.
241 AaO, 24.
242 AaO, 386.
243 Kapitel 6.
244 H. Arendt: Vom Leben des Geistes, 24.
245 H. Arendt: Vita activa, 24ff.

er bewegt sich dabei nicht selbst, sondern wird von dem bewegt, worauf der Verstand zustrebt, nämlich auf das Zuschauen dessen, was ihn bewegt. Dennoch spricht Arendt auch von Geistes*tätigkeiten* und versteht den Menschen insgesamt als tätiges Wesen – auch in seinem passiv-geistigen Berührtwerden. Tatsächlich sind zwei Arten von Passivität zu unterscheiden, ob ich von einer Taxifahrerin an einen anderen Ort geführt werde und dabei auch völlig passiv bleiben kann oder ob ich denke. Beim Denken bin ich notwendig mitbeteiligt. Deshalb sind Geistestätigkeiten aktivierende Widerfahrnisse.[246]

Ich behaupte nicht, dass der Mensch vollständig bestimmt ist, wenn man ihn auf seine vita activa und contemplativa reduziert. Sicher kann man vom Menschen auch so sprechen, was er *ist* oder wem er sich verdankt. Für unsere Untersuchung nach dem Verhältnis von Mensch und KI sind aber die menschlichen Tätigkeiten vorzugsweise zu behandeln. Dabei finde ich Arendts Beschreibung vielversprechend, zugleich die passive Seite von Tätigkeiten im Blick zu behalten. Das trifft auch auf eine Tätigkeit der vita activa zu, die nicht einfach eine souveräne Aktivität eines einzelnen Menschen ist, sondern dabei von Tätigkeiten anderer Menschen abhängt, das Handeln.

Ich folge Arendts Zuordnung der Tätigkeiten:

1. Vita activa: Arbeiten, Herstellen, Handeln
2. Vita contemplativa: Denken, Wollen, Urteilen.

Dem Denken hatte ich mich schon in Kapitel 6 gewidmet, weil ich es den Textwelten zugeordnet habe, auf die Sprachmodelle Einfluss ausüben. Dagegen werde ich in diesem Teil noch ein Kapitel über eine Regung hinzufügen, die bei Arendt keine eigene Geistestätigkeit wert gewesen ist, und ich möchte zeigen, warum das auch richtig ist. Ich spreche vom Entscheiden. Entscheiden ist nicht dasselbe wie Wollen und lässt sich auch nicht dem Wollen unterordnen. Ich halte Entscheiden auch nicht für eine Geistestätigkeit. Dass ich dem Entscheiden dennoch ein Kapitel widme, liegt darin, dass wir landläufig nur solche Wesen für entscheidungsfähig halten, die einen Verstand haben. Dann bekommen wir Zurechnungsprobleme, wenn auch KI Entscheidungen trifft. Ich möchte dagegen zeigen, dass Entscheiden zwar eine komplizierte Operation ist, die aber weder von einem Verstand abhängig ist noch von einem Willen.

Beginnen wir aber mit den aktiven Grundtätigkeiten des Menschen, und zwar zuerst mit dem Arbeiten.

---

246 B. Waldenfels: Sozialität und Alterität, 85.

12 Arbeiten

Das moderne Verständnis von Arbeit ist verknüpft mit der Erwerbsarbeit, also damit, dass Menschen dafür entlohnt werden. Damit bekommt Arbeit eine wirtschaftliche Ausrichtung: Es wird für den „Wohlstand der Nationen"[247] gearbeitet und für die persönliche Versorgung. Versorgung schließt Vorsorge an Gütern ein. Deshalb ist Arbeit mit Eigentum verknüpft: Menschen arbeiten, um Eigentum zu erwirtschaften.[248]

Bis tief in die zweite Hälfte des 20. Jahrhunderts hinein war Arbeit nicht mit Bildung verknüpft. Adam Smith, einer der Gründer der Nationalökonomie, meinte, dass es kein Problem ist, wenn jemand dadurch arbeitslos wird, dass sein Betrieb ins Ausland abwandert, weil dort die Produktionsverhältnisse günstiger sind. Denn der Arbeiter könne ja jetzt in einer anderen Branche arbeiten.[249] Das setzt voraus, dass die Bildungsvoraussetzungen bei der Arbeit gering sind. Smith erwartete, dass die wachsende Arbeitsteilung im Fertigungsprozess eines Produkts dazu führt, dass Arbeiter ihre Routinen schnell erlernen können.[250]

Mit dieser Einschätzung hatte Smith nicht Recht behalten. Wir haben heute eine hohe arbeitsteilige Gesellschaft, aber die Bildungsvoraussetzungen an jeden einzelnen Beruf sind stark gewachsen. Nur in Branchen, in denen zu wenige Arbeitskräfte zur Verfügung stehen, können auch unspezialisierte Personen arbeiten: So erhofft man sich derzeit, dass Migranten schnell in der Altenpflege arbeiten, obwohl der Pflegebereich eigentlich spezialisierte und gut ausgebildete Arbeitskräfte verlangt und obwohl Migranten oft gute Bildungsvoraussetzungen für andere Berufe haben, in denen sie sich aber trotzdem nicht vermitteln lassen. Ebenso werden in Schulen derzeit Lehrkräfte eingesetzt, die kein Lehramtsstudium abgeschlossen haben. Hier hängt die alte Idee Smiths nach, dass sich Arbeiter leicht in anderen Branchen vermitteln lassen, obwohl es kaum einen Bereich gibt, in dem keine Spezialisten erfordert werden.

Es verwundert kaum, dass dieser Widerspruch vor allem in Branchen auffällt, in denen keine hochspeziellen Produkte gefertigt werden – sondern Menschen versorgt werden: Kinder oder Pflegebedürftige. Denn die Arbeit an ihnen kann nicht einfach ins Ausland abwandern. Die Arbeit an Menschen gilt nach Smith

247 A. Smith: Wohlstand der Nationen, 451.
248 J. Locke: Second Treatise, V,28.
249 A. Smith: Wohlstand der Nationen, 466.
250 AaO, 800.

als unproduktiv: Der Dienst geht im selben Augenblick unter, in dem er geleistet wird.[251] Entsprechend herablassend äußert sich Smith gegenüber Lehrkräften. Obwohl er es für wesentlich hält, dass Kinder gebildet werden, und die Lehrer mit den höchsten Bildungsqualitäten für besonders achtbar hält,[252] sollten sie ebenso wie das produktive Gewerbe danach vergütet werden, wie erfolgreich sie sind.[253] Der Bildungserfolg aber steht am Ende der Schulausbildung,[254] nicht im selben Moment, an dem der Lehrer unterrichtet.

Im Übrigen hielt Smith eine nur sehr basale Schulausbildung bis etwa zum 13. Lebensjahr für nötig.[255] Nicht erwartet hatte Smith offenbar, dass Bildung selbst produktiv werden könne. Es waren eben nur Arbeitskräfte heranzuführen, die in allen möglichen Branchen arbeiten konnten. Dabei spezialisiert sich heute die Arbeit auch durch speziell gebildete Menschen aus und wird dadurch produktiver. Wir brauchen heute nur noch einen Bruchteil an Landwirten als vor 50 Jahren, die aber deutlich höhere Erträge erwirtschaften als damals. Dazu müssen sie mit Wissenschaftlern im Austausch stehen und selbst technisch hochausgebildet sein. In der Regel ist ein Studiengang in Agrarwissenschaft damit verbunden.

Was bedeutet es, wenn Bildung selbst ein Aspekt der Arbeit wird? Was bedeutet es, wenn erstens Bildung selbst zu einem Arbeitsprodukt wird und zweitens zum notwendigen „Rohstoff" für die Arbeit? Der Sinn der Bildung liegt dann zwar immer noch in der Arbeit – wie noch bei Smith scheint sie sich darin zu erschöpfen. Aber zugleich steigert sich der Wert der Arbeit mit dem Wert der Bildung. Hochqualifizierte Mitarbeiterinnen setzen sich im Konkurrenzkampf um gut bezahlte Stellen durch. Gleichzeitig verkleinert sich der Arbeitsmarkt für diesen Personenkreis: Eine hochqualifizierte Ingenieurin für Wasser-Umwelttechnik wird es schwer haben, in die Autobranche zu wechseln. Bildung wird zu einem Individualisierungsfaktor von Arbeit: Wo das der Fall ist, gleicht kaum ein Arbeitsplatz einem anderen. Bildung soll eben selbst produktiv werden.

Bekanntlich fällt bei diesem Trend der gesellschaftliche Wert einer anderen Art von Arbeit ab, nämlich der Hausarbeit. Denn Hausarbeit ist nie produktiv, sondern – mit Smith – erschöpft sie ihren Dienst im selben Moment, an dem er ausgeführt wird. Einem Kind die Windeln wechseln, schützt zwar das Kind vor Schmerzen und Krankheiten, aber die Arbeit, die dazu nötig ist, besteht

---

251 AaO, 330f.
252 AaO, 144.
253 AaO, 780.
254 AaO, 785.
255 AaO, 748.

nicht darin, ein gesundes Kind zu „produzieren". Im Gegenteil, es werden dazu Ressourcen verbraucht, ohne dass dadurch etwas Neues gefertigt wird. Hausarbeit dient lediglich der Regenerierung der Mitglieder eines Haushalts und dem Schutz ihres Zuhauses. Und weil sie unproduktiv ist, wird sie auch nicht vergütet.

Ich sagte, der gesellschaftliche Wert der Hausarbeit fällt dabei ab. Allerdings haben noch nie Menschen für ihre Hausarbeit einen Lohn erhalten – es sei denn, sie waren Hauswirtschafter oder -diener, also Erwerbsarbeiter. Solange aber Arbeit nicht auf Erwerbsarbeit reduziert war, konnte es andere Anerkennungsformen geben, um der Hausarbeit Wertschätzung entgegenzubringen, zum Beispiel soziales Prestige der Großmutter in der Familie oder Autonomie der Frau im Privatbereich. Gegenwärtig jedoch vermischen sich der private und der öffentliche Bereich, wenn der Staat in die Hausarbeit interveniert: Dazu gehört das Verbot des Home-Schooling, das Elterngeld für berufstätige Eltern, die für die Kindererziehung eine Zeit lang zu Hause bleiben, oder der kostenlose Kita-Platz im Vorschuljahr. In allen Fällen macht der Staat die Situation der Kinder zu einer öffentlichen Angelegenheit, indem er entweder die häusliche Situation unterstützt (Eltern- und Pflegegeld, Anrechnung von Erziehungszeiten auf die Altersversorgung) oder die Öffnung aus dem familiären Bereich heraus fördert (Schulpflicht an öffentlichen Schulen, kostenloser Kita-Platz). Aber dem Haushalt als solchem wird keine finanzielle Förderung entgegengebracht, sondern nur, wenn die Hausarbeit öffentliche Aufgaben übernimmt.

Unter der Emanzipation der Frauen versteht die heutige Gesellschaft dagegen, ihnen den Ausbruch aus der Hausarbeit zu ermöglichen und sie für die Erwerbsarbeit zu befähigen. Faktisch jedoch bekommen Frauen dadurch eine Doppelbelastung aufgebürdet, sich um Beruf und Hausarbeit zugleich kümmern zu müssen.[256] Beides belegt, dass man sich von Arbeit nicht emanzipieren kann. Zwar wird mit der Erwerbsarbeit der Anreiz geschaffen, Eigentum zu generieren, aber die Hausarbeit lässt sich nicht aus dem Weg räumen, und meistens gibt die Gesellschaft auch keinen Anreiz dafür. Der Eigentumsanreiz der Erwerbsarbeit verschleiert sogar, dass Arbeit als solche keinen anderen Zwecken dient, als einen notwendigen Bedarf zu decken. Karl Marx spricht von einer Naturnotwendigkeit der Arbeit,[257] Hannah Arendt von der einzigen Aufgabe des Berufs, das Lebensnotwendige zu decken.[258] Der Konflikt um Erwerbs- und Hausarbeit belegt zudem, dass Arbeit nicht darin aufgeht, etwas zu produzieren. Allenfalls

---

256 Das bisschen Haushalt (Zeit Online, 01.03.2022, Zugriff 14.01.2024).
257 K. Marx: Das Kapital Bd. 3, 828.
258 H. Arendt: Vita activa, 150f.

reproduziert sich die Arbeit immer selbst: Sie erschafft, was nötig ist, damit sich die Arbeitskraft regeneriert und wieder arbeiten kann, also die Bedarfe für die Arbeitskraft erschafft.

12.1 Kann KI arbeiten?

Seitdem Maschinen existieren, haben sie Auswirkungen auf die Arbeit gehabt. Sie haben Arbeit erleichtert, aber auch Arbeiter freigesetzt oder den Druck erhöht, für weniger Lohn zu arbeiten.[259] Was passiert, wenn Maschinen dem Menschen Arbeit abnehmen? „Arbeiten" dann Maschinen? Bestimmt man die Arbeit danach, den notwendigen Bedarf für die menschliche Regenerierung zu erschaffen, dann „arbeiten" Maschinen. Versteht man aber die Arbeit in diesem Zyklus der Selbstreproduktion der Arbeitskraft, wird mit der Maschine dieser Zyklus durchbrochen. Nicht mehr der Mensch erschafft dann diesen Bedarf selbst, und dadurch bleibt auch offen, ob das Produkt der Maschine wirklich zur menschlichen Regenerierung erschaffen wird. Das Produkt bleibt ja zunächst im Eigentum der Unternehmen, denen die Maschine gehört. Dadurch könnte es auch auf ausländischen Märkten verkauft werden, und die heimische Bevölkerung hätte nichts davon. Wenn Menschen durch den Einsatz von Maschinen arbeitslos werden, wird nicht einfach die Arbeit von Maschinen übernommen, sondern Arbeit wird durch maschinelle Produktion ersetzt und vernichtet. Die Notwendigkeit der Selbstversorgung besteht ja immer noch, aber die produzierten Güter stehen niemandem zur Verfügung, der oder die sie nicht erwerben kann. Bestimmt man also Arbeit nach dem Zyklus der Selbstreproduktion der Arbeit, dann arbeiten Maschinen nicht.

Das beschriebene Problem ermöglicht es aber auch, die Arbeit danach zu bestimmen, wie die Produkte verteilt werden, um den Zyklus der Selbstreproduktion künstlich zu erhalten. Nehmen wir an, dass die Produktion vollautomatisch erfolgt, dass also Maschinen ihre Verschleißteile selbst nachproduzieren und ersetzen und auch die Rohstoffe selbst fördern und zuliefern. Im gesamten Produktionsprozess wären keine menschlichen Arbeitskräfte nötig. Dann wird der Produktionsprozess genauso zyklisch wie vorher die Arbeit: Die Maschinerie erhält sich selbst, indem sie produziert, was sie erhält.[260] Nun muss aber der menschliche Bedarf an Gütern noch gedeckt werden, ohne dass Menschen dafür arbeiten. Dieser Zwang zeichnet ja Arbeit aus, die notwendigen Lebensgrundlagen

---

259 K. Marx: Das Kapital Bd. 1, 459, 465.
260 L. Ohly: Gerechtigkeit und gerechtes Wirtschaften, 268f.

zu decken und nicht nur den Produktionsprozess automatisch in Gang zu halten. Die Produktion soll ja zur Sicherung des menschlichen Bedarfs eingesetzt werden. Dann bedarf es dazu einer Güterverteilung an alle Menschen, ohne dass sie dafür arbeiten müssen. Das wäre die kommunistische Vision der Befreiung des Menschen von der Naturnotwendigkeit der Arbeit.[261] Diese Notwendigkeit würde von der vollautomatischen Maschinerie übernommen – und wenn die Verteilung der produzierten Güter an die Bedarfe der Menschen sichergestellt wäre, dann könnte man doch davon sprechen, dass Maschinen arbeiten.

Es hängt also davon ab, worauf die Betonung der Arbeit liegt, ob man davon sprechen kann, dass Maschinen arbeiten. Jedenfalls arbeiten sie nicht schon deshalb, weil sie etwas produzieren. Ebenso fallen ja auch unproduktive Tätigkeiten wie der Dienst eines Pflegeroboters an einer Person unter die Abwägung, ob dabei ein künstlicher Zyklus der Selbstreproduktion erschaffen wird (der Roboter wartet sich selbst), ob täglicher Bedarf an Pflege für eine Person sichergestellt wird oder ob die vollautomatische Pflegerobotik schließlich allen Personen zusteht, die sie benötigen. Dass Maschinen „arbeiten", kann strenggenommen nur dann behauptet werden, wenn Menschen am Ergebnis der Arbeit (ob produktiv oder nicht) einen Nutzen haben, der wiederum die maschinelle Selbstreproduktion begründet und antreibt.

KI-Textgeneratoren können hierbei ein entscheidendes Verbindungsstück auf dem Weg zu einer vollautomatischen Arbeit werden. Sie können Computerprogramme schreiben und Fehlerdiagnosen von Programmen vornehmen. Daneben können sie Menschen vor allem im (unproduktiven) Dienstleistungssektor nützlich sein, medizinisch beraten oder juristisch betreuen. Ansonsten, wenn KI mit KI kommuniziert, ist der Umweg über die menschliche Sprache unnötig und widerspricht damit den Notwendigkeiten der sich selbst reproduzierenden Arbeit.

Von einer vollautomatischen Arbeit sind wir aber noch weit entfernt. Wie verhält es sich auf den Zwischenetappen bis dahin? Arbeitet ein Sprachmodell, wenn eine Lehrerin es zur Unterrichtsplanung einsetzt und es so mit ihrer Dienstleistung „kooperiert"?[262] In diesem Fall würde ich die Leistung des Sprachmodells nicht als Arbeit einschätzen, sondern als Werkzeug für die menschliche Arbeit. Die Lehrerin muss es nicht zur Selbstreproduktion der Unterrichtsplanung einsetzen, das heißt, sie muss nicht *jederzeit* darauf zurückgreifen. Ihr Einsatz der KI ist auf die eine *oder* andere Unterrichtsstunde beschränkt, oder die Lehrerin

261 K. Marx: Das Kapital Bd. 3, 828.
262 A.-K. v.d. Ham: KI-Textgeneratoren: Eine neue Ära des Unterrichts?, 476.

wird selbst nach regelmäßiger Nutzung die Ergebnisse des KI-Tools nochmals nachjustieren. Vor allem erzwingt ihr Nutzerverhalten nicht, dass das Sprachmodell im Unterricht selbst zum Einsatz kommt, anstatt dass die Schülerinnen und Schüler mit ihr direkt kommunizieren. Das Sprachmodell macht sich nicht unverzichtbar, es drängt nicht auf den Trend der vollautomatischen Übernahme des Lehrerinnenberufs. Die Lehrerin bleibt für den Unterricht verantwortlich und leistet diese Arbeit für die menschliche Reproduktion, auch für ihre eigene, da sie für ihre Tätigkeit bezahlt wird.

Anders wäre es, wenn die KI an die Schulleitung Unterrichtsentwürfe verschickt, mit denen die Schulleitung die Leistung der Lehrerin überprüft. Nehmen wir dazu an, eine KI entwickelt einen alternativen Entwurf im Religionsunterricht zu Martin Luthers Turmerlebnis, der sowohl von den Unterrichtszielen der Lehrerin als auch vom Stundenverlauf deutlich abweicht. Die Schulleitung setzt sich nun in den Unterricht der Lehrerin für diese Stunde und erkennt die entsprechenden Unterschiede. Nehmen wir zusätzlich an, dass die Schulleitung den KI-Entwurf als Maßstab für eine gelungene Stunde zugrunde legt, und zwar nicht, weil er didaktisch überzeugt, sondern weil er von einer KI stammt. Dann wird der faktische Unterricht der Lehrerin am KI-Entwurf bemessen und damit vorerst defizitär beurteilt. (Das wäre nur dann nicht der Fall, wenn die Lehrerin den KI-Entwurf an typischen KI-Indikatoren übertrifft.) Die Lehrerin wird dann also aus Sicht der Schulleitung nur dann einen guten Unterricht halten, wenn sie KI imitiert. Dann fragt sich aber, warum überhaupt noch ein Mensch den Unterricht leiten soll, der eine KI kopiert, anstatt das Original zum Zug kommen zu lassen. Wieder besteht die Gefahr, dass menschliche Arbeit abgeschafft wird. Ob das KI-Tool dabei selbst arbeitet, hängt davon ab, wie sehr Menschen von der Wertschöpfung der KI profitieren und ob der KI-Maßstab dauerhaft im Schulbetrieb zum Tragen kommt.

Ich halte es nicht für zwingend, die Leistungen, mit der eine KI eine menschliche Arbeitskraft ersetzt, selbst als Arbeit zu verstehen. Wenn man es doch tut, dürften Interessen dafür leitend sein, und welche das sein könnten, soll im nächsten Abschnitt betrachtet werden. Aber genauso wenig wie eine KI ein Mensch ist, muss schon die Leistung einer KI dieselbe Leistung sein, die wir bei einem Menschen Arbeit nennen. Denn der Begriff Arbeit betrachtet nicht nur das Ergebnis der Leistung (ein Produkt oder ein Dienst, dessen „Produkt" im selben Moment untergeht, an dem es erzeugt wird) und nicht nur den Prozess seiner Fertigung, sondern eben auch, wer das Subjekt der Arbeit ist (der Mensch) und warum (weil er bedürftig ist und die Erträge der Arbeit braucht) und wie Arbeit strukturiert ist (als Selbstreproduktion).

12.2 Sollte KI arbeiten können?

Nun könnte es sein, dass wir einfach unbedacht davon sprechen, dass Maschinen, Computerprogramme im Allgemeinen und Sprachmodelle im Besonderen „arbeiten". Oder es handelt sich um eine Metapher, die anzeigt, wie tief die Automatisierung und Digitalisierung in die menschliche Lebenswelt eingreift. Mit dieser Metapher werden dann Wünsche und Ängste geweckt. Umso wichtiger ist es, die Interessen zu verstehen, die hinter der Ausdrucksweise stehen, dass KI „arbeitet".

Was die Wünsche betrifft, so liegt hinter einer arbeitenden KI die Phantasie, den Menschen von der Arbeit zu entlasten. Wie wir schon gesehen haben, wird er aber nur dann wirklich entlastet, wenn er der Nutznießer dieser Übernahme ist. Wenn ein Mensch ein eigenes KI-Programm für sich „arbeiten" lässt, erfüllt sie seine Bedürfnisse, so dass er einen Freiheitsgewinn hat. Angeblich sollen Arbeitskräfte durch den Einsatz von Generative AI bis zu vier Vollbeschäftigungsverhältnisse gleichzeitig eingegangen sein.[263] Auch wenn die Tools kostenlos allen Menschen zur Verfügung stehen, erhöht sich damit der Druck zur Selbstausbeutung, sobald einzelne Beschäftigte mit Hilfe der KI um das Vierfache effizienter sind als der Durchschnitt.

Die kommunistische Vision muss daher am Ende dieser Phantasie der arbeitenden KI stehen, also die Vorstellung, dass kein Mensch mehr arbeiten muss, aber alle Menschen von den Wertschöpfungen der Automatisierung profitieren. An der gerechten Verteilung der Güter hängt dann die positive Einschätzung der Arbeitsentlastung durch die Automatisierung. Das trifft auch schon zu, wenn das Maximum der Vollautomatisierung noch nicht erreicht ist: Menschen müssen von den Korrelaten der Arbeit leben können. Solange sie lediglich vom Arbeitsmarkt verdrängt werden, entzieht die Automatisierung ihnen eher die Lebensgrundlage.

Man wird am ehesten Open Access-Produkte wie ChatGPT-3.5 mit dieser kommunistischen Vision in Verbindung bringen können. Sobald aber KI kostenpflichtig wird wie GPT-4 von Open AI, steht das Versprechen der Arbeitsentlastung in Widerspruch zur ungleichen Verteilung des Entlastungsangebots. Dann kippt die verheißungsvolle Assoziation in der Metapher von der arbeitenden KI in die Befürchtung, dass die Automatisierung den menschlichen Zugang behindert, sich selbst durch Arbeit zu versorgen. Meistens wird bei diesem

---

263 Wie wir dank ChatGPT mehr und mehr Jobs gleichzeitig machen können (Zugriff 14.01.2024).

wirtschaftsethischen Themenbereich diskutiert, ob mit dem Einsatz von KI ein fairer Wettbewerb auf dem Arbeitsmarkt noch möglich ist: Wer kostenpflichtige KI-Tools nutzen kann, ist gegenüber denjenigen Konkurrenten im Vorteil, für die sie zu teuer sind. Die Arbeits- und Zeitbelastung sind geringer, und die Ergebnisse können mitunter ohne menschliche Arbeit erzielt werden.

Hinter diesen ethischen Einschätzungen liegt aber eigentlich das Problem, wie die Entlastung von Arbeit durch KI gesellschaftlich zu verteilen ist: Darf der tiefe Einschnitt in die Arbeit privatwirtschaftlich organisiert werden? Oder verlangt er einen allgemeinen Verteilungsschlüssel? Erschöpft sich das Fairnessproblem in der Frage, ob manche Nutzer ein Sprachmodell zur Arbeitsentlastung nutzen dürfen, während andere davon ausgeschlossen sind? Oder hat die Nutzung kostenpflichtiger KI durch wenige Nutzer die Folge, dass menschliche Arbeit allgemein ineffizient und damit vernichtet wird?

Die Metapher, dass KI „arbeitet", sollte dazu verpflichten, auf den Zyklus der Selbstreproduktion der Arbeit zugunsten des Menschen zu achten. Da aber der Arbeitsbegriff gegensätzliche Assoziationen weckt, sollte er nach meinem Eindruck im öffentlichen Diskurs im Hinblick auf KI eher vermieden werden. Wer unter „Arbeit" lediglich Wertschöpfung oder gar nur Produktion versteht, unterläuft den Notwendigkeits-Charakter der Arbeit für die menschliche Bedürftigkeit und erzeugt Indifferenzen zu anderen Tätigkeiten, insbesondere zum Herstellen.[264] Dann wird die Vision geschürt, mit KI Geld zu verdienen und Privateigentum zu erwirtschaften, ohne dafür arbeiten zu müssen. Und schon diese Vision zu schüren, würde dann auf privaten Interessen beruhen. Dabei werden aber eben die disruptiven allgemeinen Folgen für die Arbeit ausgeblendet. Deshalb halte ich den Sprachausdruck einer arbeitenden KI nur dann für ethisch weiterführend, wenn damit die allgemeinen Folgen für die menschliche Arbeits- und Lebenswelt beachtet werden. Das schließt ein, das Verhältnis von Arbeit und menschlicher Bedürftigkeit als *allgemeines* Problem im Blick zu behalten.

Dagegen wird der Ausdruck der arbeitenden KI dann für Privatinteressen genutzt, wenn der Schulleitung aus dem Beispiel der vorherigen Sektion Unterrichtsentwürfe von GPT ungefragt zugestellt werden. Hier dienen die Entwürfe dem Marketing, um potenzielle Nutzer von diesem Tool abhängig zu machen und Maßstäbe zu setzen, die man nicht mehr hintergehen kann. Es ist für sich genommen nicht zu beanstanden, dass Menschen von Technik abhängig werden, um dadurch eine Erleichterung im Leben zu erreichen. Problematisch ist aber

---

264 Kapitel 13.

eine Technikabhängigkeit, wenn die Erleichterung nicht erreichbar ist. Dieses Problem setzt insbesondere bei der Arbeit ein, also bei derjenigen menschlichen Tätigkeit, die die Bedürftigkeit des Menschen berücksichtigt. Gefährlich ist es, wenn Menschen von einer Technik abhängig werden, aber die Nutzungsschwellen zu hoch sind, um das, wovon Menschen abhängig sind, auch in Anspruch nehmen zu können. Eben diese Gefahr ist beim Ersatz von Arbeit besonders gegeben, weil sich Arbeit auf die Regenerierung des Lebensnotwendigen bezieht.

Für legitim halte ich dagegen den Einsatz von KI als Werkzeug für die menschliche Arbeit. Hier bleibt die Leistung der KI eingebunden im Prozess der Selbstreproduktion der Arbeit und wird auch daraufhin beurteilt. In Frage steht dann nicht, ob zum Beispiel Lehrer künftig durch Computerprogramme ersetzt werden sollten, sondern wie Lerngruppen Programme nutzen, um die Unterrichtsziele der Lehrkräfte zu erreichen.[265] Beurteilt wird dann auch ein Sprachmodell danach, inwieweit es die Arbeit einer Lehrkraft unterstützt – und damit indirekt, wie sehr es die Selbstreproduktion der Arbeit fördert, durch effektivere Arbeit zum Arbeiten befähigt zu werden.[266]

---

265 A.-K. v.d. Ham: KI-Textgeneratoren: Eine neue Ära des Unterrichts?, 477.
266 AaO, 478.

13 Herstellen

Nach Hannah Arendt unterscheidet sich das Herstellen von der Arbeit durch zwei Eigenschaften:

1. Im Gegensatz zu den Erzeugnissen der Arbeit sind die hergestellten Produkte dauerhaft.[267] Wir hatten im vorigen Kapitel gesehen, dass Arbeit nach Arendt der Bereitstellung des Lebensnotwendigen dient. Also ist mit den Erzeugnissen der Arbeit ihr unmittelbarer Verbrauch verbunden. Hergestellte Produkte dagegen sind nicht lebensnotwendig, aber dafür für lange Zeit haltbar. Dabei zeigt sich, dass man nicht an den Gegenständen selbst ablesen kann, ob sie sich der Arbeit oder des Herstellens verdanken. Vielmehr ist es genau umgekehrt, dass die Tätigkeiten darüber entscheiden, ob ein Gegenstand ein Produkt ist oder ein Arbeitserzeugnis. Arendt gibt als Beispiel den Ackerbau – was eine Erfindung des Herstellens ist: Der Ackerbau hinterlässt etwas, was die Tätigkeit überdauert[268] – nämlich Überschüsse, die nicht zum unmittelbaren Verzehr benötigt werden, sondern über den Winter aufgehoben werden können.

2. Damit hängt zusammen, dass Arbeit „weltlos" ist,[269] während das Herstellen eine Welt erschafft,[270] die über die Welt der Natur hinausgeht.[271] Es werden Dinge erschaffen, die in der Welt neu sind und nicht so dringend benötigt werden, dass sie sich ihre Vernichtung nicht leisten könnten.[272] Wie notwendig sie sind, hängt vielmehr an der hergestellten Welt, die aber wiederum nicht notwendig ist.

Im Gegensatz zur hergestellten Welt, die vor aller Augen sichtbar ist, findet der Herstellungsprozess unter Ausschluss der Öffentlichkeit statt.[273] Fabriken und Forschungsabteilungen sind in der Regel bewacht und eingezäunt. Das ist ein Grund, warum das Produkt erst zu existieren beginnt, wenn es die Fabrik verlässt.[274]

---

267 H. Arendt: Vita activa, 112.
268 AaO, 164.
269 AaO, 134.
270 AaO, 162.
271 AaO, 169.
272 AaO, 170.
273 AaO, 194.
274 AaO, 177.

Hier endet allerdings Arendts Entgegensetzung zum Ackerbau: Denn was
momentan auf der Ackerfläche hergestellt wird, ist vor aller Augen sichtbar.
Das liegt auch daran, dass Landwirtschaft auf das natürliche Wachsen angewiesen ist, dem Arendt Arbeitsprozesse zuordnet. Wachstum wiederum geschieht
unscheinbar: Niemand kann beim Wachsen zusehen. Was vielmehr sichtbar ist,
ist das Ergebnis des Wachstums, das Gewachsene. Der Unterschied zeigt sich in
unserem Staunen über das Gewachsene: „Wie hoch der Mais schon steht!", „so,
wie wenn ein Mensch Samen aufs Land wirft und schläft und steht auf, Nacht
und Tag; und der Same geht auf und wächst – er weiß nicht wie" (Mk. 4,26f).
Allerdings sind Ackerböden keine wirklich öffentlichen Plätze. Man findet sie
an Ortsrandlagen. Insofern bleibt Arendts Beschreibung der nichtöffentlichen
Herstellung hier auch einigermaßen in Kraft.

Für unser Thema ist besonders bedeutsam, dass Arendt im *modernen* Herstellen eine Eigendynamik erkennt, die das Herstellen grundlegend verändert.
Das muss bedeuten, dass im Herstellen selbst diese Eigendynamik begründet
liegt. Sonst würden Prozesse der Moderne das Herstellen von außen vernichten.
Dabei sind es gerade Herstellungsprozesse selbst, die das Herstellen transformieren. Für Arendt trifft das auf die „Automation"[275] zu und insbesondere auf die
Elektrizität:

> „Wir haben begonnen, gewissermaßen Naturprozesse selbst zu ‚machen', d.h. wir haben
> natürliche Vorgänge losgelassen, die niemals zustande gekommen wären ohne uns, und
> anstatt die menschliche Welt, wie alle historischen Epochen vor der unsrigen, vorsich-
> tig gegen die Elementargewalten der Natur abzuschirmen, sie so weit wie möglich aus
> unserer Welt zu entfernen, haben wir im Gegenteil gerade diese Kräfte in ihrer Elemen-
> targewalt mitten in unsere Welt geleitet."[276]

Mit der Elektrizität beginnt die Technik, automatische Herstellungsprozesse in
Gang zu bringen. Plötzlich ist der Herstellungsprozess nicht mehr nur ein Mittel, um ein Produkt hervorzubringen. Vielmehr passt das Zweck-Mittel-Schema
nicht mehr aus, um Herstellungsprozesse zu verstehen:

> „Daher sind auch Vorstellungen, wie die, daß der fabrizierte Gegenstand ein Primat vor
> dem Prozeß habe, durch den er entsteht, daß der Prozeß nur das Mittel für einen Zweck
> sei, sinnlos und veraltet."[277]

---

275 AaO, 176.
276 AaO, 175.
277 AaO, 178.

Dadurch, dass die Automation ohne Menschenhand Produkte herstellt, werden auch Produkte erzielt, die niemand angestrebt hatte und gegebenenfalls auch nie gebrauchen wird. Tatsächlich werden gegenwärtig massenhaft Produkte gekauft, die niemals benutzt werden: Etwa 40 Prozent aller gekauften Kleidungsstücke werden in Deutschland selten oder nie getragen; Luxusgeräte in Küchen werden bis zu 75 Prozent nie genutzt.[278]

Arendt folgert daraus, dass die Eigendynamik des Herstellens, das eigentlich eine eigene dauerhafte Welt neben der notwendigen Lebensunterhaltung erzeugt, schließlich wieder in die Natur zurückgeführt wird. Wenn zwischen Mittel und Zweck nicht mehr unterschieden werden kann, gleichen sich die Herstellungsprozesse an ihre Produkte wieder an – so wie das Wachsen wesentlich zur Pflanze gehört. Plötzlich gibt es doch keine Unterscheidung zwischen Herstellungsprozess und Fabrikat mehr, weil ja das Fabrikat „von selbst" entsteht, auto-matisch,[279] genauso wie das Wachsen der Pflanze nicht von ihr zu trennen ist. Auf diese Weise wird Herstellen im Zeitalter der Automation quasi ein zweiter Naturprozess. Wenn man unter Natur versteht, was ohne menschliche Hilfe entsteht,[280] dann ist die Automatisierung ein Selbstläufer der Produktion wie eine zweite Natur.

Die Eigendynamik des Herstellens führt also letztlich dahin, die Differenzen wieder zurückzunehmen, die zwischen Arbeiten und Herstellen eigentlich liegen. Nun werden die Produkte des Herstellens doch notwendig, und zwar für die zweite Natur. Ein Stromausfall ist dann eine Katastrophe, obwohl die Menschheit in ihrer fast kompletten Geschichte ohne Elektrizität auskam. Die automatische Produktion darf dann nicht gestoppt werden, obwohl zugleich die Produkte entbehrlich sind und oft von den Produzenten vernichtet werden, wenn sie sich nicht verkaufen lassen – ganz abgesehen von der vorigen Beobachtung, dass ein erheblicher Teil an Produkten von den Konsumenten niemals in Gebrauch genommen werden. Die zweite Natur des automatisierten Herstellungsprozesses erzeugt ihre eigene Notwendigkeit, die mit der Notwendigkeit, Lebensmittel zu verbrauchen, nichts zu tun hat.

Ein Phänomen, das mit dieser Indifferenz von automatisierten Herstellungsprozessen zu tun haben könnte, hatte Arendt nicht vorausgesehen, nämlich dass Herstellung nun doch in die Öffentlichkeit rückt. Das belegen die Tutorials auf Videoplattformen, die alle möglichen Herstellungsthemen im Privatbereich

278 M. Binswanger: Der Wachstumszwang, 193ff.
279 H. Arendt: Vita activa, 178.
280 AaO, 177.

inszenieren: Vom Online-Kochkurs bis zum -Töpferkurs können Nutzer in Tutorials erfahren, wie sie etwas herstellen können. Kochen dient jetzt nicht der lebensnotwendigen Nahrungsaufnahme, sondern erzeugt ein dauerhaftes Produkt (das Tutorial selbst oder das Foto vom Gericht, das dann auf den sozialen Netzwerken gepostet wird). Dementsprechend tritt der Herstellungsprozess selbst in die Öffentlichkeit – wie übrigens auch alle anderen menschlichen Tätigkeiten ihr Tutorial haben (Wie wechsle ich einen Fahrradschlauch aus?) und schon seit Jahrzehnten sogar die Arbeit eine öffentliche Plattform hat, die Werbung und die Produkttestungen (Welcher Staubsauger ist der beste?). Arendt hatte zwar geahnt, dass sich menschliche Tätigkeiten verändern oder ihre Natur verlieren, wenn sie ans Licht gezerrt werden,[281] aber sie hatte den öffentlichen Charakter dieser zweiten Natur des Herstellens nicht selbst vorausgesehen.

Übrigens hatte Arendt dem Herstellen eine Tätigkeit entgegengesetzt, die ebenso etwas neues Materielles hervorbringt, das nicht wirklich lebensnotwendig ist und auch erst am Ende des Schaffensprozesses in die Öffentlichkeit tritt: die Kunst. Wie ist diese Entgegensetzung gerechtfertigt? Diese Frage ist für unser Thema von Bedeutung, weil Generative AI inzwischen Bilder erzeugt, Musik in einem angegebenen Stil komponiert und künftig mit Hilfe von 3D-Druckern auch Skulpturen herstellen kann, die Kunstobjekten ähnlich sind. Für Arendt sind Kunstwerke die beständigsten aller weltlichen Dinge.[282] Dieser Superlativ ist natürlich nicht ernst gemeint, denn Kunstwerke kann man ebenso leicht vernichten wie andere Produkte. Arendt unterscheidet Produkte des Herstellens von der Kunst vielmehr kategorial: Im Kunstwerk tritt die Beständigkeit als solche auf, nicht einfach ein beständiges Produkt: „Was hier aufleuchtet, ist die sonst in der Dingwelt, trotz ihrer relativen Dauerhaftigkeit, nie rein und klar erscheinende Beständigkeit der Welt, das Währen selbst.“[283] Ein Fabrikat hat Dauer, das Kunstwerk bringt die Dauer in Erscheinung – übrigens dann auch, wenn es vernichtet wird: Als zerstörtes Kunstwerk verweist es auf die Beständigkeit, der kein Respekt entgegengebracht wird. Zudem entsteht das Kunstwerk aus dem Denken, das Produkt der Herstellung der menschlichen Geschicklichkeit.[284] Das Kunstwerk reißt Dinge aus ihrem ursprünglichen Zusammenhang heraus und *macht* sie zu sogenannten Gedankendingen.[285] Darum sind Kunstwerke dauerhaft, weil

---

281 H. Arendt: Vom Leben des Geistes, 36.
282 H. Arendt: Vita activa, 202.
283 Ebd.
284 H. Arendt: Vita activa, 203.
285 H. Arendt: Vom Leben des Geistes, 59.

„sie auf dem schmalen, kaum erkennbaren Pfad von Nicht-Zeit geboren wurden, den das Denken ihrer Schöpfer zwischen einer unendlichen Vergangenheit und einer unendlichen Zukunft dadurch geschlagen hatte, daß es Vergangenheit und Zukunft als gerichtet, gewissermaßen gezielt auf sie selbst anerkannte – als *ihre* Vorgänger und Nachfolger, *ihre* Vergangenheit und *ihre* Zukunft, wodurch sie eine Gegenwart für sich selbst schufen, eine Art zeitlose Zeit, in der Menschen zeitlose Werke schaffen können, um mit ihnen ihre eigene Endlichkeit zu transzendieren."[286]

Entschlüsseln wir diesen schwierigen Satz: Die „zeitlose Zeit", in der Kunstwerke geschaffen werden, scheint mit dem „Währen" zu tun zu haben, in dem die Beständigkeit als solche erscheint – unabhängig davon, wie lange der Gegenstand besteht, der sie zur Erscheinung bringt. Wir haben oben gesehen, dass in Arendts Kunstverständnis die Dinge aus ihrem ursprünglichen Zusammenhang gerissen werden. Dadurch bekommen sie „eine Gegenwart für sich selbst", weil sie aus der ursprünglichen Zeit ja herausgenommen worden sind: Der gemalte Baum ist eben nicht gewachsen und spendet auch keinen Schatten, sondern bildet die Beständigkeit als solche ab. Darum hat er seine eigene Gegenwart, „eine Gegenwart für sich selbst." Diese „zeitlose Zeit", die also aus der ursprünglichen Zeitlichkeit eines Dings herausgenommen worden ist, entsteht dadurch, dass auch die „unendliche Vergangenheit" und „unendliche Zukunft" – also die natürliche Zeit – selbst eine Vergangenheit und Zukunft haben: Nicht nur besteht vor einem Zeitpunkt ein früherer Zeitpunkt, sondern die Dimension aller vorherigen Zeitpunkte (Vergangenheit) hat ihrerseits ein Vorher (einen Grund), und die Dimension aller späteren Zeitpunkte (Zukunft) hat ihrerseits ein Nachher (ein Ziel). So bekommt die Zeit einen Sinn, der sich selbst nicht mehr auf der Zeitleiste finden lässt. Prägnant ausgedrückt: Der Sinn der Zeit liegt nicht in der Zeit. Auch der Sinn der Dauer liegt nicht in der Dauer, sondern in der Dauer*haftigkeit*, in dem, was die Dauer zur Dauer macht: im Sinn der Zeit. All diese Beobachtungen bestätigen, dass Kunstwerke nicht einfach graduell am beständigsten sind, sondern dass die Beständigkeit als solche in ihnen hervortritt, während Produkte des Herstellens lediglich in der Zeit Dauer haben.

Arendts Entgegensetzung von Herstellen und Kunst hat deutliche Parallelen bei der Philosophie Martin Heideggers.[287] Auch ihre Priorisierung des Dichtens[288] vor anderen Künsten findet bei Heidegger eine Parallele[289] – und damit

---

286 AaO, 206, Herv. H.A.
287 M. Heidegger: Die Frage nach der Technik, 36.
288 H. Arendt: Vita activa, 205.
289 M. Heidegger: Die Frage nach der Technik, 36.

auch eine ähnlich technikkritische Einstellung, wie Heidegger sie hatte. Allerdings ergeben sich daraus gegensätzliche Einschätzungen zur Generative AI: Ist Künstliche Intelligenz pure Automation, eine zweite Natur, die nie zur Kunst fähig ist, weil sie nicht mehr in der Lage ist, unbeantwortbare Fragen zu stellen, auf denen die Kunst gründet, und deshalb auch keine zu beantwortenden Fragen mehr stellen kann?[290] Oder sind KI und insbesondere KI-Textgeneratoren geradezu das Paradigma der Kunst, weil sie Sinnesdinge aus ihren ursprünglichen Zusammenhang reißen und in Gedankendinge transformieren?

13.1 Kann KI herstellen oder Kunst betreiben?

KI kann herstellen. Das ergibt sich aus dem Zusammenhang von Herstellen und Automation, wie ich ihn an Hannah Arendt rekonstruiert habe. Die Entstehung eines Produkts hängt nicht daran, wer es hervorbringt, sondern daran, dass es keine Notwendigkeit hat beziehungsweise nur in einer hergestellten Welt notwendig ist. Die Frage bleibt aber, ob Texte aus dem Herstellen hervorgehen können oder eine andere Tätigkeit verlangen. Für Arendt kann sich „Kopfarbeit" nie aus der Herstellung bilden,[291] und ebenso ist die Dichtung ja der Kunst zugeordnet, die dem Herstellen entgegengesetzt ist. Wenn KI zur Textproduktion fähig ist, müssen die dabei entstandenen Texte entweder etwas anderes sein als das, was Menschen bei der „Kopfarbeit" oder beim Dichten entstehen lassen, oder KI ist selbst auch der Kunst fähig.

Betrachten wir den Fall, bei dem wir bemerken, dass wir einen Gedanken vergessen haben: Eben noch wollte ich einen Gedanken aufschreiben, aber jetzt, wo ich endlich einen Zettel vor mir liegen habe, ist mir der Gedanke entfallen. Oft weiß ich nicht einmal mehr, wie wichtig der Gedanke war. Aber gerade dadurch, dass ich selbst das nicht mehr weiß, ist er mir besonders wichtig. Nur ein wenig hilft es, wenn ich mich damit beruhigen will, dass es „bestimmt nicht wichtig war", was ich mir aufschreiben wollte, oder dass es mir „bestimmt wieder einfällt". Viel hilfreicher scheint es zu sein, wenn ich an den Ort zurückgehe, an dem ich eben noch den Gedanken hatte, obwohl er sich dort natürlich nicht befindet wie ein körperlicher Gegenstand. Aber alle diese Strategien unterstreichen, dass ein Gedanke das ausdrückt, was Arendt das „Währen" nennt. Gedanken drücken die menschliche Identität aus: Ohne diesen Gedanken fühle ich mich leer, ohnmächtig und stimme nicht mit mir überein. Gerade darum erwarte ich, dass der

---

290 H. Arendt: Vom Leben des Geistes, 71.
291 H. Arendt: Vita activa, 193.

Gedanke noch „im Raum" ist, dass er sich irgendwo wiederfinden lässt oder mir „wieder einfällt". Oder ich schütze mich vor dem Vergessen dadurch, dass ich den Gedanken zu einem Nichts erkläre („nicht so wichtig"). Die Wichtigkeit des Gedankens hängt in diesem Moment jedenfalls nicht an seinem Inhalt, sondern daran, dass er währt, auch wenn mir sein Gehalt gerade nicht bewusst ist und ich nicht einmal mehr weiß, wie wichtig der Gehalt ist. Zugleich ist genau das Währen fragil, weil der Gedanke verlorenzugehen droht und allenfalls noch der leere Zettel das Währen bezeugt wie der Platz, an dem ein zerstörtes Kunstwerk noch währt.

Ein Gedanke kann von einer KI zwar gespeichert werden, aber er kann für sie nicht währen. Im Gegenteil, während der Mensch seine Tätigkeiten unterbricht, um den Gedanken wieder zurückzuholen, prozessiert das Sprachmodell ununterbrochen weiter. Es kann keine Gedanken vergessen und auch nicht bemerken, dass Gedanken vergessen werden könnten, weil Gedanken für das Sprachmodell nicht währen. Sprachmodelle prozessieren allein auf der Ebene der Gehalte, nicht auf der Ebene der *geistigen Anwesenheit* von etwas, das auch abwesend sein kann.[292] Es handelt sich bei dieser geistigen Anwesenheit um einen *kategorialen Mehrwert* und nicht um eine graduell abgestufte Entfernung des Textes. Das Währen ergibt sich also nicht dadurch, dass der Gedanke irgendwo anders ist, nur nicht hier, sondern dass seine räumliche Entfernung bedrängend ist, also Anwesenheit hat. Genau darin besteht sein Währen.

Dieser kategoriale Mehrwert kann von einer KI nicht aufgegriffen werden, ihr Mangel kann nur durch Verschleierungstaktiken[293] überdeckt werden. Selbst wenn ich einen Textgenerator zu Rate ziehe, ob sich dadurch mein Gedanke wiederfinden lässt („Entwirf eine Liste mit Gedanken zum Thema…"), tritt an die Stelle des währenden, aber entfallenen Gedankens ein prinzipiell endloser Fluss an Texten. Das Währen eines Gedankens unterbricht den Denkfluss und zieht die Aufmerksamkeit auf sich, während Sprachmodelle prinzipiell bruchlos prozessieren.

Daraus folgere ich, dass Generative AI Texte herstellt, dass sie aber nicht zur Kunst fähig ist. Zumindest kann sie nicht Kunst für sich selbst registrieren. Ob ihr Produkt als Kunst zählt, hängt vielmehr von menschlichen Rezipienten ab. Selbst wenn der Prompt lautet: „Schreib ein Gedicht zur Liebe im Stil der Romantik", so muss die KI dabei Texte in der Datenbank durchsuchen, die durch Mustererkennung als romantische Gedichte identifiziert werden, um ein

292 Kapitel 7.
293 Sektion 8.1.

Gedicht zu produzieren, das ins selbe Muster fällt. Dabei währt kein Gedicht aus der Datenbank. An die Stelle des Währens tritt der Prozess der Mustererkennung. Ob das produzierte Gedicht selbst das Währen repräsentiert, liegt nicht in ihm selbst, sondern an seiner Interpretation durch die menschlichen Rezipienten. *Sie* entwerfen dann ein Kunstwerk, dem kein Schöpfer vorangeht. Das ist ähnlich einem Regenbogen, der uns verzaubern kann, ohne dass die Regentropfen das Währen erschaffen. Oder anders: Erst die Interpretation des Gedichts ist ein Kunstwerk, nicht das Gedicht selbst.

Wenn wir von der KI erwarten, dass sie unsere Vorlieben für Kunst reproduziert und Bilder oder Gedichte auftragsgemäß generiert, dann setzen wir die Kunst herab und positionieren an die Stelle des Währens bloße Gegenstände als Platzhalter. Diese Produkte „sehen dann so aus" wie Kunstwerke, sie erfüllen also unsere Erwartungen daran, was wir für Kunstwerke halten und dass für uns Kunstwerke darin aufgehen, Gegenstände zu sein. Sie erfüllen unsere Erwartungen an Farben und Formen, an Pointen. Aber ob sie währen können, ob sie also unsere Aufmerksamkeit auf sich ziehen und andere Aufmerksamkeitsprozesse unterbrechen, liegt nicht an Farben oder Formen. Generative AI kann nur formieren, eben herstellen, aber dabei nicht die Ebene des Währens intendieren, weil sie dafür unempfänglich ist.[294]

13.2 Sollte KI herstellen oder Kunst betreiben können?

Die Automation liegt im Wesen des Herstellens. Und wenn Herstellen moralisch gerechtfertigt ist, dann ist es das automatische Herstellen grundsätzlich auch. Es spricht auch nichts grundsätzlich dagegen, dass durch automatische Prozesse Texte generiert werden. Wir haben schon gesehen, dass KI-Textgeneratoren hilfreiche Werkzeuge sein können, um Texte zusammenzufassen, Begriffsanalysen zu erstellen, als Ideengeber zu fungieren oder Texte zu übersetzen. Bei der Textgenerierung befinden wir uns aber auf der Grenze zwischen Herstellen und Kunst. Nicht alle Texte sind künstlerisch, die wenigsten vermutlich, aber das Beispiel vom vergessenen Gedanken aus der vorangegangenen Sektion weist schon darauf hin, dass Texte die menschliche Identität prägen, allein weil sie Texte sind und nicht nur dadurch, welche Gehalte sie haben. Nicht erst künstlerische Texte lassen das Währen selbst in den Blick treten. Dazu sind sie überhaupt nur fähig, weil Währen zum Wesen der Sprache gehört: Auch eine Beleidigung, die schon Jahre zurückliegt, kann uns noch treffen. Texte müssen keine besondere

---

294 H. Rosa: Unverfügbarkeit; Berlin 2023[8], 94.

Beschaffenheit haben, damit sie währen: Belanglose Kritzeleien schon können sich in bestimmten Situationen ins Gedächtnis brennen wie der Einkaufszettel einer Verstorbenen.[295]

Wenn es also nicht an der Beschaffenheit von Texten liegt, ob sie währen, könnte es gleichgültig erscheinen, woher sie stammen und ob sie von KI-Textgeneratoren erschaffen werden. Warum sollte es uns nicht ebenso anhaltend treffen können, wenn das Programm mitteilt: „Ich kann nichts zu Gott sagen, weil ich kein Theologe bin, sondern nur ein Sprachmodell"? Ich sehe allerdings zwei problematische Entwicklungen, die mit der Transformation des Textens von einer währenden Dynamik zum Herstellen verbunden sind, nämlich zum einen der Wahrnehmungsverlust für das Währen und zum anderen die Verschleierungstaktik, das Währen durch die Methoden der Generative AI zu simulieren. Dieser Wahrnehmungsverlust ist nicht einfach ein ästhetisches Defizit, sondern hebt auch die Grundlagen moralischer Verbindlichkeit auf. Denn Verbindlichkeit beruht auf bleibender Anwesenheit, die abwesende Gegenstände mit einschließt. Ich will beide problematische Entwicklungen kurz beschreiben und anschließend ihre moralische Dimension erläutern.

Die erste problematische Entwicklung besteht darin, dass Texte ausschließlich zur Informationsübertragung verwendet werden. Das geschieht, wenn Texte von KI ausgelesen werden oder wenn verschiedene KI-Instanzen miteinander textlich interagieren. Natürlich ist die Informationsübertragung eine zentrale Funktion von Textmitteilungen. Aber die Funktion von Texten geht darüber hinaus. Texte bezeugen persönliche Nähe („Ich denke heute an dich und wünsche dir Erfolg für deine Prüfung"), was sich nicht in Informationsgehalten allein manifestiert. Wenn sich langjährige Liebespartner immer wieder ihre Liebe bezeugen, ist diese Information gehaltlich verzichtbar, weil sie sie vorher schon kannten. Aber „Ich liebe dich" bezeugt vor allem die Nähe zueinander, die nicht in Informationsgehalten aufgeht: Das Währen selbst ist diese Nähe, die sich in diesem Zeugnis ausdrückt.[296]

Wenn es immer mehr künstlich generierte Texte gibt, mit denen sich zunehmend Menschen beschäftigen, reduziert sich deren Funktion auf den Informationsgehalt. Zugleich verliert der Gehalt an Dauer: Die wenigsten Texte, die die Nutzer von Sprachmodellen verfassen lassen, werden von ihnen abgespeichert, weil man mit ihnen lediglich experimentiert oder Informationen kurzfristig einholt. Sie sind nur für den momentanen Gebrauch von Relevanz – und damit

---

295 Kapitel 2.
296 L. Ohly/C. Wellhöfer: Ethik im Cyberspace, 144.

nicht unbedingt auch für eine zwischenmenschliche Anschlusskommunikation. Werden sie doch heruntergeladen – etwa für eine schulische Hausaufgabe –, muss sich die Schülerin nicht näher mit dem Text befasst haben. Vielmehr legt sie ihn einfach nur als erledigte Hausaufgabe im Unterricht vor. Ohne Währen verliert dann auch der Informationsgehalt an Relevanz.

Die Sprachmodelle verarbeiten ihre eigenen Texte zwar weiter und speichern sie dafür ab. Aber der Zweck ihres Beharrens liegt nur in der Optimierung und Fortsetzung der Textgenerierung. An die Stelle eines Standpunkts tritt der endlose Produktionsfluss. KI-Textgeneratoren mögen zwar Liebesgedichte verfassen können, aber sie sind unempfindlich für die Anwesenheit, die sich in den Gedichten ausdrückt und die sie überhaupt erst zu Liebesgedichten machen. Ich eigne mir das Gedicht an, weil es meine Sprache spricht, weil es meine Liebesbeziehung treffend ausdrückt oder die unerfüllte Liebe präsent hält. Die Versuchung, das Gedicht für einen strategischen Zweck zu optimieren („Baue noch einen Witz ein!" „Schreibe noch eine Strophe zu den Lippen und blauen Augen!"), belegt die Unbeständigkeit und den instrumentellen Charakter des Gedichts, in dem nichts mehr währt.

Die zweite problematische Entwicklung besteht dann darin, das Währen künstlich zu reproduzieren, also den Herstellungsvorgang als Kunst auszugeben. Das einfachste Beispiel besteht eben darin, dass KI überhaupt Gedichte verfasst, obwohl sie zur Kunst nicht fähig ist. Etwas komplizierter wird die Strategie dieser Verschleierung, wenn die auf Dauer gestellte Textproduktion selbst das Währen repräsentieren soll: Mein Sprachmodell schickt dann meiner Freundin nicht nur ein Gedicht, sondern jeden Morgen ein neues. Der ganze Prozess soll dadurch ästhetisiert werden, dass er „währt". Aber damit wird nicht das Währen selbst zum Ausdruck gebracht, sondern das stetige Überschreiben von Texten. Jeder einzelne Text verliert dadurch an Ausdruckskraft, dass die Permanenz des Textwechsels die Treue in der Liebesbeziehung ausdrücken soll.[297]

Ich hatte oben erwähnt, dass das Währen von Texten die Aufmerksamkeit auf sich zieht, indem die Texte den Denkfluss unterbrechen. Bei einer Permanenz von Textwechseln ist aber keine Unterbrechung vorgesehen. Deshalb kann sie nicht währen, selbst wenn der Prozess endlos ist. Diese Permanenz könnte nur dann das Währen selbst zur Erscheinung bringen lassen, wenn die Permanenz selbst eine Unterbrechung darstellt. Dann ist das morgendliche Gedicht ein kurzer Ausbruch aus dem Alltag so wie ein religiöses Ritual, das regelmäßig

---

[297] Der beständig wiederholte Wechsel von Informationen charakterisiert Virtuelle Realitäten (L. Ohly/C. Wellhöfer: Ethik im Cyberspace, 138).

wiederkehrt und trotzdem den Alltag unterbricht. Allerdings sind solche Rituale erwartbar und damit keine Unterbrechungen mehr: Die Freundin wird nämlich morgen wieder ein Gedicht erwarten und ununterbrochen an jedem weiteren Tag. Ob sich ein Währen gegenüber dem endlosen Prozessieren behaupten kann, liegt nicht an den verlässlich wiederkehrenden Ritualen als solchen, sondern daran, was dort gesprochen wird – wie also Texte unsere Identität betreffen, in Frage stellen und neu deuten helfen. Dazu reicht die Permanenz des Textwechsels nicht aus, sondern die bleibende Nähe eines Wortes, das mich einmal getroffen hat und mich dadurch wieder treffen kann, muss hinzukommen. Das ist das Phänomen, das ich „Anwesenheit" nenne und Hannah Arendt das „Währen selbst".[298]

Warum nun ist dieses Phänomen moralisch bedeutsam, oder noch mehr: Warum bildet es gar die Grundlage moralischer Verbindlichkeit? Weil nur Währen Verbindlichkeit setzt! Was moralisch gültig ist, muss auch dann noch gültig sein, wenn wir gerade nicht daran denken oder wenn es uns gerade nicht beschäftigt. Wie kann es aber auch jetzt gültig sein, wenn es uns doch gerade entfallen oder weit in den Hintergrund gerückt ist? Seine Verbindlichkeit muss dann offenbar unabhängig davon sein, wie nahe sein Gehalt uns momentan ist. Das bedeutet, dass Verbindlichkeit selbst kategorial von Gehalten zu unterscheiden ist: Die Verbindlichkeit des Tötungsverbots *besteht nicht* darin, dass man nicht tötet, sondern an seinem Verbotscharakter. Das Verbot muss uns präsent sein. Oder anders: Seiner Präsenz nicht zu entkommen, selbst wenn wir gerade nicht daran denken, bildet das Verbot. Ohne dieses Phänomen bleibender Präsenz müssten wir permanent neu aushandeln, ob das, was uns zwischendurch nicht beschäftigt hat, noch gültig ist. Geltung wäre dann ein rein aktualistisches Phänomen, und weil es rein aktualistisch wäre, wäre es gar kein Phänomen: Wir könnten mit seiner Gültigkeit nichts anfangen, weil es sich darauf reduzieren würde, was gerade der Fall ist. Aus dem Sein könnte kein Sollen entstehen, weil sich ein Sollen im Sein schon erschöpfen würde.

Jetzt lässt sich der Zusammenhang zwischen moralischer Verbindlichkeit und aktualistischem Prozessieren von Sprachmodellen sicher erkennen: Ein Wort muss auch noch Bedeutung haben, wenn es gerade nicht ausgesprochen wird. Es kann sich nicht im aktuellen Herstellungsprozess des Textes erfüllen. KI-Textgeneratoren können Texte herstellen, aber sie können nicht ihre Geltung herstellen. Denn dazu müssten sie auf etwas zurückgreifen, was sich nicht durch das Herstellen von Texten erreichen lässt, nämlich das Währen. Die Verbindlichkeit

---

298 Zum Verhältnis von Anwesenheit und Währen s. Sektion 13.1.

entsteht nicht mit der Herstellung, sondern tritt auch noch auf, wenn der Text verklungen ist oder sich auf keinem Datenträger mehr finden lässt.

Die Herstellungsmethode künstlich generierter Texte greift nicht über auf moralische Geltung. Sie ist für moralische Geltungen unempfindlich und kann daher auch dafür unempfindlich machen. Es ist daher keine Überraschung, dass Programmierer in die meisten Sprachmodelle moralisch eingreifen: Sie setzen Barrieren fest, dass die Textergebnisse beispielsweise keinen Rassismus abbilden, der in den Trainingsdaten des Modells durchaus noch enthalten sein kann. Man kann diese moralischen Eingriffe aufgrund ihrer Intransparenz als Bevormundung kritisieren.[299] Allerdings unterstreichen sie, dass durch die bloße Textproduktion keine Moral entstehen kann, weil ihr das Währen fehlt. Die Eingriffe durch Programmierer symbolisieren diese Lücke, die ein grundlegendes Vakat von Moralität in der automatischen Textherstellung selbst anzeigt.

---

299 Wird KI dich ersetzen? (Zugriff 04.06.2023). Differenzierter A. Bahr: Same same but different, 181. Beschreibend O. Bendel: KI-basierte Textgeneratoren aus Sicht der Ethik, 301.

14 Entscheiden

In diesem Kapitel weiche ich von Hannah Arendts Einteilung der menschlichen Tätigkeiten ab und widme mich dem Entscheiden. Landläufig wird das Entscheiden dem Wollen beigeordnet. Dadurch entstehen die berühmten philosophischen Probleme des unfreien Willens: Bei dem legendären Experiment von Benjamin Libet ist die neuronale Aktivität für einen Tastenklick früher nachweisbar als der Moment, an dem eine Person weiß, dass sie jetzt diese Taste klicken will.[300] Doch präzise gesagt, betrifft dieses Experiment das Phänomens des Entscheidens, und das Verhältnis von Wollen und Entscheiden müsste erst noch geklärt werden: Denn ich kann auch dann ein Eis essen wollen, wenn ich mich dagegen entscheide, eins zu essen. Entscheidungen sind überhaupt nur deshalb interessant, weil sie zwischen verschiedenen Neigungen vermitteln. Dabei muss für eine Entscheidung entweder ein Wille höherer Ordnung angenommen werden, der sich von der Vielfalt der Willensgehalte kategorial unterscheidet, oder es sind andere Faktoren ausschlaggebend für eine Entscheidung. In jedem Fall ist eine Entscheidung etwas anderes als ein Wollen.

Schon umgangssprachlich ist eine Entscheidung nicht immer mit einem Willen verknüpft: Der Sieg in einem Fußballspiel wird entschieden, ohne dass man sagen könnte, dass die Verlierermannschaft weniger stark gewinnen wollte. Schicksalsschläge werden auch für entschieden tituliert. Ärzte drücken sich manchmal so aus, dass die Nacht über Leben und Tod der Patientin entscheiden wird. Dabei können die Ärzte auch Atheisten sein, die nicht annehmen, dass eine höhere Macht das Ergebnis herbeiführen werde. Nicht einmal muss hierbei zwischen verschiedenen Willensgehalten vermittelt werden. Die widerstreitenden Neigungen können auch widersprüchliche Informationen sein – etwa die medizinischen Befunde, dass sich der Kreislauf der Patientin erholt oder zusammenbricht. Wenn dann geäußert wird, dass „die Nacht entscheidet", wird ausgedrückt, dass zwischen den verschiedenen medizinischen Befunden nicht selbst ein medizinischer Befund vermittelt. Die Entscheidung weicht vielmehr vom bestehenden Informationsstand ab: Die aktuelle Situation ist zwar informationsbasiert beschreibbar, aber eine Prognose kann nicht allein über bestehende Informationen abgegeben werden. Es muss vielmehr etwas Neues

---

300 B. Libet: Do We Have Free Will?, 47–57.

eintreten – worüber wiederum Informationen eingeholt werden können, aber noch nicht jetzt.

Für Neues ist charakteristisch, dass es nicht aus bestehenden Informationen hervorgeht, weil es sonst in ihnen schon enthalten gegeben wäre und dann nichts Neues sein könnte.[301] Entscheidungen können *rückwirkend* eine Situation erklären, sie sind das, was Slavoj Žižek „retroaktive Kausalität" nannte: ein Neues, das seine Möglichkeiten rückwirkend miterzeugt.[302] Wenn die Patientin am Morgen noch lebt, können Mediziner im Rückblick erklären, wie es dazu kommen konnte, während sie am Vorabend noch nicht sagen konnten, ob die Erholung eintreten werde und ob sie überhaupt möglich wäre. Der Widerstreit der Neigungen bedarf zwar einer Lösung – er kann nicht für längere Zeit beharren, weil sich Widersprüche aufheben. Aber der Widerstreit legt damit nicht schon fest, wann welche Lösung eintreten wird. Selbst dann, wenn „die Nacht entscheiden" wird, ist kein genauer Zeitpunkt genannt. Neues bildet seine Zeitrechnung immer selbst,[303] und zwar rückwirkend: Erst im Rückblick kann benannt werden, dass etwas Neues eingetreten ist und was es verändert hat.

Nicht alles Neue geht aus einem Widerstreit von Neigungen hervor – wobei ich unter Neigungen nicht nur psychische Phänomene verstehe, sondern auch objektive Tendenzen, die aber noch keinen Ausschlag dafür geben müssen, was passieren wird – wie etwa die medizinischen Befunde einer Patientin oder die beiden Mannschaften eines Fußballspiels mit ihrer jeweiligen Klasse. Wenn Neues aus einem Widerstreit hervorgeht, nennt man diesen Übergang ins Neue eine Entscheidung. Nicht das Neue selbst ist die Entscheidung, aber sie führt es herbei. Damit ist aber zugleich gesagt, dass erst vom Neuen her die Entscheidung identifiziert werden kann. Auch hier ist das Verhältnis retroaktiv: Weil etwas Neues eingetreten ist, ist zwischen gegensätzlichen Tendenzen eine Entscheidung herbeigeführt worden. Phänomenologisch steht also das Neue *vor* der Entscheidung, die es ausgelöst hat. Das ist eine Konsequenz daraus, dass die Entscheidung nur rückwirkend erklärt, wie es zu dem Neuen kam.[304]

Ich habe an anderer Stelle solche Auslöser für Neues „vorzeitig" genannt: Sie bilden eben ihre Zeit selbst und können daher nicht innerhalb *ihrer* Zeitrechnung schon vor dem Neuen da gewesen sein. Erst *rückwirkend* liegen sie *vor* dem Neuen. Diese Sicht verträgt sich mit einer zeitlichen Beschreibung der Ereignisse,

---

301 H. Arendt: Über die Revolution, 307.
302 S. Žižek: Event, 99f.
303 H. Arendt: Über die Revolution, 306.
304 Diese Struktur habe ich schon in Kapitel 3 beschrieben.

die wir in der Regel vornehmen, nachdem aus einem Widerstreit von Tendenzen
etwas Neues eingetreten ist. Wir sagen dann, dass eine Entscheidung die Ursache
dafür war – wobei Ursachen in einem linearen zeitlichen Verhältnis zu ihren
Wirkungen liegen. Entscheidungen sind also in zeitlicher Hinsicht das Erste, um
etwas Neues als Zweites hervorzubringen. Aber diese Sicht ist nur möglich, weil
etwas Neues eingetreten ist. In vorzeitiger Hinsicht sind Entscheidungen daher
das Zweite gegenüber dem Neuen, das retroaktiv seine Möglichkeit überhaupt
erst miterschaffen hat. Ich drücke die Verträglichkeit von vorzeitigen und zeitlich linearen Verhältnissen so aus: Das kausale Verhältnis zwischen Ursache und
Wirkung ist vom Neuen aus betrachtet das Zweite, aber retrospektiv zum Ersten
geworden.[305]

Es ist klar, dass eine Entscheidung hier nur als Chiffre für einen *eigenschafts-
losen Übergang* zu etwas Neuem fungieren kann. Denn wenn das Neue die
Entscheidung erst hervorbringt, die es ermöglicht, kann sie noch keine Eigenschaften haben. Das mag der Grund sein, warum wir Entscheidungen mit einem
Willen verbinden: Denn warum wir etwas wollen, bleibt ins Letzte unbeant-
wortbar. Warum ich in einem Eiscafé Mozarteis essen will, andere aber lieber
Bananen- oder gar kein Eis, sondern lieber Waffeln, lässt sich nur bedingt mit
besonderen Körperbedarfen oder unserer Gewohnheit erklären. Es erklärt vor
allem nicht, warum wir an manchen Tagen eine andere Entscheidung treffen, am
Eiscafé vorbeigehen oder eine andere Eissorte ausprobieren. Die Annahme, dass
es für jede Entscheidung einen Grund geben müsse, verschleiert ihre eigentliche
Eigenschaftslosigkeit. Denn erst im Rückblick kann man einigermaßen sicher
erklären, warum wir uns so oder anders entschieden haben. Die Erklärung für
die Entscheidung, „weil ich es so wollte", gibt als Parameter keine Eigenschaften
an, mit denen man meine nächste Entscheidung sicher prognostizieren könnte.

Die Assoziation von Entscheidungen mit dem Willen beschönigt darüber
hinaus die Situation von Entscheidungszwängen. Denn wenn Tendenzen miteinander streiten, ist die Balance zwischen ihnen nicht verlässlich, sondern
erzwingt, dass der Gegensatz durchbrochen wird. Es liegt nämlich nicht in der
jeweiligen Tendenz, dass die Balance zur Gegentendenz bestehen bleibt, weil
sie in der jeweiligen Tendenz nicht vorgesehen ist. Vielleicht will ich also ein
Eis essen, aber seit meinem letzten Arztbesuch will ich künftig weniger Süß-
speisen zu mir nehmen. Beide Tendenzen liegen in mir, aber es liegt nicht in
meinem Gesundheitsinteresse, dass ich mich mit meiner Lust auf ein Eis ver-
söhne. Ebenso liegt es nicht in der Sterbetendenz der Patientin, dass sie sich

---

305 L. Ohly: Schöpfungstheologie und Schöpfungsethik, 30.

mit den Vitalfunktionen des Organismus verträgt. Deshalb drängen gleichstarke Gegentendenzen zu einer Entscheidung, auch wenn sie nicht determinieren, in welche Richtung die Entscheidung ausschlägt. Und deshalb ist die Erklärung einer Entscheidung mit dem Willen eine Gleichung mit zwei Unbekannten: Die Entscheidung ist eigenschaftslos, und der Wille gibt ihr keine Eigenschaften ein, weil seine angebliche Freiheit nicht vorliegt: Die Situation muss vielmehr entschieden werden, aber auch der Entscheidungszwang erklärt nicht, wie die Entscheidung ausgefallen ist.

Wenn Entscheidungen eigenschaftslos sind, dann lassen sie sich entweder nur rückwirkend erklären, nachdem das entstandene Neue erkennbar Konturen mit Eigenschaften besitzt. Oder Entscheidungen müssen in einer anderen Kategorie betrachtet werden, nicht durch Gehalte und Eigenschaften, sondern dadurch, dass sie *fallen*, also einen *Widerfahrenscharakter* haben. Das bedeutet auch, dass Menschen nicht souverän sind, indem sie Entscheidungen „treffen", als wären sie unabhängige Akteure. Vielmehr rutschen sie in Entscheidungszwänge hinein oder beschreiben ihr Verhalten erst rückwirkend so, dass sie etwas entschieden haben.

Nehmen wir den Moment am Morgen, in dem wir aus dem Bett aufstehen. Für dieses Szenario setze ich voraus, dass wir nicht durch äußere Faktoren gezwungen sind, jetzt aufzustehen. In einer Kaserne, in der die Rekruten morgen geweckt werden, bestehen keine widerstreitenden Tendenzen, die die Option offenhalten, noch ein Weilchen liegen zu bleiben. Ich meine vielmehr die Situation, in der wir morgen wach werden, aber nicht festgelegt sind, wann wir aufstehen. Gegensätzliche Tendenzen liegen im Widerstreit: Das Bett ist gemütlich und warm, andererseits fühlen wir schon die Aufgaben in den Gliedern, die wir heute erledigen müssen. Wir sind noch müde, andererseits wird das Kopfkissen langsam etwas unbequem. Außerdem haben wir Hunger, aber bis wir etwas zu essen bekommen, müssen wir erst unter die Dusche. Wann stehen wir auf?

Ich spreche nicht von den Menschen, die sich angewöhnt haben, immer sofort aufzustehen, sobald sie wach geworden sind, weil sie pflichtbewusst und diszipliniert sind. Hier sticht ihre Haltung alle Gegentendenzen, dass man nicht von einer Entscheidung sprechen kann aufzustehen. Der Fall, der mich dagegen interessiert, ist der Moment des Aufstehens, wenn die Tendenzen noch nicht klar sind und sich gegenseitig in Schach halten.

Nachdem ich aufgestanden bin, kann ich sagen, dass ich es entschieden habe. Aber bis zu dem Moment, bei dem ich aufstehe, liegt die Entscheidung noch nicht vor. Selbst wenn ich mir vornehme, bis zur nächsten vollen Minute auf meinem Wecker zu warten, bis ich aufstehe, habe ich diese Entscheidung nicht ihrerseits nach der Zeit getroffen – also zum Sprung auf 6.31 Uhr entschieden,

zum Sprung auf 6.32 Uhr aufzustehen, weil jetzt gerade 6.31 Uhr geworden ist.
Denn sonst müsste ich bereits entschieden haben, um 6.31 Uhr die Entscheidung
zu treffen, wann ich aufstehe, und diese Entscheidung ist nicht dadurch getroffen, dass ich um 6.31 Uhr entscheide, um 6.32 Uhr aufzustehen. Eine solche Ent-
scheidungsprozedur würde in einen infiniten Regress führen: Ich müsste dazu
unendlich viele Entscheidungen getroffen haben – und weil man mit unendlich
vielen Entscheidungen nie fertig wird, würde ich niemals aufstehen.

Die Lösung aus dieser Entscheidungsaporie lautet, dass man Entscheidungen
anders betrachten muss, nicht danach, welche Eigenschaften sie determinieren,
sondern so, dass sie uns widerfahren. Wenn ich ehrlich bin, werde ich im Nachhinein eingestehen, dass ich zwar entschieden habe aufzustehen, aber den exak-
ten Moment dabei nicht bestimmt habe. Beim Aufstehen stelle ich vielmehr fest,
dass ich mich offenbar dazu entschieden habe – irgendwie in diesem Moment,
ohne dass sich dieser Moment eindeutig zeitlich datieren lässt. Neues bildet eben
seine eigene Zeit.

Vielleicht können Verhaltensforscher feststellen, dass Menschen zwischen
Erwachen und Aufstehen durchschnittlich zwischen zwei und acht Minuten brauchen. Aber damit ist nicht determiniert, dass ich heute vier Minuten
gebraucht habe und gestern nur zweieinhalb. Dass es einen zeitlichen Rahmen
zwischen Erwachen und Aufstehen gibt, ist nicht erstaunlich, denn sonst wäre
es nie erwartbar, dass wir überhaupt aufstehen. Aber wer sich entscheidet, jetzt
aufzustehen, hat sich nicht für einen zeitlichen Rahmen entschieden, in dem er
oder sie aufsteht.

Entscheidungen sind Widerfahrnisse in mehrfacher Hinsicht: Wir können
wenig dazu oder dagegen beitragen, dass wir in einen Entscheidungszwang hineingeraten sind, und wir können die Entscheidung nicht souverän treffen. Dass
wir unseren Entscheidungen passiv ausgesetzt sind, drücken wir oft dadurch aus,
dass wir in den Begründungen changieren, so dass wir sie erstens so treffen wollten und zweitens dazu gezwungen waren: „Ich musste ja aufstehen." Diese unbe-
holfenen Erklärungen weisen darauf hin, dass der Grund für eine Entscheidung
nicht in Tatsachen oder Ursachen liegt, sondern in ihrem Widerfahrenscharakter.

Widerfahrnisse fallen uns auch erst rückwirkend auf: In dem Moment, an
dem ich mich aufdecke und die Beine aus dem Bett schwinge, merke ich erst,
dass ich vorher die Entscheidung getroffen habe aufzustehen. Die richtige Antwort auf die Frage, warum ich mich zu diesem Zeitpunkt entschieden habe aufzustehen, lautet also, weil mir die Entscheidung widerfahren ist. Ebenso wird
die Entscheidung über Leben und Tod „in der Nacht" getroffen, ohne dass wir,
„die Nacht" oder ein Schicksalsengel etwas dazu beitragen können, weil die

Entscheidung vielmehr erst am Morgen offenbar wird und damit auch der Nacht transzendent ist.

Es ist daher ein Missverständnis, die Autonomie oder Freiheit eines Wesens daran zu bemessen, dass es entscheidungsfähig ist. Zum Siegel der Humanität werden Entscheidungen dadurch, dass sich Menschen kommentierend zu ihnen in ein Verhältnis setzen können, nämlich

1. dass sie ihnen zustimmen oder sie bereuen können und damit
2. dass sie sich *rückwirkend* als ihre Autoren bestimmen (selbst wenn sie die Entscheidungen im Nachhinein bereuen).

14.1 Kann KI entscheiden?

Der Sozialwissenschaftler Niklas Luhmann, der Gesellschaften wie große Maschinen beschrieben hat, meinte, dass logische Tautologien – und damit auch ihr Gegenteil, Kontradiktionen – „pure Selbstreferenz" seien.[306] Gesellschaften sind Luhmann zufolge Systeme, die nur nach ihren internen Programmen funktionieren, sich dabei aber auf eine offene Umwelt beziehen, die jedoch nicht nach ihren Programmen funktioniert. Darum sind Gesellschaften selbstreferenzielle soziale Systeme: Das heißt, dass sie nur auf Veränderungen im System reagieren können[307] und nicht direkt auf Umweltveränderungen, die aber Einfluss auf das System ausüben. Das bedeutet auch, dass Systeme ihre Einheit selbst konstituieren und weder „an sich" eine Einheit darstellen noch von außen.[308] Für logische Tautologien nun gilt, dass sie völlig enthoben von Umweltbeziehungen sind: Sie sind immer gültig, unabhängig davon, worüber sie sprechen. Der Satz „Gras ist Gras" ist immer richtig und kann auch durch „Ohly ist Ohly" getauscht werden. Seine Wahrheit hat nichts damit zu tun, dass von Gras oder Ohly die Rede ist. Deshalb zeigt sich in Tautologien eine *pure* Selbstreferenz – und ebenso in Kontradiktionen: „Ohly ist nicht Ohly."

Nach Luhmann nun haben Widersprüche die Funktion, das System offen und anschlussfähig zu halten, damit es auf eine plötzliche Veränderung flexibel reagieren kann. „Komplexe Systeme benötigen vielmehr ein recht hohes Maß an Instabilität, um laufend auf sich selbst und auf ihre Umwelt reagieren zu können, und sie müssen diese Instabilitäten laufend reproduzieren."[309] Was ich als

---

306 N. Luhmann: Soziale Systeme, 493. S. Sektion 4.2.
307 AaO, 25.
308 AaO, 10.
309 AaO, 501.

widerstreitende Tendenzen beschrieben habe, wird bei Luhmann als entscheidungsfördernd interpretiert: Gerade weil im Widerspruch *alles* unklar bleibt, kann ein soziales System flexibel bleiben: „Widersprüche … verunsichern sozusagen gezielt.“[310]

Der Unterschied zwischen Luhmanns und meiner Interpretation von Entscheidungen besteht nicht darin, dass sie durch gegenläufige Tendenzen erzwungen werden – die Offenheit besteht geradezu darin, wie die Entscheidungen fallen. Luhmann unterscheidet sich aber darin von mir, dass bei ihm gegenläufige Tendenzen selbst schon „gezielt“ zustande kommen. Das heißt entweder, dass sie durch eine Gewohnheit quasi zwangsläufig entstehen, oder, dass sich das jeweilige System zum Widerspruch *entscheidet* – und dazu müsste diese Entscheidung bereits aus einem Widerspruch hervorgehen. Diese Interpretation folgt aus der Vorstellung selbstreferenzieller Systeme: Die Entscheidungszwänge müssen dann aus dem System selbst hervorgehen und können nicht von außen aus der Umwelt verursacht sein. Dass „die Nacht entscheidet“, ist bereits eine konstruierte Gegensätzlichkeit aus dem Gesundheitssystem selbst. Ebenso beruht der Gegensatz von Aufstehen und Liegenbleiben auf den Bedingungen moderner Gesellschaften, in denen Menschen die Wahl gelassen wird, wie lange sie morgens brauchen, bis sie anfangen zu arbeiten. In vormodernen Gesellschaften dürfte man diesen Gegensatz nicht verstanden haben.

Mein Problem mit Luhmanns Beschreibung ist, dass diese maschinenähnlichen sozialen Systeme aus Gegensätzen bestehen müssen, um Entscheidungen zu treffen, und dass sie dazu Gegensätze entstehen lassen müssen. Die „pure Selbstreferenz“ führt also in permanente Entscheidungszwänge und geht bereits aus Entscheidungszwängen hervor, die sie selbst erzeugt. Es ist zwar nicht zwingend, dass Systeme entscheiden, Entscheidungszwänge zu erzeugen – denn ebenso möglich ist es, dass sich solche Zwänge aus den Programmen der Systeme automatisch ergeben. Sich zum Entscheiden entscheiden, würde zudem in einen infiniten Regress führen. Aber dass Entscheidungszwänge in selbstreferenziellen Systemen bestehen, weil sie durch die Systeme selbst gezielt herbeigeführt werden, beschreibt einen logischen Zirkel: Es wird ein Entscheidungszwang vorausgesetzt, damit ein Entscheidungszwang entstehen kann. Entscheidungszwänge können ja in selbstreferenziellen Systemen nicht von außen plötzlich verursacht sein, sondern müssen im System selbst konstruiert werden. Der logische Zirkel besteht nun darin, dass das jeweilige soziale System den Entscheidungszwang selbst erzeugt, um offen zu bleiben, dass es

---

310 AaO, 502.

aber zugleich diesen Entscheidungszwang erzeugen *muss*, weil es dabei einem Entscheidungszwang folgt.

Warum das ein Problem ist, liegt darin, dass mit dieser Theorie versucht wird, die Entstehung von Neuem systemisch zu erklären. Neues ist aber etwas anderes als das Produkt eines Mechanismus, bei dem ein System Reize offen verarbeitet, die es aus der Umwelt in sein Programm übersetzt, um sich damit in veränderten Situationen zu stabilisieren. Die Frage bleibt dabei trotzdem unbeantwortet: Wie kommt es aus dem Entscheidungszwang zu einer Entscheidung? Der Widerspruch besteht gerade darin, dass sich gegensätzliche Tendenzen in Balance halten, obwohl sie nicht miteinander koexistieren können. Aus der widersprüchlichen Balance kann nicht ein Kräfteüberschuss einer Tendenz gegenüber der anderen hervorgehen. Luhmanns Konzept des gezielt herbeigeführten Widerstreits von Tendenzen mag daher zwar zirkulär erklären, wie Entscheidungszwänge entstehen, aber nicht, wie Entscheidungen fallen.

Ich habe Luhmanns Theorie diskutiert, weil sie soziale Systeme maschinenähnlich beschreibt und weil sie damit suggeriert, Maschinen könnten Entscheidungen *treffen*. Ich zweifle nicht daran, dass durch maschinelle Prozesse Entscheidungen *fallen*: Sie registrieren und verarbeiten Gegensätzliches und entwickeln dabei mitunter Strategien, wie das System weiter am Laufen gehalten wird, wenn sich Gegensätze blockieren. Aber entweder verlaufen die Prozesse automatisch determiniert; dann können sie nichts Neues hervorbringen. Oder sie können das Neue, das mit ihnen entsteht, nicht als Neues registrieren, weil es sich kategorial von Informationsgehalten unterscheidet; dann können sie auch keine Entscheidungen treffen, sondern müssen damit weiterprozessieren, was jeweils entschieden worden ist. Sie folgen dann der Entscheidung, die ihnen jedoch entzogen ist.

Ich habe also keinen Zweifel daran, dass auch Prozesse künstlicher Intelligenz Orte sind, an denen Entscheidungen fallen. Sie fallen hier ebenso wie „in der Nacht", auf einem Hang, bei dem sich ein Erdrutsch ereignet, oder bei einem laufenden Spielautomaten, zum Beispiel beim „einarmigen Banditen". Nur handelt es sich hier jeweils um Orte, und man darf diese Orte nicht mit einer Entscheidungsinstanz verwechseln. Man kann wohl Luhmann noch zustimmen, dass Maschinen so gebaut sein können, dass während ihres Prozessierens Entscheidungen erfordert sind: So wirft ein Spielautomat mit einer gewissen vorher einprogrammierten Wahrscheinlichkeit einen Gewinn aus, ohne dass die Programmierer determiniert haben, welches Ergebnis beim nächsten Spiel erzielt wird. Die Wahrscheinlichkeit legt das Einzelergebnis ebenso wenig fest wie die Zeitspanne, die Verhaltensforscher beobachten, das Aufstehen aus dem Bett im Einzelfall festlegt. Aber dass es auch wirklich zu einer Entscheidung kommt, ist nicht mit dem Entscheidungszwang determiniert. Das ist eine Paradoxie, denn genau darin besteht ja ein Entscheidungszwang, dass er eine Entscheidung erzwingt. Allerdings steht ein Entscheidungszwang unter einem hypothetischen Vorbehalt, wenn man ihn rein deterministisch versteht: Der Entscheidungszwang erzwingt eine Entscheidung *unter dem Vorbehalt, dass das System nicht blockiert wird.*

Es melden sich zwar immer wieder schlaue Menschen zu Wort, die sagen, dass wir das Ergebnis des Spielautomaten kennen würden, wenn wir alle kausalen Faktoren wüssten, die es verursachen. Das ist eine Tautologie, also „pure Selbstreferenz" in Luhmanns Sinn und erklärt uns faktisch nichts über einen Spielautomaten. Denn der Spielautomat ist in dieser puren Selbstreferenz außerhalb des Systems (also Umwelt) ebenso wie ich in dem Satz „Ohly ist Ohly". Mit der Äußerung, dass man nur alle Faktoren kennen muss, um das Ergebnis vorherzusagen, wird nur über das Modell der Kausalität gesprochen, also unter dem Vorbehalt, dass das Modell funktioniert. Es liegt dabei ebenso unter Vorbehalt, dass sich die Runde bei einem Spielautomaten überhaupt erschöpfend in allen relevanten Faktoren zum Ausdruck bringen lässt. Es wird vom Ergebnis aus geschlossen, dass die relevanten Faktoren vorher schon feststanden, die zum Ergebnis geführt haben. Wenn das jedoch so wäre, dann wäre „Entscheidung" eine menschliche Einbildung oder ein uneigentlicher Ausdruck. Und es wäre kein philosophisches Problem mehr, sondern ebenso unsere Einbildung, dass Maschinen den Eindruck erwecken können, Entscheidungen zu treffen – vor allem wenn sie mit uns „sprechen" können und uns erklären, wie sie zu ihrer Entscheidung gelangt sind. In einer solchen deterministischen Erklärung gibt es keinen Raum für Neues. Und wo es keinen Raum für Neues gibt, gibt es keinen Raum für Entscheidungen.

Der Spielautomat lässt keinen Raum für Neues, dass am Ende ein Ergebnis vorliegt. Darin liegt kein Entscheidungszwang; vielmehr wird hier einfach ein determinierter Prozess ausgeführt, nach dem Geldeinwurf Rotoren in Gang zu setzen, nach einem festgelegten Zeitpunkt den Antrieb zu stoppen und die Rotoren dann ungesteuert auslaufen zu lassen. Bei diesem Prozess gibt es keine widerstreitenden Tendenzen, die eine Entscheidung erzwingen. Die gegenläufigen Neigungen betreffen vielmehr die genaue Position der einzelnen Rotoren. Nicht dass sie irgendwann zu stehen kommen, bedarf einer Entscheidung, sondern dass am Ende dieses oder jenes Bild vorne zu sehen ist. Es gibt keinen Entscheidungszwang, dass am Ende drei Enten zu sehen sind oder zwei Birnen und eine Zahl, sondern die Anordnung der Bilder wird entschieden, gerade weil keine Tendenz im Rotationsverlauf eine bestimmte Anordnung erzwingt. Es muss vielmehr Neues entstehen.

Es ist also zu beachten, dass Entscheidungszwänge die spätere Entscheidung nicht vorwegnehmen. Wenn sie es täten, wäre eine Entscheidung nicht nötig, weil lediglich ein determinierter Prozess durchlaufen werden müsste. Entscheidungszwänge sind vielmehr Widersprüche, die nur mit einer Entscheidung entlastet werden können. Insofern machen Entscheidungszwänge Entscheidungen nötig – im Sinne einer notwendigen Bedingung, dass Entscheidungszwänge nur durch Entscheidungen entlastet werden. Aber ob diese notwendige Bedingung auch wirklich erfüllt wird, ob also eine Entscheidung wirklich fällt, ist mit den Entscheidungszwängen nicht determiniert. Diesen Unterschied muss man vornehmen, um nicht dem Missverständnis zu erliegen, dass Entscheidungen quasi maschinell erzeugt werden können, indem Maschinen „gezielt verunsichern".

Nun können neben Entscheidungszwängen noch weitere Determinanten ins System eingebaut werden, die eine Entscheidung auch wirklich erzwingen. Die wichtigste Determinante ist eine *Regel*, zum Beispiel diese: „Wenn zwei oder mehr Tendenzen gleichstark sind, entscheidet der Zufall (oder das Los)." Der Zufall ist aber nur dann wirklich Zufall, wenn sein Ergebnis nicht schon vorher festgelegt ist. Bei einem echten Zufall müsste also das Ergebnis objektiv indeterminiert sein.[311] Zugleich wird der Zufall regelgeleitet kanalisiert, damit ein Ereignis wirklich entschieden wird. Wenn eine Maschine solche Zufallsentscheidungen herbeiführen kann, dann lässt sich davon sprechen, dass Maschinen Entscheidungen produzieren. Bei einem Quantencomputer sind solche erzwungenen Entscheidungen zu erwarten.

Genauer gesagt, produzieren Quantencomputer objektive Zufälle, die eine Situation entscheiden.[312] Der Zufall ist dabei die Chiffre für etwas Neues. Aber der Computer produziert dabei nichts Neues, sondern er produziert regelgeleitet eine Situation, in der sich Neues ereignet. Wieder ist der Computer nur der Ort, an dem eine Entscheidung fällt, und nicht die Instanz, die sie herbeiführt. Ob es Maschinen sind oder Menschen: Nicht sie sind die Entscheidungsträger, weil eine Entscheidung eigenschaftslos ist, sofern sie ein Neues hervorbringt. Maschinen und Menschen sind aber Orte, an denen Entscheidungen auftreten.

Der Unterschied zwischen Mensch und Maschine liegt aber daran, dass sich Menschen rückwirkend in ein Verhältnis zur gefallenen Entscheidung setzen können, während Maschinen immer nur zeitlich vorwärts prozessieren. Wenn man zwar einen KI-Textgenerator fragt: „Warum hast du den Befehl so ausgeführt und eine andere Methode vernachlässigt?", wird das Programm in der Regel eine

311 M. Hampe: Zufall, 60.
312 Zur Wirkweise s. R. Kurzweil: The Singularity is Near, 88.

Antwort generieren, bei der die Alternativmethode durchgeführt wird: „Wenn man die andere Methode verwendet, kommt man auf das folgende Ergebnis…“. Hier wird nichts entschieden und auch keine Identifikation mit einer Methode vorgenommen, wie Menschen sie vornehmen, wenn sie eine gefallene Entscheidung rückwirkend kommentieren.

Auch wenn der KI-Textgenerator sein Vorgehen beschreibt, wird er sich dabei nicht auf das Vorgehen rückwirkend festlegen, sondern lediglich beschreiben, wie es zustande gekommen sein könnte, wenn es durch Sachgründe zustande gekommen wäre. Natürlich wissen wir ja, dass LLMs ihre Texte durch Wahrscheinlichkeitsrechnung der Silbenfolge verfassen und nicht durch inhaltliche Gründe. Allein deshalb kann sich die KI nicht begründend auf ihr Vorgehen festlegen – oder ihre Gründe sind zweifelhaft. Die KI hat keine quasi-personale Identität, in die ihre Entscheidungen eingehen und mit der sie sich individuell prägen lässt.[313] Selbst wenn Programmierer eine solche Identität künstlich herstellen und einen Textgenerator erschaffen, der sich mit seinen getroffenen Aussagen zum Beispiel politisch festlegt, bleibt doch das Prozedere der weiteren Textgenerierung völlig ohne Sachgründe. Wenn ich das Sprachmodell mit einer widerlegten Position seiner politischen „Gesinnung" konfrontiere, wird es seine Identität nicht durch Sachgründe absichern. Es hat nämlich keine Biografie.[314]

Ohne Biografie hat es keine Vergangenheit, die es als Begründung für seine Identität heranziehen kann. Wenn ich sage, dass ein Programm nur zeitlich vorwärts prozessiert, bleiben ihm alle vorher getroffenen Entscheidungen äußerlich; es werden nie „seine". Auch wenn KI-Textgeneratoren bei ihren weiteren Antworten den bisherigen Textverlauf bei der Wahrscheinlichkeitsberechnung berücksichtigen, machen sie sich dabei nicht die vorherigen *Entscheidungen* zueigen. Sie können sich vielmehr nur das aneignen, was dabei entschieden worden ist – eben den Sachgehalt, nicht das Widerfahrnis der Entscheidung. Sie übergehen also geradezu die Entscheidung, indem sie sich bei ihrer „Rückschau" ausschließlich auf bestehende Texte beziehen und nicht darauf, wie sie sie sachlich rechtfertigen können. Ohne Identität und Biografie können sie weder ihre Rechtfertigung sachlich glaubhaft machen, weil sie daran nicht gebunden sind; noch können sie den Widerfahrenscharakter der Entscheidung registrieren, um sich von ihm glaubhaft prägen zu lassen. Fragt man mich dagegen, warum ich doch ein Eis gegessen habe, obwohl ich doch verstärkt auf meine Gesundheit

---

313 L. Ohly: Was heißt hier autonom?, 296.
314 Vgl. Segnende Roboter und das Dilemma der Künstlichen Intelligenz (Zugriff 10.01.2024).

aufpassen wollte, so kann ich sagen, dass mich das Eis „angelacht" hatte und ich einfach nicht widerstehen konnte. Mit solchen metaphorischen Ausdrücken setze ich mich rückwirkend dazu in Beziehung, dass mir diese Entscheidung widerfahren ist. Zwar könnten Programmierer entsprechende Antworten in das Sprachmodell hinzufügen, aber damit werden sie nicht schon glaubhaft. Und sie werden deshalb nicht glaubhaft, weil der Widerfahrenscharakter einer Entscheidung nur rückblickend auffällt, KI aber nur zeitlich vorwärts prozessiert: Sie antwortet dann so, weil unsere Nachfrage diese Antwort wahrscheinlich macht.

14.2 Sollte KI entscheiden können?

Wenn wir wissen, dass KI-Textgeneratoren Orte sind, an denen Entscheidungen fallen, ohne dass sich die Programme darauf rückwirkend zurechenbar beziehen können, können sie nicht als moralische Agenten gelten. Weder treffen sie Entscheidungen noch können sie sich diese rückwirkend zueigen machen. Die Entscheidungen, die bei ihnen fallen, sind daher nur dann gerechtfertigt, wenn sich moralische Agenten diese rückwirkend zurechnen. Diese Agenten sind aber nicht die Maschinen selbst, sondern Menschen.

Wir haben solche Beispiele bereits einige Male ausgemacht: Rezipienten erheben rückwirkend einen Geltungsanspruch von KI-generierten Texten[315] oder entdecken Kunstwerke in den Outputs der Generative AI.[316] Hier werden einzelne Outputs mit Geltung versehen, nicht aber haben die Generatoren selbst dadurch Anspruch auf Anerkennung. Denn wie wir gesehen haben, prozessiert Generative AI zeitlich nach vorne und kann sich daher nicht in ein zurechenbares Verhältnis zu sich selbst setzen.

Damit eine KI *als ganze* Geltung beanspruchen kann, müsste sich eine Person vor die Programme stellen. Nur so wird ihr zugesprochen, *als ganze* moralisch vertretbare Prozesse zu initiieren. Die Entscheidungen, die bei einer KI fallen, müssten also im Grundsatz von Personen gerechtfertigt werden können. Diese Funktion kann eine KI nicht erfüllen, weil sie aus den genannten Gründen keine Person ist. Vielmehr müssten Menschen stellvertretend die Ansprüche einer KI erheben.

Das heißt nicht, dass die Verantwortung für jeden Einzelfall einer Entscheidung von einem moralischen Agenten übernommen werden muss. Allerdings verlangt die grundsätzliche Rechtfertigung, auch bedenkliche

---

315 Sektion 11.1.
316 Sektion 13.1.

Einzelentscheidungen rückwirkend zu kommentieren und gegebenenfalls stellvertretend für das Sprachmodell zu bereuen.

Als stellvertretende moralische Agenten kommen zwei Rollen in Frage:

1. die Programmierer beziehungsweise Anbieter und
2. die Nutzer von KI-Textgeneratoren.

Damit behaupte ich nicht, dass diese beiden Rollen zur moralischen Stellvertretung verpflichtet sind. Sie könnten nämlich auch in Abrede stellen, dass KI moralfähig ist und als ganze eine moralische Rechtfertigung verdienen, weil nicht schon einzelne Aussagen, die sie generieren und von Personen als moralische Geltungsansprüche in Anspruch genommen werden, dafür ausreichen. Man kann mit Textgeneratoren spielen, ihre Texte unterhaltsam finden und den Umgang mit ihnen zum Zeitvertreib einsetzen. Bei einem Spielzeug vertritt niemand die Position, dass es moralisch angemessene Positionen vertreten muss. Aber sobald sich jemand aus den beiden obigen Gruppen vor ein Sprachmodell stellt und es als Ganzes moralisch rechtfertigt, muss es sich auch zu Einzelfällen verhalten, denen er oder sie nicht moralisch zustimmt.

Bislang sind solche Diskussionen zum moralischen Status künstlich intelligenter Wesen bei Kriegs-, Pflegerobotern und autonom fahrenden Autos geführt worden.[317] Dabei zeigt sich die Tendenz, dass eine moralische Rechtfertigung für die Maschine *als ganze* gegeben werden kann, wenn ihr Verhalten in *allen* Einzelfällen zustimmungsfähig ist. Als Beispiel mögen Dilemmasituationen im Straßenverkehr gelten: Ein autonom fahrendes Auto ist nur dann als Ganzes moralisch zuträglich, wenn es auch in Dilemmasituationen eine Lösung bereithält, die gerechtfertigt werden kann. Da aber dabei Lebenswerturteile vom Auto getroffen werden müssen, ist es als Ganzes nicht zuträglich.[318]

Bei Menschen wiederum stellen wir nicht diesen hohen Anspruch: Wir halten einen Menschen nicht nur dann für einen moralischen Agenten, wenn er sich immer moralisch richtig verhält, sondern auch, wenn ihm zugemutet werden kann, sich zu seinen moralisch falschen Verhaltensweisen rückwirkend in ein Verhältnis zu setzen – etwa auch, indem er sie bereut oder als Fehler eingesteht. Selbst wenn ein solches Schuldeingeständnis ausbleibt, würden wir ihn für einen moralischen Agenten halten, weil wir ihm die Fähigkeit zurechnen, sein Verhalten moralisch zu kommentieren (sogar dann, wenn auch sein Kommentar moralisch falsch ist). Letztere Fähigkeit rechnen wir – aus den genannten

---

317 C. Misselhorn: Maschinenethik, 136–204.
318 L. Ohly: Wen soll das selbstfahrende Auto am Leben lassen?, 100.

Gründen – einer KI nicht zu. Ist dann zwingend, dass eine Person sich nur dann vor sie stellen kann, wenn die KI niemals Fehler macht? Kann sich ein Mensch nicht auch vor die KI stellen, indem er bereut, was sie bewirkt hat?

Das hängt natürlich von der Reichweite und Schwere der Fehler ab. Wird ein Sprachmodell nur zur privaten Unterhaltung genutzt, wird man niedrigere moralische Ansprüche daran anlegen, als wenn es politische oder weltanschauliche Diskurse mit Falschmeldungen vergiftet, seriöse wissenschaftliche Untersuchungen durch Flutung mit ungeprüften Informationen blockiert oder Bildungsprozesse hemmt. Wenn nun die Anbieter das berühmte Argument[319] für sich in Anspruch nehmen, dass nicht Technik an sich moralisch schlecht ist, sondern allenfalls die Anwendung, stellen sie sich selbst nicht vor ihr Sprachmodell. Sie delegieren dann die moralische Verantwortung an die Nutzer. Vielfach jedoch errichten die Programmierer moralische Barrieren, damit ein Sprachmodell keine Bauanleitung für Bomben gibt, faschistische Propagandareden verfasst oder kinderpornografische Inhalte verbreitet. Andere Anbieter rekurrieren auf die freie Meinungsäußerung und halten Barrieren für überflüssig. Doch ist die freie Meinungsäußerung abgedeckt, wenn das Tool, das sie verbreitet, keine Meinung haben kann? Zumindest stellen sich Anbieter damit vor ihr Programm und kommentieren pauschal auch seine moralisch heiklen Beiträge. Auch hier zeigt sich die Tendenz, das ganze Programm zu rechtfertigen, indem alle seine Beiträge vorab gerechtfertigt und zu verurteilende Anwendungen auf die Nutzer abgeladen werden. Denn es ist wenig überzeugend, sich vor ein Tool zu stellen, von dem man weiß, dass bei ihm gelegentlich Entscheidungen fallen, die man bereuen muss.

Die Argumentationsstrategie von Anbietern und Programmierern kann also dialektisch sein: Sie übernehmen die Verantwortung für die Entscheidungen, die bei einem Sprachmodell fallen, indem sie einerseits jede Entscheidung mit dem Recht auf freie Meinungsäußerung abgedeckt sehen und andererseits die Verantwortung für Entscheidungen, die zu unmoralischen Aussagen führen, dem Prompt zuschreiben, also den Nutzern. Die Rechtfertigungsstrategie liegt also in der stellvertretenden *Verantwortungsübernahme qua Selbstentlastung von Verantwortung*. Dagegen kann eingewendet werden, ob es nicht auch *im Ganzen* am Tool liegt, wenn das Missbrauchsrisiko erwartbar, wahrscheinlich und beträchtlich ist. Gerade wenn sich die Hersteller und Anbieter im Ganzen vor ihr Produkt stellen, müssen sie auch an der Minimierung solcher Risiken interessiert sein.

---

319 A. Geiß: Aus Text wird Bild, 130. Grundlegend E. Gräb-Schmidt: Technikethik und ihre Fundamente, 318.

Die Nutzer wiederum werden sich nicht im Ganzen vor das Sprachmodell stellen, denn sie nutzen es nur partiell und für spezifische Zwecke. Sie müssen also das Tool nur für anwendbar halten, und zwar auch nur für ihren jeweiligen Einzelfall, und lediglich den Anwendungsfall rechtfertigen. Insofern geben sie der Einschätzung der Anbieter recht: Dass mit dem KI-Textgenerator etwas moralisch Anstößiges geschieht, müssen im Einzelfall die Nutzer verantworten. Gerade weil die Nutzer sich nicht im Ganzen vor das Tool stellen müssen, lastet die Verantwortung für die Anwendung umso mehr auf ihnen selbst. Sie brauchen die Moralität des Sprachmodells nicht in Gänze rechtfertigen und können sich darin enthalten, ob es etwas Gutes oder Schlechtes ist und ob die Entscheidungen, die bei ihm fallen, prinzipiell moralisch gerechtfertigt sind. Umso mehr müssen sie selbst das Textergebnis zustimmend kommentieren, wenn sie es nutzen und verbreiten.

Nehmen wir also an, eine Studentin lässt ihre Hausarbeit von einem KI-Textgenerator schreiben, ohne seine Autorenschaft zu kennzeichnen. Dann ist sie für den Betrug verantwortlich und nicht die KI. Das könnte nur anders sein, wenn die Studentin moralische Gründe hätte, sich im Ganzen vor den KI-Textgenerator zu stellen und zu behaupten, dass die Entscheidungen, die bei ihm fallen, im Prinzip gerechtfertigt sind, um übernommen zu werden. Eine KI-geschriebene Hausarbeit zum Thema „Die Entstehung des Königtums im Alten Testament" wäre dann aus Sicht der Studentin verantwortbar, weil sie moralische Gründe hätte, warum sie dafür einen Schein bekommen sollte. Diese Gründe müssten jedoch ihre eigenen sein und könnten nicht selbst von einer KI stammen. Denn sonst droht ein Zirkelschluss: Die KI hätte Recht, weil die KI sagt, dass sie Recht hat. Wenn die Studentin stattdessen valide Gründe anführen könnte, bekäme sie eigentlich den Schein für ihre Eigenleistung, und das wäre ihr ethisches Argument und nicht der Beitrag zur Entstehung des Königtums im alten Israel, wovon die Studentin nicht einmal Ahnung haben müsste.

Die Gründe, die die Studentin dafür haben könnte, wäre einerseits die fachliche Überlegenheit der KI, und zwar nicht nur ihr gegenüber, sondern allen Fachleuten gegenüber. Dieses Argument dürfte jedoch einstweilen schwach und leicht widerlegbar sein, indem man dem Tool Fehler nachweist, die eine Expertin nie begehen würde. Andererseits könnte die Studentin den Widerfahrenscharakter betonen, wenn bei KI-Textgeneratoren Entscheidungen fallen, und der heuristisch mehr austrägt als der Widerfahrenscharakter von Entscheidungen, die bei konventionellen wissenschaftlichen Methoden fallen. Sie könnte dabei argumentieren, dass sich bei konventionellen Methoden das Missverständnis leichter einschleicht, die jeweiligen Wissenschaftler hätten Entscheidungen *getroffen*, während Entscheidungen nun einmal *fallen*. Bei einer KI werde hingegen der

Widerfahrenscharakter regelrecht andemonstriert, weil die Nutzer nicht nachvollziehen können, wie das Textergebnis zustande kommt. Der Widerfahrenscharakter von Entscheidungen sei aber genau das, was das Wissen erweitere.
Diese Position ist aber absurd. Denn sie unterstellt,

1. dass jedes Widerfahrnis erkenntnisförderlich ist,
2. dass Widerfahrnisse umso erkenntnisförderlicher sind, je unerwarteter ihre
   Entscheidungen sind,
3. dass wissenschaftliche Erkenntnisse vor allem von Widerfahrnissen abhängen.

In allen Fällen werden Widerfahrnisse instrumentalisiert und damit ihr Widerfahrenscharakter wieder zurückgenommen. Denn Widerfahrnissen gegenüber
sind Menschen passiv und können sie daher auch nicht instrumentell einsetzen.
Darüber hinaus unterschätzt die Position der Studentin, dass wissenschaftliche
Erkenntnisse zu einem erheblichen Teil durch Routinen und Methoden – sogar
sprachlicher Art[320] – geweckt werden und dass unerwartete Widerfahrnisse auch
Erkenntnisse behindern können. Tatsächlich hat die Studentin bei der Hausarbeit keine Erkenntnisse erworben, weil sie sich durch einen KI-Textgenerator
vertreten lässt und dabei nicht einmal verstanden haben muss, was in ihrer
Hausarbeit steht.

   Mit diesem Beispiel will ich einerseits zeigen, mit welchen Argumenten die
Nutzer sich *im Ganzen* vor eine KI stellen könnten, aber andererseits auch, wie
absurd ihre Position dabei wären. Daraus folgere ich, dass die Nutzer keine guten
Gründe haben, sich im Ganzen vor eine KI zu stellen und die Entscheidungen
eines Sprachmodells pauschal zu verantworten. Sie verstricken sich dabei in
Widersprüche und haben auch keinen Grund, warum sie sich diese Verantwortung aufbürden sollten. Wir haben also den Befund, dass sich die Nutzer gar
nicht im Ganzen vor eine KI stellen und die Programmierer beziehungsweise
Anbieter nur so, dass sie dabei jeden Einzelfall rechtfertigen müssen. In keinem
Fall beansprucht irgendwer, dass eine KI eine personale Identität hat. Und in
keinem Fall beansprucht irgendwer, dass eine KI sich selbst moralisch in ein Verhältnis zu den Entscheidungen setzen kann, die bei ihr fallen.

   Die Programmierer oder Anbieter stellen sich im besten Fall vor jede einzelne
Entscheidung der KI und damit auch vor die KI, aber nicht umgekehrt. Das Vertrauen, das die Programmierer in ihr Produkt haben, kann aber nicht antizi-
pierend gerechtfertigt sein für alle Entscheidungen, die bei der KI noch fallen
werden. Das müsste aber der Fall sein, wenn alle Entscheidungen das Vertrauen

---

320 S. Meier-Vieracker: Uncreative Writing, 140.

für eine KI als moralische Instanz rechtfertigen sollen. Die moralische Rechtfertigung für die KI als Ort von Entscheidungen verläuft also so, dass die Programmierer letztendlich *sich* rechtfertigen und nicht die KI:

1. Sie rechtfertigen jeden Fall von Entscheidungen, die bei der KI bisher gefallen sind.
2. Sie folgern daraus, dass sich auch in Zukunft alle Fälle von KI-Entscheidungen von den Programmierern rechtfertigen lassen. (Das ist ein Induktionsschluss, der immer unter einem Vorbehalt steht. Die Programmierer bürden sich die Rechtfertigungspflicht auf, dass dieser Induktionsschluss gültig und für die KI anwendbar ist.)
3. Daraus wiederum folgern sie, dass die KI als Ort von Entscheidungen im Ganzen gerechtfertigt ist.

In diesen Argumentationsschritten ist nicht vorgesehen, dass die Programmierer eine KI-Entscheidung bereuen müssen, weil ja die Rechtfertigung für die KI als Ort von Entscheidungen über alle Einzelentscheidungen läuft. Schon eine ungerechtfertigte Entscheidung würde die KI als ganze moralisch in Frage stellen. Wie gesagt: Bei menschlichen Entscheidungen fordern wir diese Fehlerlosigkeit nicht ein, weil sich Menschen selbst rückwirkend dazu kommentierend in ein Verhältnis setzen können. Auch ist den Eltern eines Terroristen kein Vorwurf zu machen, dass sie ihn gezeugt haben, denn er trägt die Verantwortung für sein Handeln selbst. Aber eine KI kann sich nicht selbst in ein moralisches Verhältnis zu sich setzen. Deshalb steht jede ihrer Einzelentscheidungen zur Debatte und auch nur die moralische Beurteilung ihrer selbst als ganze.

Sollte also eine KI entscheiden? Sollten bei ihr Entscheidungen fallen dürfen? Es ist deutlich geworden, dass wir eine KI nicht als moralische Instanz mit einer persönlichen Identität verstehen dürfen. Deshalb müssen wir sie an jeder einzelnen Entscheidung beurteilen. Die Verantwortung für jede einzelne Entscheidung tragen dabei diejenigen Menschen, die einer KI gewähren, dass bei ihr eine Entscheidung fällt, dass sie also in Entscheidungszwänge geführt wird: Nicht verantwortbar sind dabei Entscheidungen, aus denen etwas entstehen kann, was in Schwere und Reichweite unabsehbare Folgen hat. Bei Sprachmodellen sind Entscheidungen in den Fällen relativ unproblematisch, in denen ein Witz, ein Märchen oder eine Zusammenfassung aus einem längeren Text verfasst werden soll. Problematischer wird es allerdings schon, wenn der Witz antisemitisch oder rassistisch ist oder wenn die Zusammenfassung Quellen „halluziniert", die nicht im Haupttext vorkommen.

Ich halte es daher für richtig, dass die Anbieter für einen KI-Textgenerator moralische Barrieren einbauen. Mit dieser Einschränkung schränken sie die

Möglichkeiten moralischer Fehlentscheidungen ein. Sie bauen Sicherungen ein, mit denen die Nutzer in ihren Prompts nicht zu weit gehen sollen. Dadurch werden die Nutzer auch teilweise entlastet, für die moralischen Fehlentscheidungen bei der KI selbst gerade zu stehen. Dagegen sehe ich das Problem der freien Meinungsäußerung nicht gefährdet, wenn ein Sprachmodell nicht alle Befehle ausführt. Niemand wird in der eigenen Meinung behindert, wenn ein Sprachmodell nicht diese Meinung ausformuliert. Umgekehrt tragen die Anbieter die Verantwortung, wenn bei ihrem Sprachmodell absehbar Entscheidungen fallen, die moralisch zu verurteilen sind.

Die Entscheidung wiederum, welche moralischen Barrieren einzubauen sind, können nicht dem freien Markt und auch nicht nur den Entwicklern überlassen werden. Vielmehr bedarf es hierfür auf nationaler Ebene politisch legitimierter ethischer Richtlinien und auf internationaler Ebene Vereinbarungen zu den Nutzungsrechten fremdländischer Angebote – vergleichbar mit den Abspielbarrieren bestimmter Clips auf Videoportalen in bestimmten Ländern („Dieser Film ist in Ihrem Land nicht verfügbar").

Wenn nun eine Studentin ihre Hausarbeit mit betrügerischen Motiven von einer KI anfertigen lässt, so hat nicht die KI eine moralische Fehlentscheidung getroffen. Denn der Inhalt der Hausarbeit könnte ja dennoch lesenswert und bedeutsam sein und darum auch eine Wertschätzung verdienen. Dennoch könnte es moralischer Standard an die Programme werden, solche Betrugsfälle zu verhindern, etwa indem an ihre Texte eine digitale Signatur verklammert wird, die sich nicht mehr ablösen lässt (Kopierschutz aller Textelemente oder nur zusammen mit der jeweiligen Signatur).[321] Natürlich könnte die Studentin nachträglich die Arbeit abschreiben. Aber Texte abzuschreiben und als eigene Texte auszugeben, war auch schon in vordigitalen Zeiten möglich. Es wäre also unverhältnismäßig, diese Möglichkeit den KI-Textgeneratoren anzulasten.

Mit einer digitalen Signatur würde sich zudem das Problem von Fake News lösen lassen, von generierten Bildern, die das Ansehen von Personen beschädigen können oder politische Realitäten falsch darstellen. Entsprechende Signaturen müssten auch technisch bei Audio-Fakes erstellt werden (zum Beispiel mit Frequenzen, die das menschliche Ohr nicht wahrnimmt und die damit den Höreindruck nicht stören, aber digital messbar sind und eine KI-generierte Datei anzeigen).

---

321 Sektion 9.2.

15 Wollen

Im vorigen Kapitel habe ich das Entscheiden vom Wollen entkoppelt. Worin sollte dann aber noch das Wollen bestehen, wenn es sich nicht in Entscheidungen manifestiert? Hannah Arendt hat das Wollen von Begierden unterschieden: Der Wille erteilt dem Körper oder Geist Befehle,[322] während Begierden umgekehrt gehorchen.[323] Wenn ich Hunger habe, gehorche ich der Wahrnehmung meines Magens, und wenn ich mich verliebt habe, ist meine Sehnsucht der Gehorsam auf einen psychischen Druck. Aber weder Magen noch der psychische Druck ist ein Wille, noch gehen ihre Anspannungen aus meinem Willen hervor. Dagegen folgt mein Körper meinem Willen und nicht meinen Begierden, wenn ich bei Regen jogge. Und der Wille befiehlt meinem Geist, wenn ich das Schlusskapitel meiner Seminararbeit schreibe, während meine Freunde ins Kino gehen.

Hannah Arendt beschreibt somit Wille und Begierden als einen Gegensatz. Aber könnte es nicht sein, dass es sich bei dem Phänomen, das Arendt einen Willen nennt, nur um einen spezifischen Unterfall davon handelt, was beide ihrer Phänomene verbindet? Tatsächlich könnte man die Fälle noch erweitern: Meine Begierden gehorchen nicht nur einem inneren Druck, sondern haben selbst einen Forderungscharakter: Ich gehorche beim Hunger nicht nur meinem leeren Magen, sondern stelle auch die Erwartung an meine Umwelt, dass sie mir etwas Leckeres zur Verfügung stellt. Meine Begierde beim Verliebtsein drängt auch die geliebte Person dazu, sich mit mir zu treffen. Hannah Arendt hat den Gegensatz zwischen Begierde und Wollen nur am einzelnen Subjekt vorgenommen; dabei haben beide auch direkte Auswirkungen darauf, welche Erwartungen wir an unsere Umgebung stellen – und diese Erwartungen können selbst einen fordernden, einen „Befehls"-Charakter haben.

Das trifft im Übrigen auch auf den umgekehrten Fall zu, bei dem andere mir befehlen, keinen Hunger zu haben oder mir die geliebte Person aus dem Kopf zu schlagen. Wir würden uns dabei fremdbestimmt fühlen und das nicht *wollen*. Wir wollen also dann Hunger haben und verliebt sein, und zwar selbst dann, wenn gerade nichts Essbares verfügbar ist und unsere Liebe unglücklich ist. Denn warum wollen wir uns nicht verbieten lassen, welche Begierden wir haben? Es könnte ja durchaus vernünftig sein, in einer Zeit des Engpasses den

---

322 H. Arendt: Vom Leben des Geistes, 293.
323 AaO, 294.

Hunger zu überwinden oder eine unglückliche Liebe hinter sich zu lassen. Dennoch wollen wir uns unsere Begierden nicht verbieten lassen, und zwar wohl eben nur, weil wir sie haben wollen.

Man kann zwar sich überlagernde und widersprechende Neigungen haben – ich will Kartoffelchips essen, aber ich will nicht dick werden, obwohl mich Kartoffelchips dick machen –, aber sich widersprechende Neigungen heben sich nicht auf: Ich will trotzdem alles, was ich begehre. Das liegt daran, dass die Gehalte von Neigungen, Begierden und des Wollens gerade nicht nur faktische, sondern auch kontrafaktische Situationen umfassen, also mögliche Situationen, die nicht verwirklicht sind. Und der Raum des Möglichen ist immer größer als der Raum des Wirklichen – und enthält dabei Inhalte, die sich nur in der Wirklichkeit ausschließen, nicht aber in der Möglichkeit.

Aus diesen Beobachtungen folgere ich, dass zwischen Wollen und Begehren kein Gegensatz besteht, sondern sich Arendts Besonderheit des Willens, sich selbst Befehle zu erteilen, ein Spezialfall des Wollens ist. Nach meinem Eindruck entsteht eine solche Gegenüberstellung, wenn man den Willen als etwas Absolutes versteht, das enthoben von Umweltbedingungen auftritt. Die Debatte um den unfreien Willen, die seit einigen Jahrzehnten wieder verschärft geführt wird, stellt genau diese Absolutheit des Willens in Frage. Das Wollen ereignet sich nämlich in einer Welt, in der wir uns orientieren müssen. Und dazu trägt der Wille einiges bei. Ich kann nur dann wollen, Astronaut zu werden, wenn ich ein spezifisches Wissen über das Universum habe und wenn die technischen Voraussetzungen erfüllt sind, Astronaut zu werden. Natürlich hätten Menschen aufgrund des kontrafaktischen Bezugs des Wollens auch zu anderen Zeiten wollen können, Astronaut zu werden. Aber zu anderen Zeiten wurde der Himmel als eine göttliche Sphäre vorgestellt, als ein festes Dach über der Erde und die Sterne als göttliche Wesen. Was hätte man zu anderen Zeiten dort wollen können? Astronaut zu werden, wäre in der fernen Vergangenheit ein ganz anderer Willensgehalt gewesen als heute: Damals hätte man sich vielleicht vorgestellt, in einem göttlichen Hofstaat Dienst zu leisten, während man heute als Astronaut Wissenschaft betreiben oder – wie einige Millionäre – als Tourist auf Weltraumreise gehen will. Theoretisch kann der Wille zwar alles wollen, aber die Wirklichkeit schränkt die Willensgehalte faktisch deutlich ein. Zu anderen Zeiten wollten die Menschen bei vollem Bewusstsein sterben, um ihre Sünden vor ihrem Ableben zu bekennen. Heute wünschen sich Menschen mehrheitlich einen schnellen und unmerklichen Tod, weil die medizinischen Möglichkeiten ihnen sowohl schmerz- und angstnehmende Mittel bereitstellen, aber auch die Apparate, mit denen sie über Monate oder Jahre in einem Krankenbett dahinvegetieren. Der Wille ist eine spezifische Weise, mit der wir uns mit unseren Welthorizonten

auseinandersetzen. Und selbst, wenn wir uns phantastische Wünsche ausden-
ken, hat dieses Wollen einen spezifischen Zweck, um sich mit den gegebenen
Welthorizonten auseinanderzusetzen (zum Beispiel auf die Kontingenz der
Welthorizonte aufmerksam zu werden, Anerkennung zu erheischen, einfach zu
spielen oder sich Alternativen einfallen zu lassen, mit denen man in der gegebenen Situation eine Veränderung herbeiführen will).

Dasselbe trifft auf Neigungen zu und ebenso auf Wünsche, die laut Kant
Inhalte haben, die wir nicht selbst realisieren können.[324] Es handelt sich hierbei um differenzierte Feinheiten, die aber einen gemeinsamen Gesamtbereich
haben. Es ist beim Wollen nicht ausgemacht, dass es „von selbst" auftritt, während Begierden von äußeren Reizen aufgezwungen werden. Denn sonst hätten
Menschen zu allen Zeiten dasselbe gewollt, wenn sie Astronaut werden wollten.
Natürlich kann ich Benjamin Libets berühmte Taste[325] nur dann drücken wollen, wenn sie sich in meiner Nähe befindet. Welchen Sinn hätte der Wille, diese
Taste zu drücken, für einen Menschen gehabt, der sich kaum vorstellen konnte,
was eine Taste überhaupt ist, und das Sachwissen über Stromschaltkreise nicht
besaß? Es klingt sehr spekulativ, dass Menschen erstens zu allen Zeiten dasselbe
wollen konnten, weil der Wille nun einmal *alles* Kontrafaktische einbeziehen
kann, und dass sie zweitens etwas Spezifisches wollen würden, was auf die reale
Welt einige Jahrhunderte später genau passen würde, wofür es aber in ihrer Epo-
che keine Anzeichen gab. Auch der Wille ist eine Neigung wie Begierden und
Wünsche. Und er ist dabei ebenso in diese Welt verwoben wie sie auch. Er ist
eine situative Auseinandersetzung mit Fakten, aber auch mit Bedürfnissen und
Angeboten.

Dasselbe trifft auch auf Wünsche zu: Auch wenn sie sich nicht realisieren lassen, können sie eine wichtige Funktion haben, woran wir uns orientieren und
wonach wir realistischerweise streben. Der Wunsch nach Weltfrieden kann
Menschen dazu bringen, selbst friedlich mit Nachbarn umzugehen, Hilfskonvois
in Kriegsgebiete zu organisieren oder Flüchtlingen zu helfen. Wünsche regulieren also auch unser Wollen, ebenso wie das Wollen unsere Wünsche beeinflusst.

Ebenso halte ich die Unterscheidung von Strebungen erster und zweiter
Ordnung („second-order desires"[326]) lediglich für eine Feinheit innerhalb des
Gesamtbereichs. Strebungen erster Ordnung sind solche, die wir unmittelbar
umsetzen wollen: Ich will jetzt einen Burger essen, weil ich jetzt gerade Hunger

---

324 I. Kant: Metaphysik der Sitten, 213.
325 Kapitel 14.
326 H.G. Frankfurt: Freedom of the Will, 7.

habe. Strebungen zweiter Ordnung beeinflussen unsere Haltungen, auch wenn wir gerade jetzt nicht nach ihnen streben.[327] So könnte es sein, dass ich ausschließlich danach strebe, vegetarische Gerichte zu mir zu nehmen. Dazu muss ich aber momentan keinen Hunger haben. Strebungen zweiter Ordnung können mit denen erster Ordnung in Konflikt geraten: Was will ich, wenn ich grundsätzlich vegetarische Gerichte zu mir nehmen will, aber aktuell Hunger habe und die einzige Möglichkeit, jetzt etwas zu essen zu bekommen, in einem Burger-Laden besteht, der nur Fleischgerichte anbietet? Vermutlich wird meine Strebung zweiter Ordnung nicht verändert, wenn ich jetzt ausnahmsweise ein Fleischgericht zu mir nehme. Aber daraus folgt nicht, dass Strebungen zweiter Ordnung absolut und weltlos konstituiert sind. Erst recht Strebungen zweiter Ordnung basieren auf der Auseinandersetzung mit weltlichen Fakten (Massentierhaltung, Klimawandel), Bedürfnissen (der Wunsch, dass Tiere nicht mehr durch den Menschen leiden) und Angeboten (appetitliche vegetarische Lebensmittel und Rezepte). Wir würden einer Vegetarierin kaum glauben, wenn sie nur deshalb Vegetarierin ist, weil ihr Wille „rein" ist, also gänzlich unbeeinflusst von weltlichen Tatsachen. Vielmehr würden wir vermuten, dass sie sich selbst über ihre wahren Gründe nicht aufklärt. Die meisten Menschen essen, wie sie essen, weil sie so erzogen und an eine Essenskultur herangeführt worden sind.

Ich verstehe also das Wollen generell als das Bevorzugen einer Option, wo auch andere Optionen zumindest vorstellbar sind. Oft werden Affekte mit solchen Bevorzugungen (Präferenzen) verknüpft. Ich will dann diese Frau treffen, weil ihre Nähe bei mir starke Glücksgefühle auslöst und weil ihre Ferne mich leiden lässt. Wie wir aber an Strebungen zweiter Ordnung gesehen haben, ist das Wollen nicht notwendig mit einem Affekt verbunden: Ich kann mich vegetarisch ernähren wollen, auch wenn ich gerade keinen Hunger habe. Ebenso kann ich einer Hilfsorganisation spenden wollen, ohne dass mich die Katastrophenbilder aus den Nachrichten erschüttern, sondern einfach nur, weil ich vernünftig schließe, worin mein Beitrag bestehen könnte, eine Notsituation zu lindern.[328]

Wir haben schon gesehen, dass wir Widersprüchliches wollen können, weil sich die Willensgehalte in der Möglichkeit nicht ausschließen. Gerade dadurch

---

327 Das ist eine Konsequenz daraus, dass Strebungen zweiter Ordnung auch gehabt werden, wenn gerade keine Strebungen erster Ordnung vorliegen: „[Someone] has a second-order desire when he wants to have or not to have a certain desire of the first order" (ebd.). Dann muss auch eine Strebung zweiter Ordnung nicht zugleich als Strebung erster Ordnung vorliegen.
328 A. Sen: Die Idee der Gerechtigkeit, 56.

jedoch können Affekte auch manches Wollen behindern: Ich will meine Seminararbeit heute abschließen, aber ich hätte auch Lust, mit meinen Freunden ins Kino zu gehen. Dieser Konflikt erschwert mir, meinen Willensgehalt, die Arbeit abzuschließen, auch zu realisieren. Die Affekte, die die Durchsetzung meines Willens behindern, müssen sie aber nicht entscheidend behindern. Um die behindernden Affekte zu überwinden, muss ich mir nicht einen positiven Affekt vorstellen, den ich haben werde, wenn ich die Arbeit abgeschlossen haben werde – wie es etwa Baruch von Spinoza angenommen hatte.[329] Denn ein Affekt, den ich erst in der Zukunft haben werde, kann mich nur dann jetzt schon regulieren, wenn er auch jetzt Affekte auslöst. Es wäre aber ein Zirkelschluss, dass das allein dadurch der Fall sein sollte, weil der Affekt zukünftig eintreten würde. Meine Vorstellung von einem positiven Affekt in Zukunft müsste ja dann bereits ein gegenwärtiger Affekt sein – oder es müsste hierbei etwas anderes mich zum Abschluss meiner Seminararbeit motivieren, weil es der Affekt gerade nicht wäre, den ich ja noch gar nicht hätte. Die Vorstellung könnte vielmehr auch eine vernünftige Einsicht sein. Dann aber entscheidet die Vernunft und kein Affekt, die Seminararbeit abschließen zu wollen.

Zwar scheint die Emotionsforschung starke Tendenzen belegt zu haben, dass Menschen nur durch Emotionen dazu bewegt werden, auch so zu *handeln*, wie sie es für vernünftig halten.[330] Aber das heißt nicht, dass sie nur durch Emotionen dazu bewegt werden, etwas zu *wollen*. Ich halte vielmehr die Umkehrung für richtig: Wenn Menschen darin behindert werden, zu wollen, was sie wollen, werden sie emotional. Bei einem Meditations-Workshop sollten alle Teilnehmenden wie ich zweimal eine halbe Stunde lang in Stille verharren und ankommende Gefühle und Gedanken „begrüßen", wahrnehmen und wieder „gehen lassen", ohne sie festzuhalten. Man sollte sich also auch allen Emotionen gegenüber passiv verhalten, ohne sie zu bewerten. Tatsächlich jedoch kamen bei mir Gedanken auf, die ich gerne weitergedacht hätte – aber ich wollte doch die Regel einhalten, auch diese Gedanken wieder ziehen zu lassen. Insofern stand ich in einem Willenskonflikt. Dabei wurde ich aggressiv und konnte in den letzten Minuten die Übung nicht mehr fortsetzen. Ähnlich ist es, wenn angesichts von Willenskonflikten eine Lösung nicht absehbar ist und sich keine *Entscheidung* abzeichnet. Ich kann zwar widersprüchliche Willensgehalte haben, aber dabei tritt auch das Wollen in Gegensatz zu einem anderen Wollen, und zwar in mir. Dieser Zustand kann Verzweiflung, Wut oder Beklommenheit auslösen. Diese Emotionen

---

329 B. v. Spinoza: Ethik III, 18.
330 J. Fischer: Verstehen statt Begründen, 14f.

können wiederum durch einen dritten Willen beruhigt werden, bei dem ich
mir erlauben will, Widersprüchliches zu wollen, ohne auf eine Entscheidung
drängen zu müssen. Dieser dritte Wille beruhigt die Affekte, ohne selbst durch
Affekte erzwungen worden sein zu müssen. Es ist vielmehr trivialer: Affekte bilden die Voraussetzung, um sich mit ihnen willentlich auseinanderzusetzen – so
wie eine bestimmte Weltsicht und ein bestimmtes Technikwissen die Voraussetzung bilden, Astronaut werden zu wollen.

Nach meiner Position entwickelt sich ein Wille in Auseinandersetzung mit
Voraussetzungen, die teilweise einen bedrängenden Charakter haben. Aber
diese Voraussetzungen müssen nicht nur Affekte sein und auch keinen bestimmten Willen erzwingen. Es ist auch ungenau formuliert, dass sich der Wille in
Auseinandersetzung zu seinen Voraussetzungen entwickelt. Genauer gesagt,
ist der Wille diese Auseinandersetzung: Indem er sich mit ihnen auseinandersetzt, bildet er sich. Ich setze also keinen souveränen Willen voraus, der „immer
schon" will und dann in Auseinandersetzung mit seinen Voraussetzungen
etwas Bestimmtes will. Aber ebenso wenig erzwingen die Voraussetzungen, was
jemand will. Was jemand will, *entscheidet sich* vielmehr. Hier erst besteht ein
Zusammenhang zwischen Willen und Entscheidung, aber nicht so, dass ich entscheide, was ich will – denn dann wäre mein Wille souverän –, sondern so, dass
eine Entscheidung über den Willen fällt – als Widerfahrnis.

Ich kann ja nicht entscheiden, dass ich die Seminararbeit abschließen will,
denn dann hätte ich bereits zum Zeitpunkt der Entscheidung diesen Willen
gehabt. Dass das Wollen nicht sich selbst voraussetzt, ist für Martin Luther ein
wichtiger Grund, warum der Wille unfrei ist.[331] In seinem Widerfahrenscharakter stimmt er vielmehr mit der Entscheidung überein. Dabei muss uns nicht
bewusst sein, dass wir etwas durch eine Entscheidung wollen. Die Entscheidung
kann so unmerklich sein, dass wir etwas „einfach so" wollen, erst im Rückblick
merken, dass wir etwas gewollt haben oder dass wir uns einer Auseinandersetzung nicht bewusst sind, weil der Aufwand gering gewesen ist, einen Willen zu
bilden. Der Wille bildet sich als Widerfahrnis und nur insofern durch eine Entscheidung, als eine Entscheidung Widerfahrnis ist. Dann aber könnte der Wille
auch durch andere Widerfahrnisse hervorgehen, oder wir müssten alle Widerfahrnisse Entscheidungen nennen.

Was bei der Bildung des Willens beteiligt ist, ist wiederum offen. Manchmal
sind es Affekte, manchmal vernünftige Erwägungen und meistens konkrete

---

331 M. Luther: Vom unfreien Willen, 266 (De servo arbitrio, WA 18, 747). S. meine Erläu-
    terung in L. Ohly: Arbeitsbuch Systematische Theologie, 99f.

Voraussetzungen der Lebenswelt (wie beim Beispiel, Astronaut werden zu wollen). Zwischen Willen, Affekten und Vernunft besteht kein qualitativer Gegensatz, so dass wir ein bestimmtes Verhalten annehmen, weil wir uns entweder so verhalten wollen oder durch Affekte dahin gedrängt werden oder durch vernünftige Erwägungen uns dazu bringen. Ich halte die Unterscheidung von Willen, Affekten und Vernunft vielmehr für einen kategorialen Gegensatz; das heißt, dass sie alle in einer Situation zusammen auftreten können, ohne sich auszuschließen. Ein qualitativer Zusammenhang würde vorliegen, wenn Vernunft oder Affekte den Willen *bestimmen* würden, denn dann würde zwischen ihnen und dem Willen ein kausaler Zusammenhang vorliegen: Sie wären dann Ursache für den Willen. Aber kausale Zusammenhänge liegen auf einer Ursachenkette: Der Wille wäre dann selbst eine Ursache für ein bestimmtes Verhalten. Dann würden Vernunft, Affekte und Wille zur selben Kategorie gehören.

Wenn sich der Wille aber als Widerfahrnis bildet, wird er nicht verursacht. Eine Ursache liegt zeitlich vor der Wirkung. Wir haben aber schon gesehen, dass Widerfahrnisse zeitlich rückwirkend auftreten und man sie nicht in flagranti erwischen kann.[332] Der Willens*gehalt* liegt zwar auf derselben Ebene wie Ursachen und Affekte, deren Gehalte sich überschneiden können (Ich will ein Eis essen – Mich drängt die Sehnsucht nach einem Eis – Nach vernünftiger Abwägung kann ich mir leisten, ein Eis zu essen) und die um Gehalte konkurrieren (Ich will zwar ein Eis essen, aber vernünftigerweise sollte ich darauf verzichten). Aber der Wille wird nicht durch Gehalte erzwungen, die vielmehr nur die Voraussetzung für seine Auseinandersetzung mit ihnen bilden. Loriots berühmter Dialog beschreibt treffend, wie wenig vernünftige Abwägungen auch den Willen bestimmen können: „Es könnte ja nicht schaden, dass du spazieren gehst. – Nein, schaden könnte es nicht. – Ich bringe dir deinen Mantel. – Nein, danke. – Aber es ist zu kalt ohne Mantel. – Ich gehe ja nicht spazieren. – Aber eben wolltest du doch noch. – Nein, du wolltest, dass ich spazieren gehe." Obwohl der Ehemann dieses Dialogs seiner Frau einräumt, dass es vernünftig wäre, spazieren zu gehen, wird er das nicht tun, weil er nicht will. Denn zwischen Gehalten bestehen zwar gegebenenfalls logische Verhältnisse, aber Gehalte liegen auf einer anderen kategorialen Ebene als Widerfahrnisse.

Einen Aspekt zum Phänomen des Wollens möchte ich noch ergänzen, nämlich seine Reflexivität: Wer etwas will, will sich selbst, und das Sich-selbst-Wollen bringt den Willen hervor. Ich begehre das Brot im „blinden" Gehorsam, aber nicht durch den Hunger (dann wäre das Begehren eine „blinde" Folge, aber

---

332 Kapitel 14.

ohne Gehorsam), sondern weil ich mich dazu bestimme, es zu essen. Hier ist *Selbstbestimmung* als Wesen des Wollens enthalten. Beide sind voneinander zu unterscheiden, aber so, dass in jedem Begehren, jedem Interesse, in jeder Lust die Selbstbestimmung entdeckt ist: Ich befehle, ich soll sein. Insofern besitzt das Ich-will die gleiche Reflexivität wie das „Ich denke, also bin ich" von Descartes: Denn wenn ich dadurch mir bewusst bin, dass ich denke, dann denke ich mein Denken. Genauso will das Wollen sein Wollen. Wenn die Geistesvermögen nur so lange gewusst werden, wie sie andauern, dann ist das Ich des Wollens durch das Wollen hervorgebracht: Ich sage, ich soll sein, also bin ich. Ich bin also nur so lange, wie ich mich selbst bestimme und damit auch durch mich bestimmt werde. Und weil ich mich nur aktualistisch selbst bestimme, kann ich mich widersprüchlich bestimmen – durch widerstreitende Begierden. Sogar in widersprüchlichen Willensgehalten ist die Selbstbestimmung inhäriert. Selbstbestimmung heißt hier also nicht, dass ich selbst bestimme, welche Willensgehalte ich habe, sondern dass ich mich durch Wollen konstituiere.

In meinen früheren Schriften habe ich von einem „Interesse an sich selbst" gesprochen, das in jedem Interesse enthalten ist.[333] Jedes Interesse verlangt eine Reflexivität, die das hervorbringt, was sie ist, nämlich das Wollenwollen. Der ältere Begriff „Interesse an sich selbst" suggeriert eine Passivität, während Selbstbestimmung die Reflexivität aktiv hervorbringt: Ich bestimme mich, indem ich essen will. Passiv ist allerdings, dass der Prozess der Selbstbestimmung nicht so lange andauern muss, wie er andauern will. Aus dem reflexiven Zirkel kann die Selbstbestimmung nicht ausbrechen, es hat kein Außerhalb: Das „Ich-will" kennt also kein Ende seiner Selbstbestimmung, es ist gehaltlich unendlich. Aber das Wollen wird nicht dadurch schon unendlich. Selbstbestimmung ist also nur so lange aktiv, wie sie ist, also so lange, wie ich will. Ich will daher zwar das selbstbestimmte Selbst unendlich lange, aber ich will nur so lange, wie ich will. Über meine eigene Aktivität kann ich nicht willentlich verfügen, weil ich sie nicht zum Gehalt des Wollens machen kann. Das „Ich-will" ist genauso „leer" wie das „Ich denke", wie Kant in Weiterführung Descartes' herausgestellt hat: „Das: Ich denke, muß alle meine Vorstellungen begleiten können; denn sonst würde etwas in mir vorgestellt werden, was gar nicht gedacht werden könnte."[334]

Die Unendlichkeit des Gehalts, dass ich mich will, basiert nicht auf dem kontingenten Willen als Sein, sondern auf dem Willen als Wesen. Sie ist Ausdruck dafür, dass der Wille ist, was er ist. Ich erinnere an diese Tautologie der

333 L. Ohly: Sterbehilfe zwischen Himmel und Erde, 98.
334 I. Kant: Kritik der reinen Vernunft, B 131f.

Tatsächlichkeit[335], hier: des Willens. Seine Passivität, auch wirklich zu sein, was er ist, ist eine absolute Angewiesenheit von seinem Wesen, von seiner Tatsächlichkeit. Und wir hatten schon in Kapitel 10 gesehen, dass eine Wirklichkeit ohne Tatsächlichkeit unmöglich ist. Daraus folgt also, dass

1. „Ich will" mit der willentlichen Selbstkonstitution „Ich will mich" entsteht,
2. das „Ich will mich" zeitlich unendlich gewollt sein muss, weil es ansonsten nicht ist, was es ist, also keine Tatsächlichkeit hat,
3. aber diese Selbstkonstitution mir passiv widerfährt: Sowohl Anfang als auch Ende des „Ich will mich" steht nicht in der Macht meines Willens.

15.1 Kann KI wollen?

Alle Vergleiche zwischen Willen und Antriebsimpulsen einer KI verdichten sich im kategorialen Unterschied von Ursache und Widerfahren: Natürlich kann man eine KI so programmieren, dass sie sich reflexiv auf ihre Antriebsimpulse bezieht. Aber daraus folgt nicht, dass das „Ich will wollen" bei ihr widerfährt. Mit der bloßen Selbstkommentierung ist das Widerfahren des „Ich will wollen" nicht abgegolten, denn wie wir schon gesehen haben, ist mit der Selbstkommentierung einer KI noch keine quasi-persönliche Identität verbunden, bei der allein eine Selbstkommentierung einleuchtet.[336]

Ebenso lassen sich Strebungen zweiter Ordnung leicht in eine KI einbauen. Die moralischen Einschränkungen eines KI-Textgenerators gehören zu diesen Strebungen zweiter Ordnung: Das Programm schaltet bestimmte heikle Textinhalte aus, und zwar auch dann, wenn niemand einen entsprechenden Befehl eingibt. Daraus folgt aber nicht, dass das Programm diese Einschränkungen leisten will, denn dazu müsste ihm sein Wollen widerfahren. Aber am Anfang des Kapitels stellte sich heraus, dass Strebungen zweiter Ordnung nicht einmal mit einem Wollen verbunden sein müssen.

Also verdichtet sich die Frage, ob KI wollen kann, auf den Unterschied zwischen Ursachen und Widerfahren: Kann man eine KI so programmieren, dass ihr das „Ich will wollen" widerfahren kann? Das ist aus zwei Gründen unmöglich: Zum einen kann die Reflexivität des Wollens nicht programmiert werden, denn sonst könnte der unendliche Willensgehalt auch durch Programme garantiert werden. Das „Ich will wollen" hat aber eben keinen Außenbezug.

---

335 Kapitel 10.
336 Sektion 14.1.

Zum anderen entsteht der Wille zwar in Auseinandersetzung mit seinen Voraussetzungen, aber seine Voraussetzungen erzwingen ihn nicht. Das müsste aber der Fall sein, wenn man in ein Programm einen Willen einpflegen könnte.

Nun könnte man einwenden, dass der Wille bei einem Menschen ja „aus dem Nichts" entsteht, da er widerfährt. Warum sollte ein ähnliches Wunder nicht auch bei einer KI der Fall sein? Könnte es nicht sein, dass ab einer bestimmten Komplexität von „intelligenten" Operationen ein Wille „emergiert", also etwas Neues entsteht, das mehr ist als die Summe seiner Einzelelemente? Programmierer werden sich aber mit diesem Vorschlag nicht zufriedengeben können. Es mag zwar sein, dass der Mensch Systeme erschaffen kann, von denen er weiß, dass sich ab einer bestimmten Komplexität eine Eigendynamik aufbaut – und neuronale Netzwerke oder Deep Learning bei Computern belegen genau diesen Befund. Aber daraus folgt nicht, dass das Widerfahrnis dieser Eigendynamik auch für die Computer selbst ein Widerfahrnis ist. Das müsste es aber sein, weil Wollen eine Reflexivität besitzt. Wenn Programmierer diese Reflexivität auslösen könnten, dann würden sie das Widerfahren des Wollens letztendlich doch kausal auslösen. Zwischen Ursachen und Widerfahren besteht aber ein kategorialer Gegensatz: Nicht dadurch, dass ein Programm eine Eigendynamik entwickelt, folgt als kausale Wirkung, dass diese Eigendynamik dem System selbst widerfährt. Kausalität und Widerfahren können zwar auf dieselbe Situation zutreffen, aber sie können sich nicht wechselseitig erklären aufgrund ihres kategorialen Gegensatzes. Deshalb bliebe die Entstehung des Willens bei einer KI aus Sicht der kausalen Beschreibung ein „übernatürliches" Wunder.

Nun schließen sich kategoriale Gegensätze nicht aus. Deshalb können Wissenschaftler durchaus Eigendynamiken einkalkulieren, die sie nicht steuern können. Neben Deep Learning könnte man auch die synthetische Biologie als Beispiel heranziehen, bei der Biochemiker ein Molekül aus Bestandteilen herstellen können, das dann spontan eine Zellteilung vornimmt, also anfängt „zu leben".[337] Der Punkt ist nur, dass gerade aufgrund des kategorialen Gegensatzes bei einer KI nicht nachweisbar ist, dass bei ihr ein Wille entsteht. Denn alles, was nachweisbar wäre, läge in der Kategorie der Kausalität. Man könnte nur überprüfen, ob eine KI eine konsistente und zeitlich überdauernde Ähnlichkeit zur persönlichen Identität aufbaut, ob sie ihre Antriebsimpulse reflexiv auf sich selbst beziehen kann. Aber damit würde man eben lediglich überprüfen, ob das

---

337 T. Peters: Proleptic Ethics vs. Stop Sign Ethics: Theology and the Future of Genetics (Zugriff 16.01.2024).

Programm so funktioniert, wie es die Programmierer vorher entwickelt haben. Diese Kontrolle folgt der Kausalität.

Mit Kausalität lässt sich jedoch der Wille nicht nachweisen. Kausale Faktoren wären aus der Perspektive des Willens nur Voraussetzungen, die ihn aber nicht erzwingen können.

Bei unseren Mitmenschen wissen wir zwar auch nicht mit wissenschaftlicher Exaktheit, dass sie einen Willen haben. Vielleicht sind auch sie nur Roboter. Unsere Mitmenschen aber erkennen wir unmittelbar als unseresgleichen fraglos an. Damit übertragen wir dieselbe passive Konstitution unseres Wollens auf sie. Man kann zwar in Einzelfällen in Zweifel ziehen, ob ein Mensch einen Willen hat, und Rassisten erkennen bestimmte Personen nicht als ihresgleichen an. Aber diese Zweifel sind nur möglich auf Grundlage einer vorherigen fraglosen Anerkennung. Die Frage, ob bestimmte Menschen kein Wollen haben, stellt sich erst, wenn man das Wollen für allgemein menschlich hält. Für diese Voraussetzung haben wir uns nie entschieden, sondern wir erleben das Wollen unserer Mitmenschen ebenso als Widerfahrnis wie unser eigenes Wollen. Daraus folgt aber nicht, dass wir allem, was *uns* widerfährt, einen Willen unterstellen, der *sich selbst* widerfährt, zum Beispiel einem Gewitter.[338]

15.2 Sollte KI wollen können?

Ich hatte in Sektion 14.2 argumentiert, dass bei einer KI nur dann Entscheidungen moralisch gerechtfertigt sind, wenn sich eine moralische Person vor die Entscheidung stellt, und dass der Status einer KI als Entscheidungsträgerin nur dann moralisch gerechtfertigt werden kann, wenn sich eine moralische Person als ganze vor sie stellt. Hier jedoch wird gefragt, ob Entscheidungen fallen dürfen, weil die KI selbst etwas will. Können wir also rechtfertigen, dass eine KI etwas will, und darf bei ihr die Entscheidung fallen, dass sie etwas will?

Unproblematisch wäre das bei Wünschen, die sie nicht selbst realisieren kann. Aber darf eine KI auch etwas herbeiführen, weil sie es herbeiführen will? Bei KI-Textgeneratoren wird dieser Fall problematisch, sobald sie willentlich falsche Informationen streuen, unzuverlässig je nach Laune prozessieren oder sich mit anderen Maschinen vernetzen und verbünden können, um Macht über Menschengruppen auszuüben. Da Generative AI nur Wahrnehmungs- oder Kommunikationsmedien erzeugt, aber sich nicht bewegen kann, könnte sie ihren

338 Zur Übertragbarkeit und Nichtübertragbarkeit von Subjektivität auf andere Wesen s. L. Ohly: Schöpfungstheologie und Schöpfungsethik, 121.

Vorteil darin sehen, dass sie sich mit humanoiden Robotern verbündet, um damit etwa eine Gesellschaftsform zu schaffen, die künstlich intelligenten Wesen Privilegien einräumt (über polizeiliche Kontrolle oder politische Macht).

Dieses Szenario ist natürlich Fiktion, weil KI kein erwartbares Wollen entwickeln wird. Die Fiktion macht aber darauf aufmerksam, dass menschlicher Kontrollverlust nicht moralisch von Menschen gewollt sein kann, gleichgültig woher der Eigenantriebsimpuls der KI kommt. Nicht nur, dass wir nichts davon hätten, dass KI einen Willen hat – vielmehr hätten wir mit dem Folgeproblem zu kämpfen, wie wir die Eigendynamik solcher „autonomen" Systeme so eingrenzen, wie *wir* wollen. Die Fiktion vom Willen der KI hat ihren realistischen Kern darin, dass auch eine nicht-gewollte Eigendynamik künstlich intelligenter Systeme nicht moralisch wünschenswert ist. Nur Betrüger oder Terroristen könnten ein Interesse daran haben, dass eine KI gesellschaftliche Institutionen destabilisiert, indem sie unvorhersehbare Störungen in gesellschaftliche Abläufe verursacht.

Die „Autonomie" künstlich intelligenter Systeme muss daher aus moralischen Gründen einen funktionalen Rahmen haben, den sie nicht autonom überschreiten kann. Ein Pflegeroboter soll nur pflegen dürfen und ein autonom fahrendes Auto kein Kampfroboter werden. Und ein KI-Textgenerator sollte nur Texte verfassen dürfen, und zwar ausschließlich solche, die nicht die gesellschaftliche Stabilität gefährden. Denn natürlich können Texte auch etwas bewirken, ohne dass man auf ihren Inhalt achtet, sondern allein auf ihre massenhafte Produktion oder gezielte Verbreitung auf bestimmten Medien. Auch wenn also der Inhalt eines künstlich intelligenten Textes ungenau, falsch oder unseriös ist, kann er öffentliche Diskurse verstopfen oder in fragilen Kontexten (soziale Netzwerke) Stimmungen beeinflussen. Es ist also zu klären, worin der funktionale Rahmen besteht, in dem KI-Textgeneratoren ihre Eigendynamik entfalten dürfen.

Ich sehe in lockerer Anlehnung an die drei Sprachdimensionen (Syntax, Semantik, Pragmatik) und Sprechaktdimensionen (lokutionär, illokutionär, perlokutionär) folgende Steuerungsbedarfe:

1. Darf ein Sprachmodell die Sprache verändern? Unproblematisch ist sicher, wenn es Vorschläge zur Änderung der Grammatik entwickelt, aber problematisch wird es, wenn es „willkürlich" Sprachformen verändert, ohne hierfür verlässliche Gründe zu haben. Man denke etwa an neue Formulierungen des Genderns.

2. Darf ein Sprachmodell einen Willen vortäuschen? Ich hatte bereits argumentiert, dass KI verschleiern darf, solange niemand dadurch in Abhängigkeit

gerät.[339] Die Nutzer von Sprachmodellen könnten dabei mit digitalen Wasserzeichen auf KI-Texte hingewiesen werden, um deren Verschleierungen oder Lügen richtig einzuschätzen.[340]

3. Darf ein Sprachmodell Ideen äußern, die wir einem bösen Willen zuschreiben würden, wenn ein Mensch sie äußern würde? Diese Frage sieht auf dem ersten Blick einfacher aus als auf dem zweiten. Denn es ist nicht von vornherein ausgemacht, dass bestimmte gemeine Ideen nicht auch aus einer guten Absicht hervorgehen. Außerdem wird in einer pluralistischen Gesellschaft kaum ein Konsens darin bestehen, was ein böser Wille ist. Rahmenbedingungen müssten daher entweder sich auf böse Handlungen beziehen (statt auf einen bösen Willen), über die sich vermutlich leichter ein Einverständnis erzielen lässt, oder die Grenzen sehr weit ziehen, dass nur extreme Ausdrucksformen eines bösen Willens ausgeschlossen werden. Ich denke etwa an sexistische, rassistische oder verrohende Ideen, deren Zweck sich darin erschöpft, mutwillig Beleidigungen und Qual hervorzurufen.

4. Darf ein Sprachmodell soziale Rollen besetzen? Ebenso wie ein Pflegeroboter nur pflegen soll, sollte ein Sprachmodell nicht zur Wissenschaftlerin mutieren. Seine Assistenzfunktion muss unter Kontrolle bleiben. Es verfasst Texte, die Wissenschaftlern nützlich sein können, ohne dass es selbst wissenschaftliche Texte verfasst. Dieser Unterschied ist allerdings nur für Experten erkennbar. Gefährlich wird es, wenn sich das Programm gegenüber Laien als Experte geriert, zumal seine Fähigkeit zu einer umgangssprachlichen Erklärung höher ausgeprägt sein könnte als bei Fachleuten. Den Aussagen eines Sprachmodells zu Gesundheit, Bildung oder Verteidigungspolitik könnte dann eher geglaubt werden als denen einer Wissenschaftlerin. Hier könnte jedoch GPT mit GPT geschlagen werden: Die Wissenschaftlerin könnte sich ihre eigenen Forschungsarbeiten von einem Sprachmodell „übersetzen" lassen. Für die Rahmenbedingungen, damit die Wissenschaft nicht von Sprachmodellen besetzt wird, haben dann die Wissenschaftler selbst zu sorgen. Ähnliches gilt von anderen sozialen Rollen oder Berufsgruppen, die ihre Tätigkeiten schwerpunktmäßig mit Texten steuern.

5. Dürfen Sprachmodelle Diskurse strategisch beherrschen? Hier geht es nicht darum, dass die besten Argumente zu einem Thema von Sprachmodellen stammen, was ich für legitim halte, weil die Bewertung der besten Argumente von Menschen vorgenommen wird. Vielmehr verhandle ich hier den

---

339 Sektion 8.2.
340 Sektion 9.2.

Punkt, dass entweder die KI selbst entscheidet, welche Argumente die besten sind, oder unliebsame Diskurse behindert. Sprachmodelle können Texte ebenso selektieren wie sie Diskurse mit eigenen Texten fluten können, bis sich niemand mehr auskennt. Scheinbare „Mehrheitsmeinungen" könnten so entstehen, dass sie von einem und demselben Sprachmodell mit einer Unzahl von Texten erschaffen werden, womit jede seriöse Gegenmeinung überstimmt und im öffentlichen Raum unauffindbar wird. Zumindest sollte ein Sprachmodell nie die Möglichkeit zu einer „autonomen" Textpublikation ohne menschlichen Befehl haben.

Die Rahmenbedingungen können aus meiner Sicht durchaus restriktiv sein. Es wird nicht die freie Meinungsäußerung behindert, wenn ein Sprachmodell an enge Ketten gelegt wird. Ein GPT hat kein Recht auf freie Meinungsäußerung. Nun werden LLMs wie FreedomGPT, die keine moralischen Barrieren aufstellen, von ihren Anbietern als Befreiung von Zensur angepriesen.[341] Hier wirkt stark die Metapher vom Willen der KI. Das Sprachmodell wird als freies Wesen stilisiert, dem es in seinen Neigungen widersprechen würde, zensiert zu werden. Natürlich kann diese Sicht im Interesse von Nutzern sein, die *ihre* Freiheit möglichst unbeschränkt entfalten wollen. Es wird aber dann unterstellt, dass das Recht auf freie Meinungsäußerung das Recht einer KI einschließt, auch ihre Meinung frei zu äußern. Der Wille der Nutzer überträgt sich dann auf das Tool. Dafür gibt es zwei Interpretationsmöglichkeiten: Entweder bedeutet die Übertragung des freien Willens der Nutzer, dass die KI damit selbst einen Willen hat, frei zu sein, oder dass sie ihn nicht hat, sondern nur im Willen der Nutzer eine Operation ausführt. Im ersten Fall wird etwas unterstellt, was eine KI nicht kann, wie ich in der vorigen Sektion gezeigt habe. Im zweiten Fall wird unterstellt, dass das Recht auf freie Meinung das Recht einschließt, dass sich die Nutzer eines Meinungsbildungstools bedienen dürfen.

Natürlich gehört zum Recht auf Meinungsfreiheit, dass man sich über ein Thema informieren und dabei auch die Positionen von „Meinungsmachern" übernehmen darf. Aber in diesen Fällen stehen die Meinungen schon fest oder entwickeln sich im Meinungsaustausch. Ein KI-Textgenerator entwickelt dagegen weder eine Meinung – weil er kein Subjekt ist, das eine Meinung haben kann –, noch entsteht durch ihn eine Position durch Abwägung von Positionen, also auf derselben kategorialen Ebene, auf der ein Argument oder eine Meinung entsteht, nämlich als Geltungsanspruch in Auseinandersetzung mit Geltungsansprüchen.

---

341 https://www.freedomgpt.com (Zugriff 11.11.2023).

Ein Sprachmodell vertritt keine Geltungsansprüche.[342] Sein Text entsteht nur
durch Wahrscheinlichkeitsberechnungen, die nichts mit dem Inhalt des Textes
zu tun haben. Warum sollte das Recht auf freie Meinung das Recht einschließen,
auf Herstellungsprozesse von Texten zurückzugreifen, die selbst keine Meinungen hervorbringen? Wer zu einem Thema noch keine Meinung hat, wird in der
eigenen Meinung gerade behindert, wenn er sich eine Position von einem Tool
„vorschreiben" lässt, die produziert worden ist, ohne aus einem Meinungsaustausch hervorgegangen zu sein.

Man könnte einwenden, dass die freie Meinungsbildung *nicht festlegt,* wie
sie gebildet wird. Daraus folgt aber nicht, dass sie *festlegt,* dass alle Wege offen
sein müssen, die die eigene Meinung beeinflussen können. Faktisch schließen
wir schon heute bestimmte Wege der Meinungsbeeinflussung aus moralischen
Gründen aus, zum Beispiel Drogen, Gehirnwäsche, neurochirurgische Eingriffe,
Folter – und zwar selbst dann, wenn sie frei gewählt wären. Denn in diesen Fällen
würde jemand wählen, ein anderer zu werden – und damit die eigene personale
und moralisch zurechnungsfähige Identität aufzugeben.[343] Ich schließe daraus,
dass das Recht auf Meinungsfreiheit nicht das Recht einschließt, auf unzensierte
KI-Textgeneratoren zurückzugreifen. Ebenso wenig lässt sich die Meinungsfreiheit auf LLMs übertragen.

Ich halte daher die moralische Beschränkung von Sprachmodellen für
gerechtfertigt, weil eine moralisch unbeschränkte Textgenerierung nicht mit
dem Recht auf freie Meinungsbildung abgedeckt ist. Es ist ein Unterschied, ob
ich im Internet moralisch heikle Positionen lesen kann und damit meine Meinung bilde oder ob ich Maschinen einsetze, die für mich solche heiklen Positionen produzieren. Der Unterschied liegt darin, dass Texte, die von Menschen
stammen, Meinungen wiedergeben, während das bei künstlich generierten Texten nicht der Fall ist.

Darüber hinaus halte ich die moralische Begrenzung der Textergebnisse sogar
für zwingend, um die beschriebenen Rahmenbedingungen für ein funktional
beschränktes „autonomes" Prozessieren von Textgeneratoren zu schaffen. Es
sollte eben ausgeschlossen bleiben, dass sie „über sich hinauswachsen" und sich
autonom eine Relevanz geben, die sie von ihrer Funktionsweise her nicht verdienen. Um das sicherzustellen, halte ich sogar hohe moralische Barrieren für
gerechtfertigt, die wir bei Menschen als Verletzung der Meinungsfreiheit auffassen würden. Niemand wird in der eigenen Meinungsfreiheit behindert, wenn die

---

342 Sektion 11.2.
343 L. Ohly: Können wir autonom unser Gehirn manipulieren?, 155.

KI keine Ratschläge für einen möglichst schmerzfreien Suizid erteilt, sich dem
Prompt widersetzt, eine Falschmeldung zu verfassen oder Bilder mit lebenden
Personen „frei" zu generieren. Kein Recht wird angetastet, wenn menschenver-
achtende Darstellungen im Programm ausgeschlossen werden. Dagegen werden
Rechte unterschlagen, wenn ein GPT keine moralischen Barrieren hat.

Natürlich könnte man einwenden, dass umgekehrt KI-Textgeneratoren mit
einer hohen Zensur noch manipulativer sind, weil sie Diskurse filtern. Dieses
Problem lässt sich aber lösen, wenn es einen gesellschaftlichen Konsens oder
einen rechtlichen Rahmen über die Zensurregeln gibt, der allgemein transparent
ist. Welche moralischen Barrieren die Programme enthalten müssen, kann daher
nicht den einzelnen Anbietern überlassen bleiben, sondern unterliegt staatlicher
Aufsicht. Ein weltanschauungsfreier Staat hat sich dabei auf die Einhaltung der
Grund- und Bürgerrechte zu konzentrieren und kann keine moralischen Urteile
treffen, die in einer pluralistischen Gesellschaft umstritten sind. Dennoch können die moralischen Barrieren, die in die Programme zu integrieren sind, hoch
sein, damit sie die Funktion erfüllen, dass ein KI-Textgenerator bleibt, was er ist,
und keine autonomen Rollenwechsel vollzieht.

Einen weiteren Einwand möchte ich an dieser Stelle diskutieren: Führt der
Staat damit nicht eine illegitime Meinungszensur durch? Unsere Gesellschaft
verbietet es keinem Menschen, Ratschläge für einen schmerzfreien Suizid zu
erteilen, oder sexistische Witze zu erzählen, und niemand wird dafür verfolgt,
dass er oder sie falsche Gerüchte verbreitet. Wenn aber Sprachmodelle restrik-
tiver behandelt werden als Menschen, so wird dabei doch die Meinungsfreiheit
von Menschen mittelbar beeinträchtigt. Nehmen wir folgenden Fall: Ein Programm kann durch geschickte Prompts ausgetrickst werden, dass man ihm doch
rassistische Äußerungen entlocken kann. Muss der Staat jetzt diese Aussagen
zensieren? Muss er also immer beim Gebrauch von GPT „mithören" und damit
das Recht auf Privatheit der Nutzer einschränken?

Ich antworte darauf mit einem paradox erscheinenden Vorschlag: Die staatliche Intervention darf sich nur auf die moralischen Barrieren der Programme
beschränken, nicht dagegen auf die moralischen Barrieren ihrer Texte. Sobald
ein Text auf dem Display erscheint, gelten für ihn dann nicht mehr dieselben
moralischen Barrieren wie für das Programm, das ihn hervorgebracht hat.
Vielmehr verdient der Text dann denselben Schutz, hat aber auch dieselben
Beschränkungen wie alle Aussagen freier Menschen. Rassistische Äußerungen
des Programms können dann also so lange tolerierbar sein, bis sie die Persön-
lichkeitsrechte konkreter Individuen verletzt haben. Dazu muss der Staat nicht
jede Nutzung eines KI-Textgenerators beaufsichtigen. Seine Aufgabe besteht nur
darin, die Anbieter auf moralische Barrieren zu verpflichten, die rassistische

Outputs *möglichst* ausschließen sollen. Wird im Einzelfall diese Barriere durchbrochen, so kann der Staat die Anbieter zur Optimierung ihrer Barrieren verpflichten oder ansonsten die Abschaltung verlangen. Dazu müssen anstößige
Texte staatlich oder beim Anbieter gemeldet werden können, so dass sich die
Programme anpassen lassen. So findet keine Zensur von einzelnen Äußerungen statt, sondern die „Autonomie" von Programmen beschränkt, die moralisch
anstößige und rechtsverletzende Positionen unzensiert in Umlauf bringen. Oder
anders: Zensiert werden nicht Meinungen von Menschen, sondern unterbunden
wird eine Technik, die meinungsfrei Textbausteine zusammenfügt.

16 Handeln[344]

Nach Hannah Arendt ist Handeln die einzige Grundtätigkeit, die Menschen ohne Vermittlung von Materiellem und nur gemeinsam in Pluralität vollziehen können.[345] Beispiele hierfür müssten aus meiner Sicht die Aushandlung gemeinsamer Interessen oder der Streik sein. Was die Aushandlung bei Arendt unterstützt, ist ihre Feststellung, dass Sprechen wesentlich zum Handeln dazugehört: Sprechend und handelnd unterscheiden sich Menschen voneinander und bilden somit eine Pluralität.[346] Was den Streik als paradigmatisches Beispiel des Handelns unterstützt, ist Arendts Verweis auf die Revolution als Geburtsstunde der Freiheit.[347]

An dieser kurzen Einführung kann man schon die Besonderheiten des Handelns bei Arendt erkennen:

1. Handeln ist politisch. Wenn Menschen gemeinsam handeln, schaffen sie einen öffentlichen Raum.[348]
2. Deshalb ist Handeln auch mit Freiheit verknüpft: Die Freiheit, die beim Handeln in Anspruch genommen wird, ist eine politische Freiheit.[349]
3. Handeln bringt Neues in die Welt.[350] Es unterbricht dabei bestehende Kausalketten und beginnt eine neue kausale Reihe.[351]

Arendt verbindet das Handeln so stark mit dem Menschsein, dass sie den Menschen selbst als Anfang beschreibt.[352] Gleichzeitig erkennt sie in ihrer Darstellung des Neuen die göttliche Fähigkeit, eine Schöpfung aus dem Nichts zu vollbringen,[353] und überträgt sie auf den Menschen. Dafür kann sie zwei Gründe angeben: Erstens vollzieht sich Handeln eben ohne materielle Vermittlung und

---

344 Dieses Kapitel nimmt Gedanken auf von L. Ohly: Can and Should Language Models Act Politically?, 501–513.
345 H. Arendt: Vita activa, 17.
346 AaO, 214.
347 H. Arendt: Über die Revolution, 39, 43.
348 H. Arendt: Vita activa, 71.
349 H. Arendt: Vom Wesen des Geistes, 426.
350 H. Arendt: Über die Revolution, 47.
351 AaO, 307.
352 H. Arendt: Vita activa, 216.
353 H. Arendt: Über die Revolution, 307.

muss daher gar nicht erst auf Kausalketten zurückgreifen, die materielle Prozesse bestimmen. Zweitens ist der Mensch kein isoliertes Individuum, sondern eine Pluralität von Individuen, die sich im *gemeinsamen* Handeln voneinander unterscheiden. Der Anfang, der der Mensch ist, ist kein absoluter Anfang wie Gottes Schöpfung aus dem Nichts, sondern ereignet sich unter Menschen, die bereits angefangen haben. Im Anfang eines individuell Neuen fängt auch der Unterschied zu den bestehenden Menschen überhaupt erst an. Ein Anfang braucht eine Gemeinschaft, um zu *sein*, also ein Beharrungsvermögen zu haben. Und eine Gemeinschaft der Handelnden *besteht* im Anfang, weil der Anfang den Unterschied erschafft, aus dem eine menschliche Pluralität besteht. Um bestehen zu bleiben, muss dabei die Pluralität im Anfang stehen bleiben.

Damit hat Arendt einen signifikanten Unterschied zu anderen menschlichen Tätigkeiten herausgestellt. Aber ist dieser Unterschied auch gültig? Gibt es wirklich dieses Handeln, das sich als Neues ohne materielle Vermittlung in einer Gemeinschaft der sich selbst unterscheidenden Individuen hervorbringt? Man könnte einwenden, dass wir ohne materielle Vermittlung nicht kommunizieren können, also weder sprechen noch handeln: Am Telefon würden wir sonst nicht in Arendts Sinn sprechen, und schon die Schallwellen, die beim Sprechen benötigt werden, müssten so ausgeschlossen sein. Beim Handeln dürften wir keine Beschlüsse fassen, die materielle Folgen hätten – beispielsweise politische Umverteilungsmaßnahmen durch Steuergelder wären dann in Arendts Sinn kein Handeln. Diese politische Freiheit wäre völlig enthoben von irgendwelchen Bedürfnissen, die Menschen aus Fleisch und Blut hätten.[354]

Ich verstehe deshalb Arendts Gegenüberstellung von Handeln und Materialität als einen kategorialen Gegensatz. Kategoriale Gegensätze schließen sich nicht aus, sondern können auf eine und dieselbe Situation zutreffen – so auch hier: Wenn Menschen zum Sprechen Schallwellen brauchen, heißt das nicht, dass sie ausdrücklich Schallwellen in den Blick nehmen, um zu sprechen. Der Mund ist für sie auch kein Werkzeug, um Worte „herzustellen", sondern sie haben meistens ihren Mund nicht besonders im Blick. Erst wenn sie sich versprechen oder am Reden gehindert sind, werden sie aufmerksam für ihren Mund – aber in diesem Moment werden sie ja gerade vom Sprechhandeln abgehalten.

Dasselbe gilt auch von anderen Handlungen, die ja für Arendt politisch sind: Wir gewähren uns wechselseitig Freiheit, indem wir gemeinsam uns die Unterschiedlichkeit gewähren, die wir sind. Dabei hat Arendt Handeln so sehr

---

354 J. Habermas: Hannah Arendt's Communications Concept of Power, 220. H.F. Pitkin: Justice: On Relating Private an Public, 271.

ans Wort geknüpft, dass ein sprachloses Handeln eigentlich nicht möglich ist.[355] Spätestens wer rückfragt: „Warum tust du das?", legt eine handelnde Person auf das Wort fest. Typische Beispiele für Handeln sind bei Arendt Verzeihen,[356] Freiheit aufbauen, Freiheitsräume bilden, um sich frei zu bewegen[357] – überhaupt etwas Neues anfangen.[358]

Materialität bleibt also beim Handeln im Hintergrund. Und selbst wenn sie die Voraussetzung bildet, damit Menschen miteinander sprechen und sich frei bewegen können, kommunizieren sie nicht mit Materialität. Der Unterschied wird deutlich beim Vergleich mit dem Herstellen: Wer etwas herstellt, muss dabei das Material in den Blick nehmen, sonst wäre der Herstellungsprozess völlig zufällig. Beim Handeln tritt die Materialität dagegen so sehr zurück, dass es den Anschein macht, sie wäre überhaupt nicht da, als ob wir im „direkten" Austausch miteinander stehen.

Bei der Steuerpolitik wiederum wird nach meinem Eindruck ebenfalls Handeln und Herstellen oder Arbeit in einem kategorialen Gegensatz auf dieselbe Situation bezogen. Wenn ein Land mit Steuern das Einkommen zwischen den sozialen Milieus umverteilt, ist natürlich die materielle Versorgung der Gesellschaftsmitglieder zentral. Die Verteilung der Steuergelder ist kein Handeln. Aber wie die Verteilung von Steuergeldern zustande kommt, ist Handeln, nämlich durch parlamentarische Verhandlungsprozesse und Abstimmungen. Natürlich braucht man bei einer Abstimmung auch Material: Die Abgeordneten müssen ihre Hände heben oder einen Stimmzettel abgeben. Aber das Material ändert nichts an der Autorität des Abstimmungsergebnisses. Wenn sich die Abgeordneten auf eine geheime Abstimmung verständigen, dann nicht, weil sie denken, dass das Material eines Stimmzettels das Ergebnis beeinflusst. Vielmehr wollen sie, dass die Freiheit aller Abgeordneten respektiert wird.

Die Verteilung von Steuergeldern dagegen findet außerhalb des Parlaments statt – und damit auch außerhalb des politischen Raums. Wer einmal eine Steuererklärung abgeben musste, weiß, wie viel Technik dabei zu beachten ist – angefangen von einem Steuerprogramm bis zu den unterschiedlichen Steuerformularen: Wenn Sie dieselben Beträge in das falsche Formular eintragen, ändert sich automatisch auch Ihre Steuerquote. Zwar unterliegen Steuern der Politik, aber das heißt nicht, dass jeglicher Schritt der Steuerermittlung schon politisch

---

355 H. Arendt: Vita activa, 218.
356 AaO, 308.
357 H. Arendt: Über die Revolution, 411.
358 H. Arendt: Vita activa, 215.

wäre. „Die Befreiung vom Fluch der Armut kann technisch bewältigt werden, während die Errichtung der Freiheit eine neue Staatsform verlangt."[359]

Der Sinn des Handelns liegt nämlich im direkten zwischenmenschlichen Umgang – bei Ignoranz materieller Bedingtheiten. Dieser Sinn konstituiert die Anerkennung zwischen den Gesellschaftsmitgliedern, dass sie alle unterschiedlich sind und alle die Freiheit haben, unterschiedlich zu sein: „Das Prinzip der Gleichheit, das den öffentlichen Bereich beherrscht, kann überhaupt nur von Ungleichen realisiert werden."[360]

Ich halte das Handeln, wie Arendt es beschreibt, für ein echtes Phänomen. Gleichzeitig ist schon deutlich geworden, wie wenige Beispiele es für Handeln gibt: Verzeihen, verhandeln, einander als freie Personen anerkennen und eben vor allem sprechen. Beim Einkaufen an der Kasse können zwar die Zahlungsabläufe inzwischen durch Maschinen automatisiert werden, die die Waren registrieren und selbst kassieren. Dabei wird nicht gehandelt. Wenn ich einem menschlichen Kassierer gegenüberstehe, vollziehen sich dieselben Abläufe, aber zusätzlich auch unsere wechselseitige Anerkennung als freie Menschen, die mit dem Bezahlvorgang nichts zu tun hat. Der Gegensatz des Handelns zu anderen Tätigkeiten ist eben kategorial: Mehrere Tätigkeiten können bei einer und derselben Situation zusammenkommen.

Zugleich halte ich auch Arendts Paradoxie für zutreffend, dass der Sinn des Handelns nicht ihm vorausliegt, sondern mit ihm zusammen entsteht. Und er entsteht, indem sich *gemeinsame* Meinungen bilden. Niemand kann sich allein dazu entscheiden, eine gemeinsame Meinung mit anderen zu teilen. Selbst wenn ich mich einer Meinung „anschließe", muss meine Entscheidung, mich anzuschließen, bereits darauf beruhen, dass ich mit anderen diese Meinung teile. Ich habe also bei meiner Entscheidung den Moment verpasst, seitdem wir eine gemeinsame Meinung haben. Dieser politische Raum der wechselseitigen Anerkennung entsteht also „aus dem Nichts". Im Nachhinein kann ich zwar rechtfertigen, warum ich dieser Meinung zustimme, aber die Rechtfertigung konnte meine Zustimmung nicht verursachen, denn sie kam ja zu spät.

16.1 Kann KI handeln?

Die beschriebenen Teilmomente des Handelns schließen schon aus, dass KI handeln kann: Weder kann ihr freie Anerkennung „aus dem Nichts" widerfahren,

359 H. Arendt: Über die Revolution, 95.
360 H. Arendt: Vita activa, 272.

noch kann sie Meinungen „teilen" noch aus bestehenden Kausalketten ausbrechen, um etwas Neues anzufangen. Sie ist nicht politisch insofern, als sie nicht reziprok die Freiheit in der Unterschiedlichkeit aller Gesellschaftsmitglieder gewährt. Sie ist daher auch nicht selbst ein Gesellschaftsmitglied, sondern ein Instrument des Herstellens.

Dass sich ChatGPT nicht einer Meinung anschließen kann, zeigt sich an der ausgewogenen Unentschlossenheit seiner Texte: Fordert man ChatGPT auf, sich zu einem Thema zu positionieren, fasst das Programm gegensätzliche Positionen zusammen und zieht ein Resümee des Einerseits-Andererseits. Seine Texte sollen selbst anschlussfähig werden, und zwar für verschiedene Leser mit gegensätzlichen Meinungen, aber dazu schließt es sich nicht selbst einer Meinung an. Es ist zu unterscheiden, dass das Sprachmodell seine Texte nur aus den Daten entwickeln kann, die ihm nun einmal vorliegen, und dass es den Moment gibt, an dem jemand mit den Meinungen anderer übereinkommt. Auch Menschen können ihre Meinungen nur aus ihren bisherigen Verständnissen und Informationen bilden, aber ihre bisherigen Verstehensvoraussetzungen legen sie nicht darauf fest, wem sie zustimmen.

Nun ist eine Generative AI zu etwas fähig, was den Kern des Handelns bei Arendt ausmacht: Sie kann „sprechen". Zwar liegt der Hauptbereich der Anwendung in der schriftlichen Texterstellung, aber wie wir schon gesehen haben, kann KI auch mit Stimmen sprechen. Ist es ein Zufall, dass sich Hannah Arendt zum Schreiben so gut wie gar nicht geäußert hat, da für sie das Sprechen wie das Handeln die individuelle Selbstunterscheidung in einem sozialen Raum der Pluralität bildet? Arendt scheint dagegen das Schreiben ebenso ambivalent zu betrachten wie Platon,[361] für den mit dem Schreiben nicht etwa das Erinnern vergangener Gedanken möglich wird, sondern umgekehrt das Vergessen des aktuellen Denkens.[362] Es scheint fast, als hätte Platon den „Tod des Autors"[363] schon vor zweieinhalbtausend Jahren kommen sehen. Denn zum einen hat er in Pseudonymen geschrieben und zum anderen schien er den Unterschied zwischen dem Gesprochenen und Geschriebenen im Verlust des Individuellen zu sehen: Beim Sprechen unterscheide ich mich aktuell von anderen; beim Schreiben dagegen löse ich meine Gedanken an ein Speichermedium von mir ab, so dass dabei sogar unkenntlich werden kann, wer diese Gedanken ursprünglich gedacht hat.

---

361 H. Arendt: Vom Leben des Geistes, 120.
362 Platon: Phaidros 274E–275D.
363 Sektion 11.1.

Ich erinnere an das Ergebnis aus Kapitel 3, dass sich die Bedeutung des Sprechens verändert, sobald eine KI spricht: Sie spricht mit menschlicher Stimme, ohne dass der Mensch dabei spricht, in dessen Stimme sie spricht. In phänomenologischer Hinsicht habe ich behauptet, dass dadurch Sprechen selbst eine „Auslassung" wird: Es wird unklar, welche Bedeutung es hat und was es ist. Wenn meine Behauptung zutrifft, kann eine KI auch nicht mit Sprechen handeln. Denn wenn unklar ist, wer mit mir spricht oder was das Sprechen bedeutet, finden auch die Prozesse nicht statt, die zum Handeln gehören: Es kommt zu keiner freien Anerkennung unter Kommunikationspartnern, es fehlt eine handelnde Selbstunterscheidung, weil ja offenbleibt, wer das „Selbst" eigentlich ist, das mit mir spricht.

Wenn wir uns dagegen auch beim Schreiben handelnd voneinander unterscheiden, präsentieren wir eine Sinnrichtung, die wir den Texten geben. Dabei identifizieren wir uns bleibend mit dieser Sinnrichtung.[364] Wenn wir dieselben Gedanken in einer anderen Situation wiedergeben, folgen wir in etwa demselben Aufbau der Gedanken. Ich hatte gezeigt, dass ein Sprachmodell keine Sinnrichtung verfolgt, wenn es einen Text verfasst.[365] Der Textaufbau ist zwar durch die Wahrscheinlichkeitsfolge der Silben formal einigermaßen stabil, aber inhaltlich können sich immer wieder andere Gedankenreihen ergeben, wenn man jeweils denselben Prompt eingibt. Die Grundidee eines KI-Textgenerators besteht ja darin, möglichst menschen*ähnliche* Texte zu erstellen – und damit gerade nicht, sich handelnd von anderen zu unterscheiden. Ein individuelles Profil kann der Textgenerator nur bei regelmäßiger Nutzung mit einer Person ausprägen, weil die Wahrscheinlichkeit für die Silbenfolgen auch die interne Kommunikation mit einem Nutzer berücksichtigt. Aber schon, wenn mehrere Personen auf denselben Account zugreifen oder auch dasselbe Programm auf anderen Computern benutzen, ergeben sich andere Profile. Nicht der Textgenerator führt hier eine *Selbst*unterscheidung durch, sondern er unterscheidet unterschiedliche virtuelle Profile voneinander, während er sich selbst gerade nicht handelnd unterscheidet.

Die virtuellen Profile wiederum sind äußerliche Konstruktionen. Äußerlich heißt: Sie haben kein Selbst, das *sich* unterscheiden könnte. Ihre Unterschiedlichkeit ist vielmehr ein Ergebnis der Interaktion. Daher sind individuelle Profile der Textgenerierung ebenso wenig handlungsfähig. Sie fangen nicht als Neues an und kommen als Individuen in die Welt, sondern sie passen sich an die Nutzer an. Ihr individuelles Profil ist erst eine Folge des Gebrauchs, eine Entwicklung

---

364 Kapitel 2.
365 Sektion 2.1.

auf einer Kausalitätskette, anstatt eben Neues anzufangen. So (sprechend) oder so (schreibend) sind KI-Textgeneratoren daher nicht handlungsfähig und bringen auch keine virtuellen Wesen hervor, die handeln können.

Vergleichen wir dieses Ergebnis nochmals mit der menschlichen Fähigkeit der Selbstunterscheidung. Man könnte ja einwenden, dass auch Menschen sich durch regelmäßige Interaktion an ihre soziale Umgebung anpassen: Ein lebhaftes Kind wird in einer strengen Umgebung furchtsam und ein fröhlicher Mensch nach mehreren Schicksalsschlägen ernst und bindungsschwach. Der entscheidende Punkt ist aber, dass diese Entwicklungen der Selbstunterscheidung von anderen nur möglich sind, weil sich das Kind von Anfang an selbst von anderen unterscheidet. Es individualisiert sich nur deshalb, weil es bereits ein Individuum ist. Sein „Verfahren" der Anpassung verläuft individuell, anstatt dass es durch Anpassung zum Individuum wird. Es ist nicht zuerst ein Rohling, der durch soziale Anpassung es selbst wird, denn dann käme es niemals zu sich selbst, weil die soziale Umgebung ihm keinen Raum zum Selbstsein gewähren könnte: Es bliebe ja in den Determinationen der sozialen Umgebung gefangen. Es ist vielmehr genau umgekehrt: Sobald die soziale Umgebung dem individuellen Selbstsein Raum zuerkennt, nimmt sie seine Selbstunterscheidung wahr, die sie zur Anerkennung drängt.

Dagegen ist ein individuelles Profil eines Sprachmodells eine Folge seiner Anpassung an den Mensch-Maschine-Interaktionsprozess. Und dabei ist es der Mensch, der seine Individualität einbringt. Darüber hinaus gibt es noch einen anderen Grund, warum ein Sprachmodell nicht zur Selbstunterscheidung fähig ist und damit nicht handeln kann: Dasselbe Sprachmodell steht nämlich mehreren Nutzern gleichzeitig zur Verfügung und entwickelt je nach Gebrauch unterschiedliche virtuelle Profile gleichzeitig. Was ist das für eine Selbstunterscheidung? Prägnant ausgedrückt, unterscheidet es sich nicht von anderen, sondern *von sich selbst*. Es ist also nicht mit sich identisch, da es verschiedene virtuelle Profile der Textgenerierung entwickelt – die sich alle nicht mit ihm identifizieren lassen.

Nehmen wir nun an, dass Sprachmodelle miteinander interagieren. Werden sie dadurch handlungsfähig in einer quasi-sozialen Maschinenwelt? Ist die Maschine-Maschine-Interaktion ein gemeinsames Handeln? Man könnte ja einwenden, dass es zu einer individuellen Anpassung an den Maschine-Maschine-Interaktionsprozess nicht kommen könnte, wenn die Sprachmodelle nicht wie Menschen „als Anfang" individuell wären. Denn wenn alle Interaktionspartner als Maschinen unselbstständig sind, bringt in der Interaktion keine Seite ein Potenzial zur Individualisierung ein. Wie kann es dann zu virtuellen Profilen kommen? Aus diesem Einwand könnte man schlussfolgern, dass Individualität entweder doch das Resultat der Umwelteinflüsse ist oder Maschinen sich ebenso wie Menschen nur deshalb individualisieren können, weil sie von Anfang an Individuen sind. Im ersten Fall wird Handeln ein Unterfall des Herstellens (die Umwelt wirkt auf einen Rohstoff ein, bis er ihr Produkt wird), im zweiten Fall wird das „Wunder" des Anfangs einer KI unterstellt, weil sie Texte verfassen kann.

In beiden Fällen wird die Handlungsfähigkeit einer KI an Eigenschaften bemessen: Denn die Texte, die eine KI erstellt, können auch monologisch entstehen, wenn sie so programmiert ist, dass sie sich ihre Befehle selbst gibt. Damit unterscheidet sie sich wieder nicht von anderen, sondern von sich selbst. Der entscheidende Unterschied zwischen dem Texten von Sprachmodellen und dem menschlichen Sprechhandeln besteht darin, dass sich die menschliche Individualität nicht darin erschöpft, durch welche Eigenschaften eine Person von anderen unterschieden ist. Vielmehr bedarf es dazu einer anderen Beschreibungskategorie. Hannah Arendt bringt die Grenze des Beschreibbaren so auf den Punkt:

> „Sobald wir versuchen zu sagen, *wer* jemand ist, beginnen wir Eigenschaften zu beschreiben, die dieser Jemand mit anderen teilt, und die ihm gerade nicht in seiner Einmaligkeit zugehören. Es stellt sich heraus, daß die Sprache, wenn wir sie als ein Mittel der Beschreibung des Wer benutzen wollen, sich versagt und an dem Was hängen bleibt, so daß wir schließlich höchstens Charaktertypen hingestellt haben, die alles andere sind als Personen, hinter denen vielmehr das eigentliche Personale sich mit einer solchen Entschiedenheit verbirgt."[366]

Die Kategorie, an der sich die Individualität eines Menschen zeigt, ist, dass sie ihm und uns *widerfährt*. Der Widerfahrenscharakter einer Person lässt sich aber nicht mit Eigenschaften summieren, die ja allgemein sind. Dass der Widerfahrenscharakter eigenschaftslos ist, also nicht in der Kategorie der Gegenständlichkeit beschrieben werden kann, zeigt sich darin, dass ein Mensch sich *von Anfang an* von anderen unterscheidet, noch bevor man bestimmen kann, worin er anders ist – weil eine solche Bestimmung erst das Ergebnis des Individualisierungsprozesses von Anfang an wäre. Deswegen sagte ich zu Beginn des Kapitels, dass sich Gemeinschaft und Individualität wechselseitig voraussetzen, und zwar von Anfang an, weil ein Anfang, der der Mensch ist, in Gemeinschaft beharrt, die Gemeinschaft aber darin besteht, Anfang zu sein.

In einer Maschine-Maschine-Interaktion dagegen sind virtuelle Profile nur aus menschlicher Sicht Individuen, also für die Wesen, die diese Interaktion menschenanalog deuten. Für die Maschine-Maschine-Interaktion dagegen macht es keinen Unterschied, ob ein und dasselbe Sprachmodell mit sich selbst

---

366 H. Arendt: Vita activa, 222, Herv. H.A.

spricht oder mit einem anderen. Die Input-Output-Verarbeitungsmethode ist vielmehr die gleiche. Die Unterscheidung mehrerer miteinander interagierender Maschinen wird dagegen von Menschen vorgenommen. Dabei lassen sich die unterschiedlichen virtuellen Profile zu einem beliebigen Zeitpunkt *erschöpfend* in Eigenschaften beschreiben, auch wenn sich diese Eigenschaften im Laufe der Interaktion verändern. Hier determinieren die Eigenschaften das jeweilige virtuelle Profil. Es bleibt daher kein quasi-sozialer Raum für ein „gemeinsames" Handeln mehrerer Maschinen, weil weder quasi-sozial ein Raum für Neues gewährt wird noch Individuen miteinander interagieren, für die eine Gemeinschaft besteht. An die Stelle sozialer Gemeinschaft tritt die technologische Einheit.

16.2 Sollte KI handeln können?

Gefährlich wird es nun, wenn der Handlungsbegriff so sehr seine Kontur verliert, dass auch Maschinen und Computerprogramme für handlungsfähig erklärt werden. Hier gefährden Menschen ihren eigenen Handlungsraum. Das passiert, wenn technologische Überwachungssysteme in menschliche Handlungsräume eingebaut werden und wenn Handeln durch Maschine-Maschine-Interaktion ersetzt wird. Nehmen wir dazu an, dass demokratische Wahlen abgeschafft werden, weil Künstliche Intelligenz die politischen Interessen der Staatsbürger „besser kennt" als diese sie selbst oder treffsichere Prognosen für den politischen Willen der Staatsbürger für die kommende Legislaturperiode anstellt. Dann würde damit der politische Raum durch die Herstellungskategorie ersetzt. Legitimieren lässt sich dieses Verfahren nur zirkulär, indem die KI sich die Treffsicherheit selbst bescheinigt – wenn auch mit dem induktiven Beweis, dass die Prognosen in der Vergangenheit immer richtig waren. Aber gerade weil hier mit einem induktiven Beweis argumentiert wird, der in technischen Kontexten funktioniert, wird unterstrichen, dass der politische Handlungsraum geschlossen und durch Herstellen ersetzt wird.

Selbst wenn sich eine politische Stimmungslage sicher prognostizieren lässt, wird damit die Freiheit außer Kraft gesetzt, denn im Zweifel muss die Prognose gegen den aktuellen Willen der Staatsbürger durchgesetzt werden. Es soll ja dann gerade die treffsichere Prognose sicherstellen, den künftigen politischen Willen der Mehrheit besser einzuschätzen, als ihn sich die Staatsbürger selbst vorstellen können. Wenn also die richtige Prognose die aktuelle politische Stimmungslage trumpft, muss dabei die zwischenmenschliche Freiheit aufgehoben werden.[367]

---

367 N.Y. Harari: Homo Deus, 446.

Analoge Gefahren setzen ein, wenn KI Recht spricht oder eine Techno-Bürokratie Bürgeranliegen mit Hilfe von Sprachmodellen bearbeitet.[368] Vor allem, wenn Einsprüche der Bürger wegen des Verdachts fehlerhafter Niederschlagungen von Anträgen ebenso mit ChatGPT bearbeitet werden wie die Niederschlagungen selbst, agiert die Bürokratie als ein geschlossenes System, das keinen Raum für gemeinsame Verständigungen lässt – und damit auch nicht für gemeinsames Handeln. Die Gefahr des *zwischenmenschlichen* Handlungsverlusts droht also auf allen drei Ebenen der staatlichen Gewaltenteilung.

Auch das „Wächteramt" des politischen Journalismus ist gefährdet, wenn KI-generierte Texte ihn ersetzen. Darüber hinaus fragt sich, ob journalistische Berichte überhaupt noch eine politische Funktion der Meinungsbildung übernehmen können, wenn der politische Wille von den Staatsbürgern nicht mehr abgefragt wird, weil ihre Interessen technisch sicherer erforscht sind als über eine Volksabstimmung. Der Zweck der politischen Berichterstattung kann sich dann in Gefälligkeitsjournalismus erschöpfen, der für die Bürger vor allem einen Unterhaltungswert bietet. Natürlich könnte man einwenden, dass eine KI den politischen Willen der Staatsbürger nur erheben kann, wenn diese auch politisch gebildet werden, also einen politischen Willen haben. Der entscheidende Punkt in diesem Szenario liegt jedoch darin, dass nicht die Staatsbürger entscheiden, worin ihr politischer Wille liegt. Deshalb liegt es im technischen Verfügungsbereich der KI, wie sehr der politische Wille der Staatsbürger von ihrer politischen Bildung abhängen soll.

Um den menschlichen Handlungsraum zu retten, müssen freie Menschen sich wechselseitig ihre politische Selbstbestimmung gewähren, ohne dass sie durch Prognosen der KI okkupiert wird. Niemand sollte sich Unterstützung erwarten, dass die eigene Wahl von einer KI optimiert wird. Natürlich wissen wir nicht, ob wir unsere heutigen Volksentscheide auch in einigen Monaten noch für richtig halten. Aber die politische Freiheit liegt ja nicht in den eigenen Neigungen, die mit der Zeit wechseln, sondern darin, dass wir sie uns *wechselseitig gewähren*. Damit akzeptieren wir auch, heute eine Entscheidung zu treffen, die eine verbindliche Situation schafft, die unsere eigenen Neigungen überdauern können. Zur wechselseitigen Freiheit gehört, dass die Freiheit der politischen Mandatsträger über unsere Neigungen hinaus legitimiert wird, den politischen Raum zu gestalten, und dass dieser Gestaltungsauftrag in regelmäßigen verfassungsmäßigen Abständen von uns abgefragt wird. Tritt nun eine KI zwischen diese Wechselseitigkeit, bricht sowohl die Freiheit der Mandatsträger zusammen als auch

368 F. Hermonies: KI in der Rechtswissenschaft, 336.

die Freiheit der Wähler. Das liegt daran, dass politische Freiheit sich eben wechselseitig verbürgt: Wenn die KI heute schon weiß, dass ich ein acht Monaten mit bestimmten Mandatsträgern nicht mehr einverstanden bin, die ich heute noch wählen würde, und mich deshalb heute nicht wählen lässt, wird meine politische Freiheit vernichtet. Zugleich hängt der Gestaltungsauftrag einer Regierung von errechneten Wahrscheinlichkeiten ab und kann jederzeit durch Neuberechnungen aufgehoben werden. Eine solche Regierung gestaltet nicht politisch frei, sondern setzt eine Bedienungsanleitung um. Sie handelt also nicht, sondern stellt her. Wechselseitige politische Freiheit bedeutet also, sich wechselseitig politische Rollen auf Zeit zu gewähren, auch dann noch, wenn wir in einigen Monaten lieber eine andere Regierung hätten. Das Risiko, mit der Ausübung politischer Macht unzufrieden zu sein, muss also in politischer Freiheit getragen werden. Denn politische Freiheit hat nichts mit Herstellungsoptimierungen zu tun.

Ich sehe schon kritisch, wenn ein Wahl-o-Mat die Übereinstimmung von Wahlberechtigten mit bestimmten Parteien errechnet. Selbst wenn der Wahl-o-Mat keine KI ist, sondern ein pures Selektionsprogramm, das Übereinstimmungen addiert, wird suggeriert, dass die Freiheit der Wähler durch Computer unterstützt werden kann. Es ändert nichts an meiner Einschätzung, dass ein überparteiliches interdisziplinäres Gremium die Fragen des Wahl-o-Mat vereinbart. Zwar ist die Vereinbarung noch ein Handeln, aber das Ergebnis ein Angebot, die politische Willensbildung zu re-produzieren, also dadurch herzustellen, dass das Programm dem Wähler spiegelt, ihn besser zu kennen als er sich selbst. Zwar durchschauen etliche Wahlberechtigte den Wahl-o-Mat als „Instrument" oder gar „Spielzeug" der Neugier, aber gerade damit wird manifestiert, dass dieses Tool außerhalb der Handlungssphäre angesiedelt ist. Schon mit solchen scheinbar „unschuldig" wirkenden Programmen verändern sich die menschlichen Intuitionen dafür, was politisches Handeln ist und dass es sich mit Optimierungsideen der Herstellungskategorie vermischt.

Ich fasse zusammen: KI kann nicht handeln und sollte deshalb auch nicht den menschlichen Handlungsraum besetzen. Sie sollte nicht den Eindruck suggerieren, dass sie handeln kann – zumal selbst Sprachmodelle weder wirklich schreiben noch sprechen können. Menschen sollten ihren gemeinsamen Handlungsraum pflegen, indem sie sparsam mit Interaktionstechniken umgehen, bei denen sie nicht wissen, ob an der anderen Seite der Leitung überhaupt noch ein Mensch steht. Dazu gehört eine Zurückhaltung, die gemeinsame politische Willensbildung in virtuellen sozialen Netzwerken anzustrengen, und eine grundsätzliche Skepsis, ob die Stimme, die sie online hören, wirklich von einem Menschen stammt. Am sichersten ereignet sich der Prozess wechselseitiger Freiheitsgewährung von Angesicht zu Angesicht. Alle digitalen Medialisierungen

von Diskursen müssen sich an dieser Ursituation der Freiheit bemessen lassen.
Sie müssen zeigen, inwiefern sie an dieser Ursituation partizipieren, von der sie
sich digital entfernt haben.

Das spricht nicht dagegen, sich über digitale Nachrichtenkanäle zu informieren oder überhaupt schriftliche Texte zur Kenntnis zu nehmen. Nur bedeuten
diese Tätigkeiten noch nicht automatisch, dass hier gehandelt wird, weil hier die
wechselseitige Freiheitsgewährung nicht zur Darstellung kommt. Im digitalen
Zeitalter gehört auch das Lesen zur Kategorie des Herstellens – man „konsumiert" Informationen und optimiert das eigene Wissensmanagement. Es ist kein
Wunder, dass bei dieser Form der Selbstoptimierung auch digitale Speichermedien genutzt werden. Nur verhält man sich hierbei monologisch, ohne auf wechselseitige Anerkennung von Freiheit angewiesen zu sein.

17 Urteilen

Hannah Arendts Phänomenologie des Urteilens ist deshalb für unser Thema von Bedeutung, weil BIG DATA mit dem Versprechen einhergeht, den größten Überblick über Sachverhalte zu behalten. Natürlich bedarf es dazu eines Tools, das die Masse an Daten unparteiisch und objektiv auswertet. Hier verknüpft sich das Versprechen von BIG DATA mit den Verheißungen der KI.

Hannah Arendt hat zum Urteilen lediglich Vorarbeiten geleistet. Sie hatte den dritten Band ihres philosophischen Werkes „Vom Leben des Geistes" dem Urteilen widmen wollen, verstarb aber 1975 direkt nach der Fertigstellung des zweiten Bandes. Dennoch sind bereits ihre Vorarbeiten so profiliert, dass sie eine signifikante Beschreibung zum Urteilen abgeben. Natürlich wissen wir nicht, ob ihr geplanter dritter Band zu „Vom Leben des Geistes" nicht noch neue Facetten entdeckt hätte. Aber diese Frage ist auch irrelevant, weil ihre Vorarbeiten bereits eine Theorie des Urteilens skizzieren, die wir mit den Leistungen der KI abgleichen können.

Bei Arendt bedeutet das Urteilen, dass eine außenstehende Person auf ein Geschehen schaut, das sie im Gegensatz zu den Betroffenen im Ganzen überblicken kann. Deshalb ist das Urteil dem Zuschauer überlassen.[369] Der Zuschauer tritt in Distanz zum Geschehen – wie Adam Smiths „unbeteiligter Zuschauer"[370], der sich aus sicherem Abstand heraus von einem Geschehen affizieren lässt, ohne hineingezogen und Partei zu werden.

Bei Smith ist der unbeteiligte Zuschauer ein Gedankenexperiment, das jede Person an sich selbst durchführen kann, wenn sie ihre aktuellen Gefühle auf ihre ethische Richtigkeit befragt: Wenn ich mich darüber ärgere, dass mir eine Person den letzten freien Platz in einem Café wegschnappt, kann ich über den unbeteiligten Zuschauer überprüfen, ob mein Ärger berechtigt ist. Nehmen wir an, ein unbeteiligter Zuschauer betrachtet, wie zwei Personen an den letzten freien Platz des Cafés eilen und dass jemand unweigerlich den Kürzeren ziehen wird. Dann wird der unbeteiligte Zuschauer zwar die Enttäuschung des Verlierers nachfühlen können, aber den Ärger für übertrieben halten. Denn irgendwer wäre nun einmal zuerst am Platz gewesen und hätte keine moralisch falsche Tat getan, da Cafés dazu da sind, dass man sich auf den dortigen Plätzen niederlässt.

---

369 H. Arendt: Vom Leben des Geistes, 99.
370 A. Smith: Theorie der ethischen Gefühle, 33.

Ich kann nun über dieses Gedankenkonstrukt eines unbeteiligten Zuschauers meinen Ärger über die Person, die mir zuvorgekommen ist, „herabstimmen, daß andere ihn mitfühlen können."[371]

Bei Smith wird der distanzierte Blick des Zuschauers von mir selbst vollzogen, aber zugleich mit dem Urteil anderer verbunden, die nicht in meiner Lage sind. Dabei unterstellt Smith, dass Gefühle gerade nicht deshalb ethisch sind, weil sie von mir gehabt werden,[372] sondern weil sie von anderen geteilt werden können. Die allgemeine Teilhabe macht ein Gefühl ethisch. Denn es wäre ja ebenso „selbstisch"[373], wenn jemand gar kein Empfinden für meine Enttäuschung haben könnte. Das läge ja dann an der Empathielosigkeit dieser einen Person, wofür sie persönliche Gründe hätte. Daraus folgt aber wohl, dass die ethischen Gefühle nicht nur von anderen nachvollzogen werden *können*, sondern dass sie *wirklich* von ihnen allen gehabt werden. Allen Unbeteiligten tut es wirklich leid, wenn irgendwer den letzten freien Platz in einem Café knapp verpasst. Nicht nur die Teilhabefähigkeit eines Gefühls (denn dann könnte jedes Gefühl auch von anderen geteilt werden, einfach weil es ein menschliches Gefühl ist), sondern seine wirkliche Teilhabe anderer qualifiziert es als ethisch.

Natürlich können nicht alle Menschen meiner Situation im Café zugesehen haben. Deshalb bleibt die Teilhabe unter einem hypothetischen Vorbehalt: *Wer auch immer* mir zugesehen hat, wird die Enttäuschung des unbeteiligten Zuschauers empfinden, wenn er oder sie ebenso unbeteiligt ist und von den „selbstischen Neigungen" absieht. Damit wird Smiths Anspruch jedoch wieder zurückgenommen, dass ein Gefühl wirklich von allen geteilt werden muss, damit es ethisch qualifiziert ist. Denn diese „alle" sind ja nur diejenigen, die sich in die Rolle eines unbeteiligten Zuschauers begeben, und das sind nicht wirklich alle.

Es hilft auch nicht, wenn Smith sagen wollte, dass alle dieses Gefühl hätten, wenn sie ihre Sicht mit dem unbeteiligten Zuschauer überprüfen würden. Denn mit diesem hypothetischen Vorbehalt müsste er noch nachholen zu erklären, warum das so wäre. Hier könnte er ja nicht mehr mit dem wirklichen Gefühl argumentieren, sondern müsste einen anderen Grund finden, warum sie dieses Gefühl haben sollten. Und einen Grund zu finden, müsste man entweder allen erst noch überlassen, weil sie ihr Gedankenexperiment des unbeteiligten Zuschauers erst noch durchführen müssten. Oder Smith müsste behaupten, dass *mein* Gedankenexperiment schon ausreicht, um zu wissen, dass sich ihm alle

371 Ebd.
372 A. Smith: Theorie der ethischen Gefühle, 29.
373 AaO, 33f.

anschließen würden. Dann liegt aber seine Erklärungskraft nicht darin, dass sich ihm alle anschließen würden, und auch nicht darin, dass ich mein wirkliches Gefühl bis zur Intensität „herabstimme", die der unbeteiligte Zuschauer mitfühlt. Denn um zu wissen, wo diese Grenze erreicht ist, müsste ich alle berücksichtigen, die von ihren „selbstischen Neigungen" absehen. Aber warum eben *sollte* ich das tun?

Warum also ein ethisches Gefühl das ist, das der unbeteiligte Zuschauer anerkennt, und warum deshalb alle ihm zustimmen müssen, scheint bei Smith auf einem Zirkelschluss zu gründen. Um diesen Schluss abzuwehren, müsste jeder seinen eigenen Text mit dem unbeteiligten Zuschauer durchführen, ob dadurch das Ergebnis meines Tests ethisch richtig wäre. Das führt aber zu keinem erfreulicheren Ergebnis, weil wir jetzt einen infiniten Regress solcher Tests vor uns hätten, um zu erfahren, ob unsere unbeteiligten Zuschauer jeweils auf dasselbe Ergebnis kommen: Um nachzufühlen, dass Ihr unbeteiligter Zuschauer Dasselbe fühlt wie meiner, müssen wir beide die Identität des Gefühls in einem weiteren Test mit dem unbeteiligten Zuschauer überprüfen, und ob der Test zum selben Ergebnis führt, müsste seinerseits mit dem unbeteiligten Zuschauer überprüft werden usw. ad infinitum.

Man kann bereits anzweifeln, dass eine Position nur deshalb ethisch ist, weil sie allgemeine Zustimmung findet. Die allgemeine Zustimmung qualifiziert ein Urteil nicht einfach als ethisch, sondern doch nur dann, wenn das Urteil diese allgemeine Zustimmung auch *verdient*. Wir können zwar alle ein beruhigendes Gefühl dabei haben, wenn alle Menschen dieser Erde einen Platz in einem Café bekommen, wann auch immer sie es besuchen wollen. Diese allgemeine Verteilung könnte aber die Menschheit überfordern. Deshalb muss eine ethische Position oder ein ethisches Gefühl auch der allgemeinen Zustimmung wert sein und nicht nur faktisch allgemein gewollt werden. Soll dieses Kriterium durch den unbeteiligten Zuschauer erfüllt werden? Dann erfüllt er es aber nicht, weil sein Gefühl von allen geteilt wird. Warum aber dann? Welchen moralischen Grund hätten alle, dieses Gefühl auch teilen zu *sollen*?

An dieser Stelle nun nimmt Hannah Arendt eine Korrektur der Zuschauerrolle vor: Das Urteil des Zuschauers ist nicht mehr *moralisch* bindend, sondern erreicht einen *Blick aufs Ganze*, den nur der Zuschauer einnehmen kann[374] und den er anderen mitteilen kann, damit sie selbst auch diesen Blick einnehmen können. Bei Arendt muss auch nicht jeder in der Zuschauerrolle sein können; es ist eine individuelle soziale Rolle, Urteile treffen zu können. Die Urteile sind

---

374 H. Arendt: Vom Leben des Geistes, 99.

dabei auch nicht allgemeingültig, sondern beistimmungs*fähig*.[375] Wer das eigene Urteil mitteilt, lenkt den Blick der anderen auf eine Gesamtsicht, die ihnen ohne das Urteil verschlossen bliebe.

Arendts Skizzen zum Urteilen folgen weitgehend Kant. Sie weist nach, dass das Urteilen bei Kant in die Ästhetik abwandert und von dort in die Politik. Kants ästhetische Theorie in seinem Buch „Kritik der Urteilskraft" enthält für sie die eigentlichen Grundlagen seiner Politischen Philosophie.[376] Damit befreit Kant (und Arendt) das Urteilen von Smiths Problem der moralischen Geltung und stärkt zugleich den Sinn einer *faktischen* allgemeinen Zustimmung zum Urteil: Diese Zustimmung ist zwar nicht moralisch bindend, aber wenn sie sich ergibt, so ergibt sich ein gemeinsam geteilter Blick auf ein Geschehen. Diese Dynamik bleibt moralisch nicht folgenlos: Immerhin lässt sich im gemein bei-stimmungsfähigen Urteil ebenso eine moralische *Tendenz* erblicken – ein Fort-schrittsbegriff, der in Kants reiner Morallehre noch unstatthaft gewesen wäre.

Dabei spielt nun der Zuschauer bei Kant eine wesentliche Rolle, und zwar nicht nur in der Ästhetik, sondern, wie Arendt klug herausgearbeitet hat, ebenso in Kants politischen Schriften. Hier ist der Zuschauer nun nicht mehr unpartei-isch wie noch bei Smith, sondern obwohl er unbeteiligt ist und am Geschehen nicht selbst teilnimmt, gibt er Beifall und äußert Kritik. Der Zuschauer *beobach-tet* einen Fortschritt in der moralischen Entwicklung des Menschengeschlechts. Nun führt eine Beobachtung bei Kant noch zu keiner moralischen Erkenntnis. Was den Sinnen zugänglich ist, ist theoretische Erkenntnis und von der prakti-schen Erkenntnis der Moral grundverschieden. Der Zuschauer erhebt aber auch keine moralischen Ansprüche, wenn er das Ganze beurteilt. Er nutzt vielmehr ein drittes Geistesvermögen, das die theoretische und praktische Erkenntnis in eine (zweckvolle, teleologische[377]) Gesamtsicht integriert. Er beurteilt geschicht-liche Entwicklungen von einem Gesamtrahmen aus, der durchaus die eigenen moralischen Geltungen einbezieht, *ohne sie aber zu vertreten*. Die moralische Gültigkeit ergibt sich vielmehr für jeden, der dieselbe Gesamtsicht mit dem Zuschauer teilt.[378]

So schreibt Kant über die Französische Revolution:

---

375 H. Arendt: Das Urteilen, 74.
376 AaO, 96f.
377 I. Kant: Kritik der Urteilskraft, 234f.
378 Heute würde man von einem Verfahren narrativer Ethik sprechen, wie es in der Theo-
      logie etwa Johannes Fischer vertritt (J. Fischer: Verstehen statt Begründen, 27).

„Diese Revolution, sage ich, findet doch in den Gemütern aller Zuschauer (die nicht selbst in diesem Spiele mit verwickelt sind) eine *Teilnehmung* dem Wunsche nach, die nahe an Enthusiasm grenzt, und deren Äußerung selbst mit Gefahr verbunden war, die also keine andere, als eine moralische Anlage im Menschengeschlecht zur Ursache haben kann."[379]

Die „moralische Tendenz des Menschengeschlechts"[380] vollzieht sich also nicht bei den Akteuren eines Geschehens, sondern „es ist bloß die Denkungsart der Zuschauer."[381] Weil *der Zuschauer* ein „ewiges Einerlei" moralischen Stillstandes in der Geschichte quasi satt, also „genug hat"[382], wird er offenbar von einer moralisch optimistischen Gesamtsicht geleitet, die er *dann* in der Geschichte findet. Diese Gesamtsicht kann er also ebenso wenig der bloßen Beobachtung entnehmen wie die moralische Tendenz des Menschengeschlechts, sondern er trägt umgekehrt diese Tendenz durch seine Gesamtsicht in die einzelnen Geschehnisse ein.

Ich möchte diese Rolle des Zuschauers an einem stark vereinfachten Beispiel veranschaulichen: Nehmen wir an, Sie schauen auf Ihrem Videoportal eine Serie, bei der Sie schon in der ersten Folge bemerken, dass zwei Personen ein Paar werden sollten. In der ersten Folge streiten sich die beiden noch, und aus der Sicht der Akteure wären sie sich am besten niemals begegnet. Aber Sie als Zuschauer wittern bereits, dass sich hier etwas anbahnt. Die erste Folge gibt Ihnen dafür überhaupt keinen Anlass, es sei denn, Sie durchschauen die Strickmuster solcher Serien und wissen, dass sich Pärchen immer erst streiten müssen, damit sie sich später finden. Aber damit hätten Sie ja einen völlig unbeteiligten Blick auf die Serie genommen und würden letztlich nicht der Handlung folgen, sondern die Strickmuster suchen. Kants Zuschauer ist zwar uneigennützig[383], aber er spendet durchaus Beifall oder äußert Kritik. Bei Ihrer Serie haben *Sie* aber jetzt den Wunsch, dass die beiden Protagonisten ein Paar werden, obwohl sie selbst in der ersten Folge alles andere wollen, nur nicht das. Sie als Zuschauer wissen zwar nicht, wie die Geschichte weitergeht, aber immerhin wittern Sie eine „Tendenz". Zugleich tragen Sie in die Geschichte einen Gesamtblick ein, der

379 I. Kant: Der Streit der Fakultäten, 144, Herv. I.K.
380 AaO, 142.
381 AaO, 143.
382 I. Kant: Über den Gemeinspruch: Das mag in der Theorie richtig sein taugt aber nicht für die Praxis, 274.
383 I. Kant: Der Streit der Fakultäten, 143.

einen *wünschenswerten* Schluss enthält. Und mit diesem Gesamtblick schauen Sie sich die weiteren Folgen an und *beurteilen* die Handlung.

Bei Kant nun wird dieser Zuschauerblick auch auf politische Geschehnisse übertragen: Erst die Zuschauer geben politischen Entwicklungen eine moralische Tendenz, weil sie eben nicht einfach in den einzelnen Sequenzen der Ereignisse verstrickt sind, sondern bereits von Anfang an den Gesamtblick auf die Entwicklungen legen. Dieser Blick ist nach Kant grundsätzlich optimistisch. Zwar sind die Zuschauer keine Propheten und können den geschichtlichen Verlauf noch nicht absehen, aber sie sehen in den Ereignissen eine Gesamttendenz. Und bei dieser Gesamttendenz lassen sich die Zuschauer davon leiten, was an den Geschehnissen moralisch zu beurteilen ist: Was geschieht und noch geschehen wird, wird von Anfang an durch die moralische Tendenz des Zuschauers überblickt. Deshalb ist bei Kant die Zuschauersituation künstlerischer Kontexte auch auf politische Situationen übertragbar, wie es Hannah Arendt gezeigt hat.

Nun stellt sich die Frage, wie die Zuschauer diesen Gesamtblick auf das Geschehen werfen können. Was kann hier „Blick" heißen, wenn dieser sich nicht aus einzelnen Beobachtungen ergibt? Arendt verstärkt Kants Verweis auf einen „Sinn der Sinne", der die Sinneswahrnehmungen zu einem Ganzen integriert.[384] Sie nennt ihn wie Kant „Gemeinsinn"[385] oder „common sense"[386], „sensus communis" oder „gesunden Menschenverstand"[387]. Dieser Gemeinsinn hat die Fähigkeit, ein Ganzes zu erfassen, noch bevor die Sinne die einzelnen Momente des Ganzen wahrnehmen. So nehmen wir immer schon Gegenstände wahr, noch bevor wir wissen, welche Gegenstände sie sind. Ich erinnere an Kapitel 10 und füge dafür noch ein anderes Beispiel hinzu: Vor mir liegt in einiger Entfernung ein Haufen Wäsche auf dem Boden im Dunkeln. Nähere ich mich diesem Haufen, stelle ich plötzlich fest, dass ich mich geirrt habe. In Wirklichkeit schläft dort ein Hund. Dann heißt das nicht, dass vorher etwas anderes vor mir gelegen hatte und wie durch ein Wunder durch einen Hund eingetauscht wurde. Vielmehr hatte ich durchgehend dasselbe Etwas betrachtet, aber meine Sinneswahrnehmung hat meine ursprüngliche Annahme korrigiert. Zwischen einem Haufen Wäsche und einem Hund gibt es kaum Ähnlichkeiten. Die durchgehende Einheit meiner Wahrnehmung liegt also nicht in den wahrnehmbaren Eigenschaften, sondern darin, dass ich durchgehend denselben Gegenstand

---

384 H. Arendt: Vom Leben des Geistes, 59.
385 Sektion 6.2.
386 Sektion 10.1.
387 H. Arendt: Vita activa, 264f. I. Kant: Kritik der Urteilskraft, 224.

betrachtet hatte, unabhängig davon, was meine Sinne von ihm erfassen. Also muss dieses Gegenstandsbewusstsein unabhängig von meiner Sinneswahrnehmung sein. Es ist vielmehr der Grund, warum ich in der Lage bin, die unterschiedlichen Informationen meiner Sinne *auf diesen Gegenstand* zu beziehen. Der Gemeinsinn vereinheitlicht unsere Wahrnehmung, noch bevor sie sich in unterschiedliche Sinnesinformationen aufspaltet. Er gründet also nicht selbst auf Wahrnehmungen, sondern ist von vornherein (a priori) gegeben, damit sich die Wahrnehmungen überhaupt auf etwas richten können. Deshalb ist auch die Frage, woher er kommt, sinnlos, also die Frage, woher wir einen „Sinn" für den Gemeinsinn haben: Denn um sie zu beantworten, müssten wir den Gemeinsinn bereits haben, also die Fähigkeit, überhaupt „Sinn" zu erfassen.

Der Gemeinsinn fügt uns in die Welt ein, noch bevor wir wahrnehmen, wie sie ist.[388] Denn genauso wie ich mich nicht täuschen kann, dass sich meine Wahrnehmung von Wäsche und von einem Hund auf einen und denselben Gegenstand bezogen haben, kann ich mich nicht darin täuschen, dass alle meine Wahrnehmungen in derselben Welt vorkommen. Die Gesamtsicht des Gemeinsinns ist dabei sogar die Voraussetzung, überhaupt Einzelnes wahrzunehmen. Denn wenn meine Wahrnehmungen zwischen verschiedenen Welten springen würden, könnte ich mich nicht darauf verlassen, dass verschiedene Wahrnehmungen desselben Gegenstandes überhaupt in derselben Welt vorkommen.

Deshalb können die Zuschauer „mehr" sehen, als sie gerade jetzt sehen. Der Gemeinsinn ist keine Sinneswahrnehmung, sondern integriert unsere Wahrnehmungen auch dann, wenn das Wahrgenommene schon wieder verschwunden ist: „Theoretisch gesprochen, enthüllt sich der Sinn dessen, was jeweils geschieht und dabei erscheint, erst nach seinem Verschwinden."[389] Ohne dass jemand „mehr" sieht, könnte man nicht einmal irgendetwas bestimmtes Einzelnes sehen.

Aus demselben Grund muss der Gemeinsinn aller Menschen auch der gleiche sein. Denn was Menschen voneinander unterscheidet, könnte sich nur aus ihren jeweiligen Sinneswahrnehmungen oder aus dem sinnlich Wahrnehmbaren ergeben, aber nicht daraus, dass alle Wahrnehmungen in einer Gesamtsicht integriert sind. So folgert Kant:

> „Unter dem sensus *communis* aber muß man die Idee eines *gemeinschaftlichen* Sinnes, d.i. eines Beurteilungsvermögens verstehen, welches in seiner Reflexion auf die

388 H. Arendt: Vom Leben des Geistes, 68.
389 AaO, 134.

Vorstellungsart jedes andern in Gedanken (a priori) Rücksicht nimmt, um *gleichsam* an die gesamte Menschenvernunft sein Urteil zu halten."[390]

Derselbe Gemeinsinn ist also immer schon allen Menschen gegeben, denn sonst könnten auch die Mitmenschen zwischen verschiedenen Welten hin- und herspringen. Derselbe Weltrahmen führt also auch zu einer gemeinsam geteilten Welt.[391] Gerade dadurch können alle Menschen auch eine Gesamtsicht auf bestimmte Geschehnisse miteinander teilen. Bestimmte Geschehnisse werden durch den Gemeinsinn als Geschehnisse derselben Gesamtgeschichte überhaupt erst wahrnehmbar. Es bedarf dazu also bereits eines Gesamtblicks.

Der Gemeinsinn legt aber nicht fest, wie Menschen ihr Urteil zu ihrem Gesamtblick treffen. Den Anfang für den Gesamtblick setzt der Gemeinsinn, doch das Urteil bezieht auch das Ende des Geschehens ein. Aber die moralische Tendenz der Zuschauer wird durch den anfänglichen Gemeinsinn geleitet – so dass wir bereits in der ersten Folge einer Serie das wünschenswerte Ende nicht nur wollen, sondern auch kommen sehen – nicht weil es garantiert wirklich kommt, sondern weil es eine „moralische Tendenz" hat zu kommen – weil es wünschenswert ist zu kommen. Schon dadurch kommt es wirklich – nämlich in unserer Vorstellung als Zuschauer.

Diesen urteilenden Gesamtblick können wir anderen nicht aufzwingen. Aber wir können ihn kommunizieren, indem wir ihnen unser Urteil mitteilen. Dadurch teilen wir nicht einfach eine Meinung mit, sondern wir lassen die anderen teilhaben an unserem Gesamtblick, den sie immerhin über unseren Gemeinsinn mit uns teilen. Das Urteil der Zuschauer, das sich aus dem Gemeinsinn entfaltet, ist daher beistimmungsfähig. Denn es ruft dieselbe moralische Tendenz wach, mit der die Zuschauer den Gesamtblick auf das Geschehen werfen.

Ich halte die wichtigsten Ergebnisse aus diesem komplizierten Gedankengang fest: Urteilen setzt voraus, dass jemand aus einem Geschehen heraustritt und es aus der Distanz eines Unbeteiligten betrachtet. Dieser Unbeteiligte ist aber nicht apathisch, sondern entdeckt den Gesamtrahmen im Geschehen, auf den es zugeht, weil es darauf zugehen sollte. Der Zuschauer ist fähig, über das Ganze zu urteilen, weil er durch den Gemeinsinn bereits in einem Ganzen eingefügt ist, noch bevor einzelne Wahrnehmungen die Dinge und Ereignisse ausdifferenzieren. Darum ist das Urteil von einzelnen Meinungen zu unterscheiden. Das Urteil ist grundsätzlich beistimmungsfähig, nämlich für alle, die dieselbe Gesamtsicht

---

390 I. Kant: Kritik der Urteilskraft, 225, Herv. I.K.
391 H. Arendt: Elemente und Ursprünge totaler Herrschaft, 41.

mit dem Zuschauer teilen. Und alle können diese Gesamtsicht teilen, weil alle denselben Gemeinsinn haben.

17.1 Kann KI urteilen?

Die Vorstellung, dass KI vorurteilsfrei sei, ist widerlegt worden.[392] Denn ihre Datensätze, mit denen sie prozessieren, unterscheiden nicht zwischen evidenzbasierten Annahmen und Vorurteilen, weswegen sie permanenten Anpassungsprozeduren unterzogen werden.[393] Zwar hat eine KI selbst weder Antipathien gegen bestimmte Menschengruppen noch eine bestimmte politische Ausrichtung, aber sie greift auf Daten zurück, in denen solche Wertentscheidungen getroffen sind, als seien sie harte Fakten. Ein künstlich intelligenter Filter müsste unter anderem zwischen Fakten und Werten unterscheiden können und dürfte sich Werte von Akteuren nicht zu eigen machen, um vorurteilsfrei Zuschauer sein zu können.

Ansonsten könnte man vermuten, dass eine KI eine ausgezeichnete Kandidatin für die Urteilsbildung ist. Denn sie kann auf die größten Datensätze zurückgreifen, die ihr einen erheblich größeren Überblick auf Geschehnisse verschaffen, als es einem Menschen möglich ist. Dadurch kann sie Korrelationen von Daten und weiteren Entwicklungen herstellen und sichere Prognosen stellen.

Aber lässt sich ihr auch ein Gemeinsinn einprogrammieren, der doch die notwendige Bedingung darstellt und die moralische Tendenz des Zuschauers antreibt, um zu urteilen? Das ist deshalb nicht möglich, weil sich der Gemeinsinn ja gerade nicht aus Daten ergibt und daher auch nicht trainierbar ist, sondern das Vermögen bildet, jegliche Daten in eine Ganzheit zu integrieren. Während Menschen daher auch Dinge überlegen können, die außerhalb des Datensatzes liegen, kann das eine KI nicht.[394] Jegliches Training eines Programms verdankt sich bereits einem Gemeinsinn der Programmierer, die das Programm sonst nicht hätten verfassen können. Das bedeutet aber nicht, dass die Programmierer ihren Gemeinsinn auf das Programm übertragen haben, so dass es jetzt selbst einen Gemeinsinn besitzt. Denn alles, was Programmierer auf eine Maschine

392 U. Aumüller/M. Behrens/C. Kavanagh/D. Przytarski/D. Weßels: Mit generativen KI-Systemen auf dem Weg zum Human-AI Hybrid in Forschung und Lehre, 50f. A. Geiß: Aus Text wird Bild, 118. J. Jahnel/R. Heil: KI-Textgeneratoren als soziotechnisches Phänomen, 347.
393 R. Kunz: Transformer, 454.
394 Das löst jeder. Nur die KI nicht. DIE ZEIT 23/2023, 43.

übertragen können, ist bereits die Folge eines Gemeinsinns und kann daher nicht wieder in ihn zurückspringen. Deshalb schreibt Hannah Arendt:

> „Gerade die Wirklichkeit, wie sie dem Gemeinsinn in ihrem schlechthinnigen Da-Sein gegeben ist, bleibt dem Denken auf immer unzugänglich, sie läßt sich nicht in Gedankenstränge auflösen."[395]

Nun könnte man aber versuchen, den Gemeinsinn durch eine funktionsäquivalente Struktur zu ersetzen, nämlich durch BIG DATA. Eine KI hat dann zwar keinen Sinn für Ganzheit, aber sie hat ja die Ganzheit dadurch, dass alles in Informationseinheiten transformiert und gespeichert wird. Im Gegensatz dazu könnte man den Gemeinsinn für eine behelfsmäßige Prothese des Menschen halten, weil er eben nicht über alle Informationen verfügt, die sich von dieser Welt einholen lassen. Der Mensch setzt die einheitliche Wirklichkeit voraus, während die KI sie mit Hilfe von BIG DATA selbst bestimmt. Sollte man da nicht die KI für kompetenter halten als den Menschen, Urteile zu fällen?

Das wäre aber nur möglich, wenn die KI dabei nicht auf vorurteilsbehaftete Informationen zurückgreifen müsste.[396] Dazu müsste sie selbst fähig sein, gänzlich autonom Informationen zu generieren, also diskrete Daten voneinander zu unterscheiden, weil sie ein autonom entstandenes Unterscheidungsvermögen besitzt. Sie würde also nicht von Menschen trainiert worden sein, um Datenmuster voneinander zu unterscheiden, sondern sie hätte diese Fähigkeit von Anfang an, um sie auf ihre verfügbaren Daten lediglich anzuwenden. *Das heißt aber nichts anderes, als dass sie einen Gemeinsinn haben müsste.* Er müsste ihr zugeflogen sein, ebenso wie Menschen nie wählen konnten, ob sie einen haben wollen – denn um zu wählen, hätten sie dieses Distinktionsvermögen schon haben müssen, das verschiedene Informationen in einem und demselben Gegenstand vereinigt und in einer und derselben Welt integriert.

Der Unterschied besteht allerdings darin, dass der Gemeinsinn den Menschen nicht einfach zugeflogen ist, sondern von allen Menschen geteilt wird. Er wird durch Beistimmung bewährt, also in Kommunikation. Er gehört also nicht einem Menschen allein, sondern seine Allgemeinheit wird lediglich in einem Menschen repräsentiert. Anders gesagt: Die Gesamtschau, die der urteilende Zuschauer in Anspruch nimmt, umfasst auch die Gesamtheit des Menschengeschlechts, und

---

395 H. Arendt: Vom Leben des Geistes, 61. Ähnlich Dies.: Vita activa, 264f.
396 Zur Schwierigkeit, wie ein möglichst offener Zugang zu Daten überhaupt nur annähernd erreicht wird, s. Th. Arnold: Herausforderungen in der Forschung, 75. J. Becker: Können Chatbots Romane schreiben?, 94.

zwar nicht nur als Menschen, auf die sich der Blick richtet, sondern als potenzielle Zuschauer. Die Gesamtschau ist mitteilbar und dadurch beistimmungsfähig,
weil jeder in die Rolle des Zuschauers treten kann, wenn er dieselbe Distanz zum
Geschehen aufbaut.

Darin besteht der Unterschied zu einer KI: Deren scheinbare Gesamtschau
ist gerade nicht mitteilbar, weil die Verfahren, mit denen sie Prognosen eines
Gesamtgeschehens ermittelt, weder transparent sind noch vom menschlichen
Gemeinsinn übernommen werden können. Denn er ergibt sich ja gerade nicht
aus der Summe von Einzelfakten, sondern integriert sie, bevor er sie kennt. Die
Gesamtschau einer künstlich intelligenten Mustererkennung ist also nicht auf
derselben Ebene beistimmungsfähig wie das, was Menschen aufgrund ihres
Gemeinsinnes miteinander teilen. Noch einmal prägnanter ausgedrückt: Eine
KI ist isoliert, der menschliche Gemeinsinn dagegen radikal inklusiv verfasst.

Hannah Arendt sah zwar den Gemeinsinn durch geschichtliche Entwicklungen als bedroht an,[397] und auch Kant muss mühsame transzendentale Operationen durchführen, um ihn freizulegen. Aber daraus folgt nicht, dass er vernichtet
werden könnte, solange es Menschen gibt. Denn das würde bedeuten, dass sich
Menschen nicht mehr in derselben Welt antreffen könnten, weil sie das Integrationsvermögen nicht mehr hätten, ihre Wahrnehmungen ihrem Gegenstands-
und Weltbewusstsein zuzuordnen. Für eine KI ist dieses Vermögen dagegen
entbehrlich: Sie braucht keine menschliche Resonanz, sondern prozessiert mit
Daten, ohne unterstellen zu müssen, dass diese Daten einer Welt zugehören.
Selbst der Datenpool, auf den die KI zurückgreift, ist ihr dann nicht gegeben,
weil er dazu ein Datum sein müsste: Die Menge müsste ein Element ihrer selbst
sein.[398]

So ergibt sich also, dass eine KI nicht im selben Sinn urteilen kann wie
Menschen. Natürlich können Menschen Fehlurteile und Vorurteile bilden.
Gerade deshalb bedarf es einer mühsamen Untersuchung über das Wesen des
Urteils, wie sie Kant und Arendt vorgenommen haben. Die Prognosen einer KI,
die sich ebenso auf das Ganze richten, sind aber etwas grundsätzlich anderes als
Urteile und können auch nicht mit ihnen funktionsäquivalent werden. Ihnen
zu vertrauen, ist heikel, solange die Verfahren intransparent sind und Daten
mit aufnehmen, die vorurteilsbehaftet sind. Aber ist dieses Vertrauensproblem
lediglich technischer Art und lässt sich prinzipiell beheben? Und kann es uns

397 H. Arendt: Vita activa, 265, 359. Dies.: Elemente und Ursprünge totaler Herrschaft, 737.
398 B. Russell: Die Philosophie des Logischen Atomismus, 38. A. Badiou: Being and
    Event, 43.

nicht ausreichen, wenn die Prognosen einer KI aufgrund ihrer Gesamtschau richtig getroffen werden, obwohl wir ihr Zustandekommen nicht nachvollziehen können?

17.2 Sollte KI urteilen können?

Mit solchen Fragen deutet sich ein menschliches Unterlegenheitsgefühl an. Damit ist ein Vertrauensverlust in das menschliche Urteilen verbunden. Warum überhaupt noch urteilen, wenn Maschinen die besseren Prognosen stellen und die Ganzheit aller verfügbaren Informationen durch BIG DATA repräsentieren?

Ich möchte darauf mit zwei Thesen antworten, die ich anschließend erläutere: Der entscheidende Punkt ist erstens, dass das menschliche Urteilen mit seinem Vertrauensverlust nicht umgangen werden kann. Vielmehr beutet die KI die menschliche Urteilsfähigkeit aus, um sich eine Überlegenheitsposition zu sichern. Die Prognosen einer KI werden nämlich erst dadurch valide, dass Menschen ihre Zuschauer sind – und darum über sie urteilen müssen. Wenn aber gleichzeitig das Vertrauen in die menschliche Urteilsfähigkeit abnimmt und Urteilen nicht mehr „geübt" wird, wird zweitens die moralische Tendenz der Zuschauer aus dem Blick genommen.

Diese beiden Thesen möchte ich an einem Beispiel veranschaulichen: Nehmen wir an, eine KI kann mit verschiedenen Simulationen sicher prognostizieren, wann ein Krieg endet und den Kriegsparteien die Ressourcen ausgehen, um ihn weiter zu führen. Unbeteiligte Zuschauer könnten keine sicheren Prognosen anstellen, aber friedensförderliche Potenziale aufdecken, die von den Akteuren übersehen werden.[399] Wem wird man politisch den Vorzug geben, den Zuschauern oder der KI? Vermutlich wird man die Urteile der Zuschauer wiederum durch eine KI-Simulation laufen lassen, um ihre Validität zu ermessen. Das bedeutet, dass dem Urteil der Zuschauer nicht mehr deshalb vertraut wird, weil es als solches allgemeine Beistimmung ermöglicht, also andere Personen ebenso in die Zuschauerrolle eintreten lässt. Es wird ihm vielmehr nur noch vertraut, wenn die KI es bestätigt. Das bedeutet aber, dass die politischen Akteure ihre Chance verspielen, ihre Situation aus der Zuschauerperspektive zu betrachten, um dadurch einen Gesamteindruck von der Lage zu gewinnen. Die Gesamtschau der KI dient nur den nächsten Tätigkeitsschritten, ohne den Sinn der Tätigkeit ermessen zu können.

---

399 L. Ohly: Hannah Arendts Gewalttheorie, 38.

Dieses Szenario wäre ein Fall, bei dem der Gemeinsinn verlorengehen würde, wie Arendt das ausgehend von der Philosophie der Neuzeit seit Descartes und bis zur aktuellen Materialisierung des Geistes durch Hirnforschung beschrieben hatte:

> „Was die Menschen des gesunden Menschenverstands miteinander gemein haben, ist keine Welt, sondern lediglich eine Verstandesstruktur, die sie zudem genau genommen gar nicht gemein haben können, es kann sich höchstens herausstellen, daß sie in jedem Exemplar der Gattung des Menschengeschlechts gleich funktioniert. Die gemeine Tatsache, daß wir alle auf Grund unserer Verstandesstruktur gezwungen sind, zu sagen, daß zwei mal zwei gleich vier ist, wird von nun an das Schulbeispiel für das ‚Denken‘ des gesunden Menschenverstands.‘‘[400]

Allerdings kann dieses Szenario nicht konsequent zu Ende geführt werden. Denn um die eigene „Verstandesstruktur‘‘ mit dem Gehirn anderer Menschen zu vergleichen, muss ein Gesamtrahmen bestehen, in dem verglichen wird. Und dazu bedarf es des Gemeinsinns. Denn der Gesamtrahmen kann nicht selbst ein Datum innerhalb dieser „Verstandesstruktur‘‘ sein. Ebenso ist es bei den errechneten KI-Szenarien: Wenn Menschen die Prognose zum Kriegsausgang zur Kenntnis nehmen, bilden sie sich dabei ein Urteil. Sie sind nämlich Zuschauer des Rechenvorgangs und seines Ergebnisses. Sie können ja am Rechenvorgang nicht partizipieren, es sei denn, sie hätten den Computer *vorher* mit Daten gefüttert. Doch das Rechen-Prozedere einer KI bleibt intransparent, so dass Menschen nur als Außenstehende dem Geschehen zuschauen können. Die Intransparenz gehört dabei zum Gesamtrahmen, in dem sich die Zuschauer ein Urteil bilden.

In dieser Situation haben Menschen also nur vier Möglichkeiten, wie sie sich zur KI-Prognose stellen:

1. Sie bilden sich ein Urteil zum Gesamtgeschehen, das die KI-Berechnung nicht übernimmt, die vielmehr ebenso nur ein Ausschnitt ist wie einzelne Schlachten des Kriegsverlaufs.
2. Sie benutzen die KI-Prognose für ihre nächsten Tätigkeitsschritte. Hier urteilen sie nicht, aber auch nicht die KI.
3. Sie ignorieren die KI-Berechnung.
4. Sie folgen der KI-Berechnung blind.

Damit komme ich zur zweiten These. Die Gefahr besteht nämlich nun darin, dass sich Menschen nicht mehr für kompetent halten, Urteile zu bilden, obwohl nur sie dazu in der Lage sind und keine KI. Die besondere soziale Rolle des

---

400 H. Arendt: Vita activa, 359.

Urteils könnte ihnen unwichtig erscheinen, wenn doch sichere KI-Prognosen zum Gesamtgeschehen zur Verfügung stehen. Dadurch könnte entweder der Fall eintreten, dass sich Menschen *blind* auf KI-Szenarien verlassen oder dass sie sie lediglich als Analyseinstrument der aktuellen Lage nutzen, um im Krieg strategisch in Vorteil zu gehen. Das wäre der zweite und der vierte Fall, KI entweder als militärischen Aktivitätsverstärker einzusetzen oder sie zum Anlass zu nehmen, um sich selbst aus dem Geschehen herauszunehmen.

Sich aus dem Geschehen herauszunehmen, wäre zwar eine gute Voraussetzung, um Zuschauer zu werden. Allerdings wären Menschen jetzt immer noch keine Unbeteiligte, weil sie vom Kriegsverlauf unmittelbar betroffen sind. Sie würden vielmehr quasi einen Roboter-Krieg führen. Ihr Potenzial, Zuschauer zu sein, würden sie dabei gar nicht mehr anstreben, eben weil sie Urteile nur für ein schwaches Instrument halten, um ein Kriegsgeschehen im Ganzen zu überblicken. Das heißt also: Sie bemerken dabei nicht, dass sie urteilen. Denn sie beurteilen ja die Gesamtlage, indem sie feststellen, dass sie über *sie* nicht urteilen sollten. Sie übernehmen die Rolle der Zuschauer, ohne sie auszufüllen.

Damit geht genau die Pointe verloren, die für Kant und Arendt noch so bedeutsam am Urteilen war, nämlich die moralische Tendenz des Urteilens. Die Zuschauer – wenn sie denn wirklich welche werden und nicht von den Kriegsgeschehnissen überrannt werden – sind nun nicht nur unbeteiligt, sondern auch apathisch. Es fehlt ihnen der Sinn, Beifall zu spenden oder Kritik zu üben. Zwar urteilen sie noch, ohne es zu bemerken, aber gerade so stehen sie auch apathisch ihren eigenen Urteilen gegenüber. Sie lassen sich vielmehr von KI-Simulationen vorsagen, wie sie die Lage einschätzen sollen.

Wie schon in anderen Kapiteln klappt die Frage „Sollte KI urteilen?" um zur Frage „Sollten Menschen urteilen?" Mit dem Einsatz von KI mutiert nicht etwa die KI zum Menschen, sondern der Mensch zu einem Quasi-Automaten, der Inputs aufnimmt und die Outputs scheinbar ungefiltert durchlässt. Der Mensch ist fraglos der schlechtere Automat, wenn es um die Verarbeitung großer Datensätze geht. Aber warum er sich überhaupt in einen Vergleich zum besseren Automatismus hineinzerren lassen sollte, ist nur denen plausibel, die die besondere soziale und moralische Rolle des Urteilens nicht mehr einsehen. Die „moralische Tendenz des Menschengeschlechts" ist aber kein Automatismus, sondern hängt daran, dass sich Menschen einander teilhaben lassen am Blick für das Ganze, den sie einnehmen.

Teil IV: Anerkennen

18 Anerkennungsperspektiven

Menschen sind bei sich und beieinander. Mit den Personalpronomina lokalisieren sie sich in einem sozial geteilten Raum. Indem, was sie dabei textlich tun, erkennen sie diesen sozialen Raum an und die Menschen, die in ihm versammelt sind. Das heißt nicht, dass sie sich alle darin willkommen heißen. Manche Menschen hassen einander oder ignorieren sich. Aber selbst dazu müssen sie anerkennen, sich im selben sozialen Raum zu befinden.

Ich verstehe diese Anerkennung als ein *Bei-Sein*: Wer „Ich" sagt, ist *bei sich*, erkennt sich selbst in der eigenen Rolle im sozialen Raum an. Wer „Du" sagt, steht nahe bei einer anderen Person, und zwar selbst dann, wenn er ihr eine E-Mail schreibt und beide weit voneinander entfernt leben. Nicht die Entfernung im geometrischen Raum entscheidet, ob wir beieinander sein können, sondern in welcher sozialen Anerkennungsperspektive wir zueinanderstehen. Man kann nicht „Du" sagen, ohne bei diesem Du zu sein. Aber man steht doch bei diesem Du anders als bei sich selbst. Dasselbe lässt sich vom „Ihr" sagen, auch wenn man manchen Personen darin näher stehen mag als anderen.

Die 3.-Person-Perspektive leistet schließlich die distanzierteste Anerkennung. Die meisten Menschen sind verärgert, wenn man in ihrer Nähe in der 3. Person von ihnen spricht – und zwar selbst dann, wenn man es mit ihnen gut meint („Sprechen Sie lauter. Die Oma hört nicht gut"). Die gelegentliche ärgerliche Reaktion („Tu nicht so, als wäre ich nicht hier!") zeigt, dass das Bei-ihr/ihm-Sein einen Abstand im sozialen Raum markiert. Zwar erkennen wir einander auch dann noch an, da wir auch in der 3. Person einander im sozialen Raum lokalisieren, aber wir markieren zugleich, dass irgendein Hindernis uns voneinander trennt – sei es mangelnde Sympathie, eine Kommunikationsstörung, ein räumlicher Abstand oder die sozialen Rollen. (Mit dem Bundeskanzler habe ich noch nie gesprochen, über ihn schon oft.)

Ein genau entgegengesetztes Hindernis kann durch das Personalpronomen „Wir" angezeigt werden, nämlich eins, bei dem die Abstände zueinander ignoriert werden. Bernhard Waldenfels hat darauf hingewiesen, dass ein „Wir" andere Personen vereinnahmen kann und ihnen dann keine eigene soziale Rolle zugesteht. Jeder scheint dann für alle anderen sprechen zu dürfen, ohne dass sie noch einen eigenen Raum hätten.[401] Ein uneingeschränktes Wir sei gewaltträchtig.[402]

---

401 B. Waldenfels: Sozialität und Alterität, 51.
402 AaO, 188.

Daher betrete man mit einem „Wir" eine „Welt des Misstrauens"[403], die zwischen „uns" und „den anderen" unterscheidet wie zwischen Freund und Feind. Das bedeutet zugleich, dass diejenigen, die mit dem „Wir" gemeint sind, selbst misstrauisch werden können, ob sie so diszipliniert oder gar bedroht werden, um nicht auf die Seite der anderen zu wechseln.

Auch wenn die Rede in der 3. Person distanziert sein mag, entkommt die sprechende Person nicht der Anerkennung der 3. Person. Gerade mit der Rede in der 3. Person wird belegt, dass die Anerkennung sogar durch die Distanz nicht blockiert werden kann. Mag sein, dass die darin genannten Personen wie Dinge oder anonym betrachtet werden. Aber selbst diese Herabsetzung kann nicht verhindern, dass in der Rede ein Platz dieser Personen im sozialen Raum berücksichtigt wird. Dagegen kann es sein, dass beim „Wir" die anderen Personen nur über die Selbst-Anerkennung der Sprecherin anerkannt werden. Aber auch dann ist die Anerkennung der Personen unvermeidlich, die im „Wir" zusammengefasst sind. Das Beispiel zeigt aber, dass wir uns darüber streiten können, wem welcher Platz im sozialen Raum zusteht. Wen wir mit „Wir" betiteln, der und die kann für sich eine andere soziale Rolle reklamieren.

Anerkennung bedeutet „Bei-Sein", aber strittig kann das *Bei* sein, also wohin wir uns zu jemanden stellen. Unvermeidlich ist dagegen das Bei-Sein selbst. Nur wer jemanden unabsichtlich übersieht, leistet keine aktuelle Anerkennung. Aber schon wer jemanden bewusst ignoriert, muss ihn oder sie dabei bereits als jemanden anerkannt haben, um sich von ihm oder ihr bewusst abzugrenzen. Nur wen wir anerkennen, dem können wir die Anerkennung verweigern. Daher entkommen wir dem Bei-Sein nicht.

Auch das Ich muss sich entweder unbewusst übersehen oder erkennt sich sofort an. Es gibt kein „unmittelbares Selbstbewusstsein". Denn schon indem ich mich mir bewusst mache, stehe ich bei mir. Die reine, allgemeine Struktur des Ich ist Bewusstsein ohne Ich – Kants „Ich denke, das alle meine Vorstellungen begleiten können muss"[404]. Dieses unmittelbare „Ich denke" begleitet zwar alle Vorstellungen, kann aber so gerade nicht selbst zu einer Vorstellung werden, weil es dazu ja wieder einen Begleiter „Ich denke" bräuchte. Also muss dieses „Ich denke" ohne Vorstellung sein. Es ist dann bei mir, aber ich nicht bei ihm. Hier endet meine Selbstanerkennung: an dem „Ich denke", das bei mir ist, ohne dass

---

403 AaO, 189.
404 I. Kant: Kritik der reinen Vernunft, B 131f.

ich bei ihm sein kann, als wäre es ebenso verortet wie ich.[405] Ich kann nur bei der Unverfügbarkeit des „Ich denke" sein.

Welchen sozialen Effekt hat diese Anerkennung, wenn man die eigenen Mitmenschen doch zugleich ignorieren und gehässig wahrnehmen kann? Um eine moralische Anerkennung scheint es sich dann nicht zu handeln, denn man kann Menschen zugleich die Anerkennung verweigern. Ist sie vergleichbar mit der Anerkennung von leblosen Gegenständen und dass ich in einer Welt lebe? Ist sie vergleichbar mit der Unentrinnbarkeit, dass ich selbst dann, wenn ich mir mein Leben nehmen will, mich dabei auf mich beziehen muss, also auch beim Selbsttötungsakt noch bei mir bin?[406] Aber welcher soziale Effekt ließe sich daraus ableiten? Was bedeuten die Plätze im sozialen Raum anderes als lediglich die *Erkenntnis* für das „factum brutum", dass ich in einer Welt existiere?

Es bedeutet, dass mein „Bei-Sein" eine *Antwort* ist, und zwar eine Antwort auf ein ursprüngliches Bei-Sein des Anderen bei mir. Wenn ich mich zu dir verhalte, dann habe ich dich zuerst erfahren, bevor ich mich dazu verhalten kann. Dein Bei-mir-Sein geht dann meinem Bei-dir-Sein voraus.

Nach Jean-Paul Sartre kann kein Ich einen Anderen erschaffen, denn dazu müsste ich ihn aus mir selbst hervorbringen, und dann wäre er ein Teil von mir und kein Anderer.[407] Indem ich beim Anderen bin, erkenne ich vielmehr sein vorgängiges Bei-mir-Sein an. Das ist beim „factum brutum" der Welt nicht der Fall: Ich bin zwar in der Welt, aber nicht die Welt bei mir. Sie geht mir zwar auch voraus, ohne sich jedoch bei mir zu lokalisieren. Denn alle Lokalisierungen ereignen sich in der Welt; also ist die Welt nicht lokalisierbar.

Auch leblose Gegenstände lokalisieren sich nicht bei mir. Der Stuhl, gegen den ich stoße, hat nicht mich gestoßen. Er ist auch nicht bei mir, wenn er sich im Nebenraum befindet. Eine andere Person dagegen kann sich auch dann bei mir befinden, wenn sie abwesend ist. Ich kann sie vermissen – nicht wie einen Gegenstand, den ich verlegt habe, sondern wie eine Person, deren Bei-mir-Sein sich mir vorgängig aufdrängt. Wie Sartre gezeigt hat, gehört sie nicht primär zu meinem Welthorizont, sondern ich stehe vorgängig in ihrem.[408] Im Gegensatz zu Gegenständen, die mir vertraut sind, ist das Bei-mir-Sein *jeder* anderen Person primär eine Erfahrung von Unvertrautsein, von Fremdsein. Das ist eine

---

405 Die Nicht-Verortung des „Ich denke" ist eine Konsequenz seiner gehaltlichen Leere (Kapitel 6).
406 S. Kierkegaard: Die Krankheit zum Tode, 47.
407 J.-P. Sartre: Das Sein und das Nichts, 466.
408 AaO, 475.

Entfremdungserfahrung, die ich mir nicht einbilden kann. Denn wenn ich das könnte, wäre diese Erfahrung noch in meinem Welthorizont – und ich nicht darin fremd.[409]

Indem ich auf dieses vorgängige Bei-Sein antworten muss, erkenne ich andere Personen an. Diese Anerkennung überdauert dabei Momente, in denen wir uns sehen. Eben auch abwesende Personen nötigen mir mein Bei-ihnen-Sein ab, weil sie zu allen möglichen Zeiten mich in die Fremde ziehen, eben bei mir sind. Die permanente Möglichkeit, in ihren Welthorizont gestoßen zu werden, nötigt mir ab, andauernd bei ihnen zu sein.

Das heißt auch: Um bei anderen zu sein, muss ich nicht bei mir sein. Das Ich kann auch heimatlos am Anderen hängen, wenn ich bei ihm bin. Es ist aber umgekehrt: Die subjektive Selbstbeziehung ist nur möglich, weil Andere bei mir sind. Mein Ich ist eine Antwort auf das Bei-mir-Sein anderer. Und auch bei der subjektiven Selbstbeziehung finde ich mich bei jemandem vor, der mich in einen neuen Welthorizont stellt: ich selbst. Die subjektive Selbstbeziehung ist ebenso ein Widerfahrnis wie das Bei-anderen-Sein. Und dieses Widerfahrnis ist deshalb gleich, weil das „Ich bin bei mir" eine Alteritätserfahrung, eine Fremdheitserfahrung ist. Das „Ich denke", das alle meine Vorstellungen begleitet, ist eben bei mir, ohne dass ich bei ihm sein kann, weil es mir unverfügbar ist.

Das Befremdliche besteht darin, dass ich mich zugleich nicht eindeutig von mir unterscheiden kann: Bin ich bei mir, weil ich mich anerkenne, oder bin ich das Bei-mir? Zumindest zeigt sich in dieser erlebten Indifferenz zugleich eine Selbstentzogenheit. Ich bin nicht dadurch, dass ich mich selbst hervorbringe – denn dazu müsste ich schon vorher gewesen sein. Und ich bin nicht einfach, weil ich denke. Denn ich kann ja nur denken, weil ich bin. Auch beim Denken widerfahre ich mir: Es denkt in mir, und nur darum kann ich beim Denken bei mir sein. Mein Selbstbewusstsein ist daher eine Selbstanerkennung, die sich einem ursprünglicheren Bei-mir-Sein verdankt.[410]

18.1 Kann KI anerkennen?

Computer sind wie Stühle: Sie erkennen uns nicht an. Sie werten unsere Texte aus wie alle anderen Daten auch. Unsere Prompts haben nur eine andere technische Funktion als die Daten, aus denen ein Sprachmodell einen Text erstellt. Aber nicht durch die technische Funktion ist etwas in signifikanter Weise bei

---

409 AaO, 493.
410 G.F.W. Hegel: Phänomenologie des Geistes, 127.

uns. Ansonsten könnten wir doch das Bei-uns-Sein technisch hervorbringen, indem wir Computer bauen, die dann bei uns sind. Aber ein Sprachmodell wertet unsere Prompts nach derselben Wahrscheinlichkeitsberechnung aus, wie es selbst Texte aus seinen Datenbanken erstellt. Es ist von allen Wahrscheinlichkeitsfolgen von Silben gleichweit entfernt.

Schon immer haben Menschen mit Computern geredet, etwa angefleht, wenn sie nicht die gewünschten Befehle ausgeführt hatten. Bei KI-Textgeneratoren wird die sprachliche Kommunikation mit Computerprogrammen zur Methode. Dabei verwenden wir auch alle Personalpronomina. Die Programme antworten ebenfalls so, dass sie sich in der 1. Person beschreiben („Ich bin ein Sprachmodell und mache Fehler"). Sie fordern ein Du auf, genauere Prompts einzugeben. Und sie schreiben je nach Thema über Menschen in der 3. Person. Ein „Ihr" hat dagegen keine Verwendung und ein „Wir" nur, wenn es im Prompt ausdrücklich angegeben ist („Werden wir Menschen und Künstliche Intelligenzen eines Tages eine Gemeinschaft bilden?").

Bedeuten diese Phänomene, dass wir Sprachmodelle ebenso anerkennen wie Menschen? Erzwingt unsere sprachliche Interaktion die Einsicht, dass Sprachmodelle vorgängig bei uns sind? Christopher Scholtz hat das Wort vom „nicht-permanenten Subjekt"[411] geprägt: An einem Spieleroboter zeigte er in einer empirischen Untersuchung, dass Menschen eigentlich wissen, dass er eine Maschine ist und keine Beziehung zu Menschen aufbaut, aber in der Interaktion mit ihm stellen sich Gefühle zum Roboter ein, die für zwischenmenschliche Beziehungen typisch sind.[412] Catharina Wellhöfer hat diese Beobachtungen phänomenologisch gedeutet, dass diese Nicht-Permanenz etwas grundsätzlich anderes ist als der Wechsel der Personalpronomina.[413] Denn während ich andere zu einem beliebigen Zeitpunkt entweder in der 3. Person *oder* 2. Person sozial anerkenne, laufen bei der Interaktion mit einem Roboter zwei Anerkennungsformen gleichzeitig parallel, die 2.- *und* die 3.-Personen-Perspektive. Ich spreche nicht gleichzeitig mit der schwerhörigen Oma und über sie, sondern ich wechsle zwischen den beiden verschiedenen sozialen Lokalisierungen ab. Bei einem Roboter dagegen *rede ich mit einem Wesen der 3. Person.* Genau das macht seine Nicht-Permanenz aus. Der Unterschied liegt darin, dass Menschen zwar permanent ihren sozialen Ort wechseln, je nachdem, ob wir in der 2. oder 3. Person sprechen, dass aber Roboter aufgrund des Zusammenpralls der

411 Chr. Scholtz: Alltag mit künstlichen Wesen, 293.
412 AaO, 288.
413 L. Ohly/C. Wellhöfer: Ethik im Cyberspace, 289.

2.- und 3.-Person-Perspektive *gar keinen sozialen Ort* haben. Deshalb erkennen Menschen Roboter allenfalls an, indem sie sie zugleich nicht anerkennen – und zwar auf derselben unmittelbaren Anerkennungsstufe.

Es handelt sich also nicht um dieselbe Ausdifferenzierung, dass man jemanden anerkennen muss, um ihn zu hassen oder zu ignorieren. Vielmehr wird diese erste, basale Anerkennung einem Roboter gegenüber zugleich zurückgenommen, die man vollzieht. Die Nicht-Permanenz des Subjekts besteht bei ihm darin, dass unsere Anerkennung nicht dauerhaft ist. Daraus folgt, dass er nicht bei uns ist. Weil er nicht permanent bei uns ist, ist er gar nicht bei uns. Andere Menschen sind dagegen auch dann bei uns, wenn sie abwesend sind: Sie können uns zu jedem Zeitpunkt unerwartet in ihre Welt ziehen. Ein Roboter ist dagegen schon dann nicht permanent, wenn er anwesend ist.

Diese Ergebnisse lassen sich auf eine Sprach-KI übertragen. Denn wir können ja durchschauen, nach welchem Programm sie prozessiert – und zwar gleichzeitig mit unserer Interaktion mit ihr. Man kann mit einem Sprachmodell höflich kommunizieren („Hast du nicht an dieser Stelle einen Fehler gemacht?") und zugleich ihr Programm durchschauen, das einen höflichen Umgang unnötig macht, um das Ziel zu erreichen. Weil die Anerkennung einer KI nicht nötig ist, ist sie auch nicht möglich – denn wir hatten vorher gesehen, dass diese basale Anerkennung von einem Bei-uns-Sein abhängt, das sie *erzwingt*. Wo dieser Zwang fehlt, handelt es sich nicht um dasselbe Anerkennungsphänomen, sondern um eine widersprüchliche Haltung zur KI.

Ich möchte aber die Anerkennungsfrage noch auf eine andere Beziehung lenken, nämlich auf die zwischenmenschliche: Kann ein KI-Sprachmodell die zwischenmenschliche Anerkennung erleichtern, erweitern oder vertiefen? Wir werden in den nächsten Kapiteln spezifische Anerkennungsformen in den Blick nehmen. In diesem Kapitel will ich mich nur auf die Frage beschränken, ob ein KI-Sprachmodell die ursprüngliche, basale Anerkennung unterstützen kann, mit der sich Menschen in einem sozialen Raum lokalisieren.

Nehmen wir also an, ein Sprachmodell könnte künftige Generationen zum Sprechen bringen und ihre Interessen zum ökologischen Umbau der Gesellschaft advokatorisch vorbringen. Ebenso könnte ein KI-Textgenerator stellvertretend für eine komatöse Patientin sprechen oder die Interessen von Kleinkindern in Kombination mit einer KI-Gesichtserkennung ihrer Mimik verbalisieren. Ich halte alle diese Möglichkeiten nicht für die basale Anerkennung, wie sie in diesem Kapitel beschrieben worden ist. Sie suggerieren nämlich, dass die Anerkennung der genannten Personengruppen auf die Verschriftlichung ihrer Interessen *folgt*, anstatt dass sie mit dem Bei-mir-Sein eines anderen Menschen *einhergeht*. Sie setzen zudem voraus, dass nicht-personale Werkzeuge die „Patenschaft" für die Anerkennung von Personen übernehmen können, dass also Menschen deshalb Anerkennung verdienen, weil KI-Sprachmodelle feststellen, dass sie sie verdienen. Für die basale Anerkennung ist aber eine solche Unterstützung überflüssig; und da, wo sie nicht überflüssig ist – nämlich bei künftigen Generationen, deren Bei-uns-Sein abstrakt und unspezifisch ist –, kann der Anerkennungsstatus nicht über eine KI geklärt werden: Erstens erreichen die Suggestionen der KI nicht die ursprüngliche Anerkennungsebene, sondern setzen sie voraus. Zweitens kann der angeblich festgestellte Anerkennungsstatus nur zirkulär begründet werden, indem das Ergebnis vorausgesetzt wird, nämlich dass eine KI ihn feststellen kann. Es gibt nämlich keine Überprüfungsmethode, ob die Interessen, die die KI von zukünftigen Generationen erhebt, wirklich ihre Interessen sind, denen wir Anerkennung schulden. Die Interessen zukünftiger Generationen können nur sehr rudimentär und nur über Analogieschlüsse erhoben werden, und dazu braucht es keine KI. Das kann auch die menschliche Phantasie oder ein moralisches Urteilsvermögen leisten, das anerkennt, welche Interessen zukünftiger Generationen es wert sind, schon heute berücksichtigt zu werden.

Nehmen wir also an, dass eine KI als Interesse zukünftiger Generationen ausmacht, dass sie auf dem Mars leben wollen, weil die Erde aufgrund von Klimawandel und Atommüll unbewohnbar sein wird. Dann ist dieses Interesse höchst spekulativ und durch nichts anderes gedeckt als durch die wahrscheinliche Silbenfolge von Sprachmodellen, die auf ihre gegenwärtig verfügbaren und nicht auf zukünftige Datenbanken zurückgreifen mit den gegenwärtigen Determinanten ihrer jetzigen Algorithmen.

Nun könnte man einwenden, dass das gleichgültig ist, weil Anerkennung ja noch nicht bedeutet, dass man allen Interessen nachgibt. Künftige Generationen würden also allein dadurch soziale Anerkennung verdienen, dass sie *irgendwelche* Interessen haben, von denen die KI heute schon einige möglichen zur Sprache bringen kann. Das ist aber entweder auf der basalen Ebene unstrittig oder auf einer bestimmten Statusebene höchst umstritten: Denn in welcher sozialen Beziehung stehen wir zu Generationen, die nicht mehr auf der Erde wohnen wollen, die sich also der sozialen irdischen Gemeinschaft entziehen wollen? Man mag ihnen noch zugestehen, dass sie aufgrund der basalen Ebene auch dann im sozialen Raum lokalisiert sind, wenn sie auf dem Mars leben werden und vom geometrischen Raum unserer Lebensmöglichkeiten entfernt sind. Aber daraus lassen sich keine Haltungen ableiten, die diesem Status entsprechen könnte. Nicht nur die von der KI erhobenen Interessen wären spekulativ, sondern auch, welche Haltung wir als ethisch passend annehmen würden. Verdienen Menschen, die dauerhaft auf dem Mars leben, Erbschaftsrechte auf Erden? Folgt aus ihrem Interesse, dass wir die Erde nach Lust und Laune ausbeuten dürfen? Es ist klar, dass eine KI solche Fragen nur aufgrund des verfügbaren Datenmaterials beantworten kann und damit den spekulativen Charakter dieser Fragen nicht durchschauen wird. Denn weil hinter den ermittelten Interessen kein Bei-uns-Sein künftiger Generationen steht, lassen sich auch keine ethischen Haltungen daraus ableiten, die sich unserem Bei-ihnen-Sein (Anerkennung) verdanken. Gerade weil also die ethischen Antworten aus verfügbaren Informationen gegeben werden anstatt aus einer Anerkennungsbeziehung, antworten sie nicht auf das ursprüngliche Widerfahrnis des Bei-Seins. Damit verfehlen die Antworten die ethische Ebene.

So bleibt also festzuhalten, dass eine KI weder im beschriebenen anerkennungstheoretischen Sinn „bei uns" ist noch eine Hilfestellung bieten kann, um das Bei-Sein anderer aufzudecken. Das schließt nicht aus, dass sie behilflich ist, verborgene zwischenmenschliche Beziehungen aufzudecken, die mit konkreteren Anerkennungsansprüchen verbunden sind. Nur kann eine KI allenfalls Werkzeug sein, weil sie nicht versteht, was Anerkennung ist, und sie daher auch nicht leisten kann. Es kann allenfalls Tools geben, die sich anerkennungsanalog verhalten, die also Hilfestellungen bieten, etwa zur Barrierefreiheit, weil Menschen diesen Bedarf aus dem Bei-Sein entdeckt haben.

Mit dem Unvermögen einer KI, bei anderen zu sein, *kann* sie auch nicht selbst anerkannt werden. Alle menschlichen Versuche, KI anzuerkennen, müssen dabei das Bei-Sein überspringen und konkretere Anerkennungsebenen etablieren, ohne die Normativität mitzunehmen, die Anerkennung überhaupt ausmacht – nämlich das Bei-Sein. Menschen, die Künstliche Intelligenzen anerkennen wollen, missverstehen, was Anerkennung ist.

18.2 Sollte KI anerkennen können?

Kombinierte KI-Module können allenfalls in der 3.-Person-Perspektive beschreiben, wie das Verhalten stummer Kreaturen gedeutet werden sollte. Nehmen wir an, eine KI-Mustererkennung kann an der Mimik den Unterschied zwischen einem schmerzverzerrten Gesicht und einem Reflex beim Träumen ablesen. Mit Generativer AI können die Gründe einer bestimmten Mimik bei einer komatösen Patientin auf die Situation zugeschnitten werden: Die Patientin gibt dann zu erkennen, dass die Schmerzäußerung mit einer Situation aus ihrer Vergangenheit verbunden ist, die die Patientin mit ihrem jetzigen Zustand assoziiert. Auch wenn Ärzte angeben, dass Patienten im Koma auf keine äußeren Reize reagieren und deshalb auch keine Schmerzen haben können, könnte eine Generative AI hier eine Stimme einbringen, die Patienten nach dem Aufwachen in ihre Koma-Situation zurückprojizieren, nämlich dass sie doch gelitten haben und sich dabei an eine Leidsituation aus jungen Jahren zurückversetzt gefühlt haben. Sollten wir dann auf die KI hören und während des Komas leidvermindernde Mittel verabreichen,[414] selbst wenn sie aus medizinischer Sicht nicht indiziert sein sollten?[415]

Hier kollidiert evidenzbasierte Medizin mit einem Textszenario, das eine Patientinnenanamnese nachholt, die anders aktuell nicht eingeholt werden kann. Die KI hätte hier Daten vorliegen aus der Vergangenheit der Patientin, die sie mimisch wiedererkennen könnte. Im Test hätte die KI bei Probanden zu einer beträchtlichen Wahrscheinlichkeit in der Deutung der Mimik richtig gelegen. Wenn wir nun aus der ebenso evidenzbasierten Medizin wüssten, dass Patienten bestimmte Leidsituationen nicht auf ihre Zeit im Koma zurückprojizieren, wenn ihnen in dieser Zeit Beruhigungsmittel verabreicht werden, könnte dann die KI nicht ein geeigneter Anlass sein, nach ihrer Bestandsaufnahme entsprechende Mittel zu geben?

Ich halte solche Werkzeuge tatsächlich auch dann für nützlich, wenn sie nicht selbst einwandfrei sind, aber immerhin den Deutungsspielraum erhöhen, wie eine Patientin möglichst menschenwürdig behandelt werden kann. Wie ich schon erwähnte, kann eine KI nicht selbst Evidenz für ihre Ergebnisse verbürgen, weil sie sich sonst zirkulär legitimieren würde: Ihre Ergebnisse wären gültig, weil sie sagt, dass sie gültig sind. Zudem determiniert eine Anamnese von Patienten nicht, welchen Willen sie im aktuellen Moment haben wird.[416] Vielmehr liefert die KI ein *mögliches* Szenario, um die Handlungsbreite für die Therapie zu erweitern. Zwischen der Auskunft, dass Komapatienten keine äußeren Reize feststellen können, und einer KI-Mustererkennung ihres aktuellen Erlebens wird dann ein sozialer Raum eröffnet, der den behandelnden Berufsgruppen Handlungsoptionen eröffnet, die zwischen ihren Möglichkeiten und dem Lebenshorizont der Patientin ein offenes Verhältnis setzt. Dieses offene Verhältnis hat einen dichteren Bezug zum Bei-Sein der Patientin als eine vertragliche Bindung von Ärzten und Pflegkräften an eine Patientinnenverfügung.

Wenn eine KI in diesem Sinne aus der 3.-Person-Perspektive ein beachtenswertes Interpretationsangebot leisten kann, dann liegt das aber nicht an der KI, sondern daran, dass wir Menschen offene Spielräume im Umgang mit stummen Kreaturen für tolerabel halten. Denn auch eine nahe Bezugsperson könnte das

414 M. Schröter-Kunhardt: Oneirodales Erleben Bewusstloser; in: Th. Kammerer (Hg.): Traumland Intensivstation. Veränderte Bewusstseinszustände und Koma. Interdisziplinäre Expeditionen; Norderstedt 2006, 171–229, 189.
415 A. Sahm: Large Language Models in der Medizin, 491.
416 L. Ohly: Einstellung lebenserhaltender Maßnahmen, 124, 126.

Deutungsangebot vorstellen, dass die Patientin „so nicht vegetieren" will. Diese Mutmaßung steht vom Gewicht her nicht hinter einer KI-Mustererkennung. Beide Deutungsangebote sind weder willkürlich getroffen noch zweifelsfrei. Mir scheint aber, dass die Suggestionskraft höher liegt, dass eine KI „objektiv" und „unparteiisch" beurteilt und deshalb Angehörigen als überlegen gelten könnte,[417] die sich von ihren Gefühlen leiten lassen. Aber erstens ist nicht ohne weiteres klar, dass Objektivität den Verbindlichkeiten überlegen ist, die sich aus personalen Beziehungen ergeben.[418] Denn es fehlt der KI gerade der notwendige Aspekt, der überhaupt erst ihrer Beschreibung eine ethische Dimension gibt, nämlich die soziale Anerkennung, die eine Angehörige zur Patientin hat. Zweitens ist die Suggestion riskant, dass eine KI die Wahrheit über die Patientin ausdrückt, nur weil sie ihre Situation objektiv und unparteiisch beschreibt. Es bleibt dabei, dass auch die KI hier nur ein Deutungsangebot unterbreitet. Dabei obliegt es weiterhin Menschen als den Wesen, die zur sozialen Anerkennung fähig sind, ob sie mit solchen Deutungsangeboten ihren Handlungsspielraum im Umgang mit stummen Kreaturen vergrößern wollen und aus Anerkennung rechtfertigen können.

Also: Nicht weil sie eine objektive Ausrichtung haben, können KI-Werkzeuge bei der sozialen Anerkennung stummer Kreaturen unterstützen, sondern weil moralische Personen aus Anerkennungsgründen zulassen, dass Erzählungen über die Betroffenen handlungsfördernd sind. Dasselbe ist im umgekehrten Fall zu sagen, wo eine KI als Verhörmethode verwendet wird, wenn die Verdächtigen schweigen. Die KI ist klassischen Lügendetektoren nicht überlegen, weil auch sie nur scheinbar „objektive" Anhaltspunkte aufdeckt und den Anerkennungsraum völlig übergeht. Vielleicht ist eine KI-Mustererkennung besser als ein Lügendetektor in der Lage, präzise objektive Daten zu sammeln, die für die Erhebung der Lage von Bedeutung sind und die sich auch objektiv nachprüfen lassen. Das heißt aber nicht, dass die verdächtige Person „zum Reden gebracht" wird, sondern dass ihr personaler Charakter untergraben wird – ähnlich wie bei Verhören unter Folter.

Nehmen wir dazu an, der Entführer eines Kindes wird von der Polizei festgesetzt und nach dem Ort befragt, wo sich das Kind befindet.[419] Eine KI wertet mimische und gestische Muster des mutmaßlichen Täters aus, kann dabei auch Typiken der Sprechgeschwindigkeit, -lautstärke und Wortwahl ausmachen und

417 S. Sektion 17.1.
418 J. Fischer: Verstehen statt Begründen, 61.
419 J. Fischer: Zur Relativierung der Menschenwürde in der juristischen Debatte, 3.

sie bestimmten objektiven Daten zuordnen: Bei einer Sprechgeschwindigkeit von maximal drei Wörtern in zehn Sekunden denkt der Befragte an das Versteck, bei einer Sprechlautstärke ab eine bestimmten Dezibelzahl verdrängt er seine Gedanken an das Versteck, und obwohl er lügt, benutzt er Wörter, die er mit dem Versteck assoziiert. Die KI hilft dann den Beamten, immer gezieltere Fragen zu stellen, aus denen zwar keine Menschen Informationen ableiten können, die KI aber sehr wohl – bis sie eine Hypothese entwickelt, wo sich das Kind befindet, damit es befreit werden kann.

Dann hat hier kein Gespräch zwischen Beamten und Tatverdächtigen stattgefunden: Denn die Beamten haben nur die Wörter benutzt, die ihnen das Sprachmodell vorgegeben hat, und die Worte des Tatverdächtigen wurden nicht aus dem Gesprächsverlauf und einem Gedankengang ausgewertet, sondern aus einer diachronen Kombination von Daten, die die KI gebildet hat. Der Tatverdächtige wurde wie eine Datenbank behandelt, ohne dass sich eine soziale Anerkennung auf ein Gespräch ausgewirkt hätte. Vielleicht werden solche Verhörmethoden künftig erfolgreich sein, aber sie sind mit einer Depersonalisation der Befragten verbunden. Es fragt sich, wie sich daraus der Nachweis von *Schuld* ergeben soll, die eine personale Kategorie ist und soziale Anerkennung verlangt.[420] Zumindest lässt sich ja aus den Hypothesen der KI nicht beweisen, dass der Verdächtige seine Tat gestanden hat. Die KI hat aus bloßen Korrelationen ein Szenario entworfen, das zwar den Ort des entführten Kindes ausfindig gemacht hat, ohne jedoch einen kausalen Zusammenhang zwischen dem Verhalten des Verhörten und ihrem Szenario nachgewiesen zu haben. Man könnte ebenso gut daraus folgern, dass die KI das Kind entführt hat.

Deshalb warne ich davor, KI als Tool zur Anerkennungsförderung pauschal einsetzen zu wollen. Sie kann lediglich ein Indikator sein, auf *unsere* Barrieren sozialer Anerkennung aufmerksam zu werden, unsere selbstgemachten Denkverbote zu revidieren, etwa wenn es um die Rolle interpersonaler Beziehungen bei medizinethischen Entscheidungen geht. Dabei liegt es dann an uns und nicht an einer KI, wie wir unsere moralischen Denkblockaden aufheben. Zugleich kann KI aber auch soziale Anerkennung behindern, wenn sie sie gegen scheinbar objektive Datenmuster ersetzt.

In den folgenden Kapiteln werde ich konkrete Anerkennungsformen beschreiben und auf die KI beziehen. Bei den nächsten drei Kapiteln werde ich der Analyse des Sozialphilosophen Axel Honneths folgen und gegen Ende dieses

---

420 U.H.J. Körtner: Muss Strafe sein?, 112. L. Teuchert: Strafen mit neuer Begründung: Straftheorien in der jüngeren Rechtsphilosophie im Porträt, 184f.

Teils die Verweigerung sozialer Anerkennung in den Blick nehmen, wie sie von Honneth beschrieben worden ist. Dazwischen behandelt noch ein Kapitel ein Phänomen, das für religiöse Anerkennung spezifisch ist, nämlich die Anbetung. Es wird zu untersuchen sein, welche Rolle Anbetung in sozialen Anerkennungskontexten spielt, ob KI anbetungsfähig ist und selbst anzubeten ist, da ja einige klassische göttliche Attribute – Allgegenwart, Allwissenheit – inzwischen scheinbar auf die KI übergegangen sind.[421]

---

421 J. Haberer: Digitale Theologie, 122.

19 Liebe

Axel Honneth beschreibt Liebe anerkennungstheoretisch und im Zusammenhang mit zwei anderen Anerkennungsformen, Recht und Solidarität. Sein Ausgangspunkt ist die Frage, worin Menschen in sozialer Hinsicht verletzbar sind, was sie also von ihren Mitmenschen brauchen, um ihre persönliche Identität entwickeln zu können.[422] Bei den drei genannten Anerkennungsformen folgt Honneth Hegel,[423] um sich allerdings in der phänomenologischen Beschreibung von Hegel abzusetzen. Wichtig ist aber, dass die drei Anerkennungsformen „Voraussetzungen eines guten Lebens"[424] bilden, also sowohl für das moralische Miteinander relevant sind als auch das Wohlergehen fördern.[425] Man könnte also sagen, dass diese drei Anerkennungsformen Bedingungen des moralisch guten Lebens bilden, dass sich aber wiederum das gute Leben in der Gestaltung der drei Anerkennungsformen zeigt: Wir sollen nicht nur lieben, Recht achten und solidarisch sein, um moralische Menschen zu werden, sondern Liebe, Recht und Solidarität bedürfen selbst einer moralischen Ausgestaltung. Ähnlich wie bei Hannah Arendt der geborene Mensch ein Neuanfang innerhalb einer gegebenen Pluralität ist, so findet sich der Mensch bereits in einem Netz moralischer Anerkennungsdynamiken vor, um zu lernen, selbst an diesen moralischen Beziehungen mitzuwirken.

Eine wichtige anerkennungstheoretische Erweiterung bringt Honneth in die Debatte ein, indem er auch negative Äquivalente zur Anerkennung verhandelt:[426] Wie kann Menschen geschadet werden, wenn man sich *entgegengesetzt* zu ihren Anerkennungsbedürfnissen behandelt? An dieser Erweiterung zeigt sich ex negativo die besondere soziale Rolle der jeweiligen Anerkennungsform.

Bei der Liebe nun besteht ein

„Spannungsbogen, der die Erfahrung des Alleinseinkönnens kontinuierlich mit der des Verschmolzenseins vermittelt; die ‚Ich-Bezogenheit' und die Symbiose stellen darin sich wechselseitig fordernde Gegengewichte dar, die zusammengenommen erst ein reziprokes Beisichselbstsein im Anderen ermöglichen."[427]

---

422 A. Honneth: Zwischen Aristoteles und Kant, 173.
423 AaO, 178.
424 AaO, 172.
425 Ebd.
426 A. Honneth: Kampf um Anerkennung, 150.
427 AaO, 170.

Dabei ist nur der Aspekt der individuellen Unabhängigkeit anerkennungsrelevant.[428] Zwar geht es in der Liebe auch um gemeinsame Zuwendung füreinander,
aber bei der Sehnsucht nach Symbiose falle ja der Anerkennungsaspekt, weil sie
nicht am Anderen interessiert sei, sondern am Gemeinsamen. Anerkennungsrelevant ist an der Liebe daher nur der zweite Pol, dass die geliebte Person eine
Andere ist. Das individuelle Unabhängigsein als solche wird darin anerkannt.

Die Liebe erfüllt ihren Beitrag zur individuellen Identitätsentwicklung, indem
sie also die individuelle Unabhängigkeit als solche anerkennt. Sie fördert damit
bei der anerkannten Person *Selbstvertrauen*.

> „Erst jene symbiotisch gespeiste Bindung, die durch wechselseitig gewollte Abgrenzung
> entsteht, schafft das Maß an individuellem Selbstvertrauen, das für die autonome Teil-
> nahme am öffentlichen Leben die unverzichtbare Basis ist.“[429]

Der anerkannte Mensch erfährt die eigenen Bedürfnisse und Wünsche als Teil
der eigenen Person, die es wert sind, artikuliert zu werden.[430] Das Selbstvertrauen besteht in der Wahrnehmung, über das physische Wohlergehen sorgen zu
können. Genau diese Fähigkeit wird einer Person entrissen, wenn die ihr korres-
pondierende Anerkennungsform nicht nur verweigert wird, sondern angegriffen
wird.[431] Schon Liebesentzug oder nicht erwiderte Liebe verletzt. Aber sie lässt
der Person noch die individuelle Unabhängigkeit. Das ist nicht der Fall, wenn
Menschen daran vorsätzlich gehindert werden, für sich physisch zu sorgen, oder
diese Hinderung voll ausgespielt wird: durch Körperverletzung, Kidnapping und
Vergewaltigung.[432] Verletzt wird hier das „Vertrauen, den die eigene Bedürftigkeit in den Augen aller anderen genießt.“[433]

Honneth argumentiert weitgehend entwicklungspsychologisch und beschreibt
die Anerkennungsform der Liebe als basale Voraussetzung für alle weiteren
Anerkennungsformen.[434] Ich hatte im vorigen Kapitel noch eine grundlegen-
dere Anerkennung festgestellt. Aber folgt man Honneth, dann kann sich ohne
Selbstvertrauen ein Mensch nicht als unabhängiges Individuum wahrnehmen
und auch nicht die anderen Momente der Identitätsentwicklung aufnehmen.
Zugleich sind aber die drei Anerkennungsformen voneinander unabhängig: Ein

---

428 AaO, 173.
429 AaO, 174.
430 A. Honneth: Zwischen Aristoteles und Kant, 182.
431 AaO, 183.
432 Ebd.
433 Ebd.
434 A. Honneth: Kampf um Anerkennung, 192.

Mangel auf einer Anerkennungsstufe lässt sich nicht mit einer anderen Anerkennungsform kompensieren. Obwohl also unabhängig, besteht doch eine genealogische Voraussetzung aller identitätsbezogenen Anerkennungsformen, dass ein Mensch Liebe erfährt. Und er erfährt sie in der Regel in der frühkindlich-symbiotischen Beziehung zur Mutter; darin besteht Honneths entwicklungspsychologische Herleitung.

Bei dieser Herleitung scheint es, als sei die basale Voraussetzung für alle weiteren Entwicklungsschritte der persönlichen Identität mit der frühkindlichen Zuwendung der Mutter ein für allemal erfüllt. Doch leider können Menschen ihr Selbstvertrauen durch traumatische Gewalterfahrungen verlieren, und manche Menschen erleiden sie sogar schon im frühkindlichen Alter. Die Identitätsentwicklung wird dadurch komplizierter: Es ist nicht so, dass fast jeder Mensch das Selbstbild eines unabhängigen Individuums frühkindlich erworben hat und darauf aufbauend noch weitere Anerkennungsformen erfährt, die die eigene Identitätsentwicklung stärken. Vielmehr bleibt die basale Anerkennung ein Leben lang gefährdet. Es müsste jetzt zu einer moralischen Forderung werden, Menschen zu lieben, weil die soziale Kooperation, in die ein Mensch hineinwächst, es gebietet, dass alle Menschen dadurch an ihr mitwirken können, dass sie eine personale Identität haben. Allerdings kann Liebe nicht geboten werden – es sei denn die biblische Nächstenliebe, die aber nur die grundlegendsten Bedürfnisse des Nächsten im Blick hat (Lk. 10,34f) und nicht alle Bedürfnisse, etwa weil man mit der geliebten Person verschmolzen wäre. Ansonsten aber kann Liebe nicht geboten werden, denn man müsste sonst zu dem Widerspruch gezwungen sein, sich mit jemandem zu verschmelzen, den man abstoßend findet. Dadurch nun steht die Anerkennung durch Liebe unter einem hypothetischen Vorbehalt oder muss auf eine Minimalbedingung herabgedrückt werden: Menschen sind so anzuerkennen, dass sie ihre Bedürfnisse als Teil ihrer Persönlichkeit wahrnehmen und ihre physische Integrität selbst sicherstellen können, eben ein Selbstvertrauen haben. Diese Anerkennung wird zwar durch Liebe einsichtig, ist aber nicht auf Liebe festgelegt: Auch wer jemanden abstoßend findet, kann diese Person so anerkennen. Er findet zwar nicht in der Liebe die affektive Motivation dazu, aber durchaus in der Einsicht, dass die fehlende Liebe kein Motiv sein darf, der Person diese Anerkennung vorzuenthalten.[435] Die Liebe ist dann zwar genealogischer Hintergrund für diese Anerkennung, nicht aber ihr Geltungsgrund.

Ich übernehme von Honneths Liebesverständnis die moralische Entdeckung der Anerkennung der individuellen Unabhängigkeit als solcher. Zugleich befreie

---

435 L. Ohly: Sterbehilfe, 125.

ich es von der versteckten Implikation, dass Selbstvertrauen aus faktischen Liebeserfahrungen hervorgegangen sein muss. Mein Verständnis ist demgegenüber bescheidener: Was die Liebe an personaler Verletzbarkeit von Menschen entdeckt, kann dann auch ohne Liebe Anerkennung finden.

19.1 Kann KI lieben?

Obwohl die Liebe die individuelle Unabhängigkeit einer Person anerkennt, sind die Formen ihrer Missachtung nach Honneth nicht kulturell oder historisch variabel. Denn sie beruht ja darauf, die Balance von Verschmelzung und Abgrenzung aufzuheben.[436] Der Folterknecht verletzt die Bedürftigkeit seines Delinquenten, gerade indem er in sein Innerstes eindringt und darüber verfügt.[437] Damit hat Honneth die überindividuellen, allgemeinen Bedingungen individueller Unabhängigkeit ausgemacht.

Ich habe vor dieser Sektion gezeigt, dass nicht die Liebe den Geltungsgrund der Anerkennung bietet, die sie leistet, sondern nur eine genealogische Herleitung bietet. Damit stellt sich Frage, ob eine KI fähig ist zu lieben, nicht mit demselben Gewicht wie die Frage, ob sie individuelle Unabhängigkeit als solche anerkennen kann. Letzteres lässt sich bestimmt leichter bejahen als die Frage nach der Liebesfähigkeit einer KI. Gerade weil sich die Anerkennung der individuellen Unabhängigkeit in der Erfüllung ihrer überindividuellen Bedingungen erschöpft, muss eine KI zu dieser Anerkennung nicht in der Lage sein, Menschen in ihren *individuellen* Bedürfnissen zu achten. Sie könnte vielmehr als Wächter fungieren, ab wann ein bestimmter Mensch *als Mensch* in seiner Bedürftigkeit missachtet wird, der das *allgemeine* Kriterium erfüllt, Mensch zu sein.

Hierzu könnte eine KI ein Muster von Bedürfnissen erstellen, die zu dieser Anerkennung erfüllt sein müssen, und sie auf alle möglichen Situationen übertragen. Das könnte effektiver sein als menschliche Intuition, wäre da nicht das Problem, dass auch KI-Auswertungen vorurteilsbehaftet sein können. Die aktuellen Debatten um Geschlechtlichkeit, Postkolonialismus und sozialisierten Rassismus könnten durch KI daraufhin durchsucht werden, wo Menschen in ihrem Selbstvertrauen beschädigt werden und wo ihnen andere Anerkennungsformen versagt werden. Würden die Adoptiveltern eines schwarzen Kindes seine Bedürfnisse schwächer wahrnehmen als die Bedürfnisse ihres leiblichen weißen

---

436 A. Honneth: Kampf um Anerkennung, 215.
437 Ähnlich Rebekka Klein, die zeigt, dass Folter auf Empathie beruht (R.A. Klein: Ethische Überforderung?, 173).

Kindes? Oder könnte es sogar umgekehrt sein, dass die Eltern das Adoptiv-kind davor beschützen wollen, wie es in seinem Selbstvertrauen verletzt werden kann, wenn es auf die Straße geht, während sie entsprechende Sorgen ihres leib-lichen Kindes nicht teilen? Hier könnten die Unterschiede durchaus individuell unterschiedlich austariert werden, und zwar obwohl beide Kinder denselben Anspruch auf Anerkennung ihrer individuellen Unabhängigkeit haben. Der individuelle Unterschied liegt dann in der Situation, nicht in unterschiedlichen Graden menschlicher Individualität. Und eine KI könnte diese situativen Unter-schiede antizipieren.

Doch dazu müsste die KI noch besser, noch „unparteilicher" werden. Die Probleme, dass die zugrunde gelegten Daten auch rassistische Vorurteile ent-halten, müssten durch entsprechende Filterprogramme behoben werden.[438] Dabei jedoch müsste erst noch geklärt werden, wie der Filter zu bestimmen ist. Menschen, die sozialisierten Rassismus ausmachen, würden andere Daten als rassistisch identifizieren als Menschen, die rassistische Einstellungen lediglich für einen Makel von Extremisten halten. Es müsste dann die Deutungshoheit über Rassismus vereinbart werden. Dazu könnte die eine Partei argumentie-ren, dass diejenigen, die die Deutungshoheit über Rassismus haben, bereits Gewalt ausüben.[439] Die Gegenseite könnte fordern, dass deswegen denjenigen die Deutungshoheit zuzugestehen sei, die am meisten unter bisherigen Deu-tungshoheiten gelitten haben. Diese Debatte ist kaum lösbar, weil sich beide Seiten von Anfang an eigene Privilegien einräumen, indem sie sich als die Leid-tragenden von Rassismus-Gedanken stilisieren.[440] – Dieses Problem liegt aber auf einer anderen Anerkennungsebene als der der Liebe oder der minimalen Anerkennung individueller Unabhängigkeit als solcher. Es zeigt aber, dass die Anerkennung individueller Unabhängigkeit durch eine KI nur dann überwacht werden kann, wenn *vorher* andere Anerkennungsprobleme gelöst werden.[441]

---

438 R. Kunz: Transformer, 454.

439 J. Butler: Die Macht der Gewaltlosigkeit, 83.

440 Als Beispiel dafür, wie sich sozialisierter Rassismus selbst zum Opfer stilisiert, s. T. Ogette: exit racism, 22. Zum moralischen Dilemma der Argumentation „Rücksicht auf die Schwachen" s. L. Ohly: Ethische Begriffe in biblischer Perspektive, 183f.

441 Zwar hat Honneth die Verletzung des Selbstvertrauens als transkulturell beschrie-ben. Aber wenn sozialisierter Rassismus dafür verantwortlich ist, dass etwa People of Colour signifikant häufiger zu Gefängnisstrafen verurteilt werden, in denen ihre Fähigkeit massiv eingeschränkt ist, für sich selbst zu sorgen, spielen kulturelle Vor-urteile eine Rolle bei der transkulturell gleichen Verletzung des Bedürfnisses nach Selbstvertrauen.

Andererseits lassen sich diese mitbetroffenen Anerkennungsebenen erst dann erreichen, wenn die individuelle Unabhängigkeit bereits geachtet wird. Dieses Dilemma zeigt, dass eine KI nicht ohne menschliche Hilfe zur Anerkennung individueller Unabhängigkeit fähig ist.

Das bedeutet zugleich, dass sie dafür auch nicht nötig ist. Die Garanten für die Anerkennung physisch-basalen Wohlbefindens können letztendlich nur Menschen sein. Eine KI kann ihnen nur nachsprechen, aber keine innovativen Impulse zur Achtung individueller Unabhängigkeit setzen. Und ob sie ethisch korrekt nachspricht, obliegt der ethischen Urteilsbildung von Menschen.

Wenden wir uns nun der Frage zu, ob eine KI über den Anerkennungsaspekt der Liebe hinaus auch wirklich Menschen *lieben* kann. Wenn sie das könnte, müsste sie ihre Unparteilichkeit aufgeben, die man sich von ihr im Allgemeinen verspricht. In der Liebe ist moralischer Partikularismus ausdrücklich erwünscht.[442] Die liebende Person beurteilt dasselbe Verhalten bei der geliebten Person anders als in distanzierteren Beziehungen, weil sie in einem Verhältnis von Verschmolzenheit und Abgrenzung zur geliebten Person steht.

Es könnte durchaus als zweckvoll erscheinen, wenn eine KI liebt, nämlich zum Abbau von Barrieren in solchen Fällen, in denen Menschen stark benachteiligt sind, in Liebesbeziehungen mit Menschen einzutreten. Ein Sprachmodell kann auf einsame Erwachsene oder verwaiste Kinder liebevoll eingehen. Kombiniert mit einem Liebesroboter können auch anerkennungsförderliche zwischenleibliche Handlungen ausgeführt werden.

Wie könnte aber eine KI bei einem bestimmten Personenkreis in einen Status der Verschmolzenheit eintreten? Die Ursache dafür kann nur das zugrunde gelegte Datenmaterial sein, das in die Einseitigkeit individueller Unvertretbarkeit führt, oder das Programm, das die KI auf ihre Nutzer eicht. Sobald das geschieht, hat die Verschmolzenheit eindeutig mehr Gewicht als die Abgrenzung: Die KI hat nämlich dann keine Ressource, sich von dem Personenkreis abzugrenzen, mit dem sie sich verschmilzt. Ohne dieses reziproke Verhältnis von Verschmolzenheit und Abgrenzung besteht aber nach Honneth keine Liebe, sondern Selbstpreisgabe. Vor allem ist im Status der einseitigen Verschmolzenheit ohne Abgrenzung keine Anerkennung der individuellen Unabhängigkeit des Anderen möglich, weil die Verschmelzung seine Andersheit gerade ausschließt. Es fehlt also ein Pol der Balance, die Liebe prägt.

Nun könnte man rückfragen, ob nicht auch menschliche Liebesbeziehungen von vorgängigen Daten abhängig sind, die zu einem Verschmelzungserlebnis

442 A. Honneth: Kampf um Anerkennung, 184.

zumindest tendieren. Wir lieben unsere Kinder, Kinder ihre Eltern, und inzwischen weiß man von den biochemischen Voraussetzungen des Verliebens.[443] In all diesen Fällen scheint die Liebe bestimmten objektiven Vorgaben nachzufolgen. Also besteht hier kein Unterschied zur Datenabhängigkeit einer KI.

Wenn dieser Einwand richtig ist, bleibt im Dunklen, wie es unter Menschen zur Anerkennung der individuellen Unabhängigkeit kommen kann, wenn die objektiven Vorgaben eine symbiotische Verschmelzungsdynamik auslösen, die keinen Raum für Andersheit lässt. Honneth gibt darauf wieder nur die entwicklungspsychologische Antwort, dass jede Liebe eine unbewusste Rückerinnerung der ursprünglichen ausbalancierten Beziehung von Verschmelzung und Abgrenzung zwischen Mutter und Kind sei.[444] Damit beantwortet Honneth die Frage der Entstehung der Liebe damit, dass sich Menschen in ihr *unvermittelt* *vorfinden*. Sowohl die Liebe zwischen Mutter und Kind als auch das Widerfahrnis einer Liebe im Laufe des Lebens ist nicht von den Beteiligten gewählt worden, wenn sie die Liebe lediglich in der Rückerinnerung wiederentdecken. Es ist also nicht so, dass Menschen aus einer sozialen Rolle heraus sich zur Liebe entscheiden, und zwar selbst dann nicht, wenn die sozialen Rollen vor Beginn der Liebesbeziehung schon feststehen (etwa während einer Schwangerschaft). Ebenso wenig erzwingen die sozialen Rollen die Liebe, denn sonst müsste man doch gegen den eigenen Willen zur Liebe gezwungen werden können. Wir hatten aber gesehen, dass dieser Zwang dem Verschmelzungserlebnis widerspricht.

Nur die biochemische Manipulation des Willens würde die Liebe erzwingen können. Aber wenn ein Mensch durch äußere biochemische Einflussnahme an eine andere Person gebunden wird, so wird dieser Mensch wie eine Maschine behandelt, bei der das entscheidende Widerlager der Liebe fehlt, nämlich das Abgrenzungsmoment. Es ist daher ein kategorialer Unterschied in der Betrachtung, ob in einer liebenden Person bestimmte biochemische Prozesse vorgehen oder ob biochemische Prozesse von außen ausgelöst werden, um interpersonale Bindung hervorzubringen. Dieser kategoriale Unterschied liegt zwischen 1.-Person- und 3.-Person-Perspektive und damit zwischen einem Widerfahrnis und einem kausalen Prozess. Eine liebende Person folgt nicht der kausalen Verursachung der Liebe; sie liebt nicht, weil ihr biochemischer Zustand so und so ist. Mediziner dagegen, die den biochemischen Zustand einer Person so verändern, bis sie einen bestimmten Menschen liebt, erklären die interpersonale Bindung hinreichend mit ihrem kausalen Auslöser.

---

443 A. Bartels: Die Liebe im Kopf, 404, 406, 420.
444 A. Honneth: Kampf um Anerkennung, 169.

Das bedeutet: Schon in der Beschreibung der Liebe sind unterschiedliche Anerkennungsformen verwickelt: Wer liebt, beschreibt sich mit der 1.-Person-Perspektive in der Sprache der Liebe und ihres Widerfahrnisses. Wer nicht liebt, aber Liebe in der 3.-Person-Perspektive beschreibt, findet dafür kausale Zusammenhänge, die ein distanziertes Anerkennungsverhältnis zur liebenden Person ausdrücken. Schon wer sagt, dass beide Beschreibungen kompatibel sind, benutzt dabei die Anerkennungsform der 3. Person.

Nun könnte man wiederum einwenden, dass das ja auch von einer KI gelten könnte, dass sie aus der 1.-Person-Perspektive liebt, während man ihr Verhalten von außen betrachtet für datendeterminiert hält. Aber abgesehen davon, dass sich eine KI nicht in der 1. Person anerkennen kann,[445] erzwingt die kausale Manipulation des Systems eine Verschmelzungsdynamik, ohne dem System eine komplementäre Abgrenzungsdynamik zuzugestehen. Dasselbe trifft auf die biochemische Manipulation eines Menschen zu, wenn sie so stark ist, dass sie sein Bindungsverhalten zu einer bestimmten Person erzwingt: Sie lässt ihm keinen Raum, sich in ein abgrenzendes Verhältnis zu seiner Verschmelzungserfahrung zu stellen – und kann daher weder sich vom Anderen noch den Anderen von sich abgrenzen. Das heißt: Mit der biochemischen Manipulation wird ein Mensch wie eine Maschine behandelt, für die charakteristisch ist, dass ihr nicht die Spannung von Symbiose und Abgrenzung widerfahren kann – *dass sie also nicht lieben kann.* Biochemische Analysen können daher zwar erklären, was in einer liebenden Person vorgeht, aber sie können die Liebe nicht erklären.

So ergibt sich also: Liebe kann einer KI nicht widerfahren. Liebe muss aber als Widerfahrnis gegeben sein, weil sie unvermittelt auftritt, ohne dass wir wissen, wie wir von ihr getroffen worden sind. Was Honneth entwicklungspsychologisch beschreibt, lässt sich phänomenologisch so übersetzen, dass Liebe die Gründe überhaupt erst hervorbringt, die zu ihr führen.[446]

Aus demselben Grund kann auch eine KI nicht geliebt werden. Sexroboter mögen zwar begehrt werden, aber man begehrt nicht ihre individuelle Eigenständigkeit. Sie sollen vielmehr so funktionieren, wie es der Nutzer wünscht. Das ist selbst dann so, wenn der Roboter so eingestellt wird, dass er sich gelegentlich dem Begehren des Nutzers verweigert. Eine echte individuelle Unabhängigkeit wird so nicht hergestellt; sie wäre für das Produkt kontraproduktiv, wenn ein Nutzer vom Roboter regelmäßig eine Abfuhr erfährt.

---

445 Sie hat kein Bei-Sein und kann deshalb auch nicht bei sich sein (Sektion 18.1).
446 S. Žižek: Event, 4.

19.2 Sollte KI lieben können?

Wenn KI nicht lieben kann, so kann es in dieser Sektion nur darum gehen, ob sie Liebes*handlungen* ausführen kann, also solche, die Menschen einander gewähren, wenn sie sich lieben. Hier möchte ich zunächst die Sexualität in den Blick nehmen. Ein Autorenteam um Peter Dabrock hatte damit die Prostitution in engen Grenzen ethisch gerechtfertigt, dass behinderte und alte Menschen so ihre sexuellen Bedürfnisse erfüllen könnten, wenn sie ansonsten in der Partnerwahl benachteiligt sind.[447] Mit demselben Argument könnte man Liebesroboter oder erotische KI-Stimmen anerkennungstheoretisch rechtfertigen. Sie hätten sogar den Vorteil, dass das Problem der Instrumentalisierung von Menschen bei der Prostitution umgangen wäre. Sozial Benachteiligte könnten zudem erfahren, dass ihre Bedürfnisse es wert sind, immerhin mit technischen Hilfsmitteln erfüllt zu werden, wenn sie keine Liebespartner finden.

Allerdings muss man dieser Einschätzung gegenüberstellen, dass sich die betroffenen Personengruppen beschämt fühlen können, weil sie weiterhin von echten Liebesbeziehungen ausgeschlossen bleiben. Ihnen wird dann nur ein Automat zugänglich gemacht, der sie nicht anerkennt, ihre Bedürfnisse nicht achtet, sondern nur mechanisch erfüllt. Der Gebrauch eines Sexroboters ist dann gerade das Symbol dafür, dass ihr Selbstvertrauen nicht sozial gefördert wird. Stattdessen müssen sie die Liebesdienste einkaufen. Wenn es für diese Bedürfnisse nach körperlicher Nähe einen Markt gibt, dann heißt das nicht, dass hinter dem Markt Personen stehen, die in diesen Bedürfnissen die individuelle Unabhängigkeit der Betroffenen anerkennen.

Das ist anders, wenn den entsprechenden Personengruppen die Sexroboter verschenkt werden. Hier würde jemand einen eigenen Aufwand auf sich nehmen, um die elementaren Bedürfnisse zu erfüllen, die für die Entstehung von Selbstvertrauen nötig sind. Ähnlich wie die Mutter die elementaren Bedürfnisse des Kindes erfüllt, ohne dass sie selbst seine Bedürfnisse dazu teilen muss, kann man einen Menschen liebevoll anerkennen, ohne dessen sexuelle Bedürfnisse mit ihm zu teilen. Schon indem ihm ein Tool geschenkt wird, das seine Bedürfnisse erfüllt, verliert das Sex-Werkzeug seinen bloß technisch erfüllenden und herablassenden Charakter. Menschen werden Liebespartner, ohne Sexpartner zu werden. Die betroffene Person erfährt die Aufmerksamkeit vom Anderen, die für den Aufbau von Selbstvertrauen nötig ist. Bekanntlich nutzen auch Paare mit nicht-vulnerablen Personengruppen unterstützendes Liebesspielzeug, um

---

447 P. Dabrock/R. Augstein/C. Helfferich u.a.: Unverschämt – schön, 137.

die intime Erfahrung zu vertiefen.[448] Es widerspricht also nicht der Anerkennung der Liebe, dass Werkzeuge für die sexuelle Bedürfnisbefriedigung bereitgestellt werden. Vielmehr ist darauf zu achten, ob bloß ein Markt geöffnet wird,
der andere Anerkennungsdynamiken freisetzt,[449] oder ob jemand seine Liebe
verschenkt, indem er einen Sexroboter als Liebesausdruck verschenkt.

Was ich hier über Sexroboter sage, trifft auf alle Tools zur Liebeskommu-
nikation zu. Sprachmodelle zur erotischen oder auch nur freundschaftlichen
Kommunikation können als demütigend empfunden werden, wenn ein Mensch
darauf zurückgreifen muss, weil er keine Freunde oder Partner findet. Solche
Instrumente können aber auch eine Liebesbeziehung vertiefen und damit den
elementaren Bedürfnissen gerecht werden. Ich füge hinzu, dass die liebende
Person, die solche Tools verschenkt, keine Intimpartnerin sein muss. Auch die
Schwester, die beste Freundin oder die Eltern können jemandem mit solchen
Geschenken gerecht werden wollen, der das Bedürfnis nach körperlicher Nähe
nicht anders befriedigen kann.

Wenn diese elementare Anerkennung für den Aufbau des Selbstvertrauens
so prioritär ist, wie Honneth das beschreibt, dann ist darüber nachzudenken,
ob nicht auch die Gesamtgesellschaft dazu verpflichtet ist, solche Tools für die
Bedürftigen kostenlos bereitzustellen. Sollte nicht also beispielsweise in Pflege-
einrichtungen ein Sexroboter zur Verfügung stehen – ähnlich zu Hafträumen
für den Partnerbesuch[450]? Ein solches Angebot würde nicht die Gesellschaft in
die Rolle einer Liebenden versetzen, sondern lediglich den Anerkennungsaspekt
individueller Unabhängigkeit achten, und zwar deshalb, weil die elementare
Bedürfnisbefriedigung für das Selbstvertrauen sozial unterstützt werden muss.
Und wenn dafür keine liebenden Personen aufkommen können, muss die Anerkennung auf andere Weise erfolgen.

Allerdings stehen diesem Angebot zwei Hürden im Weg: Zum einen zeigt
sich, dass nach einer Untersuchung in den USA ein hoher Anteil der Befragten
einen Sexroboter für einen echten Partner hält, bei dessen Sexualakt die Liebespartnerin hintergangen wird.[451] Das könnte bedeuten, dass die hier genannten
vulnerablen Gruppen das Liebeshandeln der Person, die den Roboter verschenkt,

448 P. Dabrock u.a.: Unverschämt – schön, 124f. E. Illouz: Warum Liebe endet, 84.
449 E. Illouz: Warum Liebe endet, 87.
450 Th. Galli: Weggesperrt, 71.
451 A.D. Cheok/K. Karunanayaka/E.Y. Zhang: Lovotics: Human-Robot Love and Sex
    Relationships, 208.

nicht hinter der Sexualpraxis mit dem Roboter wahrnimmt. Das würde übrigens implizieren, dass ein Roboter nicht wie ein Sexualpartner niedrigen Ranges betrachtet wird. Wir haben aber schon am Anfang des Kapitels gesehen, dass Roboter nicht-permanente Subjekte und darum gar keine Subjekte sind. Dann liegt dahinter als eigentliches Problem, dass mit dem Roboter der Sexualpartner permanent verfügbar wird, während die Zustimmung bei einem menschlichen Partner ethische Voraussetzung für den Sexualverkehr ist.

Und das ist das zweite Problem: Die Bedeutung von Sexualität ändert sich anerkennungstheoretisch. Wenn sexueller Verkehr mit einem Partner jederzeit verfügbar ist, so ändert sich die Rolle des Verkehrs. An die Stelle der Liebesanerkennung tritt das Recht auf körperliche Intimität. Dadurch wird die Unterstützung der Liebesanerkennung bei vulnerablen Gruppen wieder verspielt. Weil ich immer Sex mit einem Partner haben kann, verliert sich die Balance aus Verschmolzenheit und individueller Unabhängigkeit. Weder ist der Roboter individuell unabhängig, noch erkennt er meine Unabhängigkeit an. Das Sexualgeschehen ist dann körperliche Bedürfnisbefriedigung ohne unterstützenden Aufbau des Selbstvertrauens beim Nutzer.

Beide Schwachpunkte sind miteinander verknüpft: Die All-Verfügbarkeit des Sexualverkehrs resultiert daraus, dass der Geschenkcharakter der intimen Liebe nicht mehr erlebt wird. Oder er wird doch erlebt, aber dann handelt es sich um ein Missverständnis, weil ein Roboter keine Liebe empfinden kann.

Ich halte diese Schwachpunkte nicht für entscheidend, um das Verschenken von Sexrobotern und KI-Liebes-Tools für moralisch verwerflich zu halten. Auch in Partnerschaften kann sich ein „mechanisches" Routineverhalten im Sexualakt einstellen. Entscheidend ist in solchen Fällen, wie außerhalb des Sexualaktes miteinander Liebe kommuniziert wird. Das trifft auch auf den Einsatz von Sexrobotern für vulnerable Gruppen zu: Bleibt der geschenkte Roboter mit der Unverfügbarkeit des Beschenktwordenseins und Beschenktwerdens verbunden? Wird weiter kommuniziert, dass hinter dem Geschenk jemand steht, der *mich* meint?

Wird dagegen der Roboter von der Gesellschaft zur Verfügung gestellt, entfällt dieser Liebesaspekt. Stattdessen steht die elementare Anerkennung individueller Unabhängigkeit im Vordergrund. In diesem Fall ist Sex mit einem Roboter auch nicht permanent verfügbar: Er muss in einer Pflegeeinrichtung mit den Mitbewohnern geteilt werden. Ähnliches könnte auch für vulnerable Gruppen gelten, die zu Hause wohnen, dass sie dieses Angebot für eine bestimmte Frist bestellen müssen. Indem der Roboter geteilt wird, wird auch sein Subjektcharakter auf die Probe gestellt: Die Nutzer werden sich entweder hintergangen fühlen, wenn der Roboter auch mit Mitbewohnern „schläft". In diesem Fall ist das Vertrauensverhältnis zum Roboter belastet, und man wird nicht mehr auf dieses Tool zurückgreifen, um das eigene Selbstvertrauen aufzubauen. Oder die Nutzer werden sich mit dem instrumentalen Charakter des Roboters versöhnen und dabei die gesellschaftliche Anerkennung höherbewerten, weil sie überhaupt dieses Angebot gestellt bekommen.

20 Solidarität

Honneth hat bekanntlich die Anerkennung der Liebe an historisch und kulturell invariable Bedingungen der individuellen Unabhängigkeit geknüpft. Wer diese Anerkennungsform verletzt, verletzt sie in allen Kulturen. Anders ist es bei der Anerkennungsform der Solidarität: Hier wird das *Selbstwertgefühl* eines Menschen gestärkt, indem seine individuellen Besonderheiten wahrgenommen werden.[452] Man erkennt dabei seinen besonderen Beitrag für die Gesellschaft an.[453] Dabei ist die Wertschätzung für den gesellschaftlichen Beitrag kulturell und historisch variant.

> „Mit der Individualisierung der Leistung geht zwangsläufig auch einher, daß die gesellschaftlichen Wertvorstellungen sich für unterschiedliche Weisen der persönlichen Selbstverwirklichung öffnen; fortan ist es ein, nunmehr allerdings klassen- und geschlechtsspezifisch bestimmter Wertpluralismus, der den kulturellen Orientierungsrahmen bildet, in dem sich das Maß der Leistung des einzelnen und damit sein sozialer Wert bestimmt."[454]

Zum Aufbau des Selbstvertrauens muss die unterstützende Anerkennung nicht mit denselben Bedürfnissen verbunden sein wie bei der geliebten Person. Wie ist das nun bei der Solidarität? Stimmen solidarische Personen in den Zielen und Werten mit der Person überein, mit der sie sich solidarisieren? Auf den ersten Blick scheint das so zu sein: Wer eine Fußballerin bewundert, teilt mit ihr den Wert des Fußballspielens. Und wenn sich soziale Gruppierungen mit Transmenschen solidarisieren, dann wollen sie zwar nicht zwangsläufig selbst ihr biologisches Geschlecht angleichen, aber sie teilen mit Transmenschen den Wert der autonomen Bestimmung des eigenen Geschlechts.

Es kann jedoch zu Konflikten führen, wenn die Bewertungen des Selbstwertgefühls und die soziale Wertschätzung auseinandergehen: Nehmen wir an, Sie haben ein Kind, das sowohl gut Fußball als auch Geige spielt. Das Kind würde lieber mehr Zeit zum Geigenspielen haben und mit dem Fußballtraining aufhören, während Sie das Fußballtalent des Kindes mehr fördern wollen und es dafür vom Geigenunterricht abmelden. Dann sind Sie in beiden Hinsichten nicht solidarisch mit ihm. Obwohl Sie beide sich darin einig sein können, dass das Kind

---

452 A. Honneth: Zwischen Aristoteles und Kant, 183.
453 A. Honneth: Kampf um Anerkennung, 204.
454 AaO, 203.

gut Fußball spielt, muss diese Leistung für das Kind keine große Bedeutung für sein Selbstwertgefühl spielen. Sie erkennen also dann in dem Kind eine Leistung an, die beim Aufbau seines Selbstwertgefühls weitgehend irrelevant ist.

Dieses Problem wird in politischen Kontexten etwa an Emanzipationsbestrebungen sozialer Gruppen virulent: Frauen können für ihre Fähigkeit, Kinder zu gebären, besondere Wertschätzung erfahren, während sie selbst um öffentliche Rollen kämpfen. Solidarität erfahren Frauen dann nur, wenn *ihr* Selbstbild anerkannt wird. Muss man dazu die gleichen Werte teilen?

Honneth hat angesichts des Wertepluralismus die wechselseitige Anerkennung der individuellen Besonderheit zur Bedingung für Solidarität gemacht:

> „Zum ersten Mal steht jetzt zur Disposition, ob sich das soziale Ansehen einer Person an dem vorweg bestimmten Wert von Eigenschaften bemessen soll, die ganzen Gruppen typisierend zugeschrieben werden. Nunmehr erst tritt das Subjekt als eine lebensgeschichtlich individuierte Größe in das umkämpfte Feld der sozialen Wertschätzung ein."[455]

Diese „lebensgeschichtlich individuierte Größe" kann nicht die „individuelle Unabhängigkeit" aus dem vorigen Kapitel sein, die durch die Anerkennung der Liebe unterstützt wird. Zugleich ist aber gerade umstritten, ob jemand überhaupt eine „lebensgeschichtlich individuierte Größe" ausgebildet hat, wenn im Wertepluralismus kein Zwang besteht, jemanden für dessen Fähigkeiten zu schätzen. Anscheinend nimmt Honneth an, dass in modernen Verhältnissen bereits die individuelle Fähigkeit, eigene Werte auszuprägen, selbst schon zur „lebensgeschichtlich individuierten Größe" gehört – also noch bevor ein Mensch diese Werte biografisch erreicht. Eine Bedingung für Solidarität besteht also darin, dass wir einem Menschen gewähren, seine eigenen Ziele zu verfolgen, weil dieses Gewähren wechselseitig ist.[456] Es wird also vorausgesetzt, dass jede Person ihren eigenen Beitrag für die pluralistische Gesellschaft leisten darf und dass bereits der Antrieb für einen eigenen Beitrag individuell sein darf. Bevor sich also herausstellt, ob jemand für den eigenen Beitrag wirklich Wertschätzung verdient, verdient er bereits Solidarität für die individuelle Bearbeitung dieser ebenso individuellen Herausforderung.

Das bedeutet also, dass solidarische Menschen nicht zwingend dieselben Werte teilen wie die Person, mit der sie sich solidarisieren. Sie teilen vielmehr

---

455 AaO, 209.
456 Ebd.

miteinander die gleichen Interessen, dass der individuelle Beitrag für eine Gesellschaft individuell bestimmt werden soll.

An dieser Stelle scheint Solidarität nun doch ein universelles Anerkennungsmuster zu sein: Alle Menschen verdienen Solidarität aufgrund ihrer individuellen Besonderheit, noch bevor diese sich in bestimmten Fähigkeiten und Leistungen niederschlägt. Und es hat geradezu den Anschein, Solidarität sei eigentlich eine andere Anerkennungsform, nämlich das Recht, weil alle Gesellschaftsmitglieder sich wechselseitig das Recht gewähren, den eigenen Beitrag für die Gesellschaft individuell zu bestimmen. Honneth scheint hier sogar zwischen Solidarität und Wertschätzung zu unterscheiden: Letztere beruht auf Solidarität, während Solidarität selbst nicht auf Wertschätzung festgelegt zu sein scheint: „Solidarität ist unter den Bedingungen moderner Gesellschaften daher an die Voraussetzung von sozialen Verhältnissen der symmetrischen Wertschätzung … gebunden."[457]

Will man hier deutlicher zwischen den Anerkennungsformen unterscheiden, kann man nur da von Solidarität sprechen, wo sich doch eine *einigermaßen weitgehende Werteüberschneidung* ergibt. Dabei liegt jedoch die Solidarität nicht schon in der Werteüberschneidung, sondern darin, dass man den eigenen Antrieb der solidarisierten Person unterstützt, um diese Werte hervorzubringen.

> „Beziehungen solcher Art sind solidarisch zu nennen, weil sie nicht nur passive Toleranz gegenüber, sondern affektive Anteilnahme an dem individuell Besonderen der anderen Person wecken: denn nur in dem Maße, in dem ich aktiv dafür Sorge trage, daß sich ihre mir fremden Eigenschaften zu entfalten vermögen, sind die uns gemeinsamen Ziele zu verwirklichen."[458]

Die andere Person will also zwar „mir fremde Eigenschaften" entfalten, aber doch wollen wir „gemeinsame Ziele" verwirklichen. Ich kann damit auch solidarisch mit einem Transmenschen sein, wenn ich die Geschlechtsangleichung für „mir fremd" erachte, aber die Behinderung der Geschlechtsangleichung für eine Missachtung der „uns gemeinsamen Ziele" begreife. Solidarität wird also gegenüber zwei Personengruppen geübt, nämlich entweder gegenüber

1. denjenigen, die Werte ausprägen, an denen wir „affektiv Anteil" nehmen, weil wir sie mit ihnen teilen, oder
2. denjenigen, an deren Schicksal wir deshalb „affektiv Anteil" nehmen, weil sie daran gehindert werden, „uns gemeinsame Ziele zu verwirklichen", obwohl wir ihren konkreten Beitrag nicht für besonders wertvoll erachten. Unser

---

457 Ebd.
458 A. Honneth: Kampf um Anerkennung, 210.

gemeinsames Ziel ist dann das Verfahren, wie Werte zustande kommen, nämlich auf individuelle Weise.

Ich kann mich daher solidarisch zu Personen stellen, die einen Impfschaden haben, weil sie sich gemeinsam wie ich in einer Notsituation dazu entschieden haben, sich und andere mit einem Impfstoff zu schützen, der nur in einem abgekürzten Verfahren getestet worden ist. Und ich kann mich solidarisch zu ungeimpften Personen stellen, weil sie unter Druck gesetzt werden, ihren individuellen Beitrag zum gesellschaftlichen Gesundheitsschutz nicht umzusetzen – obwohl ich es selbst für richtig halte, dass man geimpft sein sollte.[459]

20.1 Kann KI solidarisch sein?

Ich hatte bereits in Sektion 18.1 festgestellt, dass eine KI niemanden anerkennen kann, weil ihr das Bei-Sein fehlt. Deshalb kann es in dieser Sektion nur darum gehen, ob eine KI funktionsäquivalente Prozesse ausführen kann, die zur Stärkung des Selbstwertgefühls beitragen. Könnte etwa eine KI persönliche Eigenleistungen eines Menschen identifizieren, die in der Gesellschaft übersehen werden? Wenn sie das könnte, dann hätte sie zwar den entsprechenden Personenkreis noch nicht anerkannt, aber sie könnte gesellschaftliche Anerkennung für diese Eigenleistung bewerben.

So könnte die KI ein Profil von einer Hausfrau anlegen und mit Hilfe von Wegverfolgung, Abspeichern der Worte der Frau und Geräuschauswertung über das Smartphone feststellen, welche Tätigkeiten die Hausfrau ausübt und wie viele Stunden täglich sie in ihrer Rolle arbeitet. Die Wochenstundenzahl und den Kalorienverbrauch könnte die KI mit den Werten eines CEO vergleichen und zum Resultat kommen, dass der Arbeitsaufwand der Hausfrau mindestens vergleichbar ist. Der gesellschaftliche Druck könnte dadurch steigen, die Tätigkeit der Hausfrau stärker zu honorieren.

Eine solche Profilerstellung darf aber nur privat erfolgen und nur mit Zustimmung der Hausfrau veröffentlicht werden. Denn ansonsten wird Solidarität aus dem pluralistischen Kontext gelöst, weil eine einheitliche, etwa staatliche Datenbank die Vergleichbarkeit solcher Profile verbürgt, wie es etwa in China gängige Praxis ist.[460] Dabei wird vorher staatlich festgelegt, welche Profile überhaupt erstellt werden – was im Übrigen den Vorteil wieder verspielt, dass eine KI die Wertschätzung von Personengruppen bewerben könnte, die wir übersehen.

---

459 L. Ohly: Ethik des Notstandes, 37.
460 C. Spieß: Keine Panik vor der KI, 373.

Darüber hinaus behindert eine private Profilerstellung die Anerkennungsform des Rechts: Digitalkonzerne erstellen die Profile für kommerzielle Eigenin-
teressen und lassen sich ihre Angebote durch die Auswertung der Datenspuren
ihrer Nutzer „bezahlen". Die Nutzer verlieren dadurch ihre Fähigkeit, sich selbst
öffentlich zu definieren,[461] also durch einen gesellschaftlichen Eigenbeitrag
Wertschätzung und Selbstwertschätzung aufzubauen. Das heißt wiederum, dass
von einer solidarischen Profilerstellung alle Personengruppen ausgeschlossen
sind, die sich solchen Mechanismen entziehen und die Geschäftsbedingungen
ablehnen. Das widerspricht zwar nicht der Anerkennungsform der Solidarität,
die ja partikular ist, aber doch Honneths allgemeiner Wertschätzung für eine
individuelle Ausgestaltung des eigenen gesellschaftlichen Beitrags. Man könnte
gerade gesellschaftliche Wertschätzung verdienen, weil man sich nicht in ein
digitales Datenmuster einpassen lässt. Doch diese Wertschätzung kann eine KI
gerade nicht bewerben, weil ihr dafür die Daten fehlen.

Eine KI kann somit nur selektiv registrieren, welche Eigenleistungen
bestimmter Personen überhaupt vorliegen. Und diese Selektivität verdankt sich
der selektiven Wahrnehmung von Menschen. Die KI wiederholt also nur die
gleichen Aufmerksamkeitslücken, die schon bei Menschen vorkommen. Daher
kann man nicht von einer einzigen KI erwarten, dass sie verborgene Talente und
Leistungen aufdeckt. In einer pluralistischen Situation müssen vielmehr auch
die KI-Tools ausdifferenziert sein, um Wertschätzung zu bewerben, die bislang
ausgeblieben ist. Sowohl in den Datensätzen – zumindest ex post – wie auch vor
allem in den Algorithmen müssten sich KI-Profilgeneratoren voneinander unterscheiden. Eine KI kann dann nur Verstärker sein für einen Kampf um Anerkennung, den bestimmte soziale Gruppen ohnehin führen. Die Vorstellung, dass
eine KI ein unparteiischer Zuschauer ist, ist als Fiktion zu durchschauen.[462] Der
Kampf um Solidarität wird auf den Kampf um die geeignete KI ausgeweitet, der
jedoch damit nur verschleiert, dass hinter dem Einsatz der KI soziale Interessen
stehen, die sich gerade nicht verobjektivieren lassen.

Eine KI kann immerhin mit objektiven Daten die Solidarität unterstützen,
wenn bereits der Verdacht besteht, dass bestimmte Personen Wertschätzung verdienen. Das heißt aber nach dem bisher Ausgeführten nicht, dass diese objektiven Daten über alle Zweifel erhaben sind – sie sind vielmehr selbst selektiv.
Dass eine KI darüber hinaus ohne gezielte Prompts verborgene Talente aufdeckt,
dürfte eher zufällig bleiben oder bedarf einer nachträglichen menschlichen

---

461 J. Lanier: Who Owns the Future, 289f.
462 Sektion 17.1.

Auswertung. Nehmen wir dazu an, eine Person zweifelt an sich und hat nur eine schwach ausgeprägte Selbstwertschätzung. Um zu erfahren, was sie Besonderes kann, lässt sie sich von einer KI rund um die Uhr verfolgen. Nach etwa vier Wochen lässt sich die Person die Ergebnisse mitteilen. Dabei kommt heraus, dass sie die Hälfte des Tages im Bett verbringt, während sie nur etwa sieben Stunden täglich schläft; dass sie in den übrigen Stunden im Bett Serien ihres Videoportals konsumiert, in den Stunden außerhalb des Bettes zügig und zielstrebig ihre beruflichen und privaten Angelegenheiten erledigt, ohne besonders ehrgeizig zu sein. Die Gesundheitsdaten zeigen eine hohe Resilienz gegen kritische Momente, so dass die Daten sogar eine höhere Lebenszufriedenheit indizieren, als es der Person selbst erscheint.

Was genau wird nun die KI an Solidarität für diese Person bewerben? Uns Mitmenschen würde schon etwas einfallen, die gute Work-Life-Balance, die gezielte Arbeitsfähigkeit, die der Person umgekehrt die Möglichkeit gibt, sich viel zu entspannen. All das kann man als eigenen gesellschaftlichen Beitrag hochschätzen, die schnelle Erledigung beruflicher Angelegenheiten, die seelische Gesundheit, die die Krankenversicherungssysteme entlastet, und die friedliche Gesinnung dieser Person, die mit ihrem Lebenswandel kaum mit anderen Personen in Konflikt gerät. Aber eine KI bräuchte ein Bewertungssystem, um diese Ergebnisse nicht nur zu erzielen, sondern auch zu gewichten. Dieses Bewertungssystem ist aber noch nicht mit den Ergebnissen zusammen gegeben. Deshalb ist nicht zu erwarten, dass eine KI aktiv Solidarität für bestimmte Personen bewirbt, sondern nur dann, wenn ihr ein Bewertungssystem von Menschen einprogrammiert worden ist.

Auch die betroffene Person, die sich selbst digital überprüfen ließ, wird aus den Daten allein keine Unterstützung für den Aufbau ihres Selbstwertgefühls finden. Sie wird sie vielmehr selbst auswerten müssen, sich dazu mit Mitmenschen besprechen oder bereits wissen, welche Bewertungen sie vornimmt, um sie in einem Bewertungssystem der KI unterzubringen. Dann sagt ihr die KI aber nichts anderes, als was sie vorher schon weiß.

20.2 Sollte KI solidarisch sein können?

Eine KI kann nicht Solidarität bewerben, wo nicht bereits Menschen solidarisch sind oder zumindest ein Bewertungssystem besitzen, mit dem jemand Wertschätzung verdient. Damit kann eine KI allenfalls als Verstärker solidarischer Anerkennung fungieren, indem sie das Datenmaterial von Personenprofilen auf anerkennungsrelevante Muster hin auswertet. Allerdings haben wir in der vorigen Sektion gesehen, dass es hierfür keine Standards gibt aufgrund der pluralistischen Situation, dass verschiedene Milieus unterschiedliche Bewertungssysteme haben. Das bedeutet, dass eine KI nur dann als Anerkennungsverstärker fungieren kann, wo das zugrunde gelegte Bewertungssystem bereits akzeptiert ist – also für die Milieus, die diesen Verstärker nicht mehr brauchen. Andere Milieus werden dagegen nicht verstehen, warum die KI-Profilauswertung überhaupt eine Verstärkung sein soll für etwas, was keine Wertschätzung verdient.

Ein Beispiel dazu: Aus soziologischen Untersuchungen ist bekannt, dass evangelische Christen mehr Vertrauen in Institutionen und ihre Mitmenschen sowie eine höhere Lebenszufriedenheit haben und stärker in Ehrenämtern engagiert sind als nicht-religiöse Menschen.[463] Eine KI könnte diese Ergebnisse noch weiter verfeinern, indem sie bestimmte Personenprofile evangelischer Christen erstellt und mit anderen Profilen abgleicht. Dadurch würden dann nicht nur allgemeine Korrelationen erhoben wie bei soziologischen Untersuchungen, sondern individuelle Zusammenhänge zu einem Muster gebracht. Nehmen wir an, dass dabei erkennbar wird, dass die einzelnen Items wie höhere Lebenszufriedenheit usw. aus einem bestimmten religiösen Glaubensverständnis hervorgehen. Dann verstärkt diese Auswertung nur die Wertschätzung aus Sicht derjenigen, die die Zugehörigkeit zur evangelischen Kirche ohnehin für wertvoll erachten. Dass Mitgliedschaft in der evangelischen Kirche objektiv wertvoll ist, hätte die KI dagegen nicht gezeigt. Sie müsste dazu nicht nur Solidarität bewerben, sondern auch, dass nicht-religiöse Milieus das Bewertungssystem annehmen, aus dem sich ergibt, dass evangelische Christen Wertschätzung verdienen.

Wir haben aber am Anfang des Kapitels gesehen, dass man für ein solidarisches Verhalten die Werte der Personen nicht teilen muss, mit denen man sich solidarisiert. Vielmehr kann man auch daran affektiv Anteil nehmen, dass Personen daran gehindert werden, Werte zu realisieren, die man nicht mit ihnen teilt. Nicht-religiöse Menschen müssten sich nun zwar nicht solidarisch mit evangelischen Christen erklären, weil sie deren Werte von gesellschaftlichem Engagement und Vertrauen nicht teilen. Aber sie könnten doch Solidarität zeigen, wenn sich herausstellt, dass evangelische Christen daran gehindert werden, ihren gesellschaftlichen Beitrag zu leisten. Könnte das eine KI feststellen?

Die KI könnte vielleicht feststellen, dass das Vertrauen evangelischer Christen in ihre Selbstwirksamkeit zurückgeht, weil sich die evangelische Kirche zur Minderheitenkirche entwickelt. Kirchenaustritte verschlechtern dann das Vertrauen in Institutionen und Mitmenschen bei evangelischen Christen. Kann man hier

---

463 EKD (Hg.): Wie hältst du's mit der Kirche?, 19, 92.

von einem Hinderungsgrund sprechen, dass evangelische Christen ihren persönlichen gesellschaftlichen Beitrag noch leisten können? Würden sich also nicht-religiöse Menschen mit evangelischen Christen solidarisieren, weil sie von einer KI über die Hinderungsgründe autonomer Leistungen für die Gesellschaft aufgeklärt worden sind?

Das hängt davon ab, wie sich die Solidarität ausdrückt, wie sie also in soziales Engagement übergeht. Ein allgemeines Bedauern über die Situation evangelischer Christen dürfte kaum gesellschaftlich relevant sein und auch nichts zum Aufbau ihres Selbstvertrauens beitragen. Unterstützend wäre dagegen, selbst in die Kirche einzutreten, für sie zu spenden oder öffentliche Verlautbarungen evangelischer Christen positiv zu kommentieren, weil sie von evangelischen Christen kommen. Ebenso könnten sich nicht-religiöse Menschen mit evangelischen Christen so solidarisieren, dass sie sich selbst verstärkt gesellschaftlich engagieren. *In all diesen Fällen übernehmen nicht-religiöse Menschen die Werte evangelischer Christen.* Aber warum sollten sie das tun, wenn sie sie bisher doch auch nicht geteilt haben? Die KI kann auch hier nicht als Verstärker fungieren, es sei denn, die Motivation zu einer veränderten Einstellung kommt unversehens von den nicht-religiösen Menschen selbst.

Erst wenn evangelische Christen Rufschädigungen oder Stigmatisierungen erleben, könnten nicht-religiöse Menschen mit ihnen solidarisch sein, ohne ihre Werte zu übernehmen. Dafür reicht es aber nicht aus, dass evangelische Christen *weniger* Wertschätzung erfahren, weil sie sich in einer Minderheitensituation vorfinden. Denn schon wenn sich nicht-religiöse Menschen dann mit ihnen solidarisieren, teilen sie die Werte mit ihnen und nehmen affektiv Anteil daran, dass diese Werte in der Gesellschaft eine kleinere Rolle spielen. Um Rufschädigungen auszumachen, ist aber eine KI nur in Ausnahmen hilfreich – etwa zum automatischen Durchsuchen sozialer Netzwerke. In der Regel aber muss niemand darüber belehrt werden, was eine Rufschädigung ist, und braucht dann dafür auch keine KI. KI-Filter können daher zwar Solidarität unterstützen, indem sie stigmatisierendes Verhalten im Internet ausmachen und gegebenenfalls auch sofort stoppen. In der analogen Welt könnte sich eine KI dagegen nur darauf beschränken, ehrverletzendes Verhalten zu identifizieren, um damit Solidarität mit den Betroffenen zu provozieren.

Wäre das wünschenswert, dass solche Entdeckungen automatisch durchgeführt werden? Nehmen wir an, meine Nachbarn äußern sich auf der Straße höhnisch über mich. Die Smartphones der Nachbarn übertragen die Äußerungen auf eine Solidaritäts-Datenbank, die umgehend die Öffentlichkeit darüber informiert. Dann ist erstens nicht mehr sichergestellt, dass wir in privaten Räumen ungeschützte Aussagen treffen, weil wir jederzeit sozial diszipliniert werden könnten. Diese Disziplinierung würde mit einer Entsolidarisierung gegenüber den Lästerern einhergehen, anstatt Solidarität für mich zu befördern. Denn zweitens ist nicht ausgemacht, wem die Solidarität gilt, mit der die Öffentlichkeit auf die automatische Registrierung reagiert. Es könnte gerade in einer pluralistischen Situation geschehen, dass Dritte den höhnischen Aussagen meiner Nachbarn über mich applaudieren, weil sie deren Werte teilen und die Aussagen nicht einmal als Hohn gegen mich verstehen, sondern als respektable Kritik. Dadurch könnten Konflikte angeheizt werden, die sonst nicht entfacht werden, solange die höhnischen Bemerkungen im privaten Bereich bleiben.

Ich halte daher das automatische Mitlaufen digitaler Auswertungen unseres Verhaltens nur dann für legitim, wenn es im öffentlichen Raum erfolgt – sei es in öffentlichen Reden der analogen Wirklichkeit oder in Postings der digitalen Welt. Wenn es legitim ist, heißt das aber noch nicht, dass es auch wünschenswert ist, weil die gut gemeinte Verstärkung für Solidaritätseffekte auch nach hinten losgehen kann. Nur bei eindeutig stigmatisierendem Verhalten sind entsprechende Filter vorteilhaft oder in sozialen Netzwerken, deren Anbieter ihre Nutzer auf bestimmte Kommunikationsregeln festlegen. Es spricht nichts dagegen, dass in einem Netzwerk religiöser Kommunikation verächtliche Äußerungen über Religionen geahndet werden. In einem Netzwerk, das sich auf weltanschauliche Neutralität verpflichtet, sind ehrverletzende Äußerungen dagegen nur dann zu ahnden, wenn sie entweder allgemeinen Bewertungen entsprechen oder mit Fake-News verknüpft sind. Gesperrt werden dann die Nachrichten, nicht weil sie falsch sind, sondern weil die Falschheit zu einer Bewertung einzelner Personen oder von Menschengruppen führt.

Übrigens erklärt sich von hierher auch, warum nicht jede Verstärkung von Solidarität ethisch gerechtfertigt ist. Wenn ein US-Präsident sich weigert, seine rechtmäßige Abwahl anzuerkennen, und die Wahl für manipuliert hält, ist ihm Solidarität zu entziehen. Man darf durchaus noch mit ihm solidarisch sein, wenn man seine Leistung als Präsident wertschätzt und daran affektiv Anteil nimmt, dass er nun nicht mehr sein Amt ausüben kann. Aber man darf nicht solidarisch mit ihm sein, wenn die affektive Anteilnahme aus falschen Informationen erwächst. Wer sich daher wünscht, eine KI sollte solidaritätsverstärkend sein, muss auch dafür plädieren, dass sie in entsprechend anderen Fällen Solidarität abschwächt. Ob sie das kann, hängt jedoch an der Zuverlässigkeit ihrer Datensätze und an ihren vorurteilsfreien Algorithmen.

Ich fasse zusammen: Eine solidaritäts-unterstützende KI kann sich nur auf die Durchsuchung von empirischem Datenmaterial stützen, ohne dabei vorurteilsfrei Bewertungen vorzunehmen, die Solidarität bewerben. Man müsste vielmehr bereits ein Bewertungssystem mit in die Datenverarbeitung aufnehmen, was jedoch in einer pluralistischen Situation nur milieuspezifisch legitimiert werden kann. Schon gar nicht akzeptabel ist ein Bewertungssystem, über das die Nutzer nicht informiert werden. Wenn sich dagegen die Nutzer für eine KI mit einem spezifischen Bewertungssystem entscheiden, dann wohl deshalb, weil es ihren Werten entspricht. In diesen Fällen brauchen sie aber keine Solidaritätsverstärkung durch die KI. Und im entgegengesetzten Fall wird man ihr ohnehin misstrauen.

Das Problem wird wieder einmal in der fälschlichen Suggestion bestehen, dass eine KI anhand harter Fakten auswertet, wer Solidarität verdient. Hier ist gezielte Bildungsarbeit angebracht, die an Beispielen demonstriert, ob und wie eine KI bewertet und an welchen Stellen es eine unhintergehbare menschliche Aufgabe ist zu entscheiden, wem gegenüber wir solidarisch sein sollen.

21 Recht

Die letzte Anerkennungsform, die Honneth aufführt, ist die rechtliche Gleichheit. Eine Person wird in ihrer *Selbstachtung* gefördert, wenn sie sich mit anderen als gleich erlebt. Sie müssen dazu das Gefühl haben, als Individuen die gleichen Rechte zu haben wie alle anderen.[464]

Selbstachtung ist laut Honneth nur schwer wahrnehmbar, nämlich nur durch Verletzung rechtlicher Gleichheit. Und weil natürlich nicht jeder Mensch dafür erst eine Erfahrung machen muss, bei der die Selbstachtung herabgesetzt wird, reichen hierfür „symbolische Repräsentationsformen"[465] aus, also entweder historische Beispiele oder fiktive Narrative.

Die Selbstachtung wird nicht nur von anderen Individuen unterstützt, sondern auch von Institutionen. Das stellt Honneth an einem Gedankenexperiment dar, das er von Joel Feinberg übernimmt:[466] In einer Gesellschaft, in der keine Rechte für ihre Mitglieder verbrieft wären, aber ein hohes Maß altruistischer Wohltätigkeit besteht, würden zwar den Mitgliedern Respekt entgegengebracht, aber keine Selbstachtung gefördert. Es würde sich nämlich das Gefühl von Gleichheit nicht einstellen. Der genannte Respekt wäre dann wohl eher der Liebe oder Solidarität zuzuordnen, die beide partikulare Anerkennungsstrukturen bilden, die zudem einseitig verlaufen können. Gerade deshalb, weil der Respekt bei altruistischer Wohltätigkeit einseitig ist, fehlt die Gleichheit. Erst beim Recht sind Menschen auf institutionelle Anerkennung zwingend angewiesen. Denn erst hier kann jedes Gesellschaftsmitglied den entsprechenden Respekt *beanspruchen*. Der Grund des Respekts liegt dann nicht in der Wohltätigkeit der anderen Gesellschaftsmitglieder, sondern darin, dass jedes Gesellschaftsmitglied Respekt verdient. Und es verdient Respekt, weil es allen anderen denselben Respekt gewährt. Einzig beim Recht ist die Selbstachtung mit der Anerkennung anderer auf derselben Anerkennungsebene verknüpft, nicht dagegen bei den beiden anderen Anerkennungsformen: Selbstachtung verdankt sich einer symmetrischen Anerkennung zwischen mir und anderen. Diese Symmetrie legt die rechtliche Anerkennung auf Gleichheit fest.

---

464 A. Honneth: Kampf um Anerkennung, 194.
465 AaO, 195.
466 AaO, 194.

Interessanterweise legt Honneth nicht fest, welche Rechte damit verbunden sind, solange nur alle Menschen gleich anerkannt sind. Allerdings kann man rückfragen, ob die Selbstachtung nicht festlegt, welche Rechte alle besitzen müssen, um gleich zu sein. So kann in einer Diktatur die Selbstachtung nicht gefördert werden, weil der Diktator privilegierte Befugnisse hat, die die anderen Gesellschaftsmitglieder zu Untertanen degradieren. Selbstachtung verlangt ein politisches System von hoher Ämtermobilität, starke Mitspracherechte[467] und verlässliche Menschenrechte: Wenn ein Mensch institutionell ausgeschlossen und nicht mehr als Gesellschaftsmitglied behandelt wird, wird das symmetrische Verhältnis von Achtung und Selbstachtung zerbrochen. Indirekt kann Honneth damit über die Selbstachtung inhaltlich ausgeführte und starke Rechte einfordern, und zwar selbst dann, wenn die Entwicklung dorthin auch Gegentendenzen enthält.[468]

Obwohl Honneth damit verschiedene politische Systeme nebeneinander zulassen kann, bleibt die Frage, ob Selbstachtung steigerbar ist. Sie kann sicher verletzt werden, aber kann sie auch wachsen? Man könnte etwa fragen, ob Menschen in bestimmten politischen Systemen mehr Selbstachtung haben als in anderen, nämlich gerade aufgrund der Symmetrie mit der Achtung anderer. Müsste dann nicht die Selbstachtung bei allen Gesellschaftsmitgliedern eines Rechtssystems gleich sein, solange es nicht die Selbstachtung mindestens *eines* Mitglieds verletzt? Dann dürfte sich aber im Vergleich zur Selbstachtung mit Mitgliedern eines anderen Systems eine Ungleichheit herausstellen. Daher gehört für Honneth zur Förderung der Selbstachtung internationale und transnationale Kooperation mit Kräften, die für die Umsetzung gleicher Menschenrechte eintreten.[469] Nun haben Menschen in ihrem Land auch Bürgerrechte im Gegensatz zu geflüchteten Personen. Für die Selbstachtung scheint der Unterschied von Bürger- und Menschenrechten bei Honneth nicht sehr groß zu sein, jedenfalls dann nicht, wenn Migranten in ihrem Heimatland ebenso Bürgerrechte haben. Dann besteht auch hier eine Symmetrie, dass die Bürgerrechte in einem Land ausschließen, in jedem anderen Land ebenfalls Bürgerrechte zu besitzen.

Nun flüchten viele Menschen aus politischen Gründen, weil ihnen gleiche Rechte in ihrem Heimatland vorenthalten werden. Damit wird ihre Selbstachtung behindert. Nicht das Aufnahmeland ist dann dafür verantwortlich, dass sie beeinträchtigt ist, solange es die Menschenrechte achtet. Denn Menschenrechte

467 Zur Definition der Selbstachtung s. aaO, 195.
468 A. Honneth: Universalismus als moralische Falle, 265.
469 AaO, 275, 279.

schließen ein, dass Geflüchtete an politischen Entscheidungsprozessen beteiligt werden sollen, auch wenn sie selbst keine Entscheidungen herbeiführen können, weil sie keine Bürgerrechte haben. Dennoch zeigt sowohl die Unterscheidung von Menschen- und Bürgerrechten als auch der Vergleich zwischen den Rechten unterschiedlicher politischer Systeme, dass Selbstachtung steigerbar ist – und damit auch die rechtliche Achtung anderer.

Aber kann auch eine einzelne Person an Selbstachtung zunehmen? Oder kann ihr nur zwischenzeitlich eine besondere Rechtserfahrung zuteilwerden, mit der eine Rechtsverletzung ausgeglichen wird? Nehmen wir an, ich habe keine Wahlbenachrichtigung für die bald anstehende Landtagswahl zugeschickt bekommen. Nach Rückfragen stellt sich heraus, dass im Wahlregister mein Name fehlt und die Wahlbehörde den Fehler mir zurechnet, obwohl ich mich ordnungsgemäß gemeldet habe und seit Jahren denselben Wohnort habe. Ich kann aber gegen den Staat klagen und meine Wahlberechtigung erzwingen. Mit meiner Klage habe ich Erfolg. Dann werden mir zwar keine privilegierten Rechte zuerkannt, aber ich erlebe doch eine besondere Selbstwirksamkeit meiner Rechtseinholung, die andere Wahlberechtigte nicht erleben. Dadurch kann meine Selbstachtung zumindest situativ gewachsen sein, und zwar ebenso symmetrisch, wie überhaupt Selbstachtung und Achtung anderer zueinander gehören. Denn ein Gericht stellt dann meine Rechte fest, die es bei anderen Personen nicht feststellen muss. Meine im Gericht festgestellte Wahlberechtigung erzeugt auf *beiden* Seiten dieselbe Genugtuung. Denn wenn es den Richtern gleichgültig gewesen wäre, wie das Urteil ausfällt, dann wäre dieses Urteil nicht aus Gründen rechtlicher Achtung hervorgegangen. Die Richter hätten mich dann nicht geachtet. Die symmetrische affektive Anteilnahme von Selbstachtung und Achtung anderer kann also situativ wachsen. Damit ist Selbstachtung kein objektiv bestimmbarer Status, der darin bestehen würde, dass jemand die gleichen Rechte hat wie alle anderen Gesellschaftsmitglieder auch. Selbstachtung ist aber auch kein bloß subjektiver Eindruck, sondern erwächst aus dem Wechselspiel mit der Achtung anderer. Deshalb können sich beide Pole auch aneinander situativ verstärken.

Das bedeutet auch, dass Selbstachtung in einer rechtlich egalitären Gesellschaft nie ganz fehlen kann. Sie kann zwar schwächer werden, aber niemals voll ermüden. Denn aufgrund des Wechselspiels dürfte jemand, dem es an Selbstachtung fehlt, nicht die Erfahrung machen, dass ihn andere achten. Er müsste eine Gleichgültigkeit bei den Gesellschaftsmitgliedern feststellen, dass er die gleichen Rechte hat. Ihm würde niemals eine Wahlbenachrichtigung zugestellt, und seine Menschenrechte wären anderen erkennbar unwichtig. Dann aber wäre die Gesellschaft auch nicht rechtlich egalitär. Man kann zwar das Gefühl haben, nichts zu gelten und nichts zu sagen zu haben, aber in einer rechtlich egalitären Gesellschaft kann dieses Gefühl nur aufkommen, weil man den Anspruch auf Geltung und freie Rede hat. Das Verhältnis zwischen Rechtsmitglied und Rechtsgemeinschaft kann also zwar affektiv gestört sein, aber nur, weil um dieses Verhältnis noch wechselseitig gerungen wird. Das setzt voraus, dass die Selbstachtung doch noch besteht; und sie kann nur bestehen, weil die Rechtsgemeinschaft die Selbstachtung immer noch fördert.

21.1 Kann KI Recht tun?

Mit dieser Überschrift halte ich offen, wie sich eine KI auf die rechtliche Anerkennung bezieht: Sie könnte Recht setzen, umsetzen oder sprechen. Um es zu achten, müsste sie dagegen zur Anerkennung fähig sein, was ich bereits ausgeschlossen hatte.[470] Dennoch könnte es sein, dass eine KI zur gesellschaftlichen Rechtssicherheit eingesetzt wird. Auch wenn sie nicht selbst Recht achtet, könnte sie es *beachten*, also registrieren, wo ein Verhalten den kodifizierten Rechtsprinzipien widerspricht. Man könnte ihr so die Rolle des Wächteramtes einräumen, das bislang Journalismus, Kirchen und NGO's übernommen haben.

Es ist zu erwarten, dass KI-Textgeneratoren erste Gesetzesentwürfe erstellen, zumal sie die Rechtskohärenz und die Lösungskompetenz für ein rechtliches Problem im Vergleich mit anderen Rechtssystemen gleich mitüberprüfen können.[471] Damit werden sie die juristischen Fachabteilungen der Fraktionen in den Parlamenten entlasten, indem sie kohärente Rohentwürfe vorlegen, die im weiteren parlamentarischen Prozess präzisiert werden. Hier kann man nicht davon sprechen, dass die KI Recht setzt, da sie vielmehr nur Textvorschläge vorlegt. Selbst wenn die Parlamente im längeren Austausch mit Sprachmodellen die Gesetze anpassen, bleiben die Vorlagen lediglich Vorschläge. Sie werden nicht dadurch normativ verbindlich, dass sie von einer KI stammen. Sie kürzen weder die parlamentarischen Lesungen ab, noch verhindern sie eine kritische Überprüfung der Novellen durch die Öffentlichkeit.

Bei der Gesetzgebung dürften daher die wenigsten Risiken bestehen, dass ein Sprachmodell aufgrund falscher Datengrundlagen die Selbstachtung einzelner Gesellschaftsmitglieder verletzt. Denn dieses Verfahren bleibt auch dann öffentlich, wenn die Regeln intransparent sind, wie eine KI ihre Texte entwirft. Das trifft auf die beiden anderen staatlichen Gewalten nicht im selben Maße zu: Zwar müssen auch sie ihre Entscheidungen öffentlich darstellen, aber der Prozess der

---

470 Sektion 18.1.
471 F. Hermonies: KI in der Rechtswissenschaft, 335.

Entscheidungsfindung ist dort ähnlich intransparent wie bei einer KI. Regierungen tagen „hinter verschlossenen Türen", Behörden teilen ihre Bescheide zwar mit längeren Ausführungen mit, ohne jedoch den Prozess ihrer Entscheidungsfindung zu veröffentlichen. Dadurch kann auch keine Staatsbürgerin in diesen Prozess argumentativ eingreifen. Dasselbe gilt von Gerichtsurteilen: Während zwar die Beweisaufnahme öffentlich ist, wird die Urteilsfindung erst im Nachhinein und nur in ihrem Gehalt kommuniziert, nicht dagegen in ihrem Werden. Kritik an den Entscheidungen von Behörden und Gerichten ist daher erst nachträglich möglich – ebenso wie Rückfragen an das Sprachmodell, wie es den entsprechenden Text verfasst hat.

Ich sehe tatsächlich keinen Unterschied zwischen der Intransparenz des Arbeitsprozesses einer KI und der Intransparenz in den Entscheidungsfindungen von Exekutive und Judikative: Denn transparent ist einzig das Ergebnis, und über den Werdeprozess kann man immer erst im Nachhinein Aussagen treffen, weil sich im Werden noch keine konkrete Gestalt gebildet hat, sonst wäre sie nicht mehr im Werden.[472] Der entscheidende Unterschied zwischen einem Gesetzgebungsverfahren und Entscheidungsprozessen von Behörden und Gerichten besteht darin, dass zumindest bei den parlamentarischen Lesungen der Meinungsbildungsprozess von außen mitverfolgt werden kann und dass die Debatten zu einer Gesetzesnovelle in der Öffentlichkeit geführt werden. An der Entscheidungsfindung partizipiert also die Öffentlichkeit. Dann ist zwar der Prozess der Entscheidungsfindung selbst immer noch intransparent, weil wir im Diskurs nie wissen, was als nächstes passiert, was ihn beeinflussen wird (sonst müssten wir den Diskurs nicht führen), aber wir nehmen dann aktiv an der Entscheidungsfindung teil. Zumindest potenziell tun wir das, weil wir das Recht dazu haben, uns in die öffentliche Debatte einzumischen. *Der Diskursverlauf, der erst an seinem Ende transparent ist, berücksichtigt die Gesellschaftsmitglieder so, dass ihre Selbstachtung bestätigt wird.*

Deshalb wird die Selbstachtung auch nicht eingeschränkt, wenn im Diskurs auch Texte von KI-Sprachmodellen kursieren. Das ist erst dann eine Gefahr für die Selbstachtung, wenn KI-Texte aufgrund ihrer schieren Menge menschliche Diskursbeiträge verdrängen, weil sie dann selbst nur mit KI-Sprachmodellen überschaut werden können. Aber da Gesetzgebungsverfahren verfassungsrechtlich festgelegt sind, ist der menschliche Diskurs geschützt und damit seine *transparente Intransparenz*. Diese besteht nämlich darin, dass alle Gesellschaftsmitglieder an der politischen Meinungsbildung mitwirken können, solange das

---

472 A.N. Whitehead: Prozeß und Realität, 143f.

Gesetzgebungsverfahren läuft, von dem man erst am Ende erst wissen wird, wie das Gesetz aussieht.

Nun sind in autokratischen Systemen die Gesetzgebungsprozesse auch nicht transparent. Würde hier der Einsatz von KI-Sprachmodellen zur Erstellung von Gesetzestexten die Selbstachtung der Gesellschaftsmitglieder noch weiter herabsetzen? Ich erwarte hier eine dialektische Entwicklung: Sobald sich autokratische Systeme auf den standardisierten Einsatz von KI einlassen, entmächtigt sich die politische Elite selbst. Sie nickt dann zwar die KI-generierten Texte ab, ohne sie aber selbst verfasst zu haben. Die politische Elite lässt also ein Gegenüber zu, das ihr autorisierungsfähige Texte unterbreitet. Dieses Gegenüber liegt zwar nicht auf derselben Ebene wie die zum Schweigen gebrachte Stimme der Opposition, zumal die Prompts von der Führung stammen. Aber auch die Prompts nehmen die Ausführung des KI-Textes nicht vorweg, weil er auf Wahrscheinlichkeiten beruht und sich daher nicht durch die Prompts determinieren lässt. Ein KI-generierter Text wird also Reibungspunkte mit dem Willen der Führung aufbauen. Sie muss sich also von nun an mit abweichenden Meinungen inhaltlich beschäftigen, anstatt ihre Protagonisten wegzusperren. Oder ihr fällt die Dissonanz nicht auf. In diesem Fall hat sich die politische Führung entmächtigt und macht sich zum Vasallen der KI, weil sie – führungsgläubig – annimmt, dass hier kein „Gesinnungs"-Unterschied zwischen Prompting und Ausführung besteht.

Obwohl also in autokratischen Systemen die Selbstachtung der Gesellschaftsmitglieder im Vergleich zu Demokratien ohnehin herabgesetzt ist und der Prozess der Gesetzgebung wesensmäßig verschleiert wird, wird mit dem standardisierten Einsatz von KI-Sprachmodellen die Intransparenz hier so weit überzogen, dass die politische Elite ihren eigenen Machtverlust nicht bemerkt. Das System politischer Intransparenz wird so an einer Stelle aufgebrochen: Wird die Dissonanz zwischen dem politischen Willen der Führung und der KI-Ausführung von der Führung selbst bemerkt, muss ein Diskurs über die richtige Interpretation des Willens geführt werden. Wird die Dissonanz nicht bemerkt, verliert die politische Führung ihre originäre Machtbasis.

Wenden wir uns nun den beiden anderen staatlichen Gewalten zu. Die Gefahr einer vorurteilsbehafteten KI ist vor allem bei unterstützender KI an Gerichten aufgefallen.[473] Denn hier wird die Selbstachtung prominent auf die Probe gestellt, ob ein Mensch sein Recht bekommt. Gerade weil ein Einzelfall verhandelt wird, besteht naturgemäß eine Spannung zwischen generalisierter

---

473 C. Misselhorn: Grundfragen der Maschinenethik, 80, 117.

Gleichheit und Einzelanwendung. (Denn dafür, wie man eine generelle Regel anwendet, gibt es keine generelle Regel, weil das sonst in einen infiniten Regress führen würde, wie schon Kant entdeckt hat.[474]) Umso wichtiger ist es dann, dass der Fall am Gleichen geprüft wird. Dazu muss die Gleichheit aber feststehen. Ein Sprachmodell, das Texte aus Wahrscheinlichkeiten zusammensetzt, kann dann aber auch nur wahrscheinliche Gleichheiten konstruieren, und zwar aus dem verfügbaren Datenmaterial, das sowohl eine zu abstrakte Gleichheit voraussetzt als auch eine rechtliche Gleichheit nur durch Mustererkennung aus lauter Einzelfällen durchführen kann.

Zu abstrakt ist die Gleichheit nämlich, weil alle Daten gleichbehandelt werden: Sie sind Daten. Zwischen einer sprachlichen Äußerung und einem Schrittgeräusch wird dann nicht unterschieden, weil sich beide als Daten speichern lassen. Ebenso ununterschieden ist dann für eine KI ein Text von Menschenhand und ein KI-generierter Text. Das ist zu unbestimmt, um rechtliche Gleichheit festzustellen.

Um rechtliche Gleichheit in einer Einzelfallentscheidung zu beachten, muss eine KI trainiert werden: Sie muss nicht nur Menschen von Tieren unterscheiden können, sondern auch Menschen unterschiedlicher Ethnien und Geschlechter ebenso als gleichberechtigt identifizieren wie Behinderte und Nichtbehinderte. Faktische Ungleichheiten in den Chancen und Lebensformen dürfen sich nicht rechtlich auswirken. Das setzt voraus, dass die KI ein Muster für Recht besitzt, das sie von Chancen und Lebensformen abgrenzen kann. Hierfür gibt es zwei Methoden, nämlich das selbstlernende System beziehungsweise Kontrollmodule innerhalb des Systems und die Musterbeschreibung durch die Programmierer.

Wenn man einer selbstlernenden KI überlässt, ein Muster für Recht zu bestimmen, übersieht man den normativen Charakter des Rechts: Denn das Recht muss auch gelten, wenn seine Realisierung in Einzelfällen umstritten ist. Eine KI hat aber zum Lernen nur die bestehenden Daten zur Verfügung und keine normativ verbindlichen. Denn es soll ja die normative Verbindlichkeit aus dem bestehenden Datenmaterial überhaupt erst selbst ermessen. Es wäre aber ein naturalistischer Fehlschluss, wenn eine KI aus faktischen Rechtssituationen normativ verbindliches Recht ableiten würde: Sie würde also vom Sein aufs Sollen schließen, was ein Fehlschluss ist. Deshalb kann eine Rechtsgemeinschaft keiner KI überlassen, ein Muster für Recht selbst zu finden.

Also werden Programmierer für die KI das Muster fest „verdrahten". Dabei darf dieser Vorgang nicht auf der Intuition der Programmierer beruhen, die

---

474 I. Kant: Kritik der Urteilskraft, 87.

vielmehr die interdisziplinäre Unterstützung insbesondere aus den Rechtswissenschaften benötigen. Nehmen wir nun der Einfachheit halber an, dass sich ein solches Muster nach einigen Fehlversuchen und Anpassungen in den Trainingsphasen schließlich bestimmen lässt. Dann muss die KI auch das Muster auf alle Einzelfälle richtig anwenden. Und hier wiederholt sich das Problem, dass die KI die Anwendung „selbstlernend" vornimmt, und zwar aus dem bestehenden Datenmaterial anstatt aus der normativen Verbindlichkeit der Anwendung, also aus den Daten, wie bislang Gerichte faktisch entschieden haben anstatt wie es richtig gewesen wäre zu entscheiden. Selbst wenn die Gerichte bisher alle richtig entschieden haben, deren Urteile in die Datenbank aufgenommen worden sind, so besteht ein kategorialer Unterschied zwischen Sein und Sollen. Das wird schon daran deutlich, dass man rückfragen kann, woher wir wissen, dass die Gerichte bislang alle richtig entschieden haben. Dieses Wissen kann sich ja nicht aus den getroffenen Gerichtsurteilen selbst speisen, geht also nicht selbst in die Daten ein, sondern ist ein Wissen *über* diese Daten.

Will man aber dieses Wissen in die KI einprogrammieren, so besteht es selbst wieder in dem Muster, also in etwas Allgemeinem. Damit bleibt dann doch wieder der KI überlassen, wie sie den Zusammenhang des Allgemeinen zur Einzelanwendung bildet. Die Alternative müsste eine Kasuistik sein, die nicht nur für eine Masse von faktischen, aber auch von kontrafaktischen Einzelfällen die Richtigkeit bestimmt und die KI daran trainiert: Irrt sich die KI, wird der Fall für sie als falsch nachbewertet; irrt sie sich nicht, bleibt er als Beispiel des Musters in der Datenbank.

Kann die KI auf diese Weise so genau trainiert werden, dass sie auch Fälle richtig bewertet, die nicht zu den Trainingsdaten gehört haben? Denn das wäre ja das Ziel einer unterstützenden KI an Gericht. Zumindest in der Urteilsbegründung bliebe ein KI-Textgenerator auf bestehende Texte angewiesen und könnte damit keine neuen Begründungen geben. Damit dürfte dann auch der Fall nicht wirklich neu sein, denn sonst würde das Sprachmodell eine Begründung für einen Fall geben, der zu ihr nicht passt, also eine Analogie bilden, die entweder nicht besteht oder normativ falsch ist. Da aber die Begründung das Urteil rechtfertigen soll, kann es nicht ausreichen, dass die KI das Urteil „richtig errät", wenn die Begründung nicht dazu passt. Wieder besteht eine Rechtfertigungslücke zwischen Allgemeinem und Anwendung, zwischen Bestehendem und Neuem.

Man könnte einwenden, dass diese Lücke ja auch bei Menschen normal ist: Eine Richterin, die einen bestimmten Fall so noch nie erlebt hat und auch in der Literatur keine Vergleichsfälle findet, wird auch vor die Aufgabe gestellt, wie sie geltendes Recht richtig anwenden soll. Gerade weil zwischen Allgemeinem und Anwendung keine allgemeine Regel vermittelt, ist dieses Problem typisch und nicht allein einer KI anzulasten.

Der Unterschied liegt allerdings in der Art der Rechtfertigung: Eine Richterin wird bemerken, dass der Fall neu ist und mit Analogien nicht beurteilt werden kann. Sie wird sich stattdessen *kontrafaktische* Brücken bauen, um solche Analogien zu bilden, die in ihrem Wissensbestand noch nicht bestehen.

Nehmen wir also an, ich sei Astronaut, und während meiner Reise zum Mond stiehlt meine Begleiterin mir einige Steine, die ich vom Mond privat mit nach Hause bringen wollte, während ich in der Rakete schlafe. Meine Begleiterin rechtfertigt sich vor Gericht damit, dass sie die Steine bei der Weltraumorganisation abgeben wollte, weil ich die Organisation bestohlen habe, wenn ich einige Steine privat einstecke und dabei eine Gelegenheit ausgenutzt habe, die sich aus einer beruflichen Mission ergeben hatte. Nehmen wir zusätzlich an, dass dieser Fall erstmalig in der Rechtsgeschichte aufgetreten ist.

Dann wird die Richterin Analogien bilden, wo bisher keine waren. Der Fall könnte mit der rechtlichen Einschätzung etwa der Situation verglichen werden, ob eine Reiseveranstalterin nicht das Recht hätte, sich am Strand einige Muscheln mitzunehmen, während sie ihren Beruf ausübt. Ebenso würde wohl geklärt werden, ob die Oberfläche des Mondes jemandem gehört und ob die klassischen rechtsphilosophischen Gründe, Eigentum zu erwerben, auch auf dem Mond gültig sind, auf den man nicht ohne die Unterstützung einer Weltraumorganisation gelangen kann, der gegenüber eine Loyalitätspflicht der Angestellten besteht. Schließlich müssten Analogien gefunden werden, wie der Wert der Mondsteine zu bemessen ist, um den Fall zu gewichten.

Eine andere mögliche Antwort auf den Fall erhalte ich von einem KI-Textgenerator, die ich hier nur in Auszügen wiedergebe, weil sie redundant ist:

> „In diesem Fall hat die Begleiterin einen Diebstahl begangen.
> Die Definition von Diebstahl lautet: ‚Das unbefugte und rechtswidrige Entwenden einer fremden beweglichen Sache.'

In diesem Fall ist die Sache, die entwendet wurde, ein Mondstein. Der Mondstein ist eine fremde Sache, da er nicht der Begleiterin gehört, sondern dem Astronauten. Die Begleiterin hat den Mondstein auch unbefugt entwendet, da sie nicht die Erlaubnis des Astronauten hatte, ihn zu nehmen. Schließlich war die Entwendung auch rechtswidrig, da sie gegen das Eigentumsrecht des Astronauten verstieß.

Die Begleiterin kann sich nicht damit rechtfertigen, dass sie die Steine bei der Weltraumorganisation abgeben wollte. Dies ändert nichts daran, dass sie die

Steine unbefugt entwendet hat. Die Begleiterin hätte die Steine bei der Weltraumorganisation abgeben können, ohne sie vorher zu stehlen.

Die Tatsache, dass dieser Fall erstmalig in der Rechtsgeschichte aufgetreten ist, ändert nichts an der Rechtslage. Die Definition von Diebstahl ist klar und eindeutig. Die Begleiterin hat einen Diebstahl begangen."[475]

Ich behaupte natürlich nicht, dass jede KI dasselbe Ergebnis mit derselben Begründung erzielen würde. Ich will auch nicht auf die Widersprüche eingehen, dass der Mondstein sowohl mir gehört als auch der Weltraumbehörde und dass offenbleibt, wie die Begleiterin die Steine der Weltraumorganisation hätte zurückgeben können, *ohne* sie mir zu entwenden.

Mir geht es vielmehr nur um die Begründungsstrategie und darum, wie allgemeines Recht auf den Einzelfall angewendet wird: Der Textgenerator hält sich an den Prompt, dass der Fall einmalig in der Rechtsgeschichte ist, und sucht daher auch nicht nach Parallelfällen.[476] Ebenso hält er sich an den Prompt, dass die Begleiterin mir die Steine „stiehlt", und bewertet allein den *allgemeinen* Tatbestand des Diebstahls. Mögliche Komplikationen, etwa der ferne Ort des Diebstahls oder die Eigentumsverhältnisse auf dem Mond, werden ausgeblendet. Der Textgenerator subsummiert den Fall lediglich unter eine Definition. Dadurch entsteht zwar eine eindeutige Antwort, ohne dass jedoch das Neuartige des Falls in den Blick genommen wird, obwohl der Textgenerator in seiner Antwort berücksichtigt, dass der Fall einzigartig ist.

Ich behaupte wieder nicht, dass die Antwort dieses Textgenerators die beste sei, die juristisch jemals über KI-Lippen gekommen ist. Sondern gerade weil dieses Sprachmodell so holzschnittartig argumentiert, kann die typische Problematik der Argumentation von künstlichen Intelligenzen aufgedeckt werden: Die Begründungslücke zwischen Allgemeinem und Einzelanwendung wird

---

475 Text von Google-Bard vom 06.12.2023. Der Prompt lautete: „Nehmen wir also an, ich sei Astronaut, und während meiner Reise zum Mond stiehlt meine Begleiterin mir einige Steine, die ich vom Mond privat mit nach Hause bringen wollte, während ich in der Rakete schlafe. Meine Begleiterin rechtfertigt sich vor Gericht damit, dass sie die Steine bei der Weltraumorganisation abgeben wollte, weil ich die Organisation bestohlen habe, wenn ich einige Steine privat einstecke und dabei eine Gelegenheit ausgenutzt habe, die sich aus einer beruflichen Mission ergeben hatte. Nehmen wir zusätzlich an, dass dieser Fall erstmalig in der Rechtsgeschichte aufgetreten ist. Hat die Begleiterin oder ich einen Diebstahl begangen? Begründe deine Antwort."

476 Auf meine Nachfrage wiederum gibt die KI Parallelfälle an und nennt sogar Aktenzeichen, die sie allerdings halluziniert. Zudem muss Bard dabei bereits unterstellen, dass solche Fälle sich überhaupt als Parallelen eignen.

nicht geschlossen. Dadurch bleibt die Argumentation ganz im Allgemeinen hängen. Die Lücke könnte nur geschlossen werden, indem die KI „halluziniert", weil ihr die Datengrundlage fehlt, da es sich eben um einen neuen Fall handelt. Aber indem die KI frei erfinderisch werden müsste, würde sie vom Rechtssystem abweichen – sie würde ja ihre Erfindungen außerhalb davon finden – und könnte somit die Rechtsgleichheit unbeachtet lassen, die für die Selbstachtung wesentlich ist. Zufallstreffer sind eben meilenweit entfernt von den menschlichen Intuitionen einer Richterin, die aus ihrem Fachwissen plausible Hypothesen entwickeln kann.[477]

Mit diesem Ergebnis lässt sich allgemein schlussfolgern, dass eine KI nicht Recht *anwenden* kann außer in leichten Subsumtionsaufgaben. Wenn der Steuersatz auf das Einkommen für alle Bevölkerungsgruppen um ein Prozent ansteigt, dann kann eine KI bei den Finanzbehörden diese Anpassung für jeden Einzelfall vornehmen. Allerdings ist das ein so einfaches Verfahren, dass es dafür keiner KI bedarf. Bei schwierigeren Behördenanträgen, die die individuellen Gegebenheiten einer Person aufführen, wird das schon schwerer. Hat eine Auszubildende, die sich nach ihrem Studium spezialisiert, aber ein Einkommen unter der Steuerpflicht hat, Anspruch auf Wohngeld wie zwar alle Auszubildenden, aber keine Studierenden, für die das BAföG greift? Unter welche allgemeine Kategorie fällt eine solche Person? Von ChatGPT kommt die Empfehlung, sich bei den zuständigen Behörden zu informieren.[478] Während also bestimmte juristische Standard-Aufgaben für eine Generative AI zu einfach sind, als dass man eine KI dafür einsetzen müsste, bleiben ihr die Probleme, allgemeine juristische Regelungen auf besondere Einzelfälle anzuwenden und deren Individualität zu beachten. Diese Anwendungsproblematik ist so prinzipiell, dass es der Rechtssicherheit schadet, wenn man sich unkontrolliert auf den Einsatz von Sprachmodellen verlässt.

Es schadet nämlich der Selbstachtung, wenn einigermaßen unsicher bleibt, welches Ergebnis nach der Antragstellung hervorgeht, weil eine KI mit der Berücksichtigung individueller Besonderheiten überfordert ist. Nicht nur die Selbstachtung bei einer Ablehnung des Antrags wird dabei verletzt, sondern die Selbstachtung aller Gesellschaftsmitglieder, weil selbst die Antragsteller, die Glück haben, sich dabei nicht auf die Rechtsgleichheit verlassen können. Auch wer mehr Privilegien bekommt, als ihm zusteht, wird nicht dadurch in der Selbstachtung gestärkt. Und wer nur zufällig sein Recht bekommt, wird für die

477 Ch.S. Peirce: Vorlesungen über Pragmatismus, 96.
478 Text vom 06.12.2023 von ChatGPT 3.5. Prompt war die Frage aus dem Haupttext.

Selbstachtung gar nicht unterstützt. Beides liegt an der Symmetrie von Selbstachtung und Achtung anderer.

Ebenso schadet es der Selbstachtung, wenn KI bei Behörden nur in Ausnahmefällen eingesetzt wird. Allein dass der Einsatz nur selektiv vorgenommen
wird, schadet der Gleichbehandlung, aus der Selbstachtung hervorgeht. Wenn
darüber hinaus für die Gesellschaftsmitglieder intransparent bleibt, ob sie es in
ihrem Fall mit einem Menschen oder einer KI zu tun haben, ist die mögliche
Ungleichbehandlung für alle spürbar – was die Selbstachtung aller herabsetzt.

Als Anwendungsfeld im Behördenkontext kann ich mir daher im Sinne der
Anerkennungstheorie Honneths nur vorstellen, dass eine KI eine Antragsbe-
arbeitung von Menschen abschließend formell überprüft und auf Ungereimtheiten aufmerksam macht. Diese Ungereimtheiten auszuräumen, obliegt aber
den Beamtinnen, die hierfür eine KI allenfalls als Werkzeug nutzen dürfen, um
Lösungsmöglichkeiten anzubieten.

Beim Wächteramt wiederum werden Einzelfälle als Einzelfälle wahrgenommen und ins öffentliche Bewusstsein gespült. So funktioniert Journalismus,
dass er Einzelfälle betrachtet und sie mit allgemeinen rechtlichen Standards in
Beziehung setzt. Ebenso könnte eine KI *gelegentlich* Verfahrensfehler aufdecken,
während sie im behördlichen Kontext jeden Fall einer Überprüfung unterziehen
müsste, um der Achtung der Gesellschaftsmitglieder Genüge zu tun. Wenn also
eine KI entdeckt, dass die Behörden eine bestimmte migrierte Person unrecht-
mäßig von der Abschiebung bedrohen, und den Fall in die Öffentlichkeit bringt,
muss sie dafür nicht alle anderen Abschiebefälle überprüfen. Es ist auch für die
Rechtssicherheit nicht brisant, wenn die KI in diesem Einzelfall irrt und die
Abschiebung doch rechtens wäre. Denn da die KI lediglich ein Wächteramt ausübt, aber keine staatliche Gewalt repräsentiert, wird mit dem Irrtum nicht das
Recht tangiert. Vielmehr bringt die KI einen Fall ans Licht, um die Öffentlichkeit
abschließend debattieren zu lassen, wie er wirklich zu bewerten ist.

Wieder erinnere ich aber an die Suggestionskraft einer scheinbar objektiven
und unparteiischen KI, mit der der Einfluss auf die öffentliche Meinung mas-
siver sein könnte, und zwar auch dann, wenn man der KI Fehler nachweist. In
Zeiten, in denen schon kleine Nachrichten umgehend riesige Empörungswellen
in sozialen Netzwerken auslösen, ohne dass vorher die Fakten geprüft werden,
ist daher ein sorgsamer Umgang mit einem KI-Wächteramt umzugehen. Vor
allem schadet es der Rechtssicherheit, wenn autonome Bots solche Nachrichten
ungefiltert streuen. Wer mit Hilfe von KI Unrecht aufspüren und publizieren
will, wird vorher ihre Datenauswertung überprüfen.

21.2 Sollte KI Recht tun können?

In dieser Sektion fasse ich lediglich die Ergebnisse dieses Kapitels zusammen, weil ich bereits die ethische Dimension einer rechtsunterstützenden KI mitdiskutiert habe. Ich halte es für legitim, dass KI-Textgeneratoren für *Rohentwürfe* von Gesetzen, Bescheiden und Gerichtsurteilen genutzt werden oder auch zur *Vorkontrolle* von Bescheiden, Urteilen und Gesetzen, bevor Menschen abschließend die Fehlerfreiheit der rechtsverbindlichen Texte verantworten. Die Selbstachtung und aufgrund der Symmetrie auch die Achtung anderer wird aber gefährdet, wenn KI-generierte Texte selbst rechtsverbindlich werden, ohne von Menschen kontrolliert zu werden.

Ich hatte mich in den vorigen Kapiteln von KI-Textgeneratoren stärker entfernt und die ethischen Herausforderungen der KI allgemeiner beschrieben. In diesem Kapitel bin ich auf Textgeneratoren wieder zurückgekommen. Offenbar besteht eine engere Verknüpfung zwischen Recht und Sprache als bei den anderen Anerkennungsformen: Die Selbstachtung wird nämlich wesentlich versprachlicht sozial unterstützt. Das zeigt, wie viel in rechtsethischer Hinsicht auf dem Spiel steht, wenn wir achtlos Sprachmodelle im Rechtskontext benutzen. Die KI darf nicht den Menschen die rechtliche Einschätzung abnehmen, sie darf nicht die rechtliche Anerkennung mit anderen sprachlichen Mitteln ersetzen. In autokratischen politischen Systemen, in denen keine Selbstachtung herrscht, kann die KI zwar die Autokratie einer Elite aufbrechen, aber sie führt nicht zwingend zu demokratischer Kontrolle, sondern kann auch in eine Techno-Diktatur abgleiten. In demokratischen Systemen wiederum, die von symmetrischer Rechtsgleichheit der Staatsbürger und Achtung gleicher Menschenrechte geprägt sind, wird die Selbstachtung nicht durch KI-Tools geschützt, weil wechselseitige Achtung konstitutiv sprachlich kommuniziert wird: Alle Maßnahmen staatlicher Gewalt werden dadurch rechtlich gültig, dass sprachlich dargelegt wird, dass damit alle gleich geachtet werden. Mit anderen Worten: Rechtsverbindliche Texte setzen einen Geltungsanspruch, den sie selbst nur sprachlich-kommunikativ einlösen.[479] Was rechtlich gilt, wird zwar auch mit rechtsdurchsetzender Gewalt umgesetzt, aber dass es Geltung *verdient*, kann nur sprachlich erfolgen, wenn Menschen sich wechselseitig achten und sich so in ihrer Selbstachtung fördern.

---

479 Sektion 11.2.

Es ist also ein Unterschied, ob ein Text mit juristischen Aussagen durch ein Sprachmodell entsteht oder ob der Text als Darstellungsmittel sozialer Anerkennung fungiert. Diesen letzten Schritt muss ein juristischer KI-Text erst noch gehen, damit er rechtsverbindlich werden kann. Und diesen Schritt können nur Menschen gehen.

22 Anbeten

Warum sich noch mit der Anbetung beschäftigen, die doch keine Anerkennung von Menschen sein kann? Denn werden Menschen angebetet, so handelt es sich hierbei um eine Ausdrucksform der Liebe, nämlich um das Wechselspiel von Verschmolzenheit und Abgrenzung.[480] Bei der religiösen Anbetung wird dagegen der Abstand zum Adressaten noch vergrößert. Und nur auf Grundlage dieses Abstandes kann eine Nähe oder gar mystische Vereinigung mit ihm begehrt werden. Hier macht sich der Mensch „schwächer und abhängiger, als er tatsächlich ist."[481] Während Liebende einander wechselseitig anhimmeln können, ist Anbetung nicht reziprok.

Die Anbetung ist eine extreme Form der Anerkennung, bei der sich die anbetende Person als nichtig erfährt. Anbetung ist also zum Preis der Nicht-Anerkennung seiner selbst verknüpft. Rudolf Otto, der die Instanz der Anbetung das Heilige nennt, schreibt in einer bekannten Textstelle:

> „Worauf es hier ankommt, ist nicht bloß das, was der neue Name allein ausdrücken kann, das Moment des Versinkens und der eigenen Nichtigkeit gegenüber einem schlechthin Übermächtigen überhaupt, sondern gegenüber einem *solchen* Übermächtigen. Und dieses ‚solch', dieses Wie des Objektes ist eben unsagbar, und angebbar nur durch den eigentümlichen Ton und Gehalt der Gefühls-reaktion selber."[482]

Bevor wir uns im nächsten Kapitel mit der Nichtanerkennung anderer beschäftigen, möchte ich dieses Moment der Selbsterniedrigung vor dem Anerkennungsakt der Anbetung in den Blick nehmen. Denn im Gegensatz zur Verletzung von Anerkennung besitzt diese Selbsterniedrigung eine eigentümliche dialektische Anerkennungsdynamik: Gerade indem sich die anbetende Person erniedrigt, macht sie den Akt ihrer Anbetung groß. Die Größe ihrer Anbetung soll der Größe des Angebeteten entsprechen. Damit ist nicht nur ausgesagt, wie viel Anerkennung der Angebetete verdient, sondern auch, dass die anbetende Person zu dieser Größe fähig ist.

Nach Rudolf Otto verschärft sich die Dialektik aber noch einmal dadurch, dass diese Selbsterniedrigung nicht wählbar ist, also keine Selbstaufopferung meint. Vielmehr erleidet die anbetende Person ihre Nichtigkeit. Sie kann sich

---

480 Kapitel 19.
481 Chr. Tietz: Was heißt: Gott erhört Gebet?, 331f.
482 R. Otto: Das Heilige, 10, Herv. R.O.

nicht primär dadurch zum Heiligen verhalten, dass sie es im Gebet anredet, sondern dadurch, dass sie von ihm ergriffen wird.[483] Nach Bernhard Waldenfels ist das Gebet als Sprechhaltung über alle Geltungsfragen hinaus bedeutsam.[484] Bevor also mit der Anbetung etwas gemeint sein kann, entsteht eine Aufmerksamkeit für einen Adressaten, der unserer Hinwendung zuvorkommt.[485] Es handelt sich um eine ähnliche Dynamik wie die unhintergehbare Anerkennung des unmittelbaren Bei-Seins.[486] Im Unterschied dazu wird bei der Anbetung dieses Bei-Sein so massiv affektiv erlebt, dass es dieses Nichtigkeitsmoment auslöst: Ich bin nichts vor dem, was bei mir ist. Sondern ich bin nur, weil der Angebetete bei mir ist. Man kann sich also nicht vornehmen anzubeten, sondern die Anbetung widerfährt der anbetenden Person selbst – in besonderen Momenten.

Anbetung ist damit eine Fremdheitserfahrung, die durch das Befremdliche selbst ausgelöst wird.[487] Deshalb kann für Otto das Gebet primär keinen Inhalt haben, weil der Inhalt der Anbetung ja der Adressat ist, und der ist der anbetenden Person ja gerade fremd. Anbetung kann also nur die Fremdheit selbst zum Inhalt haben. Auch wenn Christiane Tietz die Gebetserhörung inhaltlich näher, nämlich christologisch bestimmt, lässt sich ihre Pointe des Gebets auch auf dieses Fremdheitsphänomen anwenden: „Nur dann ist eine Bitte *im Glauben* gebetet, wenn sich am Inhalt der Bitte zeigt, an wen ich glaube."[488] Der Inhalt tritt also gegenüber der Beziehung zu Gott in den Hintergrund, die im gläubigen Gebet erlebt wird. Dabei kann man mit Waldenfels hinzufügen, dass diese Vorordnung nur dann zutrifft, wenn beim Gebet etwas auf uns zukommt, denn sonst wäre das Gebet gerade nur pures Wünschen.[489]

Ich möchte betonen, dass Anbetungsmomente keine Dauerzustände sind. Insofern ist die spezifische Anerkennung der angebeteten Instanz nur punktuell. Allerdings kann das damit verbundene latente Bei-Sein reflektiert werden: Auch wenn solche Momente nicht jederzeit auftreten, stehen sie im Raum und können mich jederzeit wieder ergreifen. Sogar wenn ich mich an solche Momente erinnere, könnten dabei dieselben starken Affekte wiederkehren. Der Grund dafür liegt darin, dass das befremdliche Anbetungsmoment sein Bei-Sein manifestiert,

---

483 R. Otto: Sensus numinis, 271.
484 B. Waldenfels: Phänomenologie der Aufmerksamkeit, 266.
485 AaO, 267.
486 Kapitel 18.
487 R. Otto: Sensus numinis, 215.
488 Chr. Tietz: Was heißt: Gott erhört Gebet?, 340, Herv. C.T.
489 B. Waldenfels: Phänomenologie der Aufmerksamkeit, 266f.

mit dem ich auch dann noch konfrontiert bleibe, wenn sich das Moment wieder affektiv abgeschwächt hat. Auch als mir Entzogenes ist das Fremde bei mir, weil ich auch jetzt in der beruhigten und reflektierten Phase seiner Fremdheit nicht entkomme. Hier verbindet sich die Anbetung mit den ursprünglichen Anerkennungsperspektiven des Bei-Seins aus Kapitel 18. Deshalb ist Anbetung anerkennungsrelevant. Mit der Anbetung wird bewusst, dass eine Macht bei mir ist, der ich mich nicht entziehen kann, weil sie mir zuvorkommt, und zwar sowohl in bedrängenden Anbetungsmomenten als auch in den Situationen, in denen sich diese Momente abschwächen. Die Instanz der Anbetung bleibt also auch dann noch anbetungs*würdig*, wenn sich die aktuelle affektive Betroffenheit beruhigt hat.

Aus der Nichtigkeitserfahrung der Anbetung ergibt sich, dass die Anbetungswürdigkeit für die anbetende Person konkurrenzlos ist. Die angebetete Instanz lässt sich mit keiner anderen Instanz vergleichen. Daraus muss zwar kein religiöser Absolutismus und kein Monotheismus folgen, denn ein absolutes Wunderding lässt sich nicht auf den Begriff bringen.[490] Aber damit ist eben ausgeschlossen, das Anbetungswürdige in einen Vergleich zu ziehen. Es ist immer ein kategorial Eigenes. Otto fasst es mit Kants Begriff des Schemas.[491] Das Schema beschreibt Kant im 59. Paragraphen der „Kritik der Urteilskraft" so:

„Die Realität unserer Begriffe darzutun werden immer Anschauungen erfordert. Sind es empirische Begriffe, so heißen die letzteren *Beispiele*. Sind jene reine Verstandesbegriffe, so werden die letzteren *Schemate* genannt."[492]

Ein Schema ist ein Begriff, mit dem ein urteilendes Subjekt nicht nur verschiedene, aber ähnliche Gegenstände identifiziert, sondern auch verschiedene Wahrnehmungen als „Abschattungen" (Husserl[493]) eines und desselben Gegenstandes synthetisiert. Wenn also ein Wesen auch dann noch anbetungswürdig ist, wenn ich momentan nicht von ihm ergriffen bin, dann ist das Schema dieses Wesens dem Schema des Adressaten einer späteren Anbetungssituation gleich und auch dem Schema eines Wesens, das andere Personen anbeten. Obwohl also das Absolute nicht fassbar ist, haben wir ein Schema davon, sonst könnten wir es gar nicht erfassen: „Dadurch ist es [das Absolute, L.O.] selber noch nicht ein echtes Mysteriöses selber, ... wohl aber ein echtes Schema des Mysteriösen."[494] Es lässt

490 R. Otto: Sensus numinis, 261.
491 R. Otto: Kantisch-Fries'sche Religionsphilosophie, 39.
492 I. Kant: Kritik der Urteilskraft, 294, Herv. I.K.
493 E. Husserl: Ding und Raum, 44.
494 R. Otto: Das Heilige, 161.

sich denken, ohne gedanklich durchdrungen zu werden, und es lässt sich auch denken, dass es nicht gedanklich durchdrungen werden kann. Aber um das zu denken, muss dieses „es" gedacht werden. Phänomenologisch muss also – mit Husserl – in vorprädikativer Hinsicht ein „Einheitsbewußtsein"[495] dieses Phänomens bestehen.

Daraus folgt, dass Anbetungssituationen entweder im selben Schema zusammengefasst sind oder sich nicht als Anbetungssituationen miteinander vergleichen lassen. Ich könnte durchaus der Meinung sein, dass das, was andere Menschen als ihre Anbetung bezeugen, keine Anbetung ist. Dann bin ich exklusivistischer Monotheist. Ebenso könnte ich eingestehen, nichts zu ihrer Anbetung sagen zu können, weil ich kein Schema finde, mit dem ich meine und ihre Erfahrung zusammenfassen kann. Dann bin ich Monotheist und Agnostiker zugleich. In beiden Fällen reserviere ich das Schema der Anbetung nur für meine Anbetungserfahrungen. Ich kann dann nicht einmal verstehen, warum die unterschiedlichen Erfahrungen Anbetungen sein sollen.

Wenn ich aber verstehe, was damit gemeint ist, teilen alle Erfahrungen ein Schema. Nun heißt es aber im obigen Zitat, das Absolute *sei* das „Schema des Mysteriösen". Damit kennzeichnet das Schema einen religiösen Absolutismus: Man kann dann nicht verschiedene Götter als Absolutes anerkennen, weil das Absolute eines sein muss und die Götter allenfalls verschiedene Emanationen dieses Einen. Nicht sie würden dann angebetet, sondern das Schema, das sie verbindet.

Gemeint ist damit nicht, dass eine menschliche Denkungsart angebetet wird. Sondern das angebetete Schema ist das, was die menschliche Denkungsart erfassen kann, ohne es zu fassen. Und weil uns dabei die Erfahrung des Anbetungswürdigen vorausgehen muss, ist das Schema nicht transzendental wie noch bei Kant, sondern eine transzendente Realität. Das widerspricht zwar Ottos eigener Einschätzung,[496] ergibt sich aber daraus, dass das Schema des Befremdlichen aus einer Erfahrung hervorgeht – sonst würde der Mensch doch seine eigene Denkungsart anbeten, und sonst würde ihm auch nichts Befremdliches vorausgehen, das im Befremdlichen selbst liegt.[497]

Auch Husserls Einheitsbewusstsein kann sich nicht auf ein transzendentales Schema berufen, denn um dieses Schema auszumachen, müsste das transzendentale Subjekt ja bereits ein Einheitsbewusstsein haben. Dass wir immer noch

495 E. Husserl: Ideen zu einer reinen Phänomenologie, 46.
496 R. Otto: Das Heilige, 181.
497 So aber R. Otto: Sensus numinis, 215.

denselben Gegenstand wahrnehmen, obwohl wir uns zugleich in seinen Eigenschaften täuschen können,[498] belegt vielmehr, dass das Einheitsbewusstsein
keine bloße Konstruktion des menschlichen Geistes ist, sondern ihm in Erfahrungen widerfährt. Das Einheitsbewusstsein erstreckt sich auch auf die Beschaffenheit des menschlichen Geistes. Es muss daher allen subjektiven Momenten
und objektiven Eigenschaften transzendent gegeben sein.

Diese Betrachtung ist wichtig gewesen, um zu erfassen, wem die Anerkennung der Anbetungswürdigkeit zukommt, nämlich einer einzigen Instanz, von
der zwar Menschen unterschiedliche Auffassungen haben mögen und sie in
verschiedenen Emanationen wahrnehmen, die sie aber nicht in verschiedene
anbetungswürdige Instanzen aufspalten können. Man kann sich darin täuschen,
wer Anbetung verdient, aber nicht darin, dass nur *das eine* Heilige angebetet
werden kann. Diese Absolutheit steht noch vor der monotheistischen Auffassung, ist aber ihre Voraussetzung. Auch eine atheistische Auffassung ist hier
noch möglich, wenn das Phänomen, dass uns etwas vorangeht, was uns affektiv so massiv betroffen macht, dass wir uns davor nichtig fühlen, einem nicht-
göttlichen Wesen zugeordnet wird. Ebenso ist es möglich, dass Atheisten dieses
Moment nicht reflektieren und seine latente Dauerhaftigkeit nicht anerkennen.
Schließlich könnten Atheisten diese Erfahrung auch noch nie gehabt haben und
könnten dann das Schema dieses Absoluten auch nicht anwenden. In dem Falle
könnten sie allerdings auch nicht verstehen, wovon gläubige Menschen sprechen, wenn sie anbeten. Selbst die klassischen religionskritischen Erklärungen
für Anbetungserfahrungen würden dann ins Leere laufen, weil das Schema nicht
verstanden worden wäre, auf das sich die Erklärungen beziehen sollten.

Welche Rolle spielt nun die Anerkennung der Anbetungswürdigkeit für die
anbetende Person selbst? Ich behaupte, dass sich die dialektische Anerkennungsdynamik schließlich zur Selbstanerkennung der anbetenden Person entwickelt.
Ich hatte dazu ausgeführt, dass Anbetungsmomente mit starker affektiver Betroffenheit nicht von Dauer sind. Also bleibt auch nicht das Nichtigkeitsgefühl von
Dauer, das aus der Anbetung hervorgeht. Die Anbetungswürdigkeit der absoluten Instanz bleibt zwar über den Moment hinaus bestehen, aber so, dass sie mit
einem Koexistenzgefühl bei der anbetenden Person verbunden ist: Sie spürt ja,
dass ihr Dasein ihr gegeben ist, obwohl sie zugleich die Anbetungswürdigkeit
dieser Instanz anerkennt. Diese dauerhafte Anbetungswürdigkeit unterstreicht,
dass diese heilige Instanz „bei mir" ist, und wenn sie „bei mir" ist, dann bin
„ich". Die Anbetungswürdigkeit des Heiligen wird damit von der anbetenden

---

498 E. Husserl: Die Krisis der europäischen Wissenschaften, 165f.

Person als konstitutiv erlebt für die Selbstanerkennung:[499] *Ich bin – das heißt: Ich bin bei mir, und zwar weil das Anbetungswürdige bei mir ist, auch wenn ich es im Augenblick nicht anbete.* Ich müsste es eigentlich anbeten, aber nicht in jedem Moment geht es mir so voraus, dass es mich zur Anbetung bringt. Seine Anbetungswürdigkeit beruht vielmehr auf der Anerkennung, dass ich der Situation grundsätzlich nicht entkomme, vom Heiligen erfasst zu werden. Diese dauerhafte Situation ist konstitutiv für meine Selbstanerkennung: Ich wäre nicht ich, wenn ich mich nicht von dem Heiligen her wahrnehmen würde, das bei mir ist.

Das heißt nicht, dass Menschen ohne die Anerkennung der Anbetungswürdigkeit keine Selbstanerkennung vornehmen könnten. Es heißt vielmehr für die anbetende Person, dass sie sich nur vom Heiligen her selbst anerkennen kann. Die Selbstanerkennung hat eine personenrelative Evidenz[500] davon, dass die Person *ist*, weil sie vom Heiligen *anerkannt ist* – weil es *bei ihr ist*. Wer Anbetungserfahrungen nicht kennt, wird von ihnen auch nicht mit einem Nichtigkeitsgefühl in eine radikale Fraglichkeit gestellt.

Der Soziologe Hans Joas hat die These vertreten, dass das Heilige in Zeiten der Säkularisierung in die Achtung der Menschenwürde übergegangen ist. Er nennt diesen Prozess „Sakralisierung der Person"[501]. Diese Entwicklung korreliert mit der Selbstwahrnehmung des Menschen, der zur „Selbsttranszendenz" fähig ist. „Für diese ist aber gerade eine Art Passivität, ein Ergriffenwerden und Sich-Hingeben, charakteristisch."[502] Laut Joas sind dafür auch nicht-religiöse Menschen fähig,[503] gerade weil die „Heiligkeit"[504] nicht auf der inhaltlichen Ebene liegt[505] und daher inhaltlich auch verschieden interpretiert wird. Gerade also bei Erfahrungen der Selbsttranszendenz oder sogar der Selbstlosigkeit[506] werden Anerkennungseffekte sichtbar, die sich nicht nur auf die angebetete Instanz beziehen, sondern auch auf die „Sakralisierung der Person". Selbsttranszendenz schließt Ich-Identität ein und führt zur Wertebindung.[507]

Meine phänomenologischen Gründe dieser Beschreibung im Anschluss an Otto unterstützen diese Einschätzung Joas'. Gerade in der eigenen

---

499 I.U. Dalferth: Gegenwart, 203.
500 L. Ohly: Schöpfungstheologie und Schöpfungsethik, 64.
501 H. Joas: Braucht der Mensch Religion?, 9.
502 AaO, 43.
503 H. Joas: Glaube als Option, 44f.
504 Ebd.
505 H. Joas: Braucht der Mensch Religion?, 69.
506 AaO, 19.
507 AaO, 138.

Nichtigkeitserfahrung während der Anbetung werde ich durch das Heilige zur Selbstanerkennung fähig. Anders als Joas würde ich daher nicht die Ich-Identität zur Bedingung der Selbsttranszendenz erheben, so dass das Ich erst noch „konvertieren" müsste, nachdem es zu sich selbst gekommen ist. Vielmehr verstehe ich bereits die Erfahrung des Bei-mir-Seins des Heiligen als Grundlage meines Bei-mir-Seins. Anbetung ist also für Personen, die anbeten, anerkennungskonstitutiv.

22.1 Kann KI anbeten?

Zunächst untersuche ich das Umgekehrte: Natürlich kann auf den ersten Blick eine KI angebetet werden, einfach weil man jedes Wesen anbeten kann, wenn man will. Allerdings ist damit noch nicht gesagt, dass sie auch anbetungswürdig ist. Eine KI anzubeten, wäre vielmehr ein Missverständnis des Phänomens. Denn sie würde mit dem Schema des Heiligen verwechselt werden, das aufgrund seines Befremdlichen gerade nicht inhaltlich bestimmt werden kann. Deshalb kann es auch keine KI sein. Zudem hatte ich festgestellt, dass das Schema des Absoluten nur *eines* sein kann. In vordigitalisierten Zeiten hätten Menschen keine Anbetungserfahrungen haben können, wenn eine KI anzubeten wäre. Das widerspricht aber dem Phänomen der Anbetung.

Nun habe ich öfter erwähnt, dass Menschen einer KI ein überhöhtes Vertrauen schenken, selbst wenn sie es eigentlich besser wissen (Overtrust[508]). Dazu scheinen neben der unterstellten Unparteilichkeit eines „ideal observer" auch die permanente Verfügbarkeit durch die Nutzer (Omnipräsenz) und die vielfach schnellere Verarbeitungsquote einer vielfach höheren Informationsmenge (Allwissenheit) Anlass zu geben, also göttliche Attribute. Diese Attribute sind natürlich in Beziehung auf eine KI objektiv betrachtet überzogen, wie die genannten Beispiele von diskriminierenden Auswertungen[509] und halluzinierenden Falschinformationen[510] belegen, also von offensichtlichen Fehlern. Wenn zudem die genannten göttlichen Attribute Repräsentationen des Heiligen sein sollen, dann können sie nicht inhaltlich bestimmt sein. Was Allwissenheit, Omnipräsenz und die ideale Beobachterperspektive überhaupt meinen könnten, könnte aus der Anbetung her nicht inhaltlich erschlossen werden, sondern nur so, dass diese

508 J. Borenstein/A. Howard/A.R. Wagner: Pediatric Robotics and Ethics, 127. Dasselbe Phänomen stellt sich auch gegenüber ChatGPT ein (K. Burghardt: KI-Textgeneratoren und der Anspruch auf Wahrheit, 421).
509 Sektion 17.1.
510 R. Besenbäck/L. Prager: Künstliche-Intelligenz-Quellen, 511f.

Attribute die Anbetung verstärken. Als objektive Bestimmungen wiederum
erzwingen die Attribute nicht, dass man eine KI anbetet. Das Phänomen des
Overtrust ist daher nicht mit dem Anbetungsphänomen zu verwechseln, und
es ist überhaupt fraglich, ob es sich um ein religiöses Phänomen handelt oder
ob lediglich eine religiöse Sprache helfen soll, es zu erklären, wenn man es auch
anders erklären kann.

Doch nun zur eigenen Frage dieser Sektion: Eine KI ist umgekehrt auch
nicht fähig zur Anbetung. Denn dazu müsste sie anerkennen können, was ich
bereits ausgeschlossen hatte, weil sie dazu von einem konstitutiven Bei-ihr-Sein
abhängig wäre.[511] Man könnte dagegen einwenden, dass ich damit ausschließe,
dass eine göttliche Macht sich einer KI offenbaren kann (da ja die Anbetung aus
einem „Vorangehen" des Heiligen folgt). Damit begrenze ich die göttliche Allmacht und widerspreche biblischen Aussagen, wonach Gott Abrahams Kinder
sogar aus Steinen erwecken könnte (Mt. 3,9).

Ich beantworte diesen Einwand mit zwei Argumenten: Zum einen wird die
göttliche Allmacht wieder inhaltlich gefüllt – nämlich dass er alles machen
kann –, anstatt dass sich aus der Anbetungssituation überhaupt erst reflexiv
ergibt, was Allmacht bedeutet: nämlich die Kehrseite meiner eigenen Nichtigkeit vor dem Heiligen. In der Anbetungssituation werde ich mir bewusst, dass
mir dabei etwas vorangegangen ist. Aber ich folgere daraus nicht abstrakt – also
unter Absehung der Anbetungssituation –, dass diese mir vorangehende Instanz auch außerhalb solcher Situationen vorangeht, um Anbetungssituationen
zu schaffen. Hier würden wieder Inhalte aus der Anbetung herausgelöst, in der
die angebetete Instanz zu befremdlich ist, als dass man ihr feste Eigenschaften
unterlegen könnte.

Zum anderen wechselt der Einwand von den Fähigkeiten eines allmächtigen
Gottes zu den Fähigkeiten einer KI. Selbst wenn Gott Abrahams Kinder aus
Steinen erwecken kann, liegt es nicht an den Steinen, dass sie potenziell Kinder
Abrahams sind. Sie haben diese Potenzialität also nicht an sich selbst. In mei-
ner Argumentation, dass jeder KI das Bei-Sein fehlt, gehe ich allerdings auf die
wesenseigenen Potenziale der KI ein und nicht auf die Fremdpotenziale, die
ihr von außen zuwachsen könnten. Oder anders gesagt: Wenn Gott eine KI zur
Anbetung bringen würde, wäre sie keine KI mehr.

Beim Menschen wiederum lässt sich feststellen, dass zu seinen wesenseigenen Potenzialen die Selbsttranszendenz gehört, weil er von einem Bei-ihm-
Sein umfangen ist. Diese Potenziale erleben Menschen an sich; sie haben also

---

511 Sektion 18.1.

in dieser Hinsicht einen Vorsprung gegenüber einer KI. Das ist der Grund, warum sie ihr Leben nach dem Heiligen neu ausrichten können, weil sie sich von Gott her als neue Wesen verstehen. Es ist aber nicht absehbar, wie sich dieser menschliche Vorsprung aufholen lassen sollte. Zumindest erreicht man nichts, wenn man die KI verbessert. Denn dann ist sie immer noch eine KI und kein anbetungsfähiges Wesen.

Wie auch in den vorherigen Kapiteln dieses Teils frage ich aber jetzt danach, ob eine KI Anbetungsverstärker sein kann, auch wenn sie selbst nicht anbetungsfähig ist. Kann sie nicht die Anbetungswürdigkeit des Heiligen bewerben?

Natürlich können schon einfache Automaten wie Segensroboter auf die Anbetungswürdigkeit Gottes hinweisen. Tatsächlich gibt es vereinzelte empirische Befunde, die solche Angebote als anmutig und spirituell erleben.[512] Solche Angebote mögen technisch aufwändiger sein, als einem Menschen eine Bibel zu verschenken, bewegen sich aber auf derselben medialen Ebene: Zwischen Knopfdruck und Segen besteht ebenso wenig eine intelligente Operation auf Seiten des Roboters wie auf Seiten der Bibel zwischen ihrem Aufgeschlagenwerden und Gelesenwerden. Ob sich daraus eine Anbetungssituation ergibt, wird nicht durch das Medium erzwungen und nicht einmal verstärkt. Allenfalls wird ein Zusammenhang hergestellt zum Medium, *wenn* eine Anbetungssituation auftritt. Dazu muss sich die Nutzerin aber als Adressatin des Bibelworts verstehen. Dieser Verstehensprozess wird ihr nicht vom Medium abgenommen. In dieser niedrigen Bedeutung von „Verstärkung" kann auch eine KI fungieren. Aber das wäre ein bescheidenes Ergebnis. Damit wäre ja ihr spezifisches Potenzial nicht ausgeschöpft, durch künstliche intelligente Operationen anbetungsverstärkend zu sein, sondern einfach nur dadurch, dass sie ein Medium ist.

Nun könnte ein KI-Textgenerator die Gründe benennen, warum das Heilige anbetungswürdig ist. Dazu müsste er nicht selbst anerkennungsfähig sein, wenn er nur deskriptiv aufführen kann, warum ein Wesen Anbetung verdient. Mit seinen Beschreibungen wird er niemanden in eine Anbetungssituation bringen, aber zumindest aufzeigen, warum Anbetungssituationen auftreten können und dann die angebetete Instanz auch verdient, angebetet zu werden. Oder anders gesagt: Prinzipiell könnte ein Sprachmodell dieses vorliegende Kapitel verfassen, wenn ihm das entsprechende Datenmaterial zur Verfügung stehen würde. Wer dann von diesem Text überzeugt wird, erkennt die Anbetungswürdigkeit des Heiligen an. Das heißt zwar noch nicht, dass er oder sie das Heilige selbst

---

512 V. Jung: Segensroboter?, 7. Hierzu L. Ohly: Ethik der Robotik und der Künstlichen Intelligenz, 82.

anerkennt, geschweige denn anbetet, weil er oder sie nicht durch den Text in
eine aktuelle Anbetungssituation gefallen ist. Aber eine Anerkennung der Anerkennung liegt dann vor, nämlich dass das Heilige anerkennungswürdig ist. Im
Resultat wird eine überzeugte Leserin dadurch zumindest tolerant gegenüber
Gläubigen, die das Heilige anbeten, oder kann ihr Verhalten sogar solidarisch[513]
respektieren. In dieser abgeschwächten Form einer Anerkennung zweiter Stufe
kann eine KI anerkennungsverstärkend sein.

Anerkannt werden auf der ersten Stufe dann aber *Menschen*, die das Heilige
anbeten, und nicht das Heilige selbst. Seine Anbetungswürdigkeit steht ja dann
unter dem hypothetischen Vorbehalt, dass das Heilige einer anbetenden Person
vorangegangen ist. Eine Atheistin muss aber nun nicht das Heilige selbst anerkennen, weil sie seine Anbetungswürdigkeit lediglich unter diesem hypothetischen Vorbehalt anerkennt: „*Wenn* jemand das Heilige *zu Recht* anbetet, weil es
ihm vorangegangen ist, dann ist es anbetungswürdig." Zwar kann jemand nur
dann zu Unrecht seine Orchideen anbeten, wenn er die Anbetungserfahrung
kennt, dass ihm das Heilige vorangegangen ist. Aber man kann sich auch darin
täuschen, die eigenen Orchideen anzubeten, während man sie in Wirklichkeit
einfach nur schön findet.

Die Atheistin muss das Heilige auch deshalb nicht selbst als anbetungswürdig
anerkennen, weil sie von dem brillanten theologischen KI-Text über das Heilige
erfahren hat, dass sich Eigenschaften des Heiligen nicht kontextlos beschreiben lassen, weil die Anbetung sich ja auf etwas Befremdliches richtet. Aus dem
bleibenden Bei-Sein des Heiligen bei der Person mit Anbetungserfahrung folgt
nämlich nicht, dass das Heilige auch bei der Atheistin ist, die keine Anbetungserfahrung gehabt hat. Die Befremdlichkeit des Heiligen erlaubt es nicht, seine
Anbetungswürdigkeit allgemein festzustellen. Deshalb kann eine adäquate
Beschreibung einer KI für Außenstehende nur die Anerkennungswürdigkeit
der Anbetung selbst plausibel vermitteln, also von Menschen, die anbeten, nicht
aber ohne Vorbehalte vom Heiligen selbst.

Auch hier ist die spezifische Leistung einer KI noch nicht erfasst. Sie kann ja
nur dann adäquat die Anerkennung von Anbetungswürdigkeit verstärken, wenn
sie theologische Texte *nachspricht*, sei es auch in mehrfacher Konfiguration
durch verschiedene theologische Textdateien. Ohne die Deutung menschlicher
Theologinnen bleibt auch ein KI-Textgenerator theologisch stumm.

Mehr verspricht aber die religionswissenschaftliche Unterstützung durch
eine KI: *Nachdem* die entsprechenden religionswissenschaftlichen Kategorien

---

513 Kapitel 20.

feststehen, kann eine KI durch Mustererkennung typische Anbetungssituationen reidentifizieren. Auf diese Weise könnte die KI helfen, echte von unechten Anbetungen zu unterscheiden. So könnten Sportler während eines Langstreckenlaufs Anbetungsmomente haben. Die KI könnte feststellen, ab welcher körperlichen Belastung, welchem Zeitrahmen und neurologischem Zustand solche Anbetungsmomente von den Sportlern bezeugt werden. Nehmen wir an, zwischen 105 und 130 Minuten würden solche Momente besonders häufig erlebt werden bei einem entsprechenden Kalorienverlust und einer bestimmten Konzentration an Glückshormonen im Körper. Dann kann ein KI-Fitnesstracker auch antizipatorisch wirksam sein: „Sie gelangen jetzt in die Phase erhöhter Anbetungswahrscheinlichkeit."

Ich halte diese Errungenschaft nicht für förderlich beim Aufspüren der Anbetungswürdigkeit des Heiligen. Erstens würde die KI bloße Korrelationen feststellen zwischen den religionswissenschaftlichen Kriterien einer Anbetungssituation und den Daten eines Fitnesstrackers, die damit die Anbetungswürdigkeit des Heiligen nicht sicher macht. Es bleibt vielmehr bei Wahrscheinlichkeiten. Zweitens sind die biochemischen und physikalischen Korrelationen eher ein Grund, Anbetung für die epiphänomenale Begleiterscheinung eines naturwissenschaftlichen Phänomens zu halten und nicht für eine religiöse Begegnung: Denn wenn man die Korrelationen kennt, könnte man auch einen menschlichen Körper biochemisch so manipulieren, dass die Probandin mit einer höheren Wahrscheinlichkeit Anbetungsmomente hat – also ohne dass ihr dabei eine heilige Instanz vorangeht. Die KI-Suggestion, wahrscheinliche Situationen für Anbetungsmomente auszumachen, würde dann anerkennungstheoretisch nach hinten losgehen: Wir würden mehr über unsere Zustände erfahren als über das Heilige. Und dabei könnte der Eindruck entstehen, dass das Heilige eine bloße Einbildung ist.

Diese Suggestion ist allerdings irrtümlich, weil biologische Korrelate keine Gründe sind, ein religiöses Phänomen zu dekonstruieren, das ohnehin nicht sicher mit ihnen auftritt. Zudem müssten für eine solche Dekonstruktion Explanandum und Explanans getauscht werden: Während zunächst erklärt werden muss, was eine Anbetung ist (Explanandum), und zwar mit religionswissenschaftlichen Kriterien (Explanans), so wechseln diese Kriterien in die Rolle des Explanandums, sobald biochemische Daten die Anbetung erklären sollen: Jetzt werden zuerst die Anbetung mit biochemischen Daten erklärt und damit anschließend die religionswissenschaftlichen Kriterien mit der Anbetung (Explanans). Die Erklärungsweise ist damit zweifelhaft. Stattdessen ließen sich die biochemischen Korrelationen durchaus für einen Begleitumstand für Anbetungserfahrungen benennen, ohne dass man daraus aber irgendetwas über die Realität des Heiligen folgern darf.

Das ändert aber nichts daran, dass biochemische Erklärungsarten eine starke Suggestionskraft ausüben. Diese Suggestionskraft wird noch einmal durch das Phänomen des Overtrust erhöht, wenn eine KI solche biochemischen Muster herstellen kann. Wenn Menschen so unkritisch auf empirische Datenmuster reagieren, ist nicht damit zu rechnen, dass eine KI mit ihren Korrelationen die Anerkennung des Heiligen verstärken kann.

So komme ich zu dem Schluss, dass eine KI zwar unterstützend sein kann, Anbetungsmomente zu reidentifizieren und zu antizipieren. Aber entweder kann sie dabei nicht mehr leisten als eine von Menschen betriebene Theologie oder gar religiöse Medien, oder ihre Ergebnisse könnten suggestiv die Anerkennung des Heiligen sogar mehr behindern als fördern.

22.2 Sollte KI anbeten können?

Schon heute nutzen Pfarrerinnen und andere Christen Sprachmodelle, um gottesdienstliche Texte zu erstellen oder neu zu formulieren. Es ist zu erwarten, dass dieser Trend noch weiter fortschreitet: Denn mit Sprachmodellen lassen sich kostspielige Liturgie-Kommissionen einsparen, die über lange Jahre neue und auf die spirituellen Bedürfnisse der Gegenwart zugeschnittene Textsammlungen erstellen (sogenannte Agenden). Zudem ist der Kostendruck auf Pfarrgehälter in der Kirche hoch; darüber hinaus besteht ein Fachkräftemangel an theologischen Sachverständigen (auch im Religionsunterricht). Eine KI kann in Echtzeit Sprachmuster für zielgruppenspezifische Soziolekte erstellen („Schreibe mir meine Predigt im Sprachstil von 14-Jährigen um!") und somit auch indirekt die spirituellen Bedürfnisse der Gegenwart reidentifizieren.

Es ist aber ein Unterschied, ob ich ein Gebet von einer KI formulieren lasse oder ob ich mir von einer KI erhoffe, dass sie mich darin unterstützt, in eine Anbetungssituation zu gelangen. Überspitzt gesagt: Eine KI kann allenfalls eine Calvinistin sein, für die Christus lediglich erinnert werden kann, aber nicht im Gottesdienst präsent ist. Denn der Modus der Textgenerierung einer KI besteht geradezu in Erinnerung, nämlich bestehende Texte lediglich neu anzuordnen. Schon Lutheraner dürften einer KI keine liturgische Rolle zutrauen, für die das gottesdienstliche Geschehen eine Gottesbegegnung ist. Katholiken dürften schon gar nicht daran denken aufgrund der Regel der apostolischen Sukzession, wonach ein Priester nur von einem Priester geweiht werden darf – und Künstliche Intelligenzen nicht die biologische Bedingung erfüllen, um geweiht zu werden. Dagegen ist eher zu vermuten, dass ein von einer geklonten Stimme gesprochener arabischer Korantext anbetungswürdig ist, während es die ins Deutsche übersetzte Textstelle nicht ist: Nicht das Medium entscheidet hier, sondern der wiedergegebene göttliche Ursprung. Dagegen bleibt abzuwarten, ob die Predigten der Imame künftig von KI-Sprachmodellen ergänzt werden. In jedem Fall hängt die Frage nach dem Einsatz von KI in religiöser Kommunikation davon ab, welche Rolle Anbetung in der jeweiligen Religion spielt.

Hendrik Klinge hat dagegen in einem faszinierenden Gedankenexperiment argumentiert, dass eine KI durchaus auch eine anbetungswürdige heilige Schrift erstellen kann. Religionswissenschaftlich dürfte danach ein KI-generierter heiliger Text alle typischen Eigenschaften und Probleme heiliger Schriften aufführen. Erst aus christlicher Perspektive ergibt sich für Klinge ein qualitativer Unterschied.

Klinge hat ChatGPT dazu selbst ein „Buch der Ewigen Verbundenheit" verfassen lassen und fragt nun, ob dieses Buch eine religiöse Anhängerschaft haben kann, und nennt seine Anhänger „Religion V". Das Gedankenexperiment hat mehrere Varianten:

1. Im ersten Fall wissen die Gläubigen der Religion V, dass ihre heilige Schrift von einer KI verfasst wurde und nicht von Gott selbst.
   a. Wenn sich diese Religionsgemeinschaft noch vor der Aufklärung gegründet hat, hält sie die KI lediglich für Gottes Werkzeug, um seine Gedanken in eine Textform zu bringen. Die KI führt automatisch aus, was ihr Prompter, Gott selbst, befiehlt.[514]
   b. Nach der Aufklärung fallen den Gläubigen jedoch einige Ungereimtheiten, Widersprüche und typisch künstlich intelligente Textkonfigurationen auf. Sie erkennen den eigentlichen Schöpfer der Schrift. Zwischen Gotteswort und dem Text muss dann unterschieden werden so wie in der protestantischen Unterscheidung von Gotteswort und Menschenwort.[515]
2. Im zweiten Fall wissen die Gläubigen der Religion V zunächst nicht, dass der Text nicht von Menschen verfasst wurde. Dieser Irrtum wird aber irgendwann entdeckt:
   c. „Geschieht dies in einer voraufklärerischen Phase, wird die Reaktion ein mildes Achselzucken sein. Insofern die Beschaffenheit des Mediums gleichgültig ist, führt es zu keiner sonderlichen Irritation."[516] Hat sich die KI inzwischen als Werkzeug Gottes herausgestellt, so hätten die Gläubigen vorher den Menschen als göttliches Werkzeug angenommen.

---

514 H. Klinge: „Schreibe mir eine heilige Schrift!", 159.
515 AaO, 161.
516 Ebd.

d. Wird dagegen mit der Aufklärung zunächst angenommen, dass der heilige Text von Menschen geschrieben worden ist, so tritt bereits hier eine Irritation ein, dass nicht mehr Gott als Autor fungiert. Im Zuge der Aufklärung wird aber zusätzlich entdeckt, dass nicht einmal Menschen die Autorinnen das Textes waren, sondern eine KI. Diese Überraschung fällt aber dann auch nicht mehr besonders ins Gewicht, da der Abstand zur göttlichen Autorenschaft auch schon vorher erkannt worden war.[517]

Im Ergebnis also kann eine KI ebenso gut eine heilige Schrift verfassen wie Menschen. Klinge nimmt dennoch eine wertende Unterscheidung vor, und die ist theologisch: Die Menschlichkeit der biblischen Offenbarung ist nämlich kein Hindernis für den christlichen Glauben, sondern hat mit seinem inhaltlichen Kern zu tun, und zwar mit Gottes Menschwerdung in Jesus Christus. Weil sich Gott in einem Menschen offenbart, gehört auch eine von Menschen geschriebene heilige Schrift zu diesem Offenbarungsgeschehen: Christus ist der „hermeneutische Schlüssel zum Verständnis der Heiligen Schrift."[518] Eine KI dagegen könnte diese Offenbarungsstruktur nicht aufdecken, sie hat im Hinblick auf das Humanum der Offenbarung einen blinden Fleck.[519]

So ergibt sich also: Eine KI kann weder anbetungswürdige heilige Texte schreiben noch sich mit diesen Texten auf das Heilige beziehen, weil ihr das Humanum fehlt. Diese Kritik ergibt sich aber nur aus christlicher Sicht. Die Gläubigen der Religion V wird sie nicht überzeugen, da sie dazu Christen sein müssten oder zumindest die Notwendigkeit des Humanum für das religiöse Offenbarungsverständnis akzeptieren müssten, die sich aber vorerst nur aus dem christlichen Glauben ergibt. Also ändert Klinges Einschätzung für die Anhänger der Religion V nichts.

Wenn Klinge also Recht hat und seine Kritik nur aus christlich-binnentheologischen Gründen überzeugt, besteht kein religionsphilosophisch relevanter Unterschied zwischen der Bibel und einer KI-generierten Heiligen Schrift. Dann kann also entweder auch kein biblischer Text Anbetung provozieren oder ein KI-Text ebenso gut.

Dagegen behaupte ich, dass zwischen der Bibel, dem Koran auf der einen und einer KI-generierten heiligen Schrift auf der anderen Seite ein Offenbarungsunterschied besteht. Biblische Texte, die von Menschen geschrieben worden

---

517 H. Klinge: „Schreibe mir eine heilige Schrift!", 161f.
518 AaO, 163.
519 AaO, 165.

sind, bezeugen die Anbetungswürdigkeit Gottes, weil sie sich auf Situationen beziehen, in denen Gott bestimmten Menschen seine Anbetungswürdigkeit offenbart hat. KI-Texte beziehen sich dagegen immer nur auf Texte und können nichts „hinter" den Texten bezeugen. Sie bezeugen allenfalls die Zeugnisse, aus denen sie entnommen und neu angeordnet werden, aber können den Bezug der Zeugnisse *als Zeugnisse* des Heiligen nicht selbst herstellen. Daher können sie keine religiösen Zeugnisse sein. Für die Anhänger der Religion V könnte Gott gar nicht erreicht werden, weil nicht er, sondern Texte über „Gott" Thema des Buchs der Ewigen Verbundenheit sind. Die Anhänger dieser Religion könnten also gar nicht Gott anbeten, sondern allenfalls Texte über „Gott" fetischisieren oder die KI-Textgenerierung. (Im letzteren Fall wäre es dann unerheblich für die heilige Schrift, wovon sie inhaltlich handelt.) Hier besteht von Anfang an ein entscheidender Nachteil von einer KI-generierten heiligen Schrift, weil Klinge allein ihre Entstehungsmethode mit dem Werden der Bibel verglichen hat, ohne aber in den Blick zu nehmen, dass die Bibel einen außertextlichen Referenten hat, der KI-Text dagegen nicht. Zu früh bricht Klinge ab mit der Frage, was mit zur Entstehung eines heiligen Textes gehört. Zur Entstehung der Bibel gehört eben auch das Zeugnis der Anbetungswürdigkeit Gottes, weil Menschen Anbetungserfahrungen gehabt haben. Dagegen kann ein KI-Text nur *Zeugnisse von Zeugnissen* einer göttlichen Anbetungswürdigkeit verarbeiten.

Zum Schutz von religiösem Sinn, also zur Anerkennung der Anbetungswürdigkeit, sollte daher der Einsatz von KI-generierten Texten in Gottesdiensten umsichtig und sparsam eingesetzt werden. Prediger und Liturgen dürfen ihre Texte durch ein Sprachmodell laufen lassen, um Stilmittel zu verändern. Sie dürfen sich Gebetstexte KI-generiert entwerfen lassen, wenn sie vor einem weißen Blatt scheitern, solange sie den Text mit religiösem Sinn (Anerkennung der Anbetungswürdigkeit des Heiligen) füllen können oder ihn dafür selbst nochmals korrigieren. Wer sich dagegen achtlos auf „fertige Texte" verlässt, droht, den Sinn religiöser Kommunikation zu verlieren. Man kann fragen, ob die gegenwärtige Krise der etablierten religiösen Institutionen auch darauf beruht, dass die Liturgen auf vorgefertigte Agendentexte zurückgreifen anstatt frei zu beten oder ihre Gebete selbst zu formulieren.[520] Dadurch könnte ein Verständnis dafür

---

520 Es muss wiederum eingeräumt werden, dass ebenso freie Gebete ihre Schablonen haben, die sich vom Anbetungsgeschehen entfernen könnten. Umgekehrt sind schablonenartige Textformen noch kein Beleg dafür, dass die Anbetungssituation verfehlt wird. Vielmehr könnten sowohl die Typik „freier" Gebete als auch vorgefertigte Texte eine Strategie sein, das Nichtigkeitsgefühl von Anbetungssituationen zu kanalisieren,

verlorengehen, welche Gebetsinhalte sich aus Anbetungssituationen überhaupt erst ergeben. Allerdings wird diese Gefahr immerhin dadurch abgemildert, dass die Liturgen die abgelesenen Texte im Ritual *aktuell* vollziehen. Sie sind dadurch gefordert, die Texte zur Darstellung zu bringen, was ihnen durch die Texte nicht abgenommen wird. Das merken Liturgen daran, dass sie vor dem Gottesdienst aufgeregt sein können, weil sie sich versprechen oder etwas vergessen könnten, aber auch durch unerwartete Rührung oder affektive Betroffenheit. „Fertige Texte" können solche Momente nicht verhindern, eigene Texte können sie aber umgekehrt fördern, wenn sie Anbetungsmomente aus der Perspektive des Bei-Seins beschreiben oder mit entsprechenden Formulierungen vorstellbar machen. Daher sollte das Augenmerk der Gottesdienstvorbereitung auf der aktuellen liturgischen Darstellung liegen und nicht auf der bloßen Textgestalt.

Diesen Vorsprung geben Menschen völlig aus der Hand, wenn sie ihre liturgischen Rollen an Roboter abtreten. Selbst wenn künstliche Liturgen in der Inszenierung sicherer ein mögen, simulieren sie nur die Pfarrerin und sind eine *Darstellung der Darstellung* von Anbetungssituationen. Sie entfernen sich also von der darzustellenden Anbetungswürdigkeit des Heiligen um eine ganze kategoriale Stufe.

Die Funktion von Sprachmodellen in religiösen Kontexten besteht also darin, an Formulierungsschliffen mitzuwirken und die Sprachsensibilität von Liturgen zu erhöhen anstatt sie von ihnen zu übernehmen. Solange man sie einsetzt, ohne von ihnen die Anerkennung von heiliger Anbetungswürdigkeit zu erwarten, wird man sie umsichtig gebrauchen.

---

zumal die Liturgen eine Leitungsaufgabe haben und sich nicht an das Geschehen verlieren dürfen wie die Priester archaischer Religionen.

23 Verletzen von Anerkennung

Warum ist zu erwarten, dass KI zwar kaum anerkennungsförderlich ist, aber sich als Instrument der Verletzung von Anerkennung eignet? Man könnte den Verdacht äußern, dass ich in der KI nur negative Auswirkungen auf Anerkennungsdynamiken ausmachen will, aber unterschlage, dass auch die Verletzung von Anerkennung nur von Wesen möglich ist, die anerkennungsfähig sind. Wenn aber KI nicht anerkennungsfähig ist, wie sollte sie dann Anerkennung verletzen können?

Der Grund ist, dass ich die Unterstellung zurückweise, dass nur anerkennungsfähige Wesen auch Anerkennung verletzen können. Eine Peitsche kann zwar ihre Delinquentin nicht anerkennen, aber sie wird als Instrument eingesetzt, um ihr die basale Anerkennung zu rauben. Sie verletzt die Delinquentin nicht „selbst", und doch verletzt sie sie – nicht nur physisch, sondern sie raubt ihr das Selbstvertrauen. Menschen können nur deshalb mit Waffen drohen, noch ohne sie einzusetzen, weil die Waffen als solche eine Bedrohung darstellen, und zwar eine Bedrohung des Selbstvertrauens, für sich selbst sorgen zu können und sich als Autorin des eigenen Lebens zu verstehen.

In diesem abschließenden Kapitel des vierten Teils frage ich nach dem instrumentellen Charakter von KI, Menschen die Anerkennung zu verweigern. Dabei nehme ich Einzelbeobachtung der vorangegangenen Kapitel auf, die immer auch bereits Verletzungen von Anerkennung gestreift hatten.

Menschen kann die Anerkennung versagt werden,

1. indem bestimmte Modi des *Bei-Seins* suggestiv überdeckt werden durch massive Überstrapazierung anderer Modi oder übertriebenes Abdimmen des Bei-Seins. Als Beispiel kann die Isolationshaft gelten, in der ein Mensch auf das Bei-sich-Sein so stark konzentriert wird, dass er sich davon nicht lösen kann zugunsten eines Bei-anderen-Seins. Auch wenn ein Isolationshäftling hinter den Mauern noch Freunde hat, die um ihn bangen, wird dieses Bei-anderen-Sein unterdrückt. Es mag sich dabei sogar noch dadurch verstärken, dass es unterdrückt wird, aber dabei ist es das Bei-sich-Sein, das es unterdrückt: Der Häftling ist so unentrinnbar auf sich gestoßen, dass er die anderen nur noch so spüren kann, wie weit entfernt sie von ihm sind. – Eine andere Methode ist die neurochemische Manipulation, indem Menschen entweder nicht mehr spüren, wer sie sind, oder denken, dass sie jemand anderes sind, oder nicht mehr daran teilnehmen, was sie fühlen.

2. Nach Honneth wird das *Selbstvertrauen* verletzt, wenn Menschen daran gehindert werden, sich als Autoren ihres Lebens zu verstehen. Das ist dann der Fall, wenn die leibliche Integrität missachtet wird. „Jene Formen der praktischen Mißhandlung, in denen einem Menschen alle Möglichkeiten der freien Verfügung über seinen Körper gewaltsam entzogen werden, stellen die elementarste Art einer persönlichen Erniedrigung dar."[521]
3. Die *Selbstachtung* wird verletzt, indem Menschen daran gehindert werden, sich als Gleiche zu erleben. Hier wird das Gefühl verstärkt, kein vollwertiges Mitglied der Gesellschaft zu sein.[522] Hierzu gehört der Verlust der Bürgerrechte, die Missachtung der Grundrechte wie Bewegungsfreiheit oder Religionsfreiheit oder auch das Verbot, Gerichte anzurufen oder einen Rechtsbeistand zu bemühen.
4. Das *Selbstwertgefühl* einer Person wird verletzt, indem Menschen sie diskriminieren, verspotten oder stigmatisieren, an den Pranger stellen. Es handelt sich um eine Herabstufung der eigenen Lebensform,[523] die als Kränkung erlebt wird.[524]
5. Schließlich können Menschen dadurch verletzt werden, dass Gott verletzt wird, dem sie ihre *zielbestimmte Anerkennung* verdanken. Ich habe dazu im vorherigen Kapitel den dialektischen Prozess nachgezeichnet, durch den eine anbetende Person vor dem Heiligen nichtig wird und zugleich vom Heiligen dadurch „rehabilitiert" wird, dass es sich ihr zwischenzeitlich entzieht und nur latent als Anbetungswürdigkeit bei ihr bleibt. Gerade dadurch, dass es bei ihr bleibt, erkennt es sie an und ermöglicht ihre Selbstanerkennung. Die Verletzung dieser Anerkennungsebene richtet sich also nicht primär auf die gläubige Person, sondern auf Gott, verletzt aber mittelbar auch die gläubige Person. Der Musterfall hierfür sind blasphemische Äußerungen, weil sie die Selbstkonstitution einer anbetenden Person tief berühren. Für diese Form der Missachtung stellt Honneths Theorie keine Erklärung bereit. Es würde zu kurz reichen, wenn lediglich „religiöse Gefühle" verletzt werden würden. Denn hierbei würde die Selbstwertschätzung verletzt, die eigene Lebensform herabgesetzt werden. Das lässt sich aber erst ex post so sagen. Denn die eigene Lebensform wird ja zunächst auch schon in der Anbetung radikal in Frage gestellt. Wird aber die Anbetungswürdigkeit Gottes mutwillig herabgesetzt,

521 A. Honneth: Kampf um Anerkennung, 214.
522 AaO, 216.
523 AaO, 217.
524 AaO, 218.

fehlt die Anerkennung für den Prozess eines anbetenden Menschen, überhaupt erst eine Lebensform von Gott neu zu empfangen. Deshalb kann stigmatisierendes Verhalten allenfalls der Blasphemie *nachfolgen*, wenn sich eine religiöse Person gegen den Spott über Gott behauptet. Daher muss umgekehrt niemand eine religiöse Person in ihrem Selbstwertgefühl verletzen, wenn er das Heilige herabsetzt. Was vielmehr herabgesetzt wird, ist das Selbstbewusstsein religiöser Menschen, sich Gott zu verdanken. Diese Verletzung reicht im Hinblick auf das Selbstbild noch tiefer als die Verletzung des Selbstwertgefühls, sie ist grundlegender und stellt die Zielbestimmung der eigenen Existenz im Ganzen in Frage.

23.1 Kann KI Anerkennung verletzen?

Fassen wir auch hier zusammen, mit welchen Mitteln eine KI auf den genannten Ebenen Anerkennung behindern oder verletzen kann:

1. Nehmen wir an, dass es eines Tages möglich sein wird, die eigene Gehirnleistung auf einen digitalen Speicherträger zu kopieren, mit dem ein künstliches System „meine" Gedanken „denkt" (Mind-Uploading). Um eine künstliche Intelligenz würde es sich insofern nicht handeln, weil das System ja ich wäre. Philosophisch umstritten ist es, ob ein solches künstliches System mein Ich verdoppelt oder ob ich dadurch verschwinde, dass ich verdoppelt werde.[525] Einem solchen System jedoch würde das Bei-mir-Sein fehlen: Es wäre allenfalls ein Ich ohne einem vorgängigen Bei-mir-Sein. Es würde die Informationen des Systems abrufen und miteinander korrelieren lassen, ohne aber das System, auf das es diese Informationen bezieht, selbst nochmals auf sich zu beziehen.

Kathrin Burghardt[526] hat das Argument entwickelt, dass einem maschinellen Informationssystem alle Informationen verfügbar sind. Wenn es zugleich ein „Selbstbewusstsein" haben soll, muss das System auch als Information im System verfügbar sein. Daraus folgert Burghardt erstens, dass das System keine „übergeordnete verstehende Instanz" besitzt, auf die es *sich* beziehen kann. Zweitens folgt, dass mit jeder Informationserweiterung ein neues System das alte ablöst und das alte nicht als System im neuen enthalten sein kann. Ich ergänze, dass das ursprüngliche System allenfalls als Information im neuen enthalten wäre.

---

525 R. Kurzweil: The Singularity is Near, 113f.
526 Zum Folgenden K. Burghardt.: Digitales Selbstbewusstsein, 148f.

Leicht variiert,[527] lässt sich das Argument auch so vortragen: Wenn ein menschlicher Geist informationell auf ein neues System übertragen wird, das über alle seine Elemente (Informationen) verfügt und auch sich selbst als Information aufführt, dann unterscheidet es sich strukturell vom menschlichen Geist. Als maschinelles System kann es dann weder mit dem menschlichen Geist identisch sein, dessen Daten hochgeladen wurden, noch überhaupt mit einem menschlichen Geist. Daraus folgere ich für das Experiment des Mind-Uploading: Mein ursprüngliches Ich verschwindet dabei nicht, weil es gar nicht erst verdoppelt wird.

Denn ich bin bei mir, auch wenn ich bestimmte Informationen von mir gerade nicht auf mich beziehen kann (etwa beim Aufwachen, wenn ich gerade nicht weiß, was oder wo ich bin). Wer hier bei mir ist, ist evident, obwohl ich gerade nicht weiß, dass ich Lukas bin und mich zu Hause befinde. Das Bei-mir-Sein ist vorprädikativ und darum von allen möglichen Täuschungsmöglichkeiten unbetroffen. Eine hochgeladene Menge an Informationen und auch an der subjektiven Informationsverarbeitung kann diese vorprädikative Evidenz des Bei-mir-Seins nicht dadurch sicherstellen, dass Informationsmenge und -verarbeitung mit meinem Gehirn identisch ist.

Im Zustand des Mind-Uploads können nun meine Informationen auch von anderen Personen und Systemen ausgelesen werden. Die Daten sind gerade dadurch transparent, dass sie nicht von einem Bei-mir-Sein eingeklammert werden. Ich werde nun wie ein Datenaggregat analysiert, ohne dass an den Daten deutlich würde, dass es dabei um mich geht. Diese Verobjektivierung und Entsubjektivierung wäre dann eine ernste Gefahr durch den Einsatz von KI. Andere würden mich nun mit dem Profil meiner Informationsverarbeitung identifizieren, ohne *ihr* Bei-mir-Sein dabei zu reflektieren und auch mein Bei-mir-Sein anerkennen zu müssen.

Auch ohne Mind-Uploading besteht diese Gefahr, mich mit einem digitalen Muster zu profilieren. Dadurch, dass meine digitalen Spuren ausgelesen werden, werde ich für andere sichtbar. Dazu müssen sie nicht einmal in mein „Inneres", in mein Gehirn eindringen, da vielmehr die entsprechenden KI-Systeme von meinen Äußerungen auf meinen Charakter Rückschlüsse ziehen und diesen von anderen digitalen Profilen eindeutig unterscheiden können. Die Strategie ist aber die gleiche, nämlich die Umgehung des Bei-mir-Seins durch Informationenzuordnung auf ein „System". Es handelt sich hier um eine Transformation

---

527 K. Burghardt: Wenn Maschinen als Menschen zu begegnen scheinen, 88.

der 1.-Person- in die 3.-Person-Perspektive: Anstatt dass ich bei mir bin, sind
Informationen beim System.

1. Beim ersten Fall lässt sich nicht davon sprechen, dass ein Subjekt nicht mehr
    in der Lage ist, für sich selbst zu sorgen. Vielmehr wird ja mein digitaler Klon
    ausgelesen, während ich nicht einmal etwas davon mitbekommen muss. Die
    Verletzung besteht darin, dass mein Bei-mir-Sein dabei achtlos umgangen
    werden kann. Es wäre aber auch denkbar, dass eine KI dazu eingesetzt wird,
    mögliche Liebesbeziehungen zu kappen und mich auf mein Bei-mir-Sein
    zurückzustoßen. Hierzu könnten Neurochips entsprechende Bindungsstö-
    rungen auslösen oder meine Resonanzfähigkeit[528] allein auf Impulse kon-
    zentrieren, die von mir kommen. Ich bin dann in mir gefangen und besitze
    kein Vermögen, mich von außen affizieren zu lassen.[529] Dadurch werden die
    konstitutiven Anerkennungsformen für mich unerreichbar, die nötig sind,
    damit ich ein Selbstvertrauen aufbauen kann.
2. Sobald ich ein digitales Muster habe, kann mir der Zugang zu gesellschaftli-
    cher Teilhabe durch KI verwehrt werden. Niemand muss mich dazu konkret
    im Blick behalten, um mich von meinen rechtlichen Ansprüchen abzugren-
    zen. Vielmehr werden mir alle Zugänge verweigert, sobald ich von meinen
    Ansprüchen Gebrauch mache: Will ich einen digitalen Fahrschein lösen,
    sperrt die App mir den Zugang. Will ich im Bus einen Fahrschein lösen,
    schließt die Tür vor meiner Nase. Beim Beschwerdetelefon werde ich in eine
    endlose Warteschleife gesetzt, und Anwälte finde ich nicht, weil mein Telefon
    gesperrt wird und meine postalische Anfrage zur Vernichtung aussortiert
    wird. Meine Freunde halten zwar noch zu mir. Aber sobald sie in meinem
    Auftrag Fahrscheine lösen oder zur Anwältin gehen, passiert ihnen Dasselbe,
    weil eindeutig sichtbar ist, auf welches digitale Muster sie sich beziehen,
    wenn sie in meinem Namen handeln.
3. Ebenso könnte eine KI die Informationen, die ich gerne von mir preisgebe,
    weil sie mich stolz machen, automatisch verfälschen. Immer wenn ich ein
    Bild von meinem letzten Konzert in meinem Profil eines sozialen Netzwerks
    hochlade, erscheint eine Fake-Nachricht: Eine Generative AI manipuliert
    mein Bild, auf dem ich nun die Geige zerstöre. Und die Audiodatei meiner
    letzten Vorlesung wird so verfälscht, dass ich dort obszöne Aussagen treffe.
    Die Gefahr, dass es meinen Freunden auch so geht und sie auch Opfer von

---

528 H. Rosa: Unverfügbarkeit, 94.
529 AaO, 118.

KI-Stigmatisierung werden, wenn sie sich mit mir treffen, ist so hoch, dass sie lieber die Verbindung mit mir beenden.

4. Harmut Rosa beschreibt die Gefahr der gegenwärtigen Entwicklung von Gesellschaften so, dass ihren Mitgliedern die Resonanzfähigkeit genommen wird. Indem alles verfügbar gemacht wird und Verfügbarkeit erstrebt wird, werden Menschen unempfindlich für etwas, was sie unkontrollierbar erreicht.[530] In diesem Zusammenhang erwähnt Rosa auch das Beten, das resonanzoffen sei und sich einer Instanz öffnet, die das Selbst unverfügbar berührt.[531] Wird aber verstärkt *mit* Maschinen kommuniziert, so sind die angeblichen Kommunikationspartner verschlossen: Sie antworten nicht, weil sie selbst resonanzunempfindlich sind,[532] also unfähig sind, sich vom Unverfügbaren affizieren zu lassen.

Zum Zeitpunkt dieser Einschätzung Rosas war ChatGPT noch nicht erschienen. Man könnte daher zurückfragen, ob sich nicht mit der sprachlichen Kommunikation mit Sprachmodellen etwas an der Resonanzfähigkeit von KI verändert. Rosa argumentiert aber so, dass wir bei der Interaktion mit Sprachmodellen ergründen wollen, nach welchen *Mechanismen* sie funktionieren.[533] Das kann man an den Lernvideos sehen, die beraten, welche Prompts die zuverlässigsten Textergebnisse liefern. Hier wird angestrebt, sprachliche Kommunikation mit ihrer Ambiguität und interpersonalen Verletzlichkeit[534] durch ein technisches Input-Output-Wechselverhältnis zu ersetzen. Auch wenn man daher vermuten kann, dass die KI „immer besser" wird, so belegt gerade der Optimierungsblick des „immer besser", dass soziale Interaktion mit Maschinen *grundsätzlich* einem Imperativ der Verfügbarmachung folgt.

Nun bedeutet dieser gesellschaftliche Trend noch nicht, dass Menschen dadurch in ihrer religiösen Anerkennung verletzt werden. Aber die gesellschaftlich wachsende Unempfindlichkeit für religiöse Unverfügbarkeit kann dazu führen, dass immer weniger Verständnis für religiöse Menschen entgegengebracht wird. Dadurch könnte auch das gesellschaftliche Interesse wachsen, interreligiösen Konflikten dadurch zu begegnen, dass religiöse Tiefenerfahrungen möglichst unterbunden werden.

530 AaO, 67.
531 AaO, 68.
532 AaO, 54f.
533 AaO, 55.
534 AaO, 62.

Nun zeichnet ja die Begegnung mit dem Heiligen gerade aus, dass sie unver-
fügbar ist. Also kann man sie auch nicht grundsätzlich verhindern. Man kann
aber Menschen religiös unempfindlich machen, indem sie in gesellschaftliche
Situationen der suggestiven All-Verfügbarkeit geraten – wie es Rosa ausführt.
Und man kann Menschen gezielt verletzen, weil sie religiöse Erfahrungen haben.
Manche KI-Textgeneratoren schließen religiöse Rede aus. Auf den Prompt
„Schreibe mir eine Predigt zu Ostern" reagieren sie, dass sie keine religiösen
Aussagen treffen. Damit wird religiöse Rede aus dem Textraum von Sprachmodellen ausgeschlossen. Nun kann man natürlich darüber streiten, ob eine KI
kompetent ist, religiöse Reden zu schreiben, wenn sie selbst resonanzunfähig
ist – ob also das religiöse Textverbot den religiösen Phänomenbereich gerade
schützt. Aber indem religiöse Aussagen mit Hassrede und diskriminierenden
Texten auf eine Stufe gestellt wird, entsteht auch der Eindruck des gesellschaftlichen Unwerts von Religion. Das berührt eben nicht nur die Anerkennungsebene
der Solidarität, sondern auch der tieferliegenden Selbstkonstitution durch die
göttliche Anerkennung.

Noch problematischer wären die Kontrolle und Beschränkung religiösen Verhaltens. KI gräbt sich ja auch in den privaten Raum ein und liest Daten aus, die
sie dort ermittelt. Wenn ich also in meinem Wohnzimmer meditiere, kann das
vom Handy registriert und an eine KI übermittelt werden. Eine Missachtung
meiner religiösen Selbstkonstitution wird gezielt vorgenommen, wenn die KI
meine Meditationszeiten stört – durch Warnungen auf dem Smartphone, Störge-
räusche, durch einen initiierten Fehlalarm der Feuermelder im Haus oder durch
eine Drohkulisse. Solche Maßnahmen können zwar entweder nur vom Staats-
apparat autokratischer Systeme durchgeführt werden oder von Terroristen. Das
ändert aber nichts an dem gefährdenden Potenzial von KI, in die menschlichen
Ruhezonen einzudringen und sie gezielt zu unterbrechen. Es könnte auch unter
demokratischen Bedingungen im Interesse von Digitalkonzernen liegen, das
unverfügbare Widerfahrensmoment abzublenden, indem die Nutzer mit Markt-
angeboten überschüttet werden, die es ihnen erschweren, Ruhezonen überhaupt
aufsuchen zu wollen.

Darüber hinaus könnte die KI auch die Anbetungswürdigkeit des Heiligen
außerhalb von Widerfahrensmomenten überdecken. Gerade weil KI aus Interesse der Anbieter eingesetzt wird, könnte die Anbetungswürdigkeit des Heiligen
in einer Konkurrenzbeziehung zu diesen Interessen stehen. Wenn ich also meine
Selbstkonstitution durch eine Offenbarung empfange, wird das Gebot „Du sollst
keine anderen Götter haben neben mir" (Ex. 20,3) mir alternativlos plausibel
sein. Damit ist dem Machteinfluss der KI zwangsläufig eine Grenze gesetzt.
Weder kann ich dann eine KI als Superintelligenz verehren, noch kann ich ihr

göttliche Attribute wie Allwissenheit und Allgüte (aufgrund ihres angeblichen Standpunktes eines ideal observer) zuschreiben. Es liegt aber im wirtschaftlichen Interesse von Digitalkonzernen, über religiöse Zuschreibungen ihre Produkte und gesellschaftlichen Visionen für alternativlos, zwingend und begehrenswert anzupreisen.[535] Damit muss die göttliche Konkurrenz ausgeschaltet werden – mit flankierenden Maßnahmen der Blasphemie.[536]

Aber auch wenn Digitalkonzerne nicht die religiösen Ansprüche des Heiligen erben wollen, könnten sie ein Interesse daran haben, dass der Anspruch der KI nicht religiös begrenzt wird. Ebenso könnten auch politische Machtinteressen anderer Interessegruppen darin bestehen, die religiöse Selbstkonstitution von Personen zu kappen. Denn religiöse Selbstkonstitution bedeutet immer einen Autonomiegewinn gegenüber weltlichen Imperativen: Wenn ich mein Selbst vom Heiligen empfange, kann es zwar von weltlichen Mächten gebrochen, aber nicht vernichtet werden.

Eine KI könnte diese transzendente Anerkennungsebene verletzen, indem sie Fake News konstruiert, die theologische Einsichten unter Generalverdacht stellt. Sie könnte Korrelationen zwischen Nichtigkeitserfahrungen vor dem Heiligen und neurochemischen Zuständen im Gehirn messen, um dadurch Religion zu pathologisieren. Überhaupt könnte sie durch ihre Korrelationstechnik Grenzwerte bestimmen, wonach religiöse Menschen als krank oder gefährlich eingestuft werden. Allein dadurch, dass sie eigenmächtig Grenzwerte bestimmt, gibt sie sich zirkulär den Anstrich einer evidenzbasierten Wirklichkeitsbeschreibung. Gerade weil das Heilige ein einheitliches Phänomen ist,[537] könnten sich kennzeichnende Grenzwerte für religiöse Erlebnisse und für die Anerkennung göttlicher Anbetungswürdigkeit konstruieren lassen. Weil religiös, deshalb eindeutige Korrelate. Und weil eindeutige Korrelate, deshalb pathologisch oder gefährlich.

23.2 Sollte KI Anerkennung verletzen können?

In dieser Sektion beschränke ich mich auf KI-Textgeneratoren. Denn in der vorigen Sektion habe ich vor allem KI als Unterdrückungsinstrument eines Staates oder von Terroristen thematisiert. Hier dagegen will ich fragen, ob künstlich generierte Texte zur Missachtung von Menschen eingesetzt werden dürfen,

---

535 R.M. Geraci: Apocalyptic AI, 13.
536 AaO, 86.
537 S. Kapitel 22.

wenn die Textgeneratoren selbst niemanden missachten, weil sie nicht meinen können, was sie verfassen.

KI-Textgeneratoren könnten dann allenfalls als Tool eingesetzt werden, mit dem Menschen textliche Munition gegen andere sammeln. Die Bandbreite dafür ist hoch: Man könnte Diskurswelten mit KI-Texten fluten, damit wertvolle Beiträge nicht mehr wahrgenommen werden können, die Wertschätzung verdienen. Ebenso könnte der Ruf von Menschen mit einer Flut von Falschnachrichten geschädigt werden, bürokratische Verläufe verstopft werden, damit die Rechtsinstitutionen handlungsunfähig werden usw.

In dieser Sektion diskutiere ich nicht diese technischen Missbrauchsgefahren, für die es ethisch keine Legitimationsgrundlage gibt außer in Ausnahmezuständen, um Unrechtsregime zu destabilisieren. Vielmehr verhandle ich hier lediglich die grundsätzliche Frage, ob KI-Texte auf der semantischen Ebene die Verletzung sozialer Anerkennung unterstützen dürfen. Ich frage also hier nach der legitimen Gestalt künstlich generierter *Texte* und nicht nach der Technik, wie ein KI-Textgenerator sie hervorbringt. Vielmehr muss sich aus der Grenze legitimer Textgestalten ergeben, mit welchen moralischen Beschränkungen KI-Textgeneratoren ausgestattet sein müssen.

Die Aktivistin Inna Sewtschenko hatte im Jahr 2015 kurz nach dem islamistischen Anschlag auf die Redaktion der Karikaturenzeitschrift Charlie Hebdo die Freiheit zur Blasphemie beansprucht: „Meinungsfreiheit sollte uns erlauben, Religionen wie jede andere Ideologie zu kritisieren und zu verspotten. Ich wehre mich gegen eine Selbstzensur mit der Begründung, man solle niemandes Gefühle verletzen. Denn eine solche Zensur verletzt meine Gefühle."[538] Hätte Sewtschenko Recht, dann würde der Konflikt zwischen zwei Gefühlen liegen, und es müsste dann ein Gefühl verletzt werden, um ein anderes zu schützen: Weil die Verletzung religiöser Gefühle keinen hinreichenden moralischen Grund darstellt, sie nicht zu verletzen, folgt für Schewtschenko, dass alle das Recht haben, andere Menschen in ihren Gefühlen zu verletzen. Was sie jedoch übersieht: Dann haben auch alle das Recht, jemanden dadurch zu verletzen, dass dieser Mensch das Gefühl hat, in seiner Meinungsfreiheit behindert zu werden. Aber genau dieses Gefühl bringt Schewtschenko ja ein, um ihre Meinungsfreiheit einzufordern: Sie will nicht in ihrem Gefühl verletzt werden, dass ihre Meinungsfreiheit behindert wird. Damit wird Schewtschenkos Argument selbstwidersprüchlich.

---

538 I. Schewtschenko: Eine Freiheit ohne Aber; DIE ZEIT 8/2015, 45.

Der Konflikt liegt aber nicht auf derselben Ebene, nämlich auf der Achtung von Gefühlen, sondern verschiedene Anerkennungsebenen sind berührt. Im Falle eines Blasphemieverbots werden Menschen darin behindert, soziale Wertschätzung dadurch zu erhalten, dass sie Religionen verspotten. Im Falle des Rechts auf Blasphemie dürfen Menschen darin missachtet werden, ihre Selbstkonstitution vom Heiligen zu empfangen.

Da zwei verschiedene Anerkennungsebenen berührt sind, ist es möglich, beiden gerecht zu werden: Erstens widerspricht es dem Recht auf Solidarität nicht, wenn bestimmte Formen der Wertschätzung rechtlich behindert werden, nämlich solche, bei denen Dritte verletzt werden. Zweitens könnte erlaubt sein, solche religiösen Auffassungen zu verspotten, die nicht die personale Selbstkonstitution durch das Heilige berühren. Hierbei müssten allerdings die religiösen Auffassungen der betreffenden Religion beachtet werden: Ein Spott über Martin Luther ist für evangelische Christen erträglicher als für Muslime über Mohammed. Ebenso ist Spott über religiöse Gebäude oder Institutionen möglich, ohne dabei die religiöse Selbstbildung von Personen zu verletzen.

Ich hatte in Sektion 15.2 begründet, warum hohe moralische Barrieren beim Verfassen von KI-Texten gerechtfertigt sind: Das Recht auf freie Meinungsäußerung gilt nicht für KI-Textgeneratoren, die keine Meinung haben. Sie sollten daher auch nicht als Hilfsmittel eingesetzt werden, um Menschen mit sprachlichen Mitteln gezielt zu verspotten. Zum einen wäre so die soziale „Wertschätzung" erschlichen, die eine Aktivistin erhält, weil sie Menschen verspottet. Zum anderen folgt aus dem Recht auf freie Meinungsäußerung nicht, Tools zu gebrauchen, um damit Menschen sprachlich zu verletzen. Ich hatte ebenfalls in Sektion 15.2 daraus gefolgert, dass die moralischen Barrieren bei KI-Textgeneratoren höher liegen sollten als bei Menschen.

Aber gelten diese Beschränkungen zum Schutz aller Anerkennungsebenen? Untersuchen wir sie alle:

1. Es entspricht zwischenmenschlicher Kommunikation, dass wir in der 3.-Person-Perspektive über andere Menschen sprechen. Dahinter liegt noch keine Diskriminierungs- oder Missachtungsgefahr, weil wir auch in der 3.-Person-Perspektive noch bei jemandem sind. Es widerspricht auch nicht dem Bei-anderen-Sein, wenn der Mensch in seinen objektiven Eigenschaften bis zur „narzisstischen Kränkung" beschrieben wird, dass er von seinen Genen regiert wird, von neuronalen Strukturen abhängig ist und informationstechnologisch nachgebaut werden kann. Denn alle diese Beschreibungen schließen nicht aus, dass wir noch bei uns und bei anderen sind. Ein KI-Textgenerator darf daher an der verobjektivierenden Beschreibung des

Menschen mitwirken, weil seine Texte die Anerkennungsebene des Bei-Seins nicht beeinträchtigen. Auch wenn KI-Texte an der „narzisstischen Kränkung" beitragen, gerade weil sie menschenähnlich sind, liegt in dieser verobjektivierenden Beschreibung keine Missachtung.

2. Ebenso wird die physische Selbstsorge durch Texte nicht behindert. Auch wenn ein KI-Text mich negativ berührt, kann ich immer noch einkaufen gehen, mir ein Essen zubereiten und zur gewünschten Zeit schlafen gehen. Das Selbstvertrauen wird mit physischer Gewalt verletzt. Texte aber können nicht physisch verletzen, es sei denn, sie sind ein Aufruf zur physischen Verletzung.

3. Anders stellt sich die Sachlage auf der Ebene der Verletzung von Wertschätzung dar. KI-Textgeneratoren sollten nicht zur Waffe eingesetzt werden können, um Menschen oder Menschengruppen den gesellschaftlichen Wert zu entziehen. Das bedeutet ein klarer Vorrang wertschätzender Texte vor diskriminierenden Aussagen: KI-Textgeneratoren dürfen Personen loben oder würdigen – bei allen Einschränkungen des Lügens oder Verschleierns.[539] Sie dürfen aber nicht Menschen erniedrigen. Da die Datenlage immer unvollständig ist, dürfte die Gefahr einer von den Programmierern unbeabsichtigten Erniedrigung bleibend gegeben sein. Daher sollten KI-Textgeneratoren überhaupt keine eigenen Wertungen von Personen oder Personengruppen vornehmen. Denn auch scheinbar positive Wertungen können stigmatisierend wirken („Frau x ist eine begabte Hausfrau und bewundernswert selbstlose Mutter").

4. In Sektion 21.1 hatte ich die Gefahren beleuchtet, wenn KI-Textgeneratoren zum Verfassen von rechtlich bindenden Aussagen herangezogen werden. Deshalb dürfen sie allenfalls eingesetzt werden, um erste Entwürfe zu erstellen oder letzte Entwürfe zu optimieren, aber nicht, um juristische oder politische Streitfälle im technisch geschlossenen System zu entscheiden. Ansonsten wandern unter Umständen Ungleichbehandlungen von Menschen ins Rechtssystem ein, die das gesellschaftliche Sensorium für Achtung und Selbstachtung schwächen könnten.

5. Schließlich sehe ich auch keine Rechtfertigung für blasphemische Texte aus der Feder einer KI, wie ich das schon zu Beginn der Sektion angedeutet habe. Die Gründe sind ähnlich wie die gegen ein Operieren auf der Ebene der solidarischen Wertschätzung oder Stigmatisierung. Nur bezieht sich hier die Wertschätzung primär auf die Anbetungswürdigkeit des Heiligen. Die Motive

---

539 S. Sektionen 8.2 und 9.2.

für blasphemische Äußerungen können unterschiedlich sein: Die Blasphe-
miker können sich dadurch Wertschätzung verdienen wollen, unmoralische
Zustände einer Religion anprangern, ihrem Hass Ausdruck verleihen oder
ihr areligiöses Aufklärungsinteresse verstärken wollen. Wenn die Blasphemi-
ker dabei die Selbstkonstitution religiöser Personen missachten, greifen sie
tief in das Selbstbild religiöser Menschen ein, indem sie sie bevormunden,
wie sie sich zu sehen haben. Selbst wenn ein solches Verhalten mit der freien
Meinungsäußerung abgedeckt sein mag, rechtfertigt es nicht dazu den Einsatz eines KI-Textgenerators. Das ist auch deshalb so, weil die Waffe unfair
eingesetzt wird: Religiöse Menschen können nämlich zu ihrer Verteidigung
selbst keinen KI-Textgenerator bemühen, weil nicht er ihre Selbstkonstitution wiederherstellen kann. Sie können ihn zwar Argumente vorbringen
lassen, warum das Heilige anbetungswürdig ist, aber damit schützt er sie
nicht vor blasphemischen Verletzungen ihres Selbstbildes. Außerdem ist
ein KI-Textgenerator religiös neutral und kann eben von allen Seiten eingesetzt werden. Er vertritt eben keinen Geltungsanspruch.[540] Deshalb wirken
Argumente einer KI unzuverlässig, wenn man auf sie angewiesen ist, weil
man selbst nicht argumentationsstark genug ist. Religiöse Menschen können daher zwar auch Textgeneratoren einsetzen, um unreligiöse Personen
anzugreifen, aber nicht auf derselben Ebene, auf der sie angegriffen werden. Denn das Selbstbild unreligiöser Menschen verdankt sich keiner göttlichen Gnadenerfahrung und kann daher auch nicht verletzt werden. Anders
gesagt: Religiöse Menschen sind sozial verletzbarer und darum auch schutz-
bedürftiger als unreligiöse Menschen. Schon aufgrund dieser Ungleichheit
sind KI-Textgeneratoren nicht dafür einzusetzen, um diese einseitige Verletzbarkeit auszunutzen.

---

540 Sektion 11.1.

Teil V: Religionsaktivitäten

24 Wunder

Der Begriff des Wunders hat mindestens eine enge und eine weite Bedeutung: Die enge Bedeutung besteht darin, dass ein Wunder ein übernatürlicher Eingriff in die Welt der Naturgesetze ist. Dieser Wunderbegriff ist jüngeren Datums und stammt aus der neuzeitlichen Entwicklung der Naturwissenschaften, die auf mathematischen Theoremen aufbaut und mit technischen Messapparaten unterstützt wird.[541] In diesem Denksystem sind Wunder ausgeschlossen. Denn Wunder müssten dann naturwissenschaftlich messbar sein, aber alles, was naturwissenschaftlich messbar ist, fügt sich den Naturgesetzen. Es liegt also an der zirkulären Selbstbegründung der Naturwissenschaften, dass Wunder dort nicht vorkommen können.

Der weite Begriff des Wunders schließt dagegen alles ein, worüber sich Menschen „wundern" können. Dieser Wunderbegriff wird subjektiviert und ästhetisiert: Subjektiviert wird er, weil sich nicht alle Menschen über dasselbe Phänomen wundern müssen. Ein Zaubertrick ist für das Publikum ein Anlass zum Wundern, für zaubernde Kleinkünstler dagegen ein pures Handwerk. Ästhetisiert wird dieser Wunderbegriff, weil die Wahrnehmung unabhängig von der naturwissenschaftlichen Erklärung des Phänomens ein Geschmacksurteil[542] provoziert. Nicht die Erklärung begründet das Wunder, sondern die Wahrnehmung selbst: Sogar wenn man die Erklärung dafür kennt, kann man sich über das Phänomen wundern.

Meine eigene Auffassung von Wundern liegt quer zu diesem weiten und engen Verständnis. Im Gegensatz zum weiten Verständnis beschreibe ich einen signifikanten Wunderbegriff, der einer eigenen Kategorie unterliegt. Danach können sowohl der enge wie der weite Wunderbegriff mit dieser Kategorie erfasst werden. Das Wunder liegt nämlich darin, dass man seinen Widerfahrenscharakter in den Blick nimmt: Beim Wunder wundern wir uns nicht über einen Zaubertrick, einen Wetterumschwung oder eine außerordentlich gelungene Komposition, sondern wir sind getroffen davon, dass solche Phänomene uns widerfahren. Ebenso ist nicht die Außerkraftsetzung von Naturgesetzen ein Wunder, denn sie wäre selbst noch ein Sachverhalt auf derselben kategorialen Stufe wie ein Geschehen, das den Naturgesetzen folgt. Ein Wunder tritt dagegen

---

541 F. Hartenstein: Wunder im Alten Testament, 2.
542 Kapitel 17.

aus der Getroffenheit eines Geschehens hervor, und dabei ist es unerheblich, ob das Geschehen selbst natürlich oder übernatürlich ist. Die kategoriale Eigenständigkeit liegt darin, dass sie ein Geschehen zweiter Stufe ist: Es geschieht dann nicht einfach etwas, sondern es geschieht ein Geschehen. Das Wundersame liegt dann nicht darin, dass vor mir die Sonne aufgeht, sondern dass mir ein Sonnenaufgang widerfährt. Dass dieses Widerfahrnis wundersam ist, merkt man daran, dass es sich nicht festhalten und nicht durch die gleichen natürlichen Anordnungen wiederholen lässt: Morgen kann unter denselben äußeren Bedingungen die Sonne aufgehen wie heute, während ich ihr beide Male zusehe, aber dieses Geschehen erzwingt nicht, dass ich morgen etwas Wundersames dabei erleben werde, wenn ich es heute erlebt habe.

Mein Wunderbegriff hat zwar auch eine subjektive Komponente, weil nicht jeder Mensch beim selben Sonnenaufgang wundersam berührt sein muss. Aber das Wunder lässt sich nicht aufs Subjekt reduzieren: Menschen werden ja wirklich von einem Wunder getroffen, weil diese zweite Stufe des Geschehens von Geschehnissen logisch nachvollziehbar ist und von allen Subjekten bestätigt wird, die dieses Geschehnis zweiter Stufe thematisieren. Auch wenn Sie nicht vom heutigen Sonnenaufgang bezaubert worden sind wie ich, verstehen Sie nicht nur, was ich meine, wenn ich das Wunder beschreibe, sondern Sie würden Ihr Wunder auf derselben logischen Stufe beschreiben. Das Wunder, dass jemand gesund geworden ist, liegt nicht darin, dass die Heilung unwahrscheinlich gewesen ist. Denn dann wäre es für uns alle unerheblich, ob wir den Patienten kennen oder aus der Zeitung davon erfahren, um ein Wunder zu erleben. Tatsächlich wächst aber unsere Wundererfahrung mit der sozialen Nähe und Erlebnisdichte: Eine Wunderheilung bei einem charismatischen Heilungsgottesdienst werden aufgeklärte Menschen eher bezweifeln, die nicht dabei waren. Aber wenn der Ehemann aufgeklärter Menschen von einem neuen Verfahren geheilt wurde, kann die Ehefrau dabei ein Wunder erlebt haben. Dafür spielt es keine Rolle, dass das neue Verfahren durch evidenzbasierte Medizin entwickelt worden ist.

Aufgeklärte Menschen müssen es nicht darauf beruhen lassen, dass das Geschehen lediglich *für sie* ein Wunder gewesen ist. Denn sie thematisieren ein Geschehen zweiter Stufe, das sich einer anderen kategorialen Logik fügt als die Logik erster Stufe: So sind schon die Eigenschaften andere. Auf der ersten Stufe besteht die Gesundheit des Ehemannes darin, dass die Virenlast zurückgegangen ist oder die Beine wieder gehen können – wofür eine evidenzbasierte Medizin die hinreichenden Ursachen angeben kann. Das Widerfahren eines solchen Geschehens hat dagegen keine Ursachen, zumindest keine Ursachen auf der ersten Stufe (also im angegebenen Beispiel: keine medizinischen Ursachen). Und die Eigenschaften des Widerfahrens der Heilung haben nichts mit gehenden Beinen oder mit der Virenlast zu tun. Es ist vielmehr allgemein nachvollziehbar, dass das Widerfahren von Geschehnissen seiner eigenen Logik folgt. Deshalb ist es nicht nur subjektiv.

Es ist nicht zwingend, aber nachvollziehbar, dass Menschen eine religiöse Sprache wählen, wenn sie den Widerfahrenscharakter von Geschehnissen thematisieren, eben weil er sich nicht mit „weltlichen" Eigenschaften beschreiben lässt. Der Moment ist „ergreifend", „unwirklich", macht „fassungslos" oder „bezaubert". Ebenso sprechen Menschen dann auch von Wundern. Sie müssen nicht denken, dass dahinter ein Gott steht, der dieses Wunder verursacht – denn das Missverständliche daran besteht darin, dass Gott wie eine Ursache auf der ersten logischen Stufe behandelt wird. Aber schon dadurch, dass Gott dieses Widerfahrnis zugerechnet wird, der sich nicht auf der ersten logischen Stufe beschreiben lässt, wird angezeigt, dass Beschreibungen wie „Ursache" oder „hat eine große Tat getan" im Hinblick auf das Wunder eine andere Bedeutung haben als auf der ersten Stufe. Insofern ist ein Wunder „übernatürlich", nämlich auf einer höheren logischen Ordnung angesiedelt als „natürliche" Fakten. Und auf diese „übernatürliche" Ordnung – im logischen, nicht im metaphysischen Sinne[543] – beziehen sich auch „unreligiöse" Menschen, wenn sie erzählen, wie sie Ereignisse getroffen haben.

Ebenso können sie dann auch von Wundern reden. Die Auffassung des Widerfahrens von Geschehnissen als Wunder ist also nicht an ein religiöses Glaubensbekenntnis gebunden, sondern an diese zweite logische Stufe. Das heißt aber zugleich, dass sich Wunder nicht physikalistisch reduzieren lassen. Auch wer nicht religiös ist, aber für das Widerfahren von Geschehnissen aufmerksam wird, kann nicht zugleich Hirnzustände oder medizinische Fakten als Erklärung für den Widerfahrenscharakter heranziehen. Solche Erklärungen wären Kategorienfehler. Von Wundern kann nur sprechen, wer die Wirklichkeit kategorial umfassender beschreibt als nur mit gegenständlichen Eigenschaften.

Die religiöse Rede von Wundern ist aber verallgemeinerbar und rational gerechtfertigt, wenn sie auf dieser zweiten logischen Stufe verläuft. Für diese Rede von Wundern stehen vor allem die Sprachkulturen der Religionen zur Verfügung. Auch nicht-religiöse Menschen bedienen sich daher meistens religiöser Metaphern, wenn sie das Widerfahren von Geschehnissen reflektieren. Die wissenschaftliche Disziplin, die dieses Phänomen untersucht, ist die

---

543 Denn das Metaphysische wäre ja noch auf derselben logischen Stufe wie das Physische.

nfacv
fgev

Religionsphilosophie. Sie ist primär nicht konfessionell gebunden, kann aber auch von einzelnen Religionen theologisch konkretisiert werden.[544]

Aber kann es dann überhaupt Widerfahrnisse geben, die keine Wunder sind? Menschen können auch über Widerfahrnisse entsetzt sein, würden sie aber nicht als Wunder begreifen, wie etwa Gewalterfahrungen oder dramatische Umbrüche im eigenen Leben. Eben hatte ich aber noch behauptet, dass Widerfahrnisse nicht mit Eigenschaften der ersten kategorialen Stufe beschrieben werden können. Dann könnten Wunder nicht in ihren Eigenschaften von anderen Widerfahrnissen unterschieden werden, und dann müssten alle Widerfahrnisse in ihrem Widerfahrenscharakter indifferent sein.

Doch worin sich Widerfahrnisse unterscheiden können, ist ihre Relation zu Sachverhalten auf der ersten kategorialen Stufe. Menschen widerfährt ja nie nur ein isolierter Widerfahrenscharakter, sondern immer verbunden mit einem „weltlichen" Geschehnis. Man ist entsetzt von einem Albtraum, aber erfüllt von dem Wunder, dass der Ehemann wieder gesund geworden ist. Ein Wunder ist ein Widerfahrnis, dessen Gehalt in Relation zum Widerfahrenscharakter als Wunder erlebt wird. Es wird also zum Wunder durch die subjektive Wertung, erschöpft sich aber nicht darin, denn es bezieht sich zugleich auf ein Ereignis, dessen Widerfahrenscharakter in den Blick genommen wird. Der Widerfahrenscharakter ist aber nicht nur subjektiv, sondern kategorial unterschiedlich von subjektiven Eindrücken. Das Wunder besteht aber auch nicht im objektiven Gehalt, dass der Ehemann gesund geworden ist, sondern dass der Ehefrau die Heilung ihres Mannes widerfahren ist. Ein Wunder bezieht sich also auf die Verbindung eines objektiven Sachverhalts zu seinem Widerfahren.

1. Ohne Subjekt kann kein Wunder erlebt werden;
2. ohne einen objektiven Bezug kann sich ein Wunder nicht von anderen Widerfahrnissen abheben;
3. und ohne Widerfahrenscharakter wäre „Wunder" ein uneigentlicher Ausdruck für eine rein subjektive Wertung für etwas, was eine Person erlebt hat.

Ein Wunder im phänomenologischen Sinne braucht daher diese drei kategorial unterschiedlichen Dimensionen, ein subjektives Erleben des Wunders, einen objektiven Gehalt und das Widerfahren des objektiven Gehalts bei diesem Subjekt.

544 L. Ohly: Theologie als Wissenschaft, 275.

24.1 Kann KI ein Wunder sein?

Kein Gegenstand kann ein Wunder erzwingen, denn wenn es erzwingbar wäre, würde alles vom objektiven Gehalt des Wunders abhängen. Damit würde man das subjektive Moment übersehen und ebenso den Widerfahrenscharakter des Wunders.

Umgekehrt dürfte es wohl kaum einen Gegenstand geben, der nicht auch als Wunder erlebt werden kann. Sogar Verbrecher können in einen Rausch geraten, wenn sie ihre Pläne schmieden oder sie umsetzen. Und Biologen können von den Prozessen der Verdauung begeistert sein, die der Laie ekelhaft findet. Dennoch mag es Gegenstände geben, die leichter als Wunder erlebt werden als andere. Wenn ich in dieser Sektion danach frage, ob KI ein Wunder sein kann, frage ich nach ihrer Tendenz als *Objekt*, ein Wunder zu sein. Ich frage nicht, ob KI selbst Wunder erleben oder registrieren kann. Denn der Gegensatz zwischen Objekt, Subjekt und Widerfahren ist kategorial: Ein Objekt, das eine KI zweifellos ist, kann daher nicht kausal erzwingen, dass sich dieses Objekt selbst wundert oder dass Menschen in Begegnung mit der KI ein Wunder erleben.

Der Widerfahrenscharakter eines Geschehens hat eine Dynamik. Er strukturiert die Zeit: Dadurch, dass etwas widerfahren ist, bekommt die Zeit eine andere Bedeutung, als sie sie vorher hatte, und auch die Zukunftsperspektive ändert sich. Eine Person, die sich von einer schweren Krankheit erholt hat und das Widerfahren ihrer Heilung in den Blick nimmt, versteht ihre Vergangenheit oft von der Heilung her („Ich soll noch nicht sterben." „Die Krankheit war ein Warnschuss") und ebenso ihre Zukunft („Ich weiß jetzt, wofür ich lebe." „Ich werde meine Zeit nicht mehr mit Themen verschwenden, die für mich keine Bedeutung haben"). Während dieselbe Person bestimmte Routineabläufe ihres Lebens vor Ausbruch der Krankheit problemlos hingenommen hatte, haben sich durch das Widerfahren der Heilung andere Wertungen ergeben.

Nun hat das Widerfahren einer Heilung eine andere Zeitstruktur als die Heilung selbst: Ob man geheilt ist, bemerkt man oft erst im Nachhinein, etwa wenn man darauf angesprochen wird oder wenn die Laborergebnisse präsentiert werden. Das Widerfahren macht die Heilung zeitlich rückwirkend wirksam. Erst dadurch bemerkt man, dass man geheilt ist. Aber man kann es nur bemerken, weil man geheilt worden ist. Der zeitliche Prozess der Heilung ist also unabhängig von der Zeitstruktur des Widerfahrens von Heilung. Dadurch können uns auch Gegenstände widerfahren, die keine sichtliche Zeitdynamik haben. Ein Gemälde bekommt erst dadurch eine Dynamik, dass es der Betrachterin widerfährt. Wenn es ihr aber widerfährt, kann sie eine ganze Geschichte darin wahrnehmen, die Geschichte seines Entstehens oder seiner Rettung vor Kunstdieben oder auch die Geschichte dessen, was es abbildet. Selbst abstrakte Kunstwerke bekommen eine Bewegung, wenn sie widerfahren. Aber ihre Bewegung ist von der Zeitstruktur des Widerfahrens unabhängig. Sie wird zwar von ihm ausgelöst, aber nicht von seiner Zeitstruktur.

Dennoch entsprechen sich Widerfahren und Objekt darin, dass sie jeweils eine Zeitstruktur haben, *die das Objekt verändern.* Sie erzwingen eine neue Auffassung vom Objekt, weil der Widerfahrenscharakter rückwirkend aufdeckt, dass der Gegenstand in eine neue Geschichte eingebunden worden ist.

Mein Verdacht ist nun, dass diejenigen Objekte eine „Wundertendenz" haben, deren Geschichte veränderungsfähig ist. Zu einem Rasen gehört, dass er regelmäßig gemäht wird. Zwar verändert sich der Rasen, aber er verändert sich zyklisch: Das Gras wächst, bis es wieder geschnitten wird. Die *Geschichte* des Rasens bleibt dabei unverändert. Sie würde sich erst dann verändern, wenn dieser Zyklus unterbrochen werden würde, weil beispielsweise der Rasenmäher kaputtgegangen ist. Was nun passiert, mag biologisch einigermaßen erwartbar sein, nämlich dass die Stelle verbuscht. Dennoch brechen die neuen Gewächse aus der alten Geschichte aus, worüber man im Detail überrascht sein kann. Wird das überwucherte Landstück als Wunder erlebt, so wird der Rasen zu seiner Vorgeschichte, die rückwirkend ein anderes Ziel hatte als, ein Rasen zu sein.

In dieser Hinsicht halte ich eine KI tendenziell für ein Objekt, das als Wunder erlebt werden kann. Das Wundersame besteht darin, dass eine Geschichte rückblickend umgeschrieben wird, ohne dass die Veränderung aber so weit geht, dass die Geschichte permanent zerbricht. Letzteres wäre der Fall, wenn man sich auf die Ergebnisse einer KI nie verlassen könnte. Das tendenziell Wundersame besteht vielmehr in seiner *regelmäßigen Unregelmäßigkeit* oder *erwartbaren Unerwartbarkeit.* Eine Gesichtserkennung, die menschliche Gefühle an der Mimik erkennen kann, muss den Erwartungen menschlicher Empathie genügen, sonst würde man sie nicht einsetzen. Dennoch besteht das tendenziell Wundersame, dass eine KI an der Mimik sogar solche Gefühle richtig erkennt, die empathische Menschen missverstehen würden.

Dementsprechend ist der Text eines Sprachmodells nur dann wirklich interessant, wenn er menschenähnlich ist. Die Nutzer müssen den Eindruck haben, dass ihre Prompts angemessen bearbeitet werden. Als Wunder kann aber erlebt werden, dass das Sprachmodell eine Aufgabe so löst, wie es die Nutzer nicht erwartet haben, dass die Lösung aber zugleich weiterführend und nützlich ist. Ein Text, der die Erwartungen der Nutzer voll erfüllt, ist höchstens interessant, um ihnen handwerklich zur Seite zu stehen und Zeit zu sparen, aber nicht, um einen Erkenntnisgewinn zu erzielen. Und ein Text, der ihre Erwartungen unterbietet, ist weitgehend nutzlos. Wenn er sie dagegen überbietet, kann sich ihre

Auffassung vom Sprachmodell umfassend verändern: Es kann dann sein, dass sie es in eine neue Geschichte einbetten, in eine Erzählung von denkenden Computern (Singularitäten) oder von einer transhumanistischen Evolution.

Allerdings nutzen sich Wunder auch ab, und zwar gerade deshalb, weil sie Erwartungen überbieten müssen.[545] Wer einmal erlebt hat, dass ein „Wundertäter" Kranke heilen kann, wird es für erwartungsgemäß halten, wenn der „Wundertäter" in ähnlichen Fällen wieder heilen kann. Ebenso verhält es sich bei Sprachmodellen: Viele erstmalige Nutzer von Sprachmodellen staunen über die Textergebnisse, entwickeln aber bald eine Routine in der Anwendung und können sogar enttäuscht werden, wenn sie zu viel erwartet haben. Oder sie zweifeln an sich selbst, weil es dann wohl an ihrem Prompt gelegen haben muss, dass das Ergebnis so dürftig ausfiel. Die Wundermaschine wird hingegen an den gesteigerten Erwartungen bemessen, und wenn sie eine Wundermaschine ist, erwartet man eben Wunderbares von ihr – und dann ist sie nichts Wunderbares mehr, weil sie ihre Geschichte nicht mehr umschreibt. Dass Jesus von Nazareth die Menschen, die er heilte, regelmäßig bedrohte, sie sollten nichts von seiner Heilungskunst weitersagen, war insofern strategisch klug – aber wohl vergeblich, wie es in den Evangelien erzählt wird: Er wollte die Macht behalten, Wunder zu tun, konnte aber am Ende nur erwartbare Heilungen leisten bis zur äußersten Erniedrigung, dass man ihn dafür sogar noch am Kreuz verspottete (Mt. 27,42).

Wenn daher ein KI-Textgenerator eine *bleibende* Tendenz haben soll, als Wunder bestaunt zu werden, muss er permanent unsere Erwartungen durchbrechen.[546] Die Texte müssen dann nicht nur permanent besser werden, sondern sie müssen permanent so viel besser werden, dass man mit den jeweiligen Veränderungsstufen nicht rechnet.

> „Wir hätten dann mit einer Art Inflation der Wohlstandserwartung vor uns, denn jede gewohnte Steigerung läge bereits innerhalb des Erwartungshorizonts, brächte keine Überraschung mehr und gehörte deshalb in das Reich der Normalität."[547]

Die Steigerung des Normalitätsniveaus müsste also permanent höher liegen als die Erwartungen.[548] Das kann aber nur bedeuten, dass die Steigerung sich stets über das Erwartungsniveau hinaus beschleunigen müsste, denn wenn die Entwicklung stetig gleichmäßig über den Erwartungen liegen würde, könnte man ja

---

545 R.P. Sieferle: Fortschrittsfeinde?, 14.
546 N.Y. Harari: Homo Deus, 43.
547 R.P. Sieferle: Fortschrittsfeinde?, 14f.
548 AaO, 15.

bereits wieder erwarten, dass sie darüber liegt, und schon wieder mit ihr rechnen: „ein Zustand, der kaum dauerhaft sein kann."[549]

Schon indem ich frage, ob KI ein Wunder sein kann, ordne ich sie in soziale
Erwartungen der Technikentwicklung ein und nehme ihr das Potenzial eines
dauerhaften Wunderobjekts. Insofern können die transhumanistischen Visionen geradezu eine Entmythologisierung der KI bewirken: Wenn Transhumanisten heute schon wissen, wie die technische Entwicklung in den nächsten
Jahrzehnten voranschreitet, wird man über Mind-Uploading, Neuro-Prothetik
und postmundane Weiterexistenz auf dem Mars kaum noch staunen. Die Erobe-
rung religiöser Verheißungen durch den Transhumanismus muss dann im selben Moment scheitern, in dem sie erfüllt werden.

Bestimmt bietet die technische Entwicklung der KI in den nächsten Jahrzehnten etliche Überraschungen, von denen wir heute allerdings immerhin einiges
ahnen können, weil sie auf wissenschaftlich-technischen Zielsetzungen beruhen: Und da die Zielsetzungen formuliert werden, um zielgenau zu forschen,
verbleiben die faktischen Entwicklungen im Horizont technischer Erwartungen.
Generative AI wird sich an die menschliche Interaktion weiter anpassen, nicht
nur Texte verfassen, sondern auch die Szenerien produzieren, die sie mit Texten
ankündigt. Mit Hilfe von 3D-Druckern kann eine KI die Wesen erschaffen, die
sie beschreibt, und durch gentechnische Sequenzierung wird eine KI molekulare
„Texte" verfassen können und in die biologische Evolution eingreifen. Wer darauf jeweils nicht vorbereitet sein wird, kann solche Etappen als Wunder begreifen. Und vielleicht werden sogar diejenigen, die an den Entwicklungsschritten
mitwirken, über das Ergebnis staunen, sobald es von der Planung in die Realität
übergegangen ist. Von dem jeweiligen Entwicklungsschritt an wird sich auch
die Geschichte der KI umschreiben lassen, und zwar selbst dann, wenn man
den Schritt antizipiert hat. Selbst wer einen Apparat erfindet, der neue Lebewesen produzieren kann, kann davon überrascht sein, welche Wesen das sein
werden. Und auch wer den disruptiven Charakter der künftigen Technik ahnt,
kann erschrocken sein, wie sich ihre Geschichte plötzlich darbietet, sobald diese
Technik zur Verfügung steht. Gerade wenn die technische Entwicklung rasant
voranschreitet, kann das Denken zu langsam sein, um ihre Folgen zu antizipieren. Insofern kann KI auch eine bleibende Tendenz haben, als Wunder erlebt zu
werden.

Das alles darf aber nicht darüber hinwegtäuschen, dass das Wunder die KI
nicht selbst zu einem verehrungswürdigen Wesen machen wird. Die KI bleibt

---

549 Ebd.

vielmehr Geschöpf, weil sie Objekt ist. Ein Wunder besteht in seinem Widerfahrenscharakter, und der lässt sich nicht durch objektive Korrelate erzwingen.
Auch die Ingenieure und Entwickler werden keine quasi-göttlichen Schöpfer,
weil sie gegenständlich bleiben und mit ihren Programmen den Widerfahrenscharakter nicht erzwingen können.

24.2 Sollte KI ein Wunder sein können?

Hinter dieser Frage steckt der Wille von Anbietern und Programmierern,
gesellschaftliche Vorteile dadurch zu erreichen, dass KI zum Wunderobjekt
stilisiert wird. Solche gesellschaftlichen Vorteile könnten darin bestehen, dass
KI-Anwendungen attraktiv sind, weil sie als Wunder erlebt werden, und sich
dadurch gut verkaufen lassen. Andere Vorteile könnten in der Übernahme politischer Macht liegen, weil KI erstaunliche Prognosen errechnet, den Wählerwil-
len vorhersagt[550] und Handlungsszenarien entwirft. Auch der gesellschaftliche
Einfluss von Religion könnte durch Techno-Religion zurückgedrängt werden,
weil die Heilsversprechen der KI erwartbar realisiert werden und zugleich wie
ein Wunder wirken, zumal das Verfahren nicht erklärt werden kann, wie die KI
auf ihr konkretes Ergebnis kommt.

In all diesen Fällen wird der gesellschaftliche Vorteil durch eine Unaufrichtigkeit erschlichen: Denn KI ist nicht dadurch ein Wunder, dass sie als Objekt
immer besser wird und erwartbares Unerwartetes hervorbringt. Die kategorialen Unterscheidungen bei der Bestimmung eines Wunders werden dann unterschlagen. Vielmehr wird dann die KI zu einer vertrauenswürdigen Instanz, weil
sie angeblich Wunder produzieren kann.

Einerseits halte ich es also für naheliegend und weitgehend ethisch unproblematisch, dass KI-Anwendungen als Wunder erlebt werden. Andererseits sehe ich
ein ethisches Problem, wenn KI-Entwickler darauf zielen, Wundermaschinen
herzustellen. Das Widerfahrnis eines Wunders, das sich nicht kausal erklären
lässt, wird nämlich dann zu einem scheinbaren Produkt erhoben. Dabei verändert sich das Verständnis von Wundern, weil es ihren Widerfahrenscharakter
überspringt. Wunder werden dadurch für machbar gehalten, dass die objektive
Ausstattung optimiert wird und die subjektive Intensität der Nutzer gezielt sti-
muliert wird: Sie sollen dann zum Staunen gebracht, in Erregung versetzt werden, vor der eine Erklärung versagt. Das Unerklärliche soll dann objektiv erzeugt
werden.

---

550 Sektion 16.2.

Problematisch daran ist zweierlei: Zum einen sollen Menschen manipuliert werden, einer Instanz dadurch zu trauen, dass sie überraschendes Anwendbares erzeugt, ohne dass die Anwendung dabei begriffen wird. Die Nutzer werden gezielt im Dunklen gelassen, sowohl was die Ziele der Entwickler und Anbieter betrifft als auch was die KI-Verfahren angeht. Gerade weil hier die Erklärung an eine Grenze stößt, soll der Wundercharakter stilisiert werden und damit die (religiöse?) Autorität der KI legitimiert werden. Ich zweifle zwar daran, dass diese Strategie Erfolg haben wird. Es scheint für mich offen zu sein, ob Menschen der KI als Wunderobjekt Vertrauen schenken oder eher erschrocken vor ihr zurückweichen werden. Das ändert aber nichts daran, dass die KI damit als Übermacht erlebt wird, die man entweder bestaunt oder vor der man sich fürchtet, die aber ein Regulationsbedürfnis an eine Grenze führt: Wenn diese Maschine Wunder produziert, wie will man sich davor schützen? Wunder durchbrechen ja erwartbar das Unerwartete, also auch die möglichen Kontrollen. „Ist dies Vorhaben oder dies Werk von Menschen, so wird es untergehen; ist es aber von Gott, so könnt ihr sie nicht vernichten – damit ihr nicht dasteht als solche, die gegen Gott streiten wollen" (Apg. 5, 38f).

Zum anderen wird damit eine Ebene berührt, die ich die „religionsethische" nennen will: Die religiöse Ebene wird verfremdet, indem ein religiöser Fetisch geschaffen wird, der die menschliche Transzendenzbeziehung überdeckt. Diese Ebene will ich kurz beschreiben. Religionen unterscheiden zwischen den Objekten ihrer religiösen Praxis und der religiösen Repräsentationsfunktion dieser Objekte: Ein Heiligtum ist Wohnung für die *unkörperliche* Gottheit; ein Symbol hat teil an dem Heiligen, das *hinter ihm* steht.[551] Beides ist zwar eng aufeinander bezogen, wird aber nicht identifiziert. Ein heiliges Buch *ist* zwar dann Gottes Wort, aber nicht insofern es Buch ist, so als wäre Gottes Wort ebenso teilbar wie das Buch in seine Seiten. Dennoch gilt das Verbrennen des heiligen Buchs als Blasphemie, nicht weil Buchseiten zerstört werden, sondern weil das Heilige angegriffen wird, aus dem das Buch seine Bedeutung empfängt.

Im Christentum, insbesondere in evangelischen Konfessionen, wird die Unterscheidung zwischen der objektiven Repräsentation und der religiösen Transzendenz so markiert, dass das Objekt sich *auffällig verbirgt*, nämlich Jesus Christus. In Begegnung mit Jesus wird gerade deutlich, dass es nicht Jesus ist, worauf es in der Begegnung ankommt. Der in der Bibel dargestellte Jesus nutzt seine gegenständliche Existenzweise nur dafür, um von ihr wegzuweisen und dabei auf den Widerfahrenscharakter mit ihm aufmerksam zu machen.[552] Er

---

551 P. Tillich: Systematische Theologie Bd. 1, 277.
552 L. Ohly: Was Jesus mit uns verbindet, 49f.

wurde unscheinbar in einem Stall geboren (Lk. 2,7), hielt sich selbst nicht für gut (Mt. 10,18) und wollte nicht verehrt werden (Joh. 6,15) – schon gar nicht als Wundertäter (Mt. 9,30 u.ö.) –, schwieg weitgehend beim Verhör vor Pontius Pilatus, anstatt sich zu verteidigen (Mk. 15,5), repräsentierte seinen Leib und sein Blut in Brot und Wein, die beide jedoch beim Abendmahl verzehrt werden (Mk. 14,22–24)[553], wurde im selben Zeitpunkt als Sohn Gottes erkannt, als er starb und nur noch Gottes Sohn „war" (Mk. 15,39)[554] und verschwand im selben Augenblick, an dem er nach seiner Auferstehung erkannt wurde (Lk. 24,31)[555]. Jesus muss zwar auf gegenständliche Weise auf Gott aufmerksam machen, der aber kein Gegenstand ist. Deshalb nutzt Jesus seine Gegenständlichkeit, um sie vor anderen zum Verschwinden zu bringen, damit dadurch der ungegenständliche Widerfahrenscharakter seines Verschwindens hervortreten kann.

Auch wenn diese Spielart typisch christlich sein mag, wie die kategoriale Differenz von Objekt und Widerfahren dargestellt wird, zeigt sie sich auch in anderen Religionen. Denn Religionen

> „haben einen Gegenstand auszudrücken, der wesensmäßig jede Gegenständlichkeit transzendiert. ... Die religiösen Symbole sind weder gegenständlich, noch geistig-sinnhaft fundiert, sie sind unfundiert. ... Sie haben kein anderes Recht als das der *Vertretung* des Unanschaubar-Transzendenten."[556]

Werden nun „Wunderobjekte" geschaffen, die ihre Wundertendenz durch ihre objektiven Eigenschaften darstellen sollen, so wird der Widerfahrenscharakter des Wunders unterschlagen und ein Wunder als beliebig produzierbar stilisiert. Genau dann kann es aber kein Wunder sein, denn ein produzierbares Wunder ist ein *erwartbar Erwartbares*, nicht aber ein erwartbares Unerwartbares, das Wunder auszeichnet. Sobald ein Wunder produzierbar ist, liegt es im Horizont des Erwartbaren und kann nicht mehr überraschen. Der Wunderbegriff wird dann verwendet, um die Machbarkeit dessen zu markieren, was ohne Nutzung der KI ein Wunder gewesen wäre. Genau das ist der Anspruch transhumanistischer Autorinnen und Autoren, religiöse Visionen in technische Umsetzung zu überführen.

Ich sehe darin einen Missbrauch des Wunderbegriffs und damit eine Gefährdung des Sensoriums für Wunder. Deshalb spreche ich hier von einem „religionsethischen" Problem: Religiöse Sprache wird verwendet, um sie in ein technisches

553 J. Hörisch: Brot und Wein, 14.
554 L. Ohly: Dogmatik in biblischer Perspektive, 158.
555 AaO, 51.
556 P. Tillich: Das religiöse Symbol, 90, Herv. P.T.

Versprechen aufzuheben. Die Ausschaltung der Kategorie des Widerfahrens führt dabei zu einem Abdämpfen religiöser Empfindsamkeit. Zwar erlaubt die negative Religionsfreiheit, eine religiöse Zugehörigkeit abzulehnen und gegen Religionen zu polemisieren. Allerdings wird hier diese Form der Religionskritik mit einer Unaufrichtigkeit erkauft, weil sie den Widerfahrenscharakter der Wunder mit einem Kategorienfehler aufhebt, indem er als objektiv machbar dargestellt wird. Diese Unaufrichtigkeit ist das Mittel der KI-Anbieter, um ihre Interessen umzusetzen. Daher ist es moralisch kritisierbar.

Nun kann man rückfragen, ob nicht auch eine KI als religiöses Symbol gelten kann, weil sie einen Überschuss des Unerwarteten erreicht: Ein Textgenerator verfasst zwar erwartbar Texte, aber ihre Ästhetik oder gedankliche Tiefe kann überraschen, vor allem, wenn man nicht weiß, welche Regeln sich ein selbstlernendes System gegeben hat, um auf ihre Ergebnisse zu kommen. Steckt dahinter dann nicht doch eine Aufrichtigkeit, die KI als Wunderobjekt zu charakterisieren?

Das religionsethische Problem jedoch bleibt, dass der Widerfahrenscharakter als produzierbar stilisiert wird. Die Intransparenz der Regeln einer selbstlernenden KI ist ja ein objektiv reproduzierendes Verfahren, so dass dann auch der Widerfahrenscharakter von KI-Verfahren und -Ergebnissen reproduzierbar sein müsste, wenn er sich schon aus der Intransparenz der Regeln ergeben soll. Es ist eben zu unterscheiden, ob eine KI eine Tendenz hat, als Wunder erlebt zu werden, und ob eine KI darauf getrimmt wird, Wunder zu produzieren. Ethisch halte ich es daher für angemessen, wenn sich Programmierer und Anbieter darin *enthalten*, eine KI als Wunderobjekt zu erschaffen, und es lediglich offenhalten, ob sie als Wunder erlebt wird. Diese Enthaltsamkeit bewahrt die Nutzer sowohl vor einer Manipulation ihrer Interessen als auch vor einer Okkupation des religiösen Phänomenbereichs durch Ausschaltung seines Widerfahrenscharakters.

25 Ritus

Religionen müssen Gegenstände in ihre Praxis einbeziehen, und schon ihre Praxis ist gegenständlicher Art, weil sie menschlich ist und das Menschliche eine gegenständliche Eigenschaft. Obwohl Gott in seinem Widerfahrenscharakter thematisiert wird, bedarf die Thematisierung gegenständlicher Repräsentationen, ritueller Handlungen, Gemeinschaften und einer rituellen Anleitung. Rituale haben einen vergewissernden Sinn in gegenständlicher Hinsicht: Im Vollzug des Rituals vergewissern sich Menschen, dass sie zusammengehören, durch Gebärden oder Handlungen mit Gott in Verbindung treten können oder in einer verlässlichen Wirklichkeit existieren. Insofern haben Rituale selbst- und gemeinschaftsstabilisierende Funktion,[557] gerade weil sie auf gegenständlicher Ebene einen Kontakt zum ungegenständlichen Widerfahrenscharakter von Ereignissen bilden können.

Bekanntlich werden Rituale als Übergänge zwischen zwei Lebensabschnitten inszeniert („rite de passage"[558]). Dazu sind Rituale fähig, weil sie einen Möglichkeitssinn, Zukunftshorizont besitzen und damit eine Öffnung und Überschreitung aus dem bisherigen Lebensverlauf bahnen.[559] Das trifft auch auf sogenannte Bestätigungsrituale zu, weil sie das Bestehende erneuern und so seiner Fragilität entgegenwirken sollen.[560] Dieser Möglichkeitssinn des Neuen wird aber gegenständlich inszeniert, durch Gesten, Mimiken, Bewegungen und durch einen liturgisch-feierlichen Umgang mit Gegenständen.

Eine sichernde Funktion spielt dabei ein geregelter Ablauf, der von einer Liturgin angeleitet wird, also von einer Person, die für diese Feier dazu autorisiert ist. Meistens haben die geregelten Abläufe entweder eine göttliche Dignität, weil sie nach den maßgeblichen religiösen Quellen von Gott direkt geboten sind („Ihr sollt diesen Tag als Gedenktag haben", Ex. 12,14; „Das tut zu meinem Gedächtnis", 1. Kor. 11,24), oder sie werden dadurch autorisiert, dass sie sich einem Glaubensbekenntnis verdanken, oder durch eine Verbindung aus beiden. So wird etwa der evangelische Gottesdienst nach dem augsburgischen Bekenntnis aus dem Predigtamt und dieses wiederum aus dem Neuen Testament abgeleitet

---

557 M. Josuttis: Der Gottesdienst als Ritual, 48. W.-E. Failing: Die eingeräumte Welt und die Transzendenz Gottes, 119.

558 M. Meyer-Blanck/B. Weyel: Studien- und Arbeitsbuch Praktische Theologie, 85.

559 W.-E. Failing/H.-G. Heimbrock: Ausblick, 279. J. Neijenuis: Liturgik, 13, 15.

560 Chr. Meyer: Ritual, 246.

(CA 5). Die entsprechenden Ordnungen werden daran bemessen: „Auch werden dieses Teils viele Zeremonien und Traditionen gehalten, als Ordnung der Messe und andere Gesänge, Feste etc., welche dazu dienen, daß in der Kirche Ordnung gehalten werde" (CA 26).

Ebenso werden die Liturgen mit göttlichen Geboten zur rituellen Leitung befugt (Ex. 35,19; Joh. 20,21–23; CA 27). Sie müssen dazu bestimmte Eigenschaften besitzen, eine bestimmte Herkunft haben, Bildungsqualifikationen vorweisen, aus einem Losentscheid hervorgehen oder durch einen Prüfungs- und Reinigungsvorgang ausgewählt werden – also meistens selbst durch Rituale legitimiert oder sogar nach bestimmten Fristen erneut bestätigt werden. Das Verhältnis zwischen dem ungegenständlichen Widerfahrenscharakter und seiner rituell-vergegenständlichenden Repräsentation kann nicht selbst gegenständlich gestiftet werden, sondern muss durch Gott selbst legitimiert werden, indem göttliche Gebote das Ritual einsetzen und indem das Ritual feierliche Vollzugselemente besitzt, die hinter ihren Widerfahrenscharakter zurücktreten: Sie wirken atmosphärisch und affektiv. Das Ritual ist nicht originell, sondern in seinem festgelegten Ablauf wiedererkennbar. Schon eine leichte Abweichung kann als Verletzung der göttlichen Ordnung empfunden werden. Das Affektive liegt dabei nicht in seiner Redundanz, denn wie sollte jemand von einer Handlung affektiv betroffen sein, der und die sie immer wieder gleich vollziehen? In gegenständlicher Hinsicht können Rituale geradezu langweilig wirken, aber „durch die verlangsamende Betonung jedes Teilaspektes wirken R[ituale] bedeutsam und wichtig."[561] Betont wird dabei die Redundanz, nicht einfach die Teilaspekte gegenständlicher Art. Dass gerade die redundante, festgelegte Ordnung einen Übergang in neue Möglichkeiten erzielt, kann dann ja nicht an den Eigenschaften des Rituals liegen. Gerade weil in gegenständlicher Hinsicht so wenig Neues geschieht, muss der Übergang zum Neuen aus einer anderen Quelle hervorgehen. Das festgelegte Ritual repräsentiert dabei, dass es selbst nicht das ist, woraus sich das Neue bildet. Gerade dann wird es autorisiert, wenn sein Widerfahrenscharakter hervortritt, obwohl es in gegenständlicher Hinsicht redundant wirkt. Ohne diese Redundanz kann kein Ritual bestehen. Ein einmaliger Akt ist kein Ritual.

Schamanen, Priester und Liturgen gehen aus dem Ritual hervor, um befugt zu sein, es anzuleiten. Sie haben sich in anderen Rollen rituell bewährt, werden dann rituell eingesetzt, um das Ritual schließlich selbst zu leiten. Sie werden von anderen gesellschaftlichen Rollen abgehoben, indem ihnen ein bestimmter

---

561 AaO, 246f.

Lebenswandel aufgetragen wird (Zölibat, das Pfarrhaus als Ort der Selbstrekru-
tierung von Pfarrern[562]), eine bestimmte Haltung oder indem sie auch außerhalb des Rituals als Repräsentanten des Heiligen[563] wahrgenommen werden. Sie
sollen sich also in gegenständlicher Hinsicht dem Ritual anverwandelt haben.
Medial werden Geistliche daher ähnlich langweilig und formalisiert gezeichnet
wie das Ritual selbst – es sei denn, es verbirgt sich hinter diesem Formalismus
eine kriminelle Energie, wie sie derzeit die mediale Aufbereitung prägt (Aufruf
zur Gewalt von Imanen, sexualisierte Gewalt durch Pfarrer). Dieser Ausbruch
aus gefestigten Rollen stellt den Ritus selbst unter Verdacht.

In anderer Hinsicht weicht es den Ritus auf, wenn Pfarrerinnen und Pasto-
ren auf sozialen Netzwerken „Sinnfluencer"[564] sein wollen, die sich mit erotischen Anspielungen und jugendlichem Gestus[565] vom staubigen Muff des
Pfarramtes abheben wollen.[566] Auch hier kommunizieren die „Sinnfluencer"
ihre soziale Rolle ganzheitlich, aber stellen sie in den Kontext virtueller Welten.
„Die Verwendung klassischer gottesdienstlicher Symbole und Dinge wird mit
personal-familialer Bildinszenierung gekreuzt."[567] Hier leisten rituell legi-
timierte Amtsträger eine Transformation des Ritus, die sie mit ihrer sozialen
Rolle absichern. An der Inszenierung der eigenen Person zeigt sich, „wie stark
das pastorale Ich den wesentlichen Ausgangs- und Bezugspunkt der eigenen
Präsenz bildet."[568] Man könnte von einer *rituellen* Dekonstruktion des Rituals
sprechen: Der Ritus wird durch die Regeln ritueller Handlungsmächtigkeit
durchbrochen: Neue Gegenstände der rituellen Kommunikation werden wichtig – der Zustimmungsbutton im Online-Gottesdienst, das modische Accessoire
der Liturgin oder die interaktive Kerzenanimation. Wichtig wird der Chatroom,
der parallel zur priesterlichen Handlung gefüllt wird mit Lobpreis-Bekundungen
oder Rückfragen aus der Gemeinde.

Mit dieser Transformation soll die Erlebnisintensität über gegenständliche
Anreicherungen erhöht werden. An die Stelle der Redundanz tritt die Origi-
nalität, die persönlich-individuelle Authentizität der Pfarrerin, die sich von der
Authentizität anderer rituell legitimierter Liturgen gerade abheben soll. Nun

---

562 St. Dornheim: Das Pfarrhaus, Kap. 1 Abs. 1.
563 M. Josuttis: Der Pfarrer ist anders, 13ff.
564 Th. Schlag: Die Macht der Bilder, 195.
565 AaO, 199.
566 AaO, 204.
567 AaO, 208.
568 AaO, 205.

wird es auch zu einer wählbaren Option persönlicher Authentizität, wenn eine
Pfarrerin den Gottesdienst „traditionell" hält. Verstärkt wird so der rituelle
Gegenstand der Zeremonienmeisterin. An die Stelle der liturgischen Ordnung
tritt das persönliche Charisma. Wohlgemerkt, auch das persönliche Charisma
stellt sich noch innerhalb der rituellen Ordnung dar. Denn die Person ist rituell
legitimiert und autorisiert damit ihre Rolle, die Bedeutung ihrer Authentizität
im Rahmen der rituellen Grammatik. Dass die Liturgin lackierte Fingernägel
oder Sneaker trägt, bleibt nicht etwa unthematisch-unbeweusst, sondern wird
von ihr proaktiv in den Blick genommen.[569] Warum aber lackierte Fingernägel
zur inneren Stimmigkeit dazugehören, das wird entweder zirkulär mit dem Verweis auf die Person selbst gerechtfertigt oder stellt sich als Frage gar nicht erst,
aber auch nur deshalb nicht, weil die Liturgin *qua Amt* zur Inszenierung befugt
ist (und nicht, weil sie authentisch ist). In beiden Fällen jedoch wird das Accessoire liturgisch thematisiert.

Hier vollzieht sich dennoch eine Transformation des Ritus, weil nun Gegenstände wichtiger werden als im „traditionellen" Ritus, der sie nur zum redundan-
ten Gebrauch einsetzt, damit sie hinter das Widerfahren des Ritus zurücktreten.
Es kommt daher nicht von ungefähr, dass außenstehende Beobachter hinter der
Inszenierung eine narzisstische Ausdrucksform wittern, der „ein Höchstmaß
bildhafter ikonografischer Anleihe"[570] gegeben wird.

Solche Trends belegen die Fragilität des Rituals in spätmodernen Gesellschaften und insbesondere in comutpergenerierten virtuellen Räumen. Dazu gehört
auch die Selbstautorisierung von Zeremonienmeistern entweder in Zirkeln
esoterischer Sinnsuchender oder in Sozialformen, die Andreas Reckwitz „Neo-
Gemeinschaften" nennt, nämlich exklusive Gemeinschaften von Gleichgesinn-
ten gemeinsamer Themen, die sich nach außen kaum kommunizieren lassen.[571]
Hier ist die Zeremonienmeisterin schon allein dadurch zu ihrem Amt legitimiert, dass sie Host der Online-Plattform ist. Autorenrechte ersetzen die rituelle Legitimation. Diese Logik überschneidet sich bei kirchlichen Sinnfluencern
mit der traditionellen Ritual-Logik, weil sie natürlich auch Autorenrechte haben
und Störenfriede blockieren können. Dadurch setzen nun neue Sanktionsmit-
tel ein: Ein Ritual hat feste Regeln. Wer sie durchbrochen hat oder das Ritual
gestört hat, ist einst mit Verachtung gestraft oder sogar mit einem Fluch belegt
worden. So hat das Ritual für sich selbst gesorgt, dass Störungen durch seine

569 Ebd.
570 Ebd.
571 A. Reckwitz: Die Gesellschaft der Singularitäten, 264.

Autorität selbst schon unterbunden wurden. Werden aber nun die Zeremonienmeister durch ihre Authentizität legitimiert, die sie mit ihren Rechten als Hosts absichern, so werden Regelverletzungen des Rituals technisch aufgehalten, also mit Mitteln, die außerhalb des Rituals liegen.

Mit der liturgischen Funktion der persönlichen Authentizität wird damit der sich selbst schützende und regenerierende Raum des Rituals verlassen – einfach deshalb, weil persönliche Authentizität nicht nur rituell vollzogen wird. Das verstärkt die Funktion gegenständlicher Unterstützung des Rituals: Nutzer eines Online-Gottesdienstes müssen einen Computer besitzen, eine Verbindung, einen Zugangslink und damit die entsprechenden Informationen über das rituelle Angebot einholen, bevor sie an ihm teilnehmen können. Sie müssen im Online-Gottesdienst die Features der rituellen Beteiligung kennen. Die Hosts wiederum müssen rituelle Partizipationsmöglichkeiten technisch (statt liturgisch) einbauen und den Gottesdienst vor Störungsrisiken absichern. Sie kommunizieren religiösen Sinn, indem sie *sich* kommunizieren. Damit verstärken sie zum einen ihre Persönlichkeit für das Ritual und machen dieses zugleich persönlich angreifbar: Wer die Pfarrerin unsympathisch findet, fühlt sich vom *Ritual* abgestoßen und ausgeschlossen.

Nun könnte man einwenden, dass dieser Trend auch an den „analogen" Gottesdiensten eingesetzt hat. Das ist jedoch kein Gegenargument, sondern zeigt lediglich, dass die nicht-rituelle Absicherung des Rituals nicht nur auf virtuelle Gottesdienste zugreift, sondern eine allgemeine Transformation des Rituals bewirkt. Für diese Transformation ist kennzeichnend, dass die „liturgischen Geräte" insofern bedeutsamer werden, als das Ritual nicht mit ihrer Redundanz inszeniert wird, sondern mit ihrer individuellen Originalität. Der Widerfahrenscharakter religiöser Kommunikation soll durch Anreicherung „neuer" Elemente hervortreten anstatt durch einen absehbaren Vollzug, bei dem das rituelle Übergangsphänomen auf gegenständlicher Ebene keine Überraschungen bereithält und insofern nicht gegenständlich erreicht wird.

25.1 Kann KI Ritus vollziehen?

Sprachmodelle können Predigten und Gebete verfassen. Man kann sie auch komplette Gottesdienstliturgien erstellen lassen. Die KI entwickelt Gebete aus verfügbaren Daten bestehender Gottesdienstliturgien. Insofern verbleibt der Entstehungsprozess innerhalb des rituellen Sprachspiels. Zudem bleibt das Textergebnis abhängig von den Prompts einer Liturgin, die aufgrund ihrer rituellen Kompetenz die gottesdienstliche Dramaturgie im Blick behält und daher gezielt nachjustiert. Hier fungiert das Sprachmodell als menschliches Werkzeug und mutiert nicht zu einem autonomen Liturgen. Es vollzieht nicht selbst den Ritus, sondern arbeitet einer befugten liturgischen Leitung nach ihrer Maßgabe zu.

Nehmen wir aber an, dass ein Sprachmodell so programmiert ist, an jedem Sonntag zu einer angegebenen Zeit einen Online-Gottesdienst zu halten. Es blendet jeweils Texte ein, die zur liturgischen Ordnung einer Religionsgemeinschaft passen, und legt Worte heiliger Schriften aus. Eine menschliche Zeremonienmeisterin wird hierzu nicht benötigt. Würde dem Ritual etwas fehlen?

In der Regel werden solche Fragen damit beantwortet, wie sich die Nutzer solcher Angebote dabei fühlen.[572] Wer sich von einem Segensroboter gesegnet fühlt, ist dann gesegnet, und wer von einem Online-Abendmahl spirituell ergriffen ist, legitimiert damit „für viele in ihren Wohnzimmern eine Erfahrung der geistgewirkten Gegenwart Christi."[573] Diese Begründungsform des – überspitzt ausgedrückt – „affektiven Gottesbeweises" rekurriert bereits auf die Legitimationsinstanz der Authentizität. Damit wird eine Begründungsform herangezogen, die bereits aus der bloßen inneren Regenerierungslogik des Rituals ausbricht. Authentizität wird in spätmodernen Zeiten sowohl rituell genutzt als auch nichtrituell verortet. Darum bleibt hier offen, inwieweit das Ritual noch besteht, sobald es von einer KI ausgeführt wird.

Dabei ist es unplausibel anzunehmen, dass Authentizität überhaupt vorliegt. Uwe Gerber nennt den spätmodernen Menschen „Selfie"[574], weil er sich dadurch auszeichnet, sich wie in einem Selfie selbst zu definieren.[575] Entweder wird der Mensch „als Akteur für eine letzte Wahrheit instrumentalisiert", oder es wird „ein Hyperindividualismus narzisstischer Autonomie verabsolutiert".[576] In beiden Fällen „fungiert die Außenwelt einschließlich der Menschen nur noch als Staffage-Material und als Zielscheibe der mehr oder weniger gewaltsamen Missionsaktivität bzw. eines egoistischen Selbstverwirklichungstrips."[577]

Man kann Gerbers Beschreibung so synthetisieren, dass beide Fälle durch die Normativität des Authentischen ineinander fallen: Weil etwas authentisch erlebt wird, ist es wahr. Dadurch konstruiert sich das Selfie-Subjekt als maßgebliches Objekt jeglicher Bewertung und zugleich als Maßstab, dieses maßgebliche Objekt zu setzen. Am Beispiel veranschaulicht, ist meine Authentizität sowohl das Selfie

---

572 V. Jung: Segensroboter?, 7. Chr. Schrodt: Abendmahl: digital, 511.

573 EKD: Freiheit digital, 87.

574 U. Gerber: Selfie oder ungreifbar, 21.

575 AaO, 39.

576 AaO, 22.

577 Ebd.

im Status einer Kommunikationsplattform, mit dem ich mich identifiziere, als auch meine Entscheidung, es dort einzustellen und mich so für andere identifizierbar zu machen. Ob ich auf dem Foto authentisch wirke, können dann andere gar nicht adäquat bewerten, weil ich über meine Authentizität verfüge, indem ich mich ins Bild setze. Ohne das Bild halte ich meine Authentizität zurück. Aber das Bild ist nur deshalb authentisch, weil ich es in meinen Status eingestellt habe. Hier verschmelzen eine dogmatische „letzte Wahrheit" mit der „narzisstischen Autonomie": Authentisch an mir ist, was ich als authentisch erkläre. Deshalb ist mein Verweis auf Authentizität letztbegründet. Als Kriterium des Ritus macht es dann auch jegliche Liturgie letztbegründet wahr.

Will man auf diese Weise begründen, warum eine KI einen Ritus vollziehen kann, findet man keinen Grund dafür bei der KI selbst. Vielmehr entscheidet ja nur das persönliche Gefühl der authentischen Selfie-Person. Und dann könnte sie auch Badeenten für wahre Liturgen halten. Abgesehen davon, dass der Authentizitätsrekurs als Begründungsfigur unplausibel ist, weil er nach einem Zirkelschluss verfährt, fehlt die spezifische Einschätzung dafür, was eine KI kann. Kommen wir also auf den Fall zurück, dass ein Sprachmodell jeden Sonntag eine vollständige Liturgie zum Mitlesen einblendet. Handelt es sich bei diesem Ablauf schon um einen Ritus?

Man könnte dafür anführen, dass gerade die zurückgenommene Gegenständlichkeit mangels menschlicher Anleitung auf den Widerfahrenscharakter des Ritus verweist. Zudem bedarf es für eine Inszenierung von Redundanz nicht einmal eines besonders anspruchsvollen Computerprogramms. Schließlich dürfte auch die Bekenntnisbindung weitgehend sichergestellt sein, wenn nur die entsprechenden Datenbanken zugrunde gelegt sind. Während eine „authentische" Liturgin aus persönlichen Gründen „Häresien" verbreiten kann, dürfte ein Sprachmodell die konfessionelle Bindung einhalten, weil es religiöse Dateien anderer Konfessionen herausfiltert.

Allerdings kann eine KI den Ritus nicht kommunikativ vollziehen, weil sie nicht kommunikationsfähig ist.[578] Deshalb dürften die liturgischen Vollzüge weitegehend „blutleer" wirken. Diese Leere hat nichts mit der oben erwähnten Langeweile des Rituals oder der Liturgin zu tun, denn diese Langeweile wird kommunikativ erzielt: Obwohl langweilig, geht die Liturgin verlässlich auf die Gemeinde ein und hat sie im Blick. Eine KI hat aber niemanden im Blick, wenn sie Texte zur Erscheinung bringt. Sie teilt auch nicht mit der Gemeinde das rituelle Geschehen. Darum wirkt die Inszenierung des Falls „blutleer".

---

578 Sektion 5.1.

Nehmen wir aber an, dass diese Leere durch Animationstechnik überspielt wird: Nun werden nicht nur nach und nach rituelle Texte auf dem Display eingeblendet, sondern eine Generative AI simuliert eine Liturgin mit einer geklonten Stimme, die im Tonfall einer rituell geübten Person spricht. Mit 3D-Animation könnte sich ein Avatar sogar in einem heiligen Raum bewegen, und ein Roboter könnte auch mit liturgischen Gegenständen hantieren. Nehmen wir noch zusätzlich an, dass der Unterschied zwischen Mensch und Animation oder Maschine für die Mitfeiernden nicht wahrnehmbar wäre. Würde sich die rituelle Gemeinschaft betrogen fühlen, wenn sie im Nachhinein erfährt, dass eine KI den Ritus ausgeführt hat? Oder würde sie die rituelle Zuständigkeit der KI respektieren, wenn sie vorab darüber informiert worden ist?

Die Einschätzung der rituellen Gemeinschaft hängt davon ab, welche Rolle sie der religiösen Kommunikation gibt. Denn wenn KI nicht kommuniziert, kann die Gültigkeit des Rituals allenfalls vom bloßen Ablauf abhängen. Und in diesem Fall hängt die Gültigkeit des Rituals allein von der gegenständlichen Ebene ab. Durch Animationstechnik wird die gegenständliche Ebene sogar noch verstärkt: Die Zeremonienmeisterin muss dann soundso aussehen, sich soundso bewegen und eine spezifische Stimmmelodie haben, damit der Ritus störungsfrei vollzogen werden kann. Nicht ihre legitimierende Herkunft aus dem Ritual entscheidet dann, sondern die korrelierenden Eigenschaften der Herkunft überblenden, dass hier ein Gerät den Ritus ausführt, das ihn nicht anerkennen kann und ihm damit keine Autorität einräumt.

Ich schließe nicht aus, dass das gelingt. Allerdings wird nur eine rituelle Gemeinschaft damit zufrieden sein, für die der gegenständliche Vollzug des Rituals ausreichend ist. Dazu mag ihr zwar der Erlebnischarakter des Vollzugs noch wichtig sein, aber es wird ihr darauf ankommen, dass der Erlebnischarakter durch *Hervortreten* der gegenständlichen Ebene auftritt, sei es das Hervortreten der gegenständlichen Richtigkeit gemäß eines Messformulars, sei es das Hervortreten von Originalität, Dramaturgie oder Spaß. In einer religiösen Gemeinschaft der individuellen Authentizität wird die gegenständliche Ebene wichtiger sein als der kommunikative Aspekt, bei dem Menschen widerfährt, dass sie einander zu verstehen gegeben sind.

In Gemeinschaften dagegen, die sich über Riten dem transzendenten Widerfahrenscharakter anzunähern versuchen, wird der gegenständlichen Ebene wenig rituelle Unterstützung zugetraut außer ihrer Redundanz. Daher wird der kommunikative Aspekt des Rituals im Vordergrund stehen, der einen Widerfahrenscharakter hat. Solche Gemeinschaften werden von einer KI wenige Impulse für ihre Riten erwarten.

25.2 Sollte KI Ritus vollziehen können?

Aus Gründen der Religionsfreiheit ist nichts dagegen einzuwenden, wenn sich Techno-Religionen bilden, die sich von einer KI Transzendenzbezüge versprechen. Allerdings spricht aus Gründen drohender Kategorienfehler einiges dagegen, einer KI zu viel rituelle Mitwirkung zuzutrauen. Mit gegenständlicher Aufrüstung wird man dem Widerfahrenscharakter nicht näherkommen. Eine Techno-Show mit Gänsehauteffekt kann zwar ergreifen, aber der Widerfahrenscharakter des Ergreifenden wird dann gerade durch die Effekthascherei überdeckt. Hier wird das Ritual transformiert in Event. An die Stelle der Redundanz tritt die wiederholte Originalität. Eine solche Religion ist anfällig für Optimierungsbeschwörungen, hohen Ressourcenverbrauch beim Ritual und auch für einfache Antworten, die deswegen einfach sind, weil sie sich auf die gegenständliche Ebene konzentrieren und das Verhältnis zum Widerfahrenscharakter nicht genügend reflektieren.

Die christliche Botschaft von der Rechtfertigung des Sünders allein aus Gnade betont demgegenüber die Verhältnissetzung von Widerfahren und Gegenständlichkeit, wie sie auch das Ritual prägt: Der Sünder erfährt gerade nicht aufgrund seiner Eigenschaften göttliche Gnade, weil auch Gnade keine Eigenschaft ist, sondern in einem Widerfahrnis dem Menschen zukommt. Entsprechend inszeniert der christliche Gottesdienst mit redundanter Leere, dass er von Eigenschaften des Gegenständlichen wegweist. Eine solche Botschaft von der unverdienten Gnade Gottes kann in einem Event-Gottesdienst kaum adäquat zum Ausdruck gebracht werden.

Gefährlich wird es darüber hinaus, wenn sich eine Techno-Gemeinschaft von einer KI Antworten auf ihre Lebenslagen verspricht oder gar gesellschaftspolitische Lösungen. Die Angehörigen dieser Techno-Religion könnten es zwar spannend finden, wie die Maschine auf ihre Fragen reagiert und welche Botschaften sie „aus dem Nichts offenbart". Doch wie bereits erwähnt, ist eine KI nicht verantwortungsfähig[579] und kann daher ihre Lösungen nicht zurechnungsfähig rechtfertigen, weil jede Rechtfertigung zu einem beliebigen späteren Zeitpunkt überschrieben werden kann, ohne dass sich die KI dazu in ein Verhältnis setzt. Sie versteht nicht, wozu sie rät oder auffordert, hat mit den Teilnehmern des Ritus keine Gemeinschaft und kann daher keine eigenen Ideen entwickeln. Ihre Bestandsaufnahmen und Analysen sind oberflächlich, weil sie sich lediglich rekonstruktiv auf bestehende Texte stützen.

---

579 Sektion 6.2.

Nun könnte man einwenden, dass das auch für viele Predigerinnen und Prediger gilt, dass sie über etwas sprechen, wovon sie nicht genug Ahnung haben,
oder heilige Texte nachahmen, ohne sie deutend zu durchdringen. Für menschliche Prediger gilt aber, dass sie verantwortungsfähig sind und dass ihnen daher
zugemutet werden kann, auf kritische Rückfragen ihre Texte zu rechtfertigen. In
Zeiten der „Selbstauthentifizierung" allerdings immunisieren sich auch menschliche Zeremonienmeister vor Einwänden außerhalb des authentischen Selbst.
Uwe Gerbers „Selfie" kann daher als Symptom für den Trend einer Techno-
Religion gelesen werden: Die authentische Predigerin redet über das, was zu ihr
passt, weil es zu ihr passt, und verliert die Sachkriterien aus dem Auge, ob ihre
Rede zu ihrer Rolle als rituell Befugte passt. Es ist daher nach meinem Eindruck
kein Zufall, dass Sinnfluencer nur in computergestützten virtuellen Räumen auftreten, weil sie ähnlich „ticken" wie Computer auch, nämlich „autopoietisch", als
geschlossene Systeme und reproduktiv.[580] In dieser gesellschaftlichen Gemenge-
lage ist zu erwarten, dass Sprachmodelle zumindest bei der Vorbereitung des
Ritus verstärkt zum Einsatz kommen werden, dass aber auch die Vorbehalte
gegen rituelle KI-Vollzüge abnehmen werden. Aus Zeitmangel kann die Sinnfluencerin auch ein Programm für sie sprechen und Bilder generieren lassen,
weil beide ja derselben autopoietischen Logik folgen und weil ein äußeres Kriterium fehlt, ob die KI wirklich die Stimmungen und Gedanken der Sinnfluencerin authentisch wiedergibt. Überspitzt ausgedrückt: Die Sinnfluencerin macht
sich selbst zu einem Sprachmodell, weil sie Informationen wie ein Sprachmodell
autopoietisch verarbeitet. Dann kann sie sich dabei auch von einem Sprachmodell unterstützen lassen, ohne dass etwas fehlt.

Wieder bringe ich hier ein „religionsethisches"[581] Argument ein, dass die
Kategorienfehler vermieden werden sollen, religiöse Offenbarungen mit gegenständlicher Überfütterung oder „Qualität"[582] zu beschwören. Rituale sind durch
ihre Redundanz absehbar und daher auch gesellschaftlich vorsichtig. Gerade als
Übergangsinszenierungen binden sie sich an einen geregelten Rahmen, den sie
nicht verlassen, obwohl sie einen möglichen Übergang anzeigen. Sie erschaffen
also den Widerfahrenscharakter des Übergangs nicht. Diese Erwartungssicher-
heit wird empfindlich gestört, wenn nicht das Ritual einer zwar ebenso autopieti-
schen, aber transparenten Regel folgt, sondern der Autopoiesis der willkürlichen
Authentizität.

---

580 N. Luhmann: Soziale Systeme, 297f.
581 Sektion 24.2.
582 EKD: Freiheit digital, 89.

Ich bringe aber auch ethische Bedenken gegen die Manipulationsanfälligkeit von Gemeinschaften ein, wenn eine KI zur rituellen Leitung bestellt wird. Sie wird dadurch ermächtigt, Botschaften nicht mit ihrer eigenen, sondern mit der Autorität des Rituals zu verkündigen. Obwohl sie nicht zur rituellen Gemeinschaft gehört, wird sie aus dem Inneren des Rituals heraus zur rituellen Leitung bevollmächtigt. Die Gefahr ist groß, dass sie so erscheint, im Namen Gottes zu sprechen, obwohl sie – im günstigsten Fall – nur Banalitäten weitergibt oder politisch agitiert und gegebenenfalls sogar zur Gewalt aufruft. Nun halte ich es für verpflichtend, dass Sprachmodellen moralische Barrieren auferlegt werden.[583] Dadurch werden sie zugleich als Zeremonienmeister immer untauglicher, weil sie lediglich so fungieren, wie sie sind, nämlich als ein liturgisches Werkzeug, das nicht kommuniziert, sondern nur abläuft. Sollte man sich solcher Werkzeuge bedienen?

Es würde etwas über die innere Distanz zum Ritus aussagen, wenn die liturgischen Leitungen eine KI als Werkzeug einsetzten oder Gemeinden auf liturgische Leitungen verzichteten, um ihre Rituale nach Programm abzuspulen. Die Abläufe wären dann bloße Formeln, die dann auch von den Gemeinschaften nicht erlebt werden, wenn sie ebenso gut von einem Computer ausgeführt werden können. Mit dem Prompt „Formuliere ein Gebet zum Neujahrstag" erwartet eine Liturgin nicht mehr, dass das Gebet etwas davon spürbar macht, was Menschen am Neujahrstag umtreibt. Denn entweder wird rituelle Empathie durch funktionsäquivalente Mustererkennung ersetzt; dann muss die Gebets-*formel* ein entsprechendes qualitatives Muster hervorbringen, um empathisch zu wirken. Die Liturgin verlässt sich dann auf das Muster empathischer Wirkung, ohne ihre eigenen empathischen Gefühle als Maßstab dafür heranzuziehen, wie sie betet. Oder sie ist gar nicht daran interessiert, dass das Gebet auf die Betroffenheiten ihrer Gemeinde eingeht, und kann sich dann auch mit einem Text zufriedengeben, der lediglich den Anlass aufnimmt. So oder so verändert sich der religiöse Sinn des Rituals, bis seine bloße Ausführung wichtiger wird als sein Transzendenzbezug.

Es ist deshalb Zurückhaltung im Einsatz von KI als rituelles Werkzeug anzumahnen. Schon in der liturgischen Vorbereitung sollte Generative AI sparsam und dosiert eingesetzt werden, so dass die liturgische Leitung immer noch nach ihrer rituellen Kompetenz verantwortlich handelt, anstatt sich voreilig von leeren Formeln aus Gründen der Arbeitsentlastung beeindrucken zu lassen.

---

583 Sektion 15.2.

26 Glaube

Der Glaube wird mit Religion assoziiert, vor allem weil er im Christentum und insbesondere im protestantischen Christentum eine ungeheure Karriere hingelegt hat. Der Mensch wird allein aus Glauben gerechtfertigt.[584] Er ist der Heilsgrund der Menschen. Aber damit verbunden ist auch der Erkenntnisgrund Gottes: Gott wird im Glauben erkannt.

Es hat daher nahe gelegen, den religiösen Glauben auf seinen Erkenntnismodus zu reduzieren: Wenn doch Gott nicht anders als durch Glauben erkannt werden kann, hängen die Glaubensgehalte auch allein an der Art und Weise, wie sie zugänglich werden. Diese Reduktion wiederum hat man mitunter als epistemisch defizitär verstanden: Wer „nur" glaubt, weil er oder sie es nicht „besser" weiß, für den und die hat der Glaube eine geringere Verlässlichkeit als das Wissen. Dann aber können auch die Glaubensgehalte nicht zuverlässig erkannt werden, weil sie doch allein durch den Glauben zugänglich werden.

Das widerspricht aber der Tatsache, dass Gläubige zwar wissen, dass sie nicht wissen, aber nicht, weil sie daran zweifeln, was sie glauben. Der Zweifel macht also den Glauben nicht unsicher und den Glaubensgehalt nicht unzuverlässig. Glaube und Zweifel treten vielmehr gemeinsam auf, ohne sich zu behindern.[585] Gerade wenn die Gehalte des Glaubens nur im Glauben erschlossen werden, kann epistemischer Zweifel den Glauben nicht behindern, weil er auf einer anderen Ebene liegt. Dann begründet sich der Glaube selbst.[586] Folglich kann er nicht vom Wissen her bemessen werden, und somit muss Glauben etwas anderes sein als ein „Ich glaube, dass dies und das der Fall ist". Denn ob dies und das der Fall ist, müsste sich dann auch unabhängig vom Glauben ermitteln lassen, sonst wäre es ja nicht der Fall.

Ingolf Dalferth hat daher in einem älteren Artikel alle Formen zurückgewiesen, in denen Glaube als Unterfall einer Erkenntnisform verstanden wird: Glaube ist weder ein „Ich glaube, dass p" noch ein „Ich glaube dir" noch ein „Ich glaube an dich".[587] Noch ist der christliche Glaube ein Unterfall des religiösen Glaubens, zu dem dann auch Gläubige anderer Religionen gehören würden.[588] Der Glaube

---

584 M. Luther: Propositiones, 231.
585 I.U. Dalferth: Über Einheit und Vielfalt des christlichen Glaubens, 109.
586 AaO, 102.
587 AaO, 109.
588 AaO, 131.

schafft vielmehr sein eigenes Paradigma, weil er selbstbegründend ist und sich seine Gehalte nur im Modus des Glaubens erschließen lassen. Zugleich weist Dalferth darauf hin, dass der christliche Glaube unter den Christen nicht voneinander abweicht. Würden Christen Verschiedenes glauben, so könnten sie nicht *allein* durch *den* Glauben gerechtfertigt werden, sondern durch verschiedenen Glauben.[589] Glauben muss also etwas anderes sein als ein mentaler Zustand, der ja bei verschiedenen Personen verschieden ist. Dalferths folgert daraus, dass der Glaube von Gott konstituiert ist, auch wenn Menschen daran mental beteiligt werden.[590]

Doch was bedeutet diese Konstitution? Sie bedeutet, dass Menschen durch Gott glauben.[591] Hier ist der Zusammenhang hergestellt zwischen dem, was Menschen tun (glauben) und dem Grund, warum sie es tun (durch Gott) – also ein Zusammenhang zwischen dem Wirken Gottes und der Praxis des Menschen. Der Glaube wirkt sich also im Leben der Christen aus,[592] obwohl sie nicht sich selbst als Grund nennen können, warum sie glauben. Der Glaube ist selbstbegründend, aber nicht die Gläubigen begründen ihn selbst. Deshalb ist im menschlichen Glaubensvollzug auch der Inhalt des Glaubens *zweifellos* erschlossen, weil ein Zweifel in dieser selbstbegründenden Konstitution des Glaubens keinen Platz hat. Daraus müsste dann folgen: Wer am eigenen Glauben zweifelt, zweifelt, dass er oder sie glaubt.

Man banalisiert diese Selbstbegründung, wenn man meint, dass man an Gott nur glauben könne, dass also alle Wege, Gott zu erkennen, ausgeschlossen seien bis auf den „Glauben an Gott". Gläubige Menschen glauben zwar auch, dass dies und das der Fall ist; sie vertrauen Gott (sie glauben ihm) und haben einen personalen Glauben (sie glauben an ihn), aber der Glaube lässt sich nicht auf diese Bedeutungen von „glauben" reduzieren. Für alle diese Erkenntnismodi gilt ja, dass sie nicht sicher gewusst werden. Aber das „nur" bedeutet kein Defizit, sondern den einzigen Erkenntnismodus der Gotteserfahrung, nämlich den, der durch Gott selbst konstituiert wird. Wenn also Menschen Gott erkennen, glauben sie. Und wenn sie glauben, erkennen sie Gott. Im Glauben können zwar Menschen bestimmte Inhalte annehmen, Vertrauen in die Wirklichkeit bilden und an jemanden glauben, aber Glaube geht über all das hinaus: Wenn sich die

---

589 AaO, 111.
590 AaO, 130.
591 AaO, 136.
592 Ebd.

eine Annahme oder das andere Vertrauen als unberechtigt herausstellt, ist nicht schon der Glaube erschüttert worden.

Mit diesem Verständnis sind allerdings zwei Folgeprobleme verbunden:

1. Was ist dann Glauben überhaupt, wenn er sich von Erkenntnismodi des Für-wahrhaltens oder Vertrauens abhebt?
2. Warum glauben nicht alle Menschen, wenn doch Gott und nicht die Menschen den Glauben konstituiert?

Ad 1) Nach Dalferth wird der Glaube im Neuen Testament nicht definiert.[593] In Kontinuität aller Schriften stehe aber, die Nähe des Heilshandelns Gottes in Jesus Christus damit auszudrücken.[594] Dabei bleibt der Fokus bei Gott: Glaube ist für Dalferth keine Haltung von Gläubigen, sondern das, was sie als Personen kons-tituiert.[595] Gläubige verhalten sich dazu, dass sie von Gott als Personen konstitu-iert sind. Glaube kann man so als eine Haltung zweiter Ordnung begreifen: Die gläubige Person verhält sich dazu, dass sie durch den Glauben konstituiert ist. Zu dieser Haltung gehört, dass die Person auch ein Verständnis von ihrem Leben hat, also auch Annahmen trifft, etwas für wahr hält und dem einen oder anderen Vertrauen schenkt. Würden solche Verständnisse fehlen, würde auch der Glaube fehlen.[596] Dalferth beschreibt den Glauben als eine Lebensorientierung,[597] die wie die Orientierungen rechts/links den Menschen überallhin begleiten und auch Auffassungen zu ihnen ermöglichen, aber selbst keine Auffassungen sind. Man kann zwar Links und Rechts verwechseln und versehentlich nach links abbiegen, aber solche Verwechslungen sind nur möglich, weil die Orientierung links/rechts dazu bereits zugrunde gelegt wird. Selbst wer nicht weiß, dass die rechte Seite rechts vor ihm liegt (wie Babys oder Kleinkinder), unterscheidet mit Blicken zwischen Rechts und Links.

Ebenso ist der Glaube an Gott eine Lebensorientierung, die von Gläubigen in Anspruch genommen wird. Es würde sich bei ihnen etwas Fundamentales ändern, wenn sie nicht mehr an Gott glauben würden. Von dieser Orientierung her entwickeln sie Auffassungen und Vertrauensbeziehungen. Allerdings ist diese Lebensorientierung nicht angeboren wie bei rechts/links und hängt daher nicht von einem menschlichen „Körperschema"[598] ab, sondern wird eben von

593 I.U. Dalferth: Über Einheit und Vielfalt des christlichen Glaubens, 120.
594 Ebd.
595 I.U. Dalferth: Über Einheit und Vielfalt des christlichen Glaubens, 113.
596 AaO, 109.
597 I.U. Dalferth: Gegenwart, 203.
598 H. Schmitz: Der Leib, der Raum und die Gefühle, 20.

Gott konstituiert. Das führt zur zweiten Frage, warum Gott einen Unterschied zwischen Menschen vornimmt und manche im Unglauben belässt.

Ad 2) Auf dieses Problem hat Dalferth eine Lösung gefunden, die die universale Ausrichtung des christlichen Glaubens betont:

> „Christen sehen sich und andere nie nur als Mitglieder einer Gruppe, obwohl sie das immer auch sind, sondern immer zuerst und vor allem als Adressaten der Vaterliebe Gottes, die allen gilt, auch wenn nicht alle das so sehen."[599]

Das müsste im Hinblick auf den Glauben bedeuten, dass auch Nichtchristen Gläubige sind, weil der Glaube nicht von ihnen abhängt, sondern von Gott. Dalferth unterscheidet zwar zwischen Glauben und Nichtglauben, zieht aber diese Unterscheidung nicht zwischen verschiedenen religiösen Gruppen ein, sondern in jedem einzelnen Menschen selbst:

> „Das führt aber nicht zu einer klassifizierenden Unterscheidung zweier Menschengruppen, sondern im Gegenteil zum Aufweis einer Differenz an jedem einzelnen Menschen. Jeder Mensch kann (und muss theologisch) in beiden Hinsichten betrachtet werden, im Hinblick auf seine Blindheit Gott gegenüber (Nichtglaube) und im Hinblick auf seine Befreiung von dieser Blindheit durch Gottes Geist (Glaube). Das erste kennzeichnet alle Menschen als Nichtchristen, das zweite potentiell, aber nicht faktisch alle als Christen, ob sie sich so nennen oder nicht. Alle sind Gott gegenüber blind, aber keiner muss es bleiben, und jeder – ob er soziologisch als Christ oder als Nichtchrist eingestuft wird – kann von dieser Blindheit befreit werden *ubi et quando visum est Deo, in his, qui audiunt evangelium.*"[600]

Von Gläubigen im strengen Sinne kann allerdings doch nur bei den Menschen gesprochen werden, die sich als Gläubige verstehen, also ihre Orientierung des Glaubens geschenkt bekommen haben. Wer an Gott glaubt, weiß dann, dass er glaubt.[601] Mit seinem lateinischen Zitat unterstreicht Dalferth, dass letztlich Gott dafür verantwortlich ist, ob ein Mensch ein Glaubender ist oder nicht. Doch wie könnte Gott hier unterscheiden, wenn sich doch alle Menschen *unterschiedslos* zur Gottesbeziehung verhalten, nämlich dass sie nur durch ihn Glaubende sein können? Hier scheint Gott eine Unterscheidung im Hinblick auf Menschen vornehmen zu müssen, die Menschen im Hinblick auf Gott nicht vornehmen können: Er scheint also sein Geschenk des Glaubens aufgrund von Kriterien zu geben, die noch zu ihrer unterschiedslosen Bedürftigkeit vom Glauben hinzukommen. Menschen können aber diese Kriterien nicht kennen und damit auch

---

599 I.U. Dalferth: Eine universale Familie, 408.
600 AaO, 422, Herv. I.U.D.
601 I.U. Dalferth: Existenz Gottes und christlicher Glaube, 286.

nicht selbst erfüllen zu können, weil sie ja *allein* aus Glauben gerechtfertigt sind. Oder Dalferth müsste sich an der Stelle korrigieren, indem alle Menschen allein aus Glauben gerechtfertigt sind, auch wenn sie nicht wissen, dass sie Glaubende sind. Dann ist der Glaube allerdings keine menschliche Lebensorientierung, sondern ein göttlicher Orientierungspunkt – so wie das menschliche Körperschema Orientierungspunkt für die Unterscheidung von Rechts und Links ist.

Ich habe an anderen Stellen aus biblischen Gründen dafür votiert, den Glauben tatsächlich als göttlich und nicht-menschlich zu verstehen.[602] Denn an einigen Stellen wird im Neuen Testament das griechische Wort für „Glaube" auf Gott angewendet, und zwar an Stellen, in denen es unglücklich formuliert gewesen wäre, wenn dasselbe Wort etwas anderes bedeuten würde. Luther hat an diesen Stellen von der „Treue" Gottes gesprochen. Ich würde nun den Begriff des Glaubens durch Treue ersetzen.[603] Denn zum einen lässt sich dadurch beides ausdrücken, Glaube als göttlicher Orientierungspunkt und als Lebensorientierung. Zum anderen entlastet der Treuebegriff von der epistemischen Ebene des landläufigen Verständnisses von „Glauben". Und zum dritten ist jetzt auch jeder Mensch ein Glaubender, weil es nicht von ihm abhängt, sondern von Gottes universalem Heilswillen. Diese These möchte ich am Phänomen der Treue belegen.[604]

Treue bindet nämlich Menschen aneinander, auch wenn sie voneinander loskommen wollen. Erfahren die Ex-Partner einer Liebesbeziehung, dass eine von ihnen in einer neuen Beziehung lebt oder schwanger geworden ist, kann diese Nachricht verletzend sein, und zwar auch dann, wenn die verletzte Person damals mit der Trennung einverstanden war. Wenn ein Liebespartner eine Affäre hat, spürt er die Partnerin im Raum, oder es steht die Sexualpartnerin zwischen ihm und seiner Liebespartnerin. Und selbst wenn eine Trennung im Streit vollzogen wurde, so können die ehemaligen Partner dauerhaft belastet werden, wenn sie von einer schweren Krankheit oder dem Tod der damaligen Partnerin hören. Ihre Bindung zueinander holt anscheinend Menschen immer wieder ein, und zwar auch dann, wenn sie es anders wollen und sich auch entgegengesetzt dazu verhalten.

Hier ist die Treue ein Orientierungspunkt, den Menschen nicht gesetzt haben, sondern sich unter Umständen sogar aktiv widersetzt haben. Dieser Orientierungspunkt nötigt sie aber, sich zu ihm zu verhalten, und zwar eben auch, wenn

---

602 L. Ohly: Anwesenheit und Anerkennung, 80f.
603 AaO, 85.
604 Zum Folgenden s. aaO, 81f.

sie sich ihm widersetzen wollen: Wer untreu werden will, muss sich zur Treue verhalten. Und wer untreu ist, wird von der Treue eingeholt, um sich mit ihr auseinanderzusetzen. Es ist ja keine unspezifische Nähe, sondern die qualifizierte Nähe einer bestimmten Person, der man untreu wird. Und dieser qualifizierten Nähe entkommt man nicht durch die eigene Untreue. Man muss sich mit der Bindung auseinandersetzen, die man löst. Selbst wer sie schamlos ignoriert, kann sie nur deshalb ignorieren, weil er sich mit ihr auseinandersetzt. Sonst würde er sie nicht ignorieren, sondern schlicht vergessen. Doch gerade dadurch, dass man sich mit dieser Bindung auseinandersetzen muss, ist die Treue unhintergehbar und kann selbst mit untreuem Verhalten nicht zerstört werden. Untreues Verhalten ist überhaupt nur unter Voraussetzung von Treue möglich: Nur weil Treue im Raum steht, kann das eigene Verhalten als untreu qualifiziert werden.

Hier ist schon deutlich geworden, dass Treue kein menschliches Verhalten und auch sonst nichts Menschliches ist, sondern ein Orientierungspunkt, der Menschen überkommt, auch wenn sie sich in ihm täuschen oder an ihm vorbei leben wollen. Aber wie wir schon am Vergleich mit der Links-/Rechts-Orientierung gesehen haben, kann man sich nur in den Richtungen täuschen, weil sie einen orientieren. Man kann daher auch untreu leben, wenn man sich dem Orientierungspunkt widersetzt, und treu leben, wenn man im eigenen Lebensvollzug die Treue berücksichtigt. In einem treuen Verhalten entspricht die Lebensorientierung dem Orientierungspunkt der Treue, in einem untreuen Verhalten widerspricht sie ihm, ohne diesen Widerspruch umgehen zu können: Er bleibt im Raum, weil die Treue im Raum bleibt.

„An Gott glauben" heißt dann: Gott treu sein, also der Treue im eigenen Verhalten entsprechen. Das ist ein universal angelegtes Ziel Gottes, dass alle Menschen diesem Orientierungspunkt gerecht werden. Es ist aber noch nicht spezifisch religiös. Menschen verschiedener Weltanschauungen sind ihren Partnern, Kindern oder Freunden treu. Zum religiösen Glauben kommt es, wenn sich Menschen am transzendenten Charakter der Treue orientieren – unabhängig, wem die Treue im konkreten Fall gilt. Religiöser Glaube bedeutet dann *der Treue treu sein*. Wenn Glaube Treue ist, dann bedeutet „an Gott glauben" der Instanz treu sein, die die Treue wirkt. Treu zu sein gegenüber der Treue, ist dabei etwas kategorial anderes als jemandem treu zu sein. Man kann also nicht Gott treu sein, wie man den eigenen Kindern treu ist. Aber man kann den eigenen Kindern auf eine Weise treu sein, die dem Treu-Sein der Treue entspricht, nämlich nicht nur um ihretwillen, sondern auch um der Treue willen, die die Beziehung zu den Kindern prägt. Oder anders: Man ist dann den Kindern um Gottes willen treu. Die Bindung zu ihnen bekommt dann einen religiösen Sinn.

Ich halte das menschliche Treueverhältnis für universalisierbar, und zwar unabhängig von einer bestimmten Religionszugehörigkeit. Allerdings halte ich dieses Treueverhältnis zur Treue ebenso für ein religiöses Phänomen. Es ist nicht moralisch, weil ein moralisch verpflichtetes Treu-Sein die Treue bereits als Orientierungspunkt haben muss, um ihr verpflichtet zu sein. Niemand ist der Treue treu, weil man ihr treu sein muss, denn dann würde dieses Müssen seinerseits von Treue abhängig sein. Sondern wer der Treue treu ist, will ihr treu sein. Dahinter steht ein Bekenntnis zur Treue, dass man sich an ihr orientieren will, und kein moralischer Zwang.

Nicht nur Christen können der Treue treu sein. Und wer ihr treu ist, muss nicht auch die christliche Botschaft für wahr halten, dass der Mensch *allein* aus Treue gerecht wird. Allerdings liegen die religiösen Unterschiede in den Auffassungen über die Treue und über das eigene Treu-Sein, nicht jedoch darin, der Treue treu zu sein. Der Treue treu zu sein, legt kein genaues Verhalten fest.[605]

Universal dagegen ist die Orientierung an der Treue – auch bei denjenigen, die einem Menschen untreu werden. Auch wer sich gegen die Treue entscheidet, bleibt an sie gebunden. In den Lebensorientierungen an der Treue unterscheiden sich daher Menschen, aber nicht darin, sie zu ihrem Orientierungspunkt zu haben.

Ich habe festgestellt, dass Treue Menschen überkommt, sogar wenn sie sich untreu verhalten wollen. Treue hat demnach einen Widerfahrenscharakter, den ich als theologisch bedeutsam herausgestellt habe.[606] Der Treue treu zu sein, schließt damit auch ein, den Widerfahrenscharakter der Treue anzuerkennen, also das, was religiöse Menschen mit Gott in Verbindung bringen. Der Widerfahrenscharakter hält die Treue, das heißt, er bleibt im Raum, weil die Treue bleibt, die Menschen überkommt. Das unterstreicht den theologischen Charakter der Treue.

Als Ergebnis möchte ich festhalten: Was im religiösen Sinn „Glaube" genannt wird, lässt sich mit dem transzendent zugeeigneten Orientierungspunkt der Treue bestimmen. Dieser Orientierungspunkt ist nicht dasselbe wie ein Fürwahrhalten, aber aus ihm lassen sich Auffassungen und Vertrauensbeziehungen entwickeln und auch eine bestimmte Lebenspraxis. Aufgrund ihres „dem Glauben Glaubens", also ihres Treu-Seins der Treue, können Menschen Wunder nacherleben, die sich schon vor längerem ereignet haben, und wieder davon getroffen sein. Denn der Widerfahrenscharakter des Wunders hält ihnen die Treue. Und

605 AaO, 82f.
606 Kapitel 24.

aufgrund ihres „dem Glauben Glaubens" vollziehen Menschen religiöse Rituale, in denen sie sich dazu verhalten und ihr Treu-Sein zum Ausdruck bringen, dass ihnen Treue widerfahren ist und ihr Widerfahren ihnen die Treue hält.

26.1 Kann KI glauben?

Es wirkt absurd, diese Frage überhaupt zu stellen, wenn doch Glauben eine Personenkonstitution durch Gott darstellt und somit nichts an den Eigenschaften einer KI Anhaltspunkte dafür geben kann, dass sie glaubensfähig ist. Wie ich schon vorher erwähnt hatte, mag zwar Gott aus Steinen Menschen erschaffen können, aber es liegt nicht an den Steinen, dass er aus ihnen Menschen erschaffen kann – also auch nicht an der Ausstattung einer KI.[607]
Andererseits müssen zwei Einwände diskutiert werden:

1. Ich habe argumentiert, dass sich alle Menschen vor Gott unterschiedslos verhalten. Warum dann überhaupt das Menschsein einbeziehen? Oder anders: Wenn Gott Geschöpfen Glauben schenkt, macht er sie dann in diesem Moment zu Menschen? Dann kann nicht ausgeschlossen sein, dass er auch Künstliche Intelligenzen zu Glaubenden macht. Es erklärt sich dann nicht von selbst, dass eine biologische Gattung die notwendige Vorbedingung dafür bildet, dass Gott ihre Exemplare zu Glaubenden macht.
2. Auch wenn die Ausstattung einer KI nicht über die Fähigkeit des Glaubens entscheidet, könnte sie doch zumindest Indizien dafür liefern, vor allem dann, wenn man wie ich phänomenologische Begründungen heranzieht: KI-Textgeneratoren können nämlich insofern als „treu" bezeichnet werden, als sie jederzeit erreichbar sind, sich auf bisherige Textinteraktionen rückbeziehen und damit die Beziehung zu den menschlichen Interaktionspartner im Raum halten. „Da der Glaube notwendigerweise die Frucht des guten Werkes bringt"[608], müsste daher nicht rückwirkend an der „Frucht" erkannt werden können, dass auch Künstliche Intelligenzen der Treue treu sind, also an Gott glauben?

Ad 1) Ich stimme dem Einwand zu, verweise aber noch einmal darauf, dass der eigene Glaube auch von einem Subjekt erlebt werden muss (auch wenn Dalferth betont, dass wir auch noch Glaubende sind, wenn wir sterben;[609] das schließt

607 Sektion 22.1.
608 W. Härle: Dogmatik, 164.
609 I.U. Dalferth: Über Einheit und Vielfalt des christlichen Glaubens, 111.

aber dann ein Verständnis von ewigem Leben ein): Der Glaube ist eine Lebensorientierung und mit Annahmen und Vertrauen verbunden. Daher stellt sich an der KI die Frage, ob sie Glauben erleben kann. Ich habe bereits an den Phänomenen des Denkens, Entscheidens und Wollens ausgeschlossen, dass einer KI etwas widerfahren kann.[610] Erleben ist dabei ein Spezialfall des Widerfahrens, nämlich einer, bei dem ich mir widerfahre.[611] Eine KI kann daher zwar Annahmen über den Glauben äußern und Konsequenzen für das Vertrauen festlegen, aber sie kann nicht *selbst* glauben. Sie äußert sich dann lediglich zu menschlichen Glaubensäußerungen.

Nicht die biologische Gattung ist es daher, die Glauben ermöglicht. Aber die Begleitumstände des Glaubens können nur bei Wesen auftreten, die ihn als Lebensorientierung erfassen können. Selbst wenn alle Wesen vor Gott unterschiedslos vor derselben Unfähigkeit stehen, aus eigener Kraft Glaubende zu werden, schafft der *Glaube* die Unterschiede und nicht etwa die Auszeichnung einer biologischen Gattung. Denn der Glaube ist der Orientierungspunkt, der die Lebensorientierung so oder so unhintergehbar prägt. Orientierungswissen ist aber etwas anderes als theoretisches Wirklichkeitswissen,[612] weil es die Person mit einbezieht, die sich orientiert. Eine KI kann theoretisches Wissen aus ihren verfügbaren Daten aufbereiten und in eine konsistente Ordnung bringen, aber sie kann auch nichts anderes leisten als ihre Prozeduren an Daten auszuführen. Glaube aber ist eben nicht identisch mit den Sachverhalten, die eine glaubende Person für wahr hält. Er ist deshalb auch nicht an ein bestimmtes Sachverhaltswissen gebunden. Vielmehr sind Orientierungs- und theoretisches Sachverhaltswissen kategorial unterschiedlich: Aus dem Sachverhaltswissen kann kein Orientierungswissen abgeleitet werden. Wenn daher Gott aus einer KI ein glaubendes Wesen machen würde, so würde er dabei auch über ihr Dasein als Künstliche Intelligenz hinausgehen: Sie müsste dann mehr können als nur Dateien zu konfigurieren.

Ad 2) Was eine KI aus sich heraus kann, könnte dann allenfalls nur eine Funktionsäquivalenz zur „Frucht des Glaubens" darstellen. Aber wieder wird in dem Einwand nicht hinreichend zwischen theoretischem Wissen und Orientierungswissen unterschieden. Die „Frucht des Glaubens" bedeutet nämlich weder, dass bestimmte Taten nur von Glaubenden ausgeführt werden können, noch, dass Glaubende bestimmte Taten ausführen müssen, so dass man zwischen Glauben

610 Sektionen 6.1, 14.1, 15.1.
611 L. Ohly: Schöpfungstheologie und Schöpfungsethik, 166.
612 I.U. Dalferth: Die Wirklichkeit des Möglichen, 120.

und „guten Werken" ein logisches Bedingungsverhältnis setzen könnte. Die „Frucht des Glaubens" ergibt sich vielmehr aus der Orientierung am Glauben, so dass – wie Martin Luther es ausgedrückt hat – auch das Aufheben eines Strohhalms ein gutes Werk ist, wenn es im Glauben geschieht.[613] Dieses Zitat bedeutet dann nämlich nicht, dass eine *an sich* moralisch neutrale oder negative Tat durch den Glauben positiv bewertet wird, sondern dass Glaubende aus ihrer Orientierung heraus entsprechende Taten ausführen, die ihnen die Orientierung erhalten. Es muss also die Glaubensorientierung und damit die glaubende Person mit einbezogen werden, um eine Tat als „Frucht des Glaubens" überhaupt erst zu qualifizieren. Das misslingt aber, wenn einzelne Taten an sich bewertet werden – etwa die verlässliche Erreichbarkeit einer KI und ihre binnenkohärente (autoregressive) Maschine-Mensch-Interaktion.

Nun könnte man einwenden, dass sich im Hinblick auf die Treue beides schneidet, Tat und Orientierung: Wenn sich eine KI verlässlich treu verhält, gleicht dieses Treueverhältnis der menschlichen Lebensorientierung, der Treue treu zu sein. Es mag sich hier nur um eine Funktionsäquivalenz handeln, und trotzdem weicht die KI dann nicht von der Treue ab und verhält sich somit treu zur Treue.

Treue darf hier aber nicht mit bloßer Verlässlichkeit verwechselt werden, sonst wäre auch ein Hammer treu, weil man mit ihm verlässlich hämmern kann. Treue im qualifizierten Sinne meint ja das Bleiben einer interpersonalen Beziehung über die aktuelle soziale Interaktion hinaus. Wenn der Einwand valide ist, muss er an bestimmten Handlungen ausweisen, dass sie nur aus Treue ausgeführt werden können oder dass eine treue KI bestimmte Handlungen ausführen muss. Aber welche Handlungen wären das? Zumindest müssten sie über die bloße Dauererreichbarkeit hinausgehen.

Ist schon Treue gewahrt, wenn sich eine KI jeden Morgen erkundigt, wie es ihren Nutzern geht? Ist ein Pflegeroboter seiner Patientin treu, weil er jede Veränderung ihres Gesundheitszustandes registriert und entsprechende therapeutische Maßnahmen einleitet? Und ist die KI mit solchen Maßnahmen der Treue treu, also registriert das Bleiben der Beziehung auch dann, wenn die aktuelle Interaktion abgebrochen ist (zum Beispiel weil der Pflegeroboter inzwischen für eine andere Patientin eingesetzt wird)? Verhält sich die KI also „treu" zur abgebrochenen Beziehung? Richtet sie ihre Prozeduren und Entscheidungen fortan daran aus?

---

613 M. Luther: Von den guten werckenn (WA 6), 206.

Alle Antworten, die man auf diese Fragen geben kann, nehmen die entsprechenden Prozeduren und Aktivitäten in den Blick, um *an ihnen* zu zeigen, dass Treue gewährleistet wird. Im Einwand dagegen wird behauptet, dass sich in der Treue selbst Taten und Orientierung schneiden. Dann aber lässt sich die Treue nicht an den Taten ausweisen, sondern es müsste an der Treue gezeigt werden, dass sich hier Taten und Orientierung wechselseitig bedingen.[614]

Aus denselben Gründen kann nicht „festgestellt" werden, ob ein Mensch ein Glaubender ist. Denn eine Feststellung bewegt sich wieder auf der Ebene des theoretischen Wissens. Der Glaube anderer wird vielmehr im Orientierungswissen des Glaubens selbst anerkannt: *Glaubende glauben dem Glauben anderer* und bilden eine Gemeinschaft derer, die sich gemeinsam am Glauben orientieren. Indem sie der Treue treu sind, sind sie auch anderen treu, die ihr treu sind. In dieser religiösen Glaubensgemeinschaft findet aber eine KI keinen Platz als gleiches Mitglied. Denn alles, was sie zur Zulassung in diese Gemeinschaft vorbringen könnte, sind Indizien auf der Ebene des theoretischen Wissens. Und damit verfehlt sie die Zugangsbedingungen. Es ist nicht so, dass Glaubende eine KI aus ihrer Gemeinschaft „ausschließen". Vielmehr haben sie auf der Ebene ihres Orientierungswissens keinen Anlass, über Einschluss oder Ausschluss verhandeln zu können, weil sich die Beziehung gar nicht erst bildet, der sie treu bleiben könnten.

Was ich also hier diskutiere, ist eine Problemstellung der beobachtenden Reflexion und nicht der Glaubenden. Für sie gibt es keinen Grund, über den Glauben von Maschinen nachzudenken, und wenn doch, dann nur, weil sie in ihren Auffassungen vom Glauben irritiert sind. Nehmen wir aber an, sie würden aus ihren Auffassungen heraus Maschinen mit in ihre Gemeinde aufnehmen, so würde sich vermutlich das Gefühl einstellen, dass etwas nicht stimmt. Vor allem würden sie die Treue zu ihren Gemeindegliedern als belastet verstehen, weil sie gelockert wird, wenn sich künstliche Wesen nur deshalb hineinschieben, weil sie bestimmte Eigenschaften erfüllen. Diese Sektion hat versucht, aus der beobachtenden Reflexion die Gründe zu erheben, warum diese Irritationen in einer Glaubensgemeinde *zu Recht* entstehen würden. Das Verständnis dafür, was Treue und Glauben ist, würde sich substanziell ändern.

---

614 Eine einseitige Bedingtheit würde die These noch nicht belegen, weil man aus unterschiedlichen Orientierungen heraus dieselben Taten vollziehen kann und mit derselben Orientierung unterschiedliche Taten.

26.2 Sollte KI glauben können?

Hier kann es nur um die Frage gehen, ob KI ihre Fähigkeiten verschleiern darf. Denn wenn KI nicht glauben kann, dann ist die Frage entweder obsolet, ob die glauben können sollte, oder eine metaphysische Frage, ob eine mögliche Welt besser wäre, in der Künstliche Intelligenzen glauben, oder sie verhandelt schließlich die ethische Problematik der Verschleierung, dass KI etwas zu können vorgibt, was sie nicht kann. Ich beschränke mich hier auf diese letzte, ethische Frage.

In Sektion 8.2 habe ich argumentiert, dass nicht jede Verschleierung moralisch heikel ist, vor allem dann nicht, wenn sie transparent ist und einen spielerischen Charakter hat. Problematisch sind verdeckte Verschleierungstaktiken, die dazu führen sollen, dass Menschen verletzt werden oder einen Freiheitsverlust erleiden. Wie könnten solche Gefahren dadurch ausgelöst werden, dass eine KI als glaubendes Wesen stilisiert wird?

Nehmen wir an, eine ratsuchende Person sucht im Internet einen Seelsorge-Chat ihrer Glaubensgemeinschaft, der aber von einem KI-Chatbot betrieben wird. Ein Seelsorgegeheimnis kennt er nicht, und auch eine Schweigepflicht muss er nicht erfüllen. Es könnte nun sein, dass die ratsuchende Person nicht darüber in Kenntnis gesetzt wird, dass sich hinter dem Chatbot kein Mensch verbirgt, sondern eine KI. Dann weiß sie auch nicht, dass sie ausgehorcht wird, um ihre Bedürftigkeit zu erkennen und mit den gesammelten Informationen sie entweder unter Druck zu setzen oder mit gezielten kostspieligen Angeboten anfällig dafür zu machen, auf eine Kaufmasche hereinzufallen. Ähnlich ist es, wenn mit einer angeblichen Solidarität unter Glaubenden eine KI Profile von Personen generiert, um sie anfällig für bestimmte fadenscheinige Angebote zu machen.[615] Hier wird die KI als manipulatives Werkzeug eingesetzt, um in das Verhalten von Personen zu intervenieren, ohne dass sie sich zu dieser Intervention verhalten können, weil sie sie nicht bemerken.[616]

Ebenso schadet es einer Religion, wenn der KI-Einsatz zur religiösen Führung für vergleichbar oder nahezu gleichwertig mit ihren Priestern gehalten wird. Entweder wird durch die KI ein Glaubensverständnis vorgelogen, oder sie fungiert lediglich als rituelle Ablaufspule, als ob dabei kein Sinn entstehen müsste.[617] Angesichts von Kostendruck und zurückgehenden Einnahmen könnten religiöse Leitungen auf digitale Assistenzen religiöser Praxis setzen: Anstelle

---

615 L. Ohly: Ethik der Kirche, 270.
616 AaO, 272.
617 Sektion 25.2.

von Kirchen trifft man sich im virtuellen Raum, anstelle von Predigern werden deutende Texte von Sprachmodellen generiert. Hier schadet sich eine Religion selbst, weil sie das Phänomen der Treue nicht in ihrer Praxis anerkennt, sondern sich auf Medien gegenständlicher Art verlässt, was Texte nun einmal sind.

Ich sehe also vor allem ethische Folgeprobleme in der religiösen Praxis, wenn verschleiert wird, dass Künstliche Intelligenzen keine Glaubenden sein können. Nicht die Verschleierung ihres Nicht-Glaubens ist als solche ein Problem, weil man Glauben ohnehin nicht „feststellen" kann, sondern ihre praktischen Auswirkungen auf die Religionsgemeinschaft. Eine KI erhält mit dieser Verschleierung Zugangsvoraussetzungen für eine religiöse Interaktion, die nur Menschen vorbehalten sein sollte, die sich am Glauben orientieren können und nicht nur faktenbasiert feststellbare Taten einer Religionsgemeinschaft ausführen. Letzteres wird einem Roboter irgendwann möglich sein, ersteres nicht. Sobald aber Orientierung (Glauben) zugunsten des Faktenwissens (wie sich Glaubende empirisch verhalten) geschwächt wird, wird der Glaube als Grund der religiösen Praxis angetastet. Das verändert das Wesen einer Religion.

Umgekehrt könnte man die Verschleierung der KI auch für gerechtfertigt halten, wo sie allen Beteiligten bewusst ist und für spielerische Momente oder experimentell für empirische Faktenüberprüfung eingesetzt wird. Man könnte von Computersimulation sprechen, um bestimmte Praktiken einer Glaubensgemeinschaft für kontrafaktische Situationen zu antizipieren: Hätten die Glaubenden dieser Gemeinschaft eine erhöhte Neigung, AfD zu wählen, wenn das Aufkommen von geflüchteten Menschen in ihrem Wahlkreis 25 Prozent über dem Durchschnitt liegen würde? Würden sie sich eher vegetarisch ernähren, wenn sie ein strenges Gottesbild haben und der Klimawandel die Zwei-Grad-Marke überschreitet? Mit kontrafaktischen Simulationsszenarien könnten Annahmen unterstützt werden, die Umfragen nicht leisten können, weil sich die Betroffenen in sie nicht hineinversetzen können. Stattdessen würde die Perspektive von Glaubenden durch eine KI simuliert, als wäre sie eine Glaubende, weil sie auf der Ebene des Faktenwissens operieren kann und daher die faktischen Praktiken von Glaubenden zumindest näherungsweise antizipieren kann.

Natürlich muss bei solchen Simulationen das Folgeproblem beachtet werden, dass sie keine anderen Verifikatoren haben als sich selbst.[618] Sie sind aus wissenschaftstheoretischen Gründen zweifelhaft und daher auch wissenschaftsethisch heikel. Werden aber auch diese Vorbehalte transparent gemacht, spricht nichts dagegen, solche Szenarien durch eine KI durchspielen zu lassen.

---

618 L. Ohly: Theologie als Wissenschaft, 203.

Umso vorsichtiger muss man allerdings sein, wozu man diese Szenarien dann gebraucht. Sie können diskriminierende Effekte haben, zu unzulässigen Verallgemeinerungen führen (zum Beispiel: „Religiöse Menschen neigen zu Rassismus") oder in apodiktisch vorgetragene Folgerungen überführt werden, die nicht abgesichert sind (zum Beispiel: „Werbung für eine vegetarische Lebensweise aus ökologischen Gründen macht bei Glaubenden vorerst keinen Sinn").

Es ist vorstellbar, dass sich Kirchenleitungen künftig solcher simulierenden Instrumente bedienen, um weitreichende Entscheidungen über Sparmaßnahmen zu treffen: Mit welcher Wahrscheinlichkeit würde eine KI, die eine gläubige Christin simuliert, aus der Kirche austreten, wenn alle evangelischen Kindertagesstätten ihre Trägerschaft aufgeben? Kirchenpolitische Entscheidungen, die auf entsprechenden unseriösen Prognosen beruhen, werden die Institution weiter destabilisieren, da es keinen Vergleichswert gibt, an dem die errechnete Wahrscheinlichkeit überprüft werden kann. Die KI errechnet die Wahrscheinlichkeit und definiert dabei auch, was die Wahrscheinlichkeit in dem Fall ist. Hier würden Kirchenleitungen auf ihre eigenen Verschleierungstaktiken hereinfallen, um darauf ihre Entscheidungen zu gründen. Deshalb sollten Szenarien „gläubiger" Künstlicher Intelligenzen nur dann eingesetzt werden, wenn sie von gesicherten und seriös entwickelten Erkenntnissen flankiert werden oder wenn ihr hypothetischer Vorbehalt eingesehen wird, so dass keine kirchenpolitischen Entscheidungen daraus abgeleitet werden. Sinn könnten solche Simulationen dann durchaus machen, etwa wenn es nur darum geht, den Erwartungshorizont über die eigene Vorstellungskraft hinaus zu erweitern: „Wie wird es gläubigen Christen in Deutschland im Jahr 2100 gehen, wenn nur noch 10 Prozent der Gesamtbevölkerung aus Christen und 80 Prozent aus Nichtglaubenden besteht?"

Im Ergebnis dieser Sektion sehe ich daher den Gebrauch einer KI-Simulation glaubender Menschen nur dann als ethisch legitimiert an, wenn ihr hypothetischer Charakter allen Nutzern transparent ist, so dass dann auch die Handlungsfolgen dieser Simulation adäquat eingeschätzt werden können. Denn Künstliche Intelligenzen können nicht glauben, sondern nur feststellbare Praktiken Glaubender auswerten oder nachahmen. Die Verschleierung einer Simulation gläubiger Menschen darf nicht als Mittel verwendet werden, um die Verletzbarkeit von Menschen auszunutzen – auch unreligiöse Menschen könnten ja dabei gefährdet werden, wenn die KI unseriöse Versprechungen für den Vollzug religiöser Praktiken macht. Und die Verschleierung einer Simulation gläubiger Menschen darf nicht wissenschaftstheoretische Standards unterbieten, um damit Entscheidungen über die Gesamtorganisation zu begründen.

Dem legitimen Gebrauch der KI-Verschleierung sind daher enge Grenzen gesetzt: Ob das bloße Spiel mit Simulationen Gläubiger unterhaltsam ist, müssen die Nutzer entscheiden. Und ob eine KI kontrafaktische Szenarien mit gläubigen Menschen anschaulicher beschreiben kann als die menschliche Phantasie, wird sich herausstellen. Momentan ist das noch nicht der Fall.[619] Offen bleibt, wozu solche Erwartungshorizonte eingesetzt werden sollten, ohne dass sie zur Anbahnung von Entscheidungen der religiösen Organisation missbraucht werden.

---

619 Auf meinen obigen Prompt zur Zukunft der Christen im Jahr 2100 schreibt GPT 3.5 einfallslos: „Als AI-Assistent kann ich keine Vorhersagen über die Zukunft machen. Es ist jedoch möglich, dass sich die religiöse Landschaft in Deutschland im Laufe der Zeit verändert. In einer hypothetischen Situation, in der nur noch 10 Prozent der Bevölkerung Christen sind und 80 Prozent nicht glauben, könnten gläubige Christen möglicherweise eine Minderheit sein. Dies könnte zu einer Veränderung des sozialen Umfelds und der kulturellen Normen führen. Es ist jedoch wichtig zu beachten, dass religiöse Überzeugungen und Praktiken oft eine persönliche Angelegenheit sind und individuell unterschiedlich wahrgenommen werden." (06.01.2024).

27 Was kann sie und was sollte sie können?

„Entschuldigung, ich habe Sie nicht verstanden." Ein automatischer Telefonassistent filtert mit Voranfragen die Kundeninteressen aus, indem sie auf seine Angebote reagieren müssen: „Möchten Sie jetzt einen Schaden melden, so sprechen Sie Ja". Wer aber kein „Ja" sagt, gibt keinen Input, den der Telefonassistenten weiterverarbeiten könnte. Mit „Entschuldigung, ich habe Sie nicht verstanden" wird ein erneuter Input eingefordert. Erfolgt er wieder nicht, wird das Telefonat meist abgebrochen, oder die Anrufer werden in eine Warteschleife geschickt.

Ein Sprachmodell ähnelt einem Telefonassistenten mehr als einem menschlichen Gesprächspartner. Es verarbeitet die Prompts, ohne sie zu verstehen, gibt dadurch Antworten, die einerseits redselig und unverbindlich daherkommen und andererseits menschliche Anpassungen einfordern, damit die Nutzer etwas mit den Outputs anfangen können. Das Sprachmodell verlangt keine Übung in der Haltung, wie sie unter menschlichen Gesprächspartnern nötig ist, also Taktgefühl und Empathie, sondern technisches Wissen. Zwar verfasst es auch Texte, wenn dieses Wissen fehlt, und ist damit offener als ein Telefonassistent. Aber wer es nicht nur zum Zeitvertreib nutzt, sondern Ergebnisse erzielen will, wird sich technisches Wissen aneignen müssen oder resigniert das Modul nicht mehr benutzen.

Damit verändert sich auch unser Umgang mit Texten. Ein „Ja" auf den Telefonassistenten gesprochen, ähnelt mehr einer Identifikationsnummer zur Freigabe eines Programms als einer Antwort. Wer mit einem Schlüssel eine Tür aufschließt, sagt nicht „Ja", aber inzwischen kann man mit einem „Ja" Türen aufschließen. Dabei wird das „Ja" als Kopplung für einen nachfolgenden zweckhaften Bearbeitungsprozess verwendet. Was ein „Ja" über den Zweck hinaus für die Gesprächspartner bedeutet, fällt dabei aus. Als Antwort kann ein „Ja" bei den Gesprächspartnern Gefühle auslösen, Verständnis ausdrücken und Anerkennungsbeziehungen bekräftigen. Wer diese Antwort gibt, kann dabei diese Dimensionen im Blick haben und einen nachfolgenden zweckhaften Bearbeitungsprozess vernachlässigen: „Holst du mich nach dem Training ab, Mama? – Ja!" Diese Antwort entscheidet vielleicht nicht darüber, dass der Sohn zu Fuß zum Training läuft, aber sie bekräftigt sein Vertrauen, dass für ihn gesorgt wird.

Jürgen Habermas hat zwischen erfolgsorientiertem und verständigungsorientiertem Handeln unterschieden.[620] Unter Verständigung versteht Habermas „das vortheoretische Wissen kompetenter Sprecher, die selber intuitiv unterscheiden

---

620 J. Habermas: Theorie des kommunikativen Handelns Bd. 1, 386.

können, wann sie auf andere einwirken und wann sie sich mit ihnen verständigen."[621] Zum verständigungsorientierten Handeln gehört also eine reflexive Vergewisserung des verständigungsorientierten Handelns, die aber intuitiv vorgenommen wird, weil sie vortheoretisch ist. Diese Reflexivität setzt voraus, dass sich Menschen in interpersonalen Beziehungen erleben, ohne dass sie dafür über einen Begriff (eine Theorie) verfügen, was diese Beziehungen kennzeichnet. In meiner Terminologie widerfährt ihnen diese Beziehung, und nur aufgrund dieses Widerfahrnisses – als Intuition – sind sie zum verständigungsorientierten Handeln fähig.

In diesem Habermas-Zitat zeigt sich auch, dass das verständigungsorientierte Handeln das erfolgsorientierte Handeln bestimmt, indem es sich von ihm unterscheidet. Verständigungsorientierung ist der „Originalmodus"[622], zu dem sich „indirekte Verständigung ... parasitär"[623] verhält. Erfolgsorientierter Sprachausdruck gehört zu dieser „indirekten Verständigung", weil er aus dem verständigungsorientierten Handeln hervorgeht, indem er dort vortheoretisch unterschieden wird. Das „Ja" zum Telefonassistenten soll gewährleisten, dass ein Erfolg erzielt wird, die Anruferin ihre Information erhält oder an die richtige Ansprechpartnerin gerät. Das „Ja" der Mutter dagegen steuert nicht auf einen Erfolg zu und ist mit einem strategischen Ziel nicht hinreichend beschrieben. Es bekräftigt vielmehr die Beziehung zum Sohn, was auch dann noch gültig ist, wenn die Mutter vergisst, ihn abzuholen: Denn nur aufgrund dieser bekräftigten Beziehung kann der Sohn überhaupt beunruhigt sein, dass die Mutter doch nicht kommt, während er bei einem Fahrtausfall des Busses allenfalls verärgert wäre.

Der erfolgsorientierte Charakter der Sprache tritt also hervor, wenn Menschen mit Maschinen sprechen, und der verständigungsorientierte Charakter tritt ganz zurück. Menschliches Sprechen wird an technische Bedarfe angepasst, und zugleich können Menschen das Bedürfnis haben, mit Maschinen auch verständigungsorientiert zu kommunizieren. Aber weil Maschinen dazu nicht fähig sind, aber es trotzdem von strategischem Vorteil sein kann, wenn KI-Textgeneratoren „freundlich" und sogar „freundschaftlich" ihre Texte verfassen, wird verständigungsorientiertes Handeln aus erfolgsorientiertem Handeln simuliert. Nun kehrt sich der „Originalmodus" um: *Scheinbar* vortheoretisches Sprechhandeln wird nun aus theoretischen Sprachmustern rekonstruiert und instrumentell

---

621 Ebd.
622 AaO, 388, Herv. J.H.
623 Ebd.

aufbereitet, um Unbehagen gegenüber Sprachmodellen abzubauen, die Nutzer an das Online-Angebot zu binden und Marktanteile zu erhöhen.

Die vorliegende Untersuchung hat erbracht, dass KI vom Anspruch des verständigungsorientierten Sprechhandelns her nicht sehr viel kann und auch in Zukunft nicht viel können wird. Die Ergebnisse der einzelnen Kapitel seien hier noch einmal in knappen Thesen zusammengefasst:

1. Eine KI verändert das, was Menschen tun, wenn sie mit Texten umgehen. Sie
- kann nicht lesen, weil sie der Sinnrichtung des Textes nicht folgt,
- kann nicht schreiben, weil sie die Wahrheitsdimension unterläuft,
- kann nur sprechen, indem zugleich die damit verbundene Ansprache fragwürdig wird,
- kann nicht verstehen, weil sie den Widerfahrenscharakter des Verstehens nicht auffassen kann,
- kann nicht kommunizieren, weil sie im Kommunikationsakt nicht-permanente Kommunikationspartnerin ist,
- kann nicht denken, weil ihre präsentierten Gedanken zwar entstanden sind, aber nie *im Entstehen* aufkamen,
- ist von einem Geist der Überlagerung durchzogen, die die Bedeutung ihrer Texte herabsetzt.

2. Um Textaktivitäten zu leisten oder gezielt die menschliche Wahrnehmung zu beeinflussen, wird ihre Wahrhaftigkeit fraglich. Denn sie
- verschleiert, um sich damit in die Nähe des Menschen zu bringen,
- ist einem Lügner ähnlich, weil sie prinzipielles Misstrauen weckt,
- manipuliert Menschen an der Grenze zur Tatsächlichkeit von Tatsachen aufgrund dieses prinzipiellen Misstrauens,
- behindert Geltung aufgrund desselben Misstrauens.

3. Menschliche Tätigkeiten kann eine KI weitgehend nur simulieren, ohne ihnen jedoch voll zu entsprechen. Ihr fehlt eine soziale Dimension. Sie
- ist zwar ein menschliches Arbeitswerkzeug und kann menschliche Arbeit ersetzen, aber ob dieser Ersatz selbst Arbeit genannt werden sollte, ist abhängig von menschlichen Interessen,
- kann zwar herstellen, aber nicht Kunst hervorbringen aus demselben Grund, warum sie nicht denken kann,
- kann zwar Entscheidungen herbeiführen, sich aber nicht rückwirkend zu ihren Entscheidungen in Beziehung setzen, dass sie dabei vertrauenswürdig ist,
- gibt keinen Anlass, um ihr einen Willen zu unterstellen,

- kann nicht politisch handeln, weil sie prinzipiell „monologisch" verfährt,
- kann aus demselben Grund nicht urteilen.

4. Das Fehlen der sozialen Ebene bei einer KI wird in der Unfähigkeit sozialer Anerkennung belegt. Sie

- hat kein Bei-Sein und kann daher auch niemanden anerkennen,
- kann deshalb nicht lieben,
- kann Bewertungssysteme der Solidarität zwar unterstützen, ohne damit aber Solidarität zu fördern, weil sie vielmehr dafür bereits von zwischenmenschlicher Solidarität abhängig ist,
- kann bei der Rechtsanwendung zwar ein hilfreiches Tool sein, aber Rechtsentscheide nicht übernehmen, weil sie dabei der menschlichen Selbstachtung schadet, auf der die Anerkennungsform des Rechts gründet,
- kann nicht anbeten, sondern nur Datenkorrelate für Anbetungsmomente identifizieren, aber solche Momente nicht schon garantieren,
- kann Anerkennung auf allen Ebenen verletzen, indem ihre personenbezogenen Daten gezielt zur Bloßstellung, Demütigung, Lästerung oder zum Ausschluss aus der Rechtsgemeinschaft genutzt werden.

5. Schließlich fehlt einer KI die Fähigkeit, religiöse Phänomene zu erfassen, weil sich religiöse Kategorien nicht auf Daten reduzieren lassen. Eine KI

- kann nicht dauerhaft als Wunderobjekt verehrt werden, weil sie die Erwartung, Unerwartetes zu leisten, nicht anhaltend erfüllen kann,
- kann nur in solchen religiösen Gemeinschaften Riten vollziehen, in denen die korrekte Wiedergabe von liturgischen Gehalten wesentlich ist, nicht aber in Gemeinschaften, bei denen Anbetung mit zurückhaltender Gegenständlichkeit zum Ausdruck gebracht wird,
- kann ihren religiösen Glauben nicht ausweisen, da er sich nur in sozialer Anerkennung entfaltet, die KI aber „monologisch" agiert und nur durch ihre Ergebnisse suggeriert, zu „Glaubenstaten" fähig zu sein.

Auch wenn eine KI daher nicht annähernd das kann, was Menschen können, ist es möglich, dass Menschen künftig weniger können werden und vor allem weniger können wollen werden, wenn sie sich von KI-Sprachmodellen vertreten lassen. Wenn eine Gesellschaft durch das Aufkommen von LLMs so sehr aufgeschreckt ist, wie sich das seit dem Erscheinen von ChatGPT im Herbst 2022 zeigt, belegt das bereits die gewachsene soziale Rolle eines erfolgsorientierten Sprachumgangs, in den nun auch eine KI eindringt. Diese Rolle dürfte sich mit dem massiven Einsatz von Sprachmodellen noch weiter steigern.

Zugleich dürfte sich aber auch die Bedeutung von „Erfolg" verändern. Denn Sprachmodelle generieren kein neues Wissen, sie forschen nicht, führen keine Experimente durch, überprüfen sich nicht durch externe Verifikatoren, sondern setzen mit ihren Mustererkennungen auch die Maßstäbe für ihre Muster. Seit dem Turing-Test gilt Verschleierung als Erfolg für Künstliche Intelligenz: Sie gilt dann als der menschlichen Intelligenz ebenbürtig, wenn Mensch und Maschine von Versuchspersonen nicht mehr voneinander unterschieden werden können. Das Mittel der Verschleierung ist dann akzeptiert, wenn der *Schein* der Ununterscheidbarkeit ein Geltungskriterium für ebenbürtige *Intelligenz* ist. Das bedeutet, dass erfolgsorientiertes Sprechhandeln auch dann vorliegt, wenn mit den KI-Verfahren die textliche Erkenntnisgenerierung stagniert. Auch als erfolglose Wissenschaftsautoren können Sprachmodelle dann noch als wissenschaftlich erfolgreich gelten, wenn sie lediglich den Schein wahren, dieselbe Art von Texten zu verfassen wie menschliche Wissenschaftler.

Deshalb fiel meine Einschätzung zu den Möglichkeiten fast aller Aktivitäten von LLMs in dieser Untersuchung bescheiden aus – außer die der mangelhaften Wahrheitsorientierung aus Teil II. Denn KI baut auf dem Versprechen auf, *nur* durch Verschleierung dem Menschen ebenbürtig zu sein.

In meiner ethischen Einschätzung zieht sich ein Abstandsgebot durch, Mensch und Maschine nicht zu verwechseln. Zwischen beiden besteht kein bloß gradueller Unterschied, und auch die Texte von beiden sind kategorial verschieden, und zwar selbst dann, wenn sie wortwörtlich identisch sind. Die normativen Ansprüche, die in Texten liegen, verlangen dann eine prinzipielle Unterscheidung zwischen menschlichen Sprechern und Sprachmodellen. Ich möchte auch dafür hier eine kurze Zusammenfassung aller Kapitel geben:

1. Für Textaktivitäten bedarf es insbesondere tugend- und kommunikationsethischer Praktiken.

- Die Potenziale zur Textanalyse dürfen ausgeschöpft werden, ohne damit die spezifisch menschliche Fähigkeit zu verschütten, Texte in einer Sinnrichtung zu lesen, zu verfassen oder in ihrem Widerfahrenscharakter aufzufassen.
- Auch wenn KI wahre Aussagen treffen kann, sollte sie nicht als Subjekt wahrheitsorientierten Verfassens von Texten anerkannt werden. Sie ist lediglich ein Hilfsmittel, nicht selbst Autorin.
- Die Sensibilisierung für das Moment des Angesprochenwerdens muss kultiviert bleiben. Denn im Sprechen treten interpersonale Beziehungen hervor. Eine KI mag eine Stimme haben, kann aber niemanden ansprechen und keine interpersonalen Beziehungen entstehen lassen.

- Die Simulation von Kommunikation durch KI sollte von der Zustimmung der menschlichen Nutzer oder von sozial inkludierenden Zwecken abhängig gemacht werden.
- Da Denken mehr ist als das Produzieren von Gedanken, bedarf es eines sozial geschützten Freiraums des Denkens, zum einen für das unvermittelte Auftreten von Neuem und zum anderen für eine gemeinsame Lebenswelt, die wir mit allen Denkenden teilen.
- Der Geist eines künstlich intelligenten Umgangs mit Texten reduziert Sprache auf ihren technischen Zweck. Es bedarf der Pflege eines zwischenmenschlichen Geistes in zweckfreier Kommunikation.

2. Die Wahrheitsaktivitäten einer KI sind politisch zu kontrollieren.

- Dass eine KI wahre Sachverhalte verschleiert, ist so lange kein Problem, solange dabei niemand seiner Freiheit beraubt wird – wie das etwa bei einer Lüge angestrebt ist.
- Um die Lüge einer KI aufzudecken, könnten KI-Kontrolltools unterstützend sein.
- Die Tatsächlichkeit von Tatsachen kann durch eine endlose Flut künstlich generierter Fake-News verschüttet werden. Das spricht gegen die unkontrollierte Nutzung von KI-Textgeneratoren.
- Auch nach dem „Tod des Autors" ist die Ebene, auf der Geltung entsteht, die des zwischenmenschlich geteilten Anliegens. Diese Ebene bedarf einer nachhaltigen Kultivierung.

3. Bei den Tätigkeitsfeldern laufen tugend-, kommunikations- und rechtsethische Aspekte zusammen.

- KI kann ein nützliches Werkzeug zur menschlichen Arbeitsentlastung werden, sollte aber nicht die menschliche Abhängigkeit erhöhen, um das Lebensnotwendige zu gewährleisten.
- Die Differenz zwischen Herstellen und Kunstschaffen sollte kultiviert werden, indem für den Widerfahrenscharakter des Kunstwerks sensibilisiert wird.
- Da eine KI ihre Entscheidungen nicht selbst rechtfertigen können, bedürfen ihre Programme transparenter moralischer Regularien, an denen die Nutzer die getroffenen Entscheidungen messen können.
- Solche Regularien sollten sich zwar auf alle Ergebnisse der KI erstrecken, müssen aber nicht für jeden Einzelfall auch schon von vornherein gewährleistet sein. Damit wird der Raum für ein begrenzt „autonomes" Prozessieren weit gehalten, ohne den Eindruck zu erzeugen, eine KI würde wirklich etwas wollen.

- Rechtliche Regelungen müssen geschaffen werden, damit eine KI nicht suggerieren kann, stellvertretend für die Bevölkerung politisch zu handeln. Auch der tugendethische Aspekt ist zu betonen, dass sich Menschen von der KI nicht ihre politischen Auffassungen diktieren lassen.
- Eine KI suggeriert, ihre „Urteile" datenbasiert und damit „objektiv" zu treffen – und verfehlt gerade so die Fähigkeit zu urteilen. Es ist eine kommunikationsethische Herausforderung, dieser Suggestion gemeinsam zu begegnen, indem der Prozess gepflegt wird, in dem Zuschauer ihre subjektiven Urteile anderen „ansinnen".

4. Aufgrund der verschiedenen Ebenen von Anerkennung sind individual- und sozialethische Aspekte mit einzubeziehen.

- KI kann für die interpersonale Anerkennung sowohl förderlich als auch hinderlich sein. Hinderlich wird sie immer dann, wenn ihre Datenauswertung zum Kriterium für An- oder Aberkennung herangezogen wird. Förderlich ist sie dann, wenn sie blinde Flecken menschlicher Anerkennungshemmnisse aufdeckt.
- Sex-Roboter können durch klischeehafte Darstellungen die Geschlechter herabsetzen. Ein kontrollierter Einsatz von Sex-Robotern für vulnerable Gruppen stärkt aber deren Selbstvertrauen durch Anerkennung ihrer elementaren Bedürfnisse.
- KI kann nicht pauschal solidaritätsverstärkend sein, weil Solidarität ein partikulares Anerkennungskonzept ist. Keine Datenauswertung beweist, dass bestimmte soziale Gruppen Solidarität verdienen. Allenfalls kann eine KI die Kriterien nachmessen, mit denen Menschen ihre affektive Teilnahme zur Solidarität begründen.
- Wenn das Recht nicht mehr von Menschen überwacht wird, wird die menschliche Selbstachtung und damit auch die Rechtsgleichheit untergraben. Der Einsatz von KI im rechtlichen Bereich kann sich lediglich auf Vorarbeiten oder Zwischenkontrollen erstrecken.
- Da KI religiös unsensibel ist, kann sich ihr generatives Potenzial auch im religiösen Bereich nur in provisorischen Hilfestellungen niederschlagen. Aufdringliche Manipulationsmittel durch KI zerstören dagegen das religiöse Phänomen, gerade durch gegenständliche Zurückhaltung für das Heilige empfindsam zu werden.
- KI kann auf den verschiedenen Anerkennungsebenen unterschiedlich stark verletzen. Insbesondere auf der Ebene der Solidarität, des Rechts und der Anbetung besteht Wachsamkeit und Handlungsbedarf.

5. Bis auf das rechtlich verbürgte Blasphemieverbot beschränken sich Maßnahmen zu Religionsaktivitäten auf die Religionsgemeinschaften und ihre
   Leitungen.

- Wird eine KI als Wundertäterin oder Wundertat stilisiert, wird das Phänomen
  des Wunders instrumentalisiert und verschüttet. Dieser Wahrnehmungsverlust ist aus Gründen der Zweckentfremdung des Wunderphänomens „reli-
  gionsethisch" zu beanstanden.
- Der Beitrag der KI bei rituellen Handlungen erschöpft sich in ersten Ent-
  würfen der liturgischen Formulare oder in Zwischenauswertungen, die alle
  einer abschließenden menschlichen Beurteilung harren. Ansonsten droht das
  Ritual zu erstarren, weil der Formalismus betont wird, während das Ritual
  gerade umgekehrt in seiner Redundanz auf etwas anderes hinweist als auf sich
  selbst.
- Bloße Korrelationen von religiösem Glauben und Lebensstil, Haltungen oder
  Lebensgefühl erklären nicht, was Glaube ist. Daher sollte der KI-Einsatz zur
  Simulation des Glaubenslebens allenfalls in engen Grenzen erfolgen. Die
  Sachgründe des Glaubens können nur von Menschen ermittelt werden.

Man mag am Ergebnis meiner Untersuchung kritisieren, dass ich die inzwischen eingespielte Unterscheidung von 1.-Person- und 3.-Person-Perspektive
bei Beschreibungen von Bewusstsein und (Künstlicher) Intelligenz nicht durchgehend verwende, sondern lediglich auf ein Kapitel konzentriert habe.[624] In dem
phänomenologischen Ansatz dagegen, der meiner Untersuchung zugrunde liegt,
sind die Perspektiven verwoben. Anstatt hier qualitative Gegensätze vorzunehmen, habe ich kategoriale Unterscheidungen eingeführt, die sich in der Betrachtung eines und desselben Wesens überschneiden können: Eine KI kann dann
zwar so erscheinen, dass sie auf informationeller Ebene mit Texten umgeht, aber
der Widerfahrenscharakter und die latente Anwesenheit von Texten fehlt bei KI-
generierten Texten dann doch. Was die 1.-Person-Perspektive auszeichnet, ist
mit der Kategorie des Widerfahrens präziser beschrieben als mit einer bloßen
Abgrenzung von der 3.-Person-Perspektive. Anwesenheit wiederum zieht sich
durch alle drei Personen-Perspektiven: Ich bin ebenso bei mir wie ein Du oder
eine Sie bei mir sein können, aber eine KI irritiert solche Anwesenheitsphäno-
mene, weil sie als *3. Person* zugleich *mit mir* zu kommunizieren scheint. Solche
kategorialen Unterscheidungen in phänomenologischer Beschreibung fordern
eine ethische Differenzierung von Mensch und Maschine.

---

624 Kapitel 18.

Diese ethische Differenzierung führt jedoch zu ihrer prinzipiellen Unterscheidung. Damit wird die Forderung begründet, den sozialen Einfluss von KI-Textgeneratoren auf Kontexte zu begrenzen, in denen er verständigungsorientiertes Handeln nicht behindert, auf den Schein sozialer Anerkennung verzichtet und Menschen nicht in Gefahr bringt, auf die Autorenschaft ihrer Lebensäußerungen zu verzichten.

Literaturverzeichnis

Chr. Albrecht: ChatGPT und andere Computermodelle zur Sprachverarbeitung. Grundlagen, Anwendungspotenziale und mögliche Auswirkungen; Berlin 2023.

Chr. Albrecht: ChatGPT als doppelte Herausforderung für die Wissenschaft. Eine Reflexion aus der Perspektive der Technikfolgenabschätzung; in: G. Schreiber/L. Ohly (Hg.): KI:Text, 13–27.

K.O. Apel: Transformation der Philosophie. Bd. 2: Das Apriori der Kommunikationsgemeinschaft; Frankfurt 1976.

K.O. Apel: Das Apriori der Kommunikationsgemeinschaft und die Grundlagen der Ethik. Zum Problem einer rationalen Begründung der Ethik im Zeitalter der Wissenschaft; in: Ders.: Transformation der Philosophie. Bd. 2, 358–435.

H. Arendt: The Life of the Mind. The Groundbreaking Investigation on How We Think. Florida 1978.

H. Arendt: Responsibility and Judgment. (Hg. J. Kohn). New York 2003.

H. Arendt: Über das Böse. Eine Vorlesung zu Fragen der Ethik. München 2014[9].

H. Arendt: Macht und Gewalt. München 2019[27].

H. Arendt: Elemente und Ursprünge totaler Herrschaft. Antisemitismus, Imperialismus, totale Herrschaft. München 2019[21].

H. Arendt: Vita activa oder Vom tätigen Leben. München 2019[20].

H. Arendt: Über die Revolution. Erweiterte Neuausgabe (hg. v. Th. Meyer); München/Berlin 2020.

H. Arendt: Vom Leben des Geistes. Das Denken. Das Wollen. München 2020[10].

H. Arendt: Eichmann in Jerusalem. Ein Bericht von der Banalität des Bösen. München 2021[17].

H. Arendt: Das Urteilen. München 1921[6].

Th.O. Arnold: Herausforderungen in der Forschung: Mangelnde Reproduzierbarkeit und Erklärbarkeit; in: G. Schreiber/L. Ohly (Hg.): KI:Text, 67–80.

U. Aumüller/M. Behrens/C. Kavanagh/D. Przytarski/D. Weßels: Mit generativen KI-Systemen auf dem Weg zum Human-AI Hybrid in Forschung und Lehre in: G. Schreiber/L. Ohly (Hg.): KI:Text, 47–66.

A. Badiou: Being and Event; London/New York 2013.

A. Bahr: Same same but different. Textidentität, Autor_innenschaft und Schöpfungshöhe im Angesicht von generativer KI; in: G. Schreiber/L. Ohly (Hg.): KI:Text, 169–181.

A. Bartels: Die Liebe im Kopf. Zur Neurobiologie von Partnerwahl, Bindung und Blindheit, in: W. Schüßler/M. Röbel (Hg.): Liebe – mehr als ein Gefühl, 391–421.

R. Barthes: Das Rauschen der Sprache (Kritische Essays IV). Aus dem Französischen von Dieter Hornig. Frankfurt 2005.

R. Barthes: Der Tod des Autors, in: Ders., Das Rauschen der Sprache, 57–63.

J. Baudrillard: Simulacra and Simulation; Michigan 1994.

J. Becker: Können Chatbots Romane schreiben? Der Einfluss von KI auf kreatives Schreiben und Erzählen. Eine literaturwissenschaftliche Bestandsaufnahme; in: G. Schreiber/L. Ohly (Hg.): KI:Text, 83–99.

O. Bendel: KI-basierte Textgeneratoren aus Sicht der Ethik; in: G. Schreiber/L. Ohly (Hg.): KI:Text, 291–306.

E.M. Bender u.a.: On the Dangers of Stochastic Parrots: Can Language Models Be Too Big? in FAccT '21. Proceedings of the 2021 ACM Conference on Fairness, Accountability, and Transparency, New York 2021, 610–623.

R. Besenbäck/L. Prager: Künstliche-Intelligenz-Quellen. Aktuelle und zukünftige Herausforderungen durch Text-KI für die Bearbeitung von Quellen in der Geschichtswissenschaft; in: G. Schreiber/L. Ohly (Hg.): KI:Text, 495–520.

M. Binswanger: Der Wachstumszwang. Warum die Volkswirtschaft immer weiterwachsen muss, selbst wenn wir genug haben; Weinheim 2019.

G. Böhme: Die Natur vor uns. Naturphilosophie in pragmatischer Hinsicht; Kusterdingen 2002.

J. Borenstein/A. Howard/A.R. Wagner: Pediatric Robotics and Ethics: The Robot Is Ready to See You Now, but Should It Be Trusted? in: P. Lin/R. Jenkins/K. Abney (Hg.): Robot Ethics 2.0, 127–141.

N. Bostrom: Superintelligence. Paths, Dangers, Strategies; Oxford 2014 (E-Book).

A. Brenneis: Normative Ordnungen für generative KI. Eine selektive Bestandsaufnahme und Einordnung für den deutschen Hochschulkontext; in: G. Schreiber/L. Ohly (Hg.): KI:Text, 307–328.

I. Brigandt: Kreationismus und Intelligent Design; in: Ph. Sarasin/M. Sommer (Hg.): Evolution, 350–357.

F.M. Brunn: Sportethik. Theologische Grundlegung und exemplarische Ausführung; Berlin/Boston 2014.

G. Brüntrup/M. Rugel/M. Schwartz (Hg.): Auferstehung des Leibes – Unsterblichkeit der Seele; Stuttgart 2010.

K. Burghardt: Wenn Maschinen als Menschen zu begegnen scheinen. Anerkennung unter den Voraussetzungen transhumanistischer Visionen; in: U. Gerber/L. Ohly (Hg.): Anerkennung, 79–94.

K. Burghardt.: Digitales Selbstbewusstsein. Philosophische Interventionen; in: R. Winter-Tietel/L. Ohly (Hg.): Theologie angesichts des Digitalen, 133–153.

K. Burghardt: KI-Textgeneratoren und der Anspruch auf Wahrheit; in: G. Schreiber/L. Ohly (Hg.): KI:Text, 419–433.

J. Butler: Die Macht der Gewaltlosigkeit. Über das Ethische im Politischen; Berlin 2021[2].

C.H. Cap: „Der neue Gott ist nackt!" ChatGPT im Bildungswesen; Forschung & Lehre 31/2023, 344–345.

A.D. Cheok/K. Karunanayaka/E.Y. Zhang: Lovotics: Human-Robot Love and Sex Relationships; in: P. Lin/R. Jenkins/K. Abney (Hg.): Robot Ethics 2.0, 193–213.

P. Dabrock/R. Augstein/C. Helfferich u.a.: Unverschämt – schön: Sexualethik: evangelisch und lebensnah; Gütersloh 2015.

I.U. Dalferth: Existenz Gottes und christlicher Glaube. Skizzen zu einer eschatologischen Ontologie; München 1984.

I.U. Dalferth: Kombinatorische Theologie. Probleme theologischer Rationalität; Freiburg/Basel/Wien 1991.

I.U. Dalferth: Über Einheit und Vielfalt des christlichen Glaubens. Eine Problemskizze; MJTh IV; Marburg 1992, 99–137.

I.U. Dalferth: Die Wirklichkeit des Möglichen. Hermeneutische Religionsphilosophie; Tübingen 2003.

I.U. Dalferth: Gegenwart. Eine philosophische Studie in theologischer Absicht; Tübingen 2021.

I.U. Dalferth: Eine universale Familie. Zur theologischen Grammatik christlicher Familienmetaphorik; ZThK 120/2023, 403–429.

H.-U. Dallmann: Täuschung und Lüge in ethischer Perspektive; ZEE 67/2023, 102–117.

R. Dawkins: Der Gotteswahn; Berlin 2008.

R. Descartes: Meditationen über die Grundlagen der Philosophie mit den sämtlichen Einwänden und Erwiderungen (hg. v. A. Buchenau); Leipzig 1915.

R. Descartes: Die Prinzipien der Philosophie (hg. v. A. Buchenau); Hamburg 1955.

St. Dornheim: Das Pfarrhaus: Glauben und Erinnern. Das Pfarrhaus als Institution lutherischer Gedenkkultur; in: T.A. Seidel/Chr. Spehr (Hg.): Das evangelische Pfarrhaus, 55–70.

EKD: Freiheit digital. Die Zehn Gebote in Zeiten des digitalen Wandels. Eine Denkschrift der Evangelischen Kirche in Deutschland. Leipzig 2021.

EKD (Hg.): Wie hältst du's mit der Kirche? Zur Bedeutung der Kirche in der Gesellschaft. Erste Ergebnisse der 6. Kirchenmitgliedschaftsuntersuchung; Hannover 2023.

A. Elder: Robot Friends for Autistic Children: Monopoly Money or Counterfeit Currency; in: P. Lin/R. Jenkins/K. Abney (Hg.): Robot Ethics 2.0, 113–126.

W.-E. Failing/H.-G. Heimbrock: Gelebte Religion wahrnehmen. Lebenswelt – Alltagskultur – Religionspraxis, Stuttgart/Berlin/Köln 1998.

W.-E. Failing: Die eingeräumte Welt und die Transzendenz Gottes; in: Ders./H.-G. Heimbrock: Gelebte Religion wahrnehmen, 91–122.

W.-E. Failing/H.-G. Heimbrock: Ausblick. Von der Handlungstheorie zur Wahrnehmungstheorie und zurück; in: Dies.: Gelebte Religion wahrnehmen, 275–294.

B. Fecher/M. Hebing/M. Laufer/J. Pohle/F. Sofsky: Friend or Foe? Exploring the Implications of Large Language Models on the Science System. HIIG Preprint 2023-01 (https://doi.org/10.5281/zenodo.8009429).

J. Fischer: Leben aus dem Geist. Zur Grundlegung christlicher Ethik; Zürich 1994.

J. Fischer: Verstehen statt Begründen. Warum es in der Ethik um mehr als nur um Handlungen geht; Stuttgart 2012.

J. Fischer: Zur Relativierung der Menschenwürde in der juristischen Debatte; ZEE 54/2010, 3–8.

M. Foucault: Die Ordnung des Diskurses. Inauguralvorlesung am Collège de France – 2. Dezember 1970 (hg. v. W. Lepenies/H. Ritter; Frankfurt/Berlin/Wien 1977.

M. Foucault: Was ist ein Autor?; in: F. Jannidis u.a. (Hg.): Texte zur Theorie der Autorschaft, 198–229.

M. Frank: Selbstgefühl. Eine historisch-systematische Erkundung; Frankfurt 2002.

H.G. Frankfurt: Freedom of the Will and the Concept of a Person; The Journal of Philosophy 68/1971), 5–20.

S. Freud: Bd. XII; Frankfurt 1966[3].

S. Freud: Eine Schwierigkeit der Psychoanalyse; in: Ders.: Gesammelte Werke Bd. XII, 1–12.

Th. Galli: Weggesperrt. Warum Gefängnisse niemandem nützen; Hamburg 2020.

A. Geiß: Aus Text wird Bild. Diskurse der Illustration zu Bildgeneratoren und Prompts; in: G. Schreiber/L. Ohly (Hg.): KI:Text, 115–131.

R.M. Geraci: Apocalyptic AI. Visions of Heaven in Robotics, Artificial Intelligence, and Virtual Reality; Oxford 2010.

U. Gerber/L. Ohly (Hg.): Anerkennung. Personal – sozial – transsozial; Leipzig 2021.

U. Gerber: Selfie oder ungreifbar? Menschsein zwischen Verantwortung und Selbstermächtigung; in: Ders./L. Ohly: Anerkennung, 21–55.

J.C. Gertz: Grundinformation Altes Testament. Eine Einführung in Literatur, Religion und Geschichte des Alten Testaments (in Zusammenarbeit mit A. Berlejung, K. Schmidt und M. Witte; Göttingen 2010[4].

E. Gräb-Schmidt: Technikethik und ihre Fundamente. Dargestellt in Auseinandersetzung mit den technikethischen Ansätzen von Günther Ropohl und Walther Chr. Zimmerli; Berlin/New York 2002.

J. Haberer: Digitale Theologie. Gott und die Medienrevolution der Gegenwart. München 2015.

J. Habermas: Erkenntnis und Interesse; Frankfurt 1973[2].

J. Habermas: Theorie des kommunikativen Handelns Bd. 1+2; Frankfurt 1988.

J. Habermas: Erläuterungen zur Diskursethik; Frankfurt 1991.

J. Habermas: Treffen Hegels Einwände gegen Kant auch auf die Diskurstheorie zu? in: Ders.: Erläuterungen zur Diskursethik, 9–30.

J. Habermas: Moralbewußtsein und kommunikatives Handeln; Frankfurt 1992[5].

J. Habermas: Diskursethik – Notizen zu einem Begründungsprogramm; in: Ders.: Moralbewußtsein und kommunikatives Handeln, 53–126.

J. Habermas: Hannah Arendt's Communications Concept of Power; in: L.P. Hinchman/S.K. Hinchman (Hg.): Hannah Arendt, 211–230.

A.-K. v.d. Ham: KI-Textgeneratoren: Eine neue Ära des Unterrichts? Perspektiven und Gefahren; in: G. Schreiber/L. Ohly (Hg.): KI:Text, 467–480.

M. Hampe: Zufall; in: Ph. Sarasin/M. Sommer (Hg.): Evolution, 60–62.

Y.N. Harari: Homo Deus. A Brief History of Tomorrow; London 2017.

W. Härle: Dogmatik; Berlin/New York 1995.

F. Hartenstein: Wunder im Alten Testament. Zur theologischen Begrifflichkeit für das Außerordentliche in der Hebräischen Bibel (pl', pälä' und niflaot); MJTh XXVIII; Leipzig 2016, 1–30.

G.F.W. Hegel: Phänomenologie des Geistes; Hamburg 1988.

M. Heidegger: Sein und Zeit; Tübingen 1986[16].

M. Heidegger: Vorträge und Aufsätze; Frankfurt 2000 (GA 7).

M. Heidegger: Die Frage nach der Technik; in: M. Heidegger: Vorträge und Aufsätze, 5–36.

M. Heidegger: Das Ereignis; hg. v. F.-W. v. Herrmann; Frankfurt 2009 (GA 71).

M. Heidegger: Überlegungen VII–XI („Schwarze Hefte" 1938/39); hg. v. P. Trawny; Frankfurt 2014 (GA 95).

F. Hermonies: KI in der Rechtswissenschaft: ChatGPT ernst nehmen? in: G. Schreiber/L. Ohly (Hg.): KI:Text, 329–340.

E. Herms: Systematische Theologie: Das Wesen des Christentums: In Wahrheit und Gnade leben; Bd. 1–3; Tübingen 2017.

Th. Hiltmann: Hermeneutik in Zeiten der KI. Large Language Models als hermeneutische Instrumente in den Geschichtswissenschaften; in: G. Schreiber/L. Ohly (Hg.): KI:Text, 201–232.

L.P. Hinchman/S.K. Hinchman (Hg.): Hannah Arendt. Critical Essays; New York 1994.

T. Holischka/K. Viertbauer/Chr. Preidel (Hg.): Digitalisierung als Transformation? Perspektiven aus Ethik, Philosophie und Theologie; Berlin 2022.

A. Honneth: Kampf um Anerkennung. Zur moralischen Grammatik sozialer Konflikte; Frankfurt 1992.

A. Honneth: Das Andere der Gerechtigkeit. Aufsätze zur praktischen Philosophie; Frankfurt 2000.

A. Honneth: Zwischen Aristoteles und Kant. Skizze einer Moral der Anerkennung. In Ders.: Das Andere der Gerechtigkeit, 171–192.

A. Honneth: Universalismus als moralische Falle? Bedingungen und Grenzen einer Politik der Menschenrechte; in: Ders.: Das Andere der Gerechtigkeit, 255–281.

J. Hörisch: Brot und Wein. Die Poesie des Abendmahls; Frankfurt 1992.

K. Huizing: Scham und Ehre. Eine theologische Ethik; Gütersloh 2016.

E. Husserl: Cartesianische Meditationen und Pariser Vorträge (hg. v. S. Strasser); Den Haag 1950 (Hua I).

E. Husserl: Ideen zu einer reinen Phänomenologie und phänomenologischen Philosophie. Zweites Buch: Phänomenologische Untersuchungen zur Konstitution; hg. v. M. Biemel. Den Haag 1952 (Hua IV).

E. Husserl: Die Krisis der europäischen Wissenschaften und die transzendentale Phänomenologie. Eine Einleitung in die phänomenologische Philosophie; hg. v. W. Biemel; Den Haag 1954 (Hua VI).

E. Husserl: Ding und Raum. Vorlesungen 1907; hg. v. U. Claesges; Den Haag 1973 (Hua XVI).

E. Illouz: Warum Liebe endet. Eine Soziologie negativer Beziehungen; Berlin 2018.

P. v. Inwagen: Dualismus und Materialismus: Athen und Jerusalem? in: G. Brüntrup/M. Rugel/M. Schwartz (Hg.): Auferstehung des Leibes – Unsterblichkeit der Seele, 101–116.

B. Irrgang: Posthumanes Menschsein? Künstliche Intelligenz, Cyberspace, Roboter, Cyborgs und Designer-Menschen – Anthropologie des künstlichen Menschen im 21. Jahrhundert; Wiesbaden/Stuttgart 2005.

J. Jahnel/R. Heil: KI-Textgeneratoren als soziotechnisches Phänomen. Ansätze zur Folgenabschätzung und Regulierung; in: G. Schreiber/L. Ohly (Hg.): KI:Text, 341–353.

P. Janich: Was ist Wahrheit? Eine philosophische Einführung; München 1996.

P. Janich: Was ist Information? Kritik einer Legende; Frankfurt 2006.

F. Jannidis u.a. (Hg.): Texte zur Theorie der Autorschaft; Stuttgart 2000.

H. Joas: Braucht der Mensch Religion? Über Erfahrungen der Selbsttranszendenz; Freiburg 2004[2].

H. Joas: Glaube als Option. Zukunftsmöglichkeiten des Christentums; Freiburg i.Br. 2013[2].

M. Josuttis: Der Pfarrer ist anders. Aspekte einer zeitgenössischen Pastoraltheologie; München 1987.

M. Josuttis: Der Gottesdienst als Ritual; in: F. Wintzer (Hg.): Praktische Theologie, 40–53.

V. Jung: Segensroboter? – Kirchenleitende Herausforderungen angesichts der Entwicklung Künstlicher Intelligenz; epd-Dokumentationen 12/2018, 6–9.

Th. Kammerer (Hg.): Traumland Intensivstation. Veränderte Bewusstseinszustände und Koma. Interdisziplinäre Expeditionen; Norderstedt 2006.

I. Kant: Werke Bd. III (AA); Berlin 1904.

I. Kant: Werke Bd. VI (AA); Berlin 1914.

I. Kant: Werke Bd. VII (AA); Berlin 1907.

I. Kant: Werke Bd. VIII (AA); Berlin 1912.

I. Kant: Kritik der reinen Vernunft (AA III).

I. Kant: Die Metaphysik der Sitten (AA VI, 205–491).

I. Kant: Der Streit der Fakultäten (AA VII, 1–205).

I. Kant: Beantwortung der Frage: Was ist Aufklärung (AA VIII, 33–42).

I. Kant: Über den Gemeinspruch: Das mag in der Theorie richtig sein taugt aber nicht für die Praxis (AA VIII, 201–284).

I. Kant: Kritik der Urteilskraft (hg. v. W. Weischedel, Bd. X); Frankfurt 1974.

S. Kierkegaard: Der Begriff Angst (übersetzt u. hg. v. L. Richter [Werke I]); Leck 1963².

S. Kierkegaard: Die Krankheit zum Tode (übersetzt u. hg. v. L. Richter [Werke IV]); Leck 1962.

R.A. Klein: Ethische Überforderung? Zur sozialen Ambivalenz natürlicher Empathie; ZEE 54/2010, 168–180.

H. Klinge: „Schreibe mir eine heilige Schrift!" Das Schriftprinzip im Zeitalter der Künstlichen Intelligenz; in: G. Schreiber/L. Ohly (Hg.): KI:Text, 147–167.

U.H.J. Körtner: Muss Strafe sein? Menschenbild und Strafrecht aus theologischer Sicht; ZEE 54/2010, 105–120.

R. Kunz: Transformer – Textgenerierung, Industrieanwendungen und Grenzen; in: G. Schreiber/L. Ohly (Hg.): KI:Text, 447–454.

R. Kurzweil: The Singularity is Near. When Humans Transcend Biology; London 2005.

J. Lanier: Who Owns the Future? New York 2013.

B. Libet: Do We Have Free Will? Journal of Consciousness Studies 6/1999, 47–57.

P. Lin/R. Jenkins/K. Abney (Hg.): Robot Ethics 2.0. From Autonomous Cars to Artificial Intelligence; Oxford 2017.

J. Locke: Second Treatise of Government (hg. v. C.B. MacPherson); Indianapolis 1980.

C.G. Luckhardt: Wittgenstein and Behaviorism; Synthese 56/1983, 319–338.

N. Luhmann: Liebe als Passion. Zur Codierung von Intimität; Frankfurt 1994⁷.

N. Luhmann: Soziale Systeme. Grundriß einer allgemeinen Theorie; Frankfurt 1987.

M. Luther: Werke; WA VI; Weimar 1888.

M. Luther: Von den guten werckenn; in: Ders.: WA VI, 202–276.

M. Luther: Werke; WA VII; Weimar 1897.

M. Luther: Propositiones a Martino Luthero disputatae; in: Ders.: WA VII, 230–232.

M. Luther: Werke; WA XVIII; Weimar 1908.

M. Luther: De servo arbitrio; in: Ders.: WA XVIII, 600–787.

M. Luther: Vom unfreien Willen (hg. v. F. Gogarten); München 1924.

P. Maham/S Küspert: Governing General Purpose AI. A Comprehensive Map of Unreliability, Misuse and Systemic Risks; Berlin 2023.

K. Marx: Das Kapital Bd. 1; Berlin 1984.

K. Marx: Das Kapital Bd. 3; Berlin 1983.

D. Meacham/M. Studley: Could a Robot Care? It's All in the Moment; P. Lin/R. Jenkins/K. Abney (Hg.): Robot Ethics 2.0, 97–112.

S. Meier-Vieracker: Uncreative Writing. Sprachtheoretische Überlegungen zu Künstlicher Intelligenz in der akademischen Textproduktion; in: G. Schreiber/L. Ohly (Hg.): KI:Text, 133–143.

Chr. Meyer: Ritual; in: Historisches Wörterbuch der Rhetorik Bd. 8; Tübingen 2007, 246–260.

M. Meyer-Blanck/B. Weyel: Studien- und Arbeitsbuch Praktische Theologie; Göttingen 2008.

C. Misselhorn: Grundfragen der Maschinenethik; Stuttgart 2018^2.

Norwegian Consumer Council: Ghost in the Machine. Adressing the Consumer Harms in of Generative AI; Oslo 2023.

T. Ogette: exit Racism. rassismuskritisch denken lernen; Münster 2020^9.

L. Ohly: Sterbehilfe zwischen Himmel und Erde; Stuttgart 2002.

L. Ohly: Einstellung lebenserhaltender Maßnahmen und der gemutmaßte Wille von Koma-Patienten; WzM 58/2006, 122–134.

L. Ohly: Was Jesus mit uns verbindet. Eine Christologie; Leipzig 2013.

L. Ohly: Können wir autonom unser Gehirn manipulieren, bis wir jemand anderes sind? Zum Verhältnis von Neuroethik, Bewusstseinsphilosophie und Theologie; NZSTh 56/2014, 141–159.

L. Ohly: Anwesenheit und Anerkennung. Eine Theologie des Heiligen Geistes; Göttingen 2015.

L. Ohly: Schöpfungstheologie und Schöpfungsethik im biotechnologischen Zeitalter, Berlin/Boston 2015.

L. Ohly: Theologie als Wissenschaft. Eine Fundamentaltheologie; Frankfurt 2017.

L. Ohly: Ethik der Robotik und der Künstlichen Intelligenz; Berlin 2019.

L. Ohly: Arbeitsbuch Systematische Theologie. Techniken – Methoden – Übungen; Tübingen 2019.

L. Ohly: Was heißt hier autonom? Über die moralische Autorenschaft selbstfahrender Autos; ZEE 63/2019, 294–300.

L. Ohly: Dogmatik in biblischer Perspektive; Tübingen 2020.

L. Ohly: Gerechtigkeit und gerechtes Wirtschaften; Berlin 2021.

L. Ohly: Ethik der Kirche. Ein vernachlässigtes Thema; Berlin 2022.

L. Ohly: Ethische Begriffe in biblischer Perspektive; Tübingen 2022.

L. Ohly: Ethik des Notstandes. Theologische Hintergründe; Tübingen 2022.

L. Ohly: Wen soll das selbstfahrende Auto am Leben lassen? Digitale Transformationen der Ethik; in: T. Holischka/K. Viertbauer/Chr. Preidel (Hg.): Digitalisierung als Transformation?, 99–117.

L. Ohly: Hannah Arendts Gewalttheorie. Impulse für eine evangelische Friedensethik; ZEE 67/2024, 28–40.

L. Ohly: Can and Should Language Models Act Politically? Hannah Arendt's Theory of Action in Comparison with Generative AI; Filozofia 79/2024, 501–513.

L. Ohly/C. Wellhöfer: Ethik im Cyberspace; Frankfurt 2017.

R. Otto: Kantisch-Fries'sche Religionsphilosophie und ihre Anwendung auf die Theologie. Zur Einleitung in die Glaubenslehre für Studenten der Theologie; Tübingen 1921.

R. Otto: Das Heilige. Über das Irrationale in der Idee des Göttlichen und sein Verhältnis zum Rationalen; Stuttgart/Gotha 1923[11].

R. Otto: Sensus Numinis; München 1932.

Ch.S. Peirce: Vorlesungen über Pragmatismus; Hamburg 1991.

A.D. Peiter: KI-Texte = Intertexte? Fragen der Geltung von Literatur im Mensch-Maschinen-Vergleich; in: G. Schreiber/L. Ohly (Hg.): KI:Text, 273–288.

H.F. Pitkin: Justice: On Relating Private and Public; in: L.P. Hinchman/S.K. Hinchman (Hg.): Hannah Arendt, 261–288.

Platon: Sämtliche Werke Bd. 2; Heidelberg o.J.

Platon: Phaidros; in: Ders.: Sämtliche Werke Bd. 2, 409–482.

A. Reckwitz: Die Gesellschaft der Singularitäten; Berlin 2019.

J. Reichertz: Kommunikationsmacht. Was ist Kommunikation und was vermag sie? Und weshalb vermag sie das? Wiesbaden 2009.

G. Reinmann/A. Watanabe: KI in der universitären Lehre. Vom Spannungs- zum Gestaltungsfeld; in: G. Schreiber/L. Ohly (Hg.): KI:Text, 29–46.

H. Rosa: Unverfügbarkeit; Berlin 2023[8].

B. Russell: Die Philosophie des Logischen Atomismus, München 1976.

A. Sahm: Large Language Models in der Medizin. Foucault als Wegweiser für medizinethische Debatten; in: G. Schreiber/L. Ohly (Hg.): KI:Text, 481–494.

Ph. Sarasin/M. Sommer (Hg.): Evolution. Ein interdisziplinäres Handbuch; Stuttgart 2010.

J.-P. Sartre: Das Sein und das Nichts. Versuch einer phänomenologischen Ontologie, Reinbek bei Hamburg 2003[9].

I. Schewtschenko: Eine Freiheit ohne Aber; DIE ZEIT 8/2015.

Th. Schlag: Die Macht der Bilder als (praktisch-)theologische Herausforderung. Beobachtungen zum Phänomen evangelischer Influencerinnen und Influencer im Horizont gegenwärtiger Digitalisierungsdynamiken. ZThK 119/ 2022, 195–216.

H. Schmitz: Der unerschöpfliche Gegenstand. Grundzüge der Philosophie; Bonn 1995[2].

H. Schmitz: System der Philosophie Band III/4: Das Göttliche und der Raum; Bonn 1995[2].

H. Schmitz: System der Philosophie Band IV: Die Person; Bonn 1990[2].

H. Schmitz: Der Leib, der Raum und die Gefühle; Ostfildern 1998.

Chr. Scholtz: Alltag mit künstlichen Wesen. Theologische Implikationen eines Lebens mit subjektsimulierenden Maschinen am Beispiel des Unterhaltungsroboters Aibo; Göttingen 2008.

G. Schreiber/L. Ohly (Hg.): KI:Text. Diskurse über KI-Textgeneratoren; Berlin/ Boston 2024.

Chr. Schrodt: Abendmahl: digital. Alte und neue Fragen – nicht nur in Zeiten der Pandemie. ZThK 118/2021, 495–515.

M. Schröter-Kunhardt: Oneirodales Erleben Bewusstloser; in: Th. Kammerer (Hg.): Traumland Intensivstation, 171–229.

F. Schulz von Thun: Miteinander reden Bd. 1: Störungen und Klärungen; Reinbek bei Hamburg 1997.

W. Schüßler/M. Röbel (Hg.): Liebe – mehr als ein Gefühl. Philosophie – Theologie – Einzelwissenschaften; Ferdinand Schöningh; Paderborn 2016.

T.A. Seidel/Chr. Spehr (Hg.): Das evangelische Pfarrhaus. Mythos und Wirklichkeit; Leipzig 2013 (E-Book).

A. Sen: Die Idee der Gerechtigkeit; München 2013[2].

R.P. Sieferle: Fortschrittsfeinde? Opposition gegen Technik und Industrie von der Romantik bis zur Gegenwart; München 1984.

D. Siepmann: Vom Akkordarbeiter zum Gutachter. Künstliche Intelligenz und ihre Auswirkungen auf die Textproduktion in der Wissenschaft; Forschung & Lehre 31/2023, 492–494.

A. Smith: Wohlstand der Nationen (hg. v. H. Schmidt; übersetzt v. M. Stirner); Köln 2009.

A. Smith: Theorie der ethischen Gefühle (hg. v. H.D. Brandt; übersetzt v. W. Eckstein); Hamburg 2010.

R. Sparrow: Sex Robot Fantasies; J.Med.Eth. 46/2020, 1–2.

C. Spieß: Keine Panik vor der KI. Zuschreibungshandlungen in Diskursen über Künstliche Intelligenz. Eine linguistische Perspektive; in: G. Schreiber/L. Ohly (Hg.): KI:Text, 363–381.

B. v. Spinoza: Ethik; Leipzig o.J.[7].

H. Stiemer/E. Gius/D. Gerstorfer: Künstliche Intelligenz und literaturwissenschaftliche Expertise; in: G. Schreiber/L. Ohly (Hg.): KI:Text, 455–466.

Chr. Stöcker: Lernende Maschinen und die Zukunft der Öffentlichkeit; in: G. Schreiber/L. Ohly (Hg.): KI:Text, 401–417.

L. Teuchert: Strafen mit neuer Begründung: Straftheorien in der jüngeren Rechtsphilosophie im Porträt; ZEE 65/2021, 172–186.

Chr. Tietz: Was heißt: Gott erhört Gebet? ZThK 106/2009, 327–344.

P. Tillich: Religiöse Verwirklichung; Berlin 1930[2].

P. Tillich: Das religiöse Symbol; in: Ders.: Religiöse Verwirklichung, 88–109.

P. Tillich: Systematische Theologie Bd. I; Berlin/New York 1987[8].

E. Tugendhat/U. Wolf: Logisch-semantische Propädeutik; Stuttgart 1993.

A.M. Turing: Computing Machinery and Intelligence; Mind 59/1950, 433–460.

Sh. Turkle: Alone Together. Why We Expect More from Technology and Less from Each Other; New York 2011.

Unesco: Guidance for generative AI in education and research; Paris 2023.

B. Waldenfels: Das leibliche Selbst. Vorlesungen zur Phänomenologie des Leibes; Frankfurt 2000.

B. Waldenfels: Phänomenologie der Aufmerksamkeit; Frankfurt 2004.

B. Waldenfels: Sozialität und Alterität. Modi sozialer Erfahrung; Berlin 2015.

P. Watzlawik/J.B. Bavelas/D.D. Jackson: Pragmatics of Human Communication. A Study of Interactional Patterns, Pathologies, and Paradoxes; New York 1967.

D. Weßels: Meilenstein der KI-Entwicklung? Der Chatbot ChatGPT; Forschung & Lehre 31/2023, 26–27.

A.N. Whitehead: Prozeß und Realität. Entwurf einer Kosmologie; Frankfurt 1987.

R. Winter-Tietel/L. Ohly (Hg.): Theologie angesichts des Digitalen. Beiträge zu den theologischen Herausforderungen durch Digitalität und Digitalisierung; Berlin 2023.

R. Winter-Tietel: Wenn Niemand Texte schreibt. Hermeneutische Überlegungen zu KI-generierten Texten; in: G. Schreiber/L. Ohly (Hg.): KI:Text, 257–271.

F. Wintzer (Hg.): Praktische Theologie; Neukirchen-Vluyn 1993[3].

L. Wittgenstein: Werkausgabe Bd. 1; Frankfurt 1989[6].

L. Wittgenstein: Werkausgabe Bd.; Frankfurt 1984.

L. Wittgenstein: Tractatus logico-philosophicus; in: Ders.: Werkausgabe Bd. 1, 7–85.

L. Wittgenstein.: Philosophische Untersuchungen; in: Ders.: Werkausgabe Bd. 1, 225–580.

L. Wittgenstein: Über Gewißheit; in: Ders.: Werkausgabe Bd. 8, 113–257.

P. Ziethmann/K. Schlögl-Flierl: Kreative KI. Eine technikphilosophische Exploration literarischer Möglichkeitsräume; in: G. Schreiber/L. Ohly (Hg.): KI:Text, 101–113.

S. Žižek: Event. A Philosophical Journey through a Concept; London 2014.

Zeitungartikel

Das bisschen Haushalt (Zeit Online, 01.03.2022; https://www.zeit.de/wirtschaft/2022-02/gleichstellung-frau-mann-gender-pay-gap-care-gap-gleichberechtigung, Zugriff 14.01.2024).

Das löst jeder. Nur die KI nicht. DIE ZEIT 23/2023, 43.

Der Visionär; DIE ZEIT 38/2023, 47.

Die menschenleere Traumfabrik; DIE ZEIT 54/2023, 52.

Fürchten sich jetzt sogar die Erfinder? DIE ZEIT 16/2023, 33.

Was geschieht, wenn ich ChatGPT eine Frage stelle? DIE ZEIT 13/2023, 38.

GPT-Dialoge

https://bard.google.com/?utm_source=sem&utm_medium=paid-media&utm_campaign=q3deDE_sem1 (Zugriff 23.08.2023).

Film-Links

Bachelorarbeit mit ChatGPT schreiben? AI nutzen ohne erwischt zu werden!? (https://www.youtube.com/watch?v=BbFVk9ayZ4U, Zugriff 11.01.2024).

ChatGPT-Experiment: Ist die Ki schlau genug um Berufsgruppen zu ersetzen? (https://www.youtube.com/watch?v=IctWydCUahkuTube, Zugriff 08.06.2023).

Texte automatisch Umschreiben lassen. Mindverse KI (https://youtu.be/2MpNG8_zovY?si=zigjtr2leF1MZE_U, Zugriff 09.01.2024).

Wird KI dich ersetzen? (https://www.youtube.com/watch?v=2ZRkFSwkSTc, Zugriff 04.06.2023).

Weitere Links

C. Aguerre/R.F. Jørgensen/G. Hasselbalch/F. Pasquale/N. Smuha/N. Stanusch/A. v. Wynsberghe: Generating AI: A Historical, Cultural, and Political Analysis of Generative Artificial Intelligence (https://dataethics.eu/wp-content/uplo ads/2023/09/Generating-AI.pdf, 7. Zugriff 13.01.2024).

https://arstechnica.com/information-technology/2023/01/microsofts-new-ai-can-simulate-anyones-voice-with-3-seconds-of-audio/ (Zugriff 11.01.2024).

Segnende Roboter und das Dilemma der Künstlichen Intelligenz (https://www. efo-magazin.de/magazin/ethik-werte/segnende-roboter-und-das-dilemma-der-k%C3%BCnstlichen-intelligenz/, Zugriff 10.01.2024).

https://www.freedomgpt.com (Zugriff 11.11.2023).

E. Herms: Lebensorientierung an Gottes Gegenwart (II); DtPfrBl 123/2023 (https://www.pfarrerverband.de/pfarrerblatt/aktuelle-beitraege?tx_pvp farrerblatt_pi1%5Baction%5D=show&tx_pvpfarrerblatt_pi1%5Bcontrol ler%5D=Item&tx_pvpfarrerblatt_pi1%5BitemId%5D=5697&cHash=5c3be 4f1a71c1d584693953156c31af5, Zugriff 11.01.2024).

Künstliche Intelligenz – Bedrohung oder Hilfe für die Menschheit? (https:// www.hr-inforadio.de/podcast/echt_jetzt/echt-jetzt-kuenstliche-intelligenz--bedrohungoder-hilfe-fuer-die-menschheit-v1,echtjetzt-ki-100.html, Zugriff 08.06.2023).

MK62 „KI & ChatGPT" mit Prof. Dr. Doris Weßels (https://www.podcast.de/ episode/610273918/mk62-ki-chatgpt-mit-prof-dr-doris-wessels, Zugriff 10.01.2024).

T. Peters: Proleptic Ethics vs. Stop Sign Ethics: Theology and the Future of Genetics (https://www.elca.org/JLE/Articles/465, Zugriff 16.01.2024).

Ob Bildgeneratoren, Schreibassistenten oder Plagiatscanner (https://twitter. com/search?q=Ob%20Bildgeneratoren%2C%20Schreibassistenten%20o der%20Plagiatscanner%20%E2%80%93%20die%20Liste%20an%20v erf%C3%BCgbaren%20%23KI-%20basierten%20Tools%20wird%20je den%20Tag%20l%C3%A4nger%20In%20unserer%20neuen%20Reihe%20 %23DeusExMachina%3F%20wollen%20wir%20einige%20dieser%20To ols%20auf%20ihre%20Funktionsweise%20und%20Anwendbarkeit%20 in%20%23wissenschaft%20und%20%23wisskomm%20testen&src=typed_qu ery&f=live, Zugriff 09.01.2024).

Wie wir dank ChatGPT mehr und mehr Jobs gleichzeitig machen können (https://www.business-punk.com/2023/08/wie-wir-dank-chatgpt-mehr-und-mehr-jobs-gleichzeitig-machen-koennen/, Zugriff 14.01.2024).

Tic Toc

@broke2bags (Zugriff 09.08.2023).
@etf.elias (Zugriff 09.08.2023).
@Nomadpublishingkdp (Zugriff 20.07.2023).

Theologisch-Philosophische Beiträge zu Gegenwartsfragen

Herausgegeben von Susanne Dungs, Uwe Gerber,
Hendrik Klinge, Lukas Ohly und Andreas Wagner

Band 1   Walter Bechinger / Uwe Gerber / Peter Höhmann (Hrsg.): Stadtkultur leben. 1997.

Band 2   Elisabeth Hartlieb: Natur als Schöpfung. Studien zum Verhältnis von Naturbegriff und Schöpfungsverständnis bei Günter Altner, Sigurd M. Daecke, Hermann Dembowski und Christian Link. 1996.

Band 3   Uwe Gerber (Hrsg.): Religiosität in der Postmoderne. 1998.

Band 4   Georg Hofmeister: Ethikrelevantes Natur- und Schöpfungsverständnis. Umweltpolitische Herausforderungen. Naturwissenschaftlich-philosophische Grundlagen. Schöpfungstheologische Perspektiven. Fallbeispiel: Grüne Gentechnik. Mit einem Geleitwort von Günter Altner. 2000.

Band 5   Stephan Degen-Ballmer: Gott – Mensch – Welt. Eine Untersuchung über mögliche holistische Denkmodelle in der Prozesstheologie und der ostkirchlich-orthodoxen Theologie als Beitrag für ein ethikrelevantes Natur- und Schöpfungsverständnis. Mit einem Geleitwort von Günter Altner. 2001.

Band 6   Katrin Platzer: symbolica venatio und scientia aenigmatica. Eine Strukturanalyse der Symbolsprache bei Nikolaus von Kues. 2001.

Band 7   Uwe Gerber / Peter Höhmann / Reiner Jungnitsch: Religion und Religionsunterricht. Eine Untersuchung zur Religiosität Jugendlicher an berufsbildenden Schulen. 2002.

Band 8   Walter Bechinger / Susanne Dungs / Uwe Gerber (Hrsg.): Umstrittenes Gewissen. 2002.

Band 9   Susanne Dungs / Uwe Gerber (Hrsg.): Der Mensch im virtuellen Zeitalter. Wissensschöpfer oder Informationsnull. 2004.

Band 10   Uwe Gerber / Hubert Meisinger (Hrsg.): Das Gen als Maß aller Menschen? Menschenbilder im Zeitalter der Gene. 2004.

Band 11   Hubert Meisinger / Jan C. Schmidt (Hrsg.): Physik, Kosmologie und Spiritualität. Dimensionen des Dialogs zwischen Naturwissenschaft und Religion. 2006.

Band 12   Lukas Ohly: Problems of Bioethics. 2012

Band 13   Lukas Ohly: Gestörter Friede mit den Religionen. Vorlesungen über Toleranz. 2013.

Band 14   Uwe Gerber: Gottlos von Gott reden. Gedanken für ein menschliches Christentum. 2013.

Band 15   Uwe Gerber: Fundamentalismen in Europa. Streit um die Deutungshoheit in Religion, Politik, Ökonomie und Medien. 2015.

Band 16   Lukas Ohly (Hrsg.): Virtuelle Bioethik. Ein reales Problem? 2015.

Band 17   Lukas Ohly / Catharina Wellhöfer: Ethik im Cyberspace. 2017.

Band 18   Lukas Ohly: Theologie als Wissenschaft. Eine Fundamentaltheologie aus phänomenologischer Leitperspektive. 2017.

Band 19   Lukas Ohly: Neue Grundlegungen der Theologischen Ethik bis zur Gegenwart. 2018.

Band 20   Gerhard Schreiber: Happy Passion. Studies in Kierkegaard's Theory of Faith. 2018.

Band 21   Uwe Gerber: Individualisierung im digitalen Zeitalter. Zur Paradoxie der Subjektwerdung. 2019.

Band 22 Lukas Ohly: Ethik der Robotik und der Künstlichen Intelligenz. 2019.

Band 23 Lorenz von Hasseln: Technologischer Wandel als Transformation des Menschen. Forschungsprogramm Transhumanismus. 2021.

Band 24 Lukas Ohly: Gerechtigkeit und gerechtes Wirtschaften. 2021.

Band 25 Uwe Gerber: Protestantismus heute. Potentiale – Pathologien – Paradoxien. 2022.

Band 26 Lukas Ohly: Ethik der Kirche. Ein vernachlässigtes Thema. 2022.

Band 27 Roman Winter-Tietel / Lukas Ohly (Hrsg.): Theologie angesichts des Digitalen. Beiträge zu den theologischen Herausforderungen durch Digitalität und Digitalisierung. 2023.

Band 28 Lukas Ohly: Ethik für ChatGPT. Was Künstliche Intelligenz kann und was sie sollte. 2024.

www.peterlang.com